"中国村庄发展：浙江样本研究"丛书

主编　陈野

村域城市

金华花园村发展研究

URBANIZATION PROCESS
IN
ONE VILLAGE
DEVELOPMENT STUDY
OF
HUAYUAN VILLAGE,
JINHUA

王　平◎著

ZHEJIANG UNIVERSITY PRESS
浙江大学出版社

图书在版编目（CIP）数据

村域城市 ：金华花园村发展研究 / 王平著. — 杭
州 ：浙江大学出版社，2021.11（2022.3重印）
（"中国村庄发展：浙江样本研究"丛书 / 陈野主编）
ISBN 978-7-308-21289-2

Ⅰ．①村… Ⅱ．①王… Ⅲ．①农村－城市化－研究－
东阳 Ⅳ．①F299.275.54

中国版本图书馆CIP数据核字(2021)第077107号

村域城市：金华花园村发展研究

王 平 著

丛书策划	陈丽霞　宋旭华　赵　静	
丛书统筹	赵　静　王荣鑫	
责任编辑	赵　静　陈丽霞	
责任校对	胡　畔	
装帧设计	林智广告	
出版发行	浙江大学出版社	
	（杭州市天目山路148号　　邮政编码　310007）	
	（网址：http：//www.zjupress.com）	
排　　版	杭州林智广告有限公司	
印　　刷	浙江省邮电印刷股份有限公司	
开　　本	710mm×1000mm　1/16	
印　　张	25.75	
插　　页	4	
字　　数	450千	
版 印 次	2021年11月第1版　2022年3月第2次印刷	
书　　号	ISBN 978-7-308-21289-2	
定　　价	98.00元	

浙江省文化研究工程指导委员会

"中国村庄发展：浙江样本研究"项目组研究人员名单

"中国村庄发展：浙江样本研究"丛书

丛书主编　陈　野

首席专家　闻海燕　顾益康

"村域城市：金华花园村发展研究"课题组简介

课题组组长　王　平

课题组成员　陈　刚　毛　伟　徐伟兵　漆凤岚

　　　　　　　魏一单　陈　锋　楼　怡

幸福花园人（王江红摄）

活力花园人（王江红摄）

花园村全景图（王江红摄）

花园村吉祥湖（王江红摄）

花园游乐园摩天轮（王江红摄）

花园雷迪森大世界酒店（王江红摄）

2018 花园红木家具展销会（王江红摄）

花园村旧貌（1986 年）（花园村村委会提供）

并村前的马府村（花园村村委会提供）

马府小区改造后新貌（2013 年）（花园村村委会提供）

马府小区改造后新貌（2013 年）（花园村村委会提供）

浙江师范大学附属东阳花园外国语学校（王江红摄）

浙江花园新能源有限公司（王江红摄）

浙江文化研究工程成果文库总序

有人将文化比作一条来自老祖宗而又流向未来的河，这是说文化的传统，通过纵向传承和横向传递，生生不息地影响和引领着人们的生存与发展；有人说文化是人类的思想、智慧、信仰、情感和生活的载体、方式和方法，这是将文化作为人们代代相传的生活方式的整体。我们说，文化为群体生活提供规范、方式与环境，文化通过传承为社会进步发挥基础作用，文化会促进或制约经济乃至整个社会的发展。文化的力量，已经深深熔铸在民族的生命力、创造力和凝聚力之中。

在人类文化演化的进程中，各种文化都在其内部生成众多的元素、层次与类型，由此决定了文化的多样性与复杂性。

中国文化的博大精深，来源于其内部生成的多姿多彩；中国文化的历久弥新，取决于其变迁过程中各种元素、层次、类型在内容和结构上通过碰撞、解构、融合而产生的革故鼎新的强大动力。

中国土地广袤、疆域辽阔，不同区域间因自然环境、经济环境、社会环境等诸多方面的差异，建构了不同的区域文化。区域文化如同百川归海，共同汇聚成中国文化的大传统，这种大传统如同春风化雨，渗透于各种区域文化之中。在这个过程中，区域文化如同清溪山泉潺潺不息，在中国文化的共同价值取向下，以自己的独特个性支撑着、引领着本地经济社会的发展。

从区域文化入手，对一地文化的历史与现状展开全面、系统、扎实、有序的研究，一方面可以藉此梳理和弘扬当地的历史传统和文化资源，繁荣和丰富当代的先进文化建设活动，规划和指导未来的文化发展蓝图，增强文化软实力，为全面建设小康社会、加快推进社会主义现代化提供思想保证、精神动力、智力支持和舆论力量；另一方面，这也是深入了解中国文化、研究中国文化、发展中国文化、创新中国文化的重要途径之一。如今，区域文化研究日益受到各地重视，成为我国文化研究走向深入的一个重要标志。我们今天实施浙江文化研究工程，其目的和意义也在于此。

千百年来，浙江人民积淀和传承了一个底蕴深厚的文化传统。这种文化传统的独特性，正在于它令人惊叹的富于创造力的智慧和力量。

浙江文化中富于创造力的基因，早早地出现在其历史的源头。在浙江新石器时代最为著名的跨湖桥、河姆渡、马家浜和良渚的考古文化中，浙江先民们都以不同凡响的作为，在中华民族的文明之源留下了创造和进步的印记。

浙江人民在与时俱进的历史轨迹上一路走来，秉承富于创造力的文化传统，这深深地融汇在一代代浙江人民的血液中，体现在浙江人民的行为上，也在浙江历史上众多杰出人物身上得到充分展示。从大禹的因势利导、敬业治水，到勾践的卧薪尝胆、励精图治；从钱氏的保境安民、纳土归宋，到胡则的为官一任、造福一方；从岳飞、于谦的精忠报国、清白一生，到方孝孺、张苍水的刚正不阿、以身殉国；从沈括的博学多识、精研深究，到竺可桢的科学救国、求是一生；无论是陈亮、叶适的经世致用，还是黄宗羲的工商皆本；无论是王充、王阳明的批判、自觉，还是龚自珍、蔡元培的开明、开放，等等，都展示了浙江深厚的文化底蕴，凝聚了浙江人民求真务实的创造精神。

代代相传的文化创造的作为和精神，从观念、态度、行为方式和价值取向上，孕育、形成和发展了渊源有自的浙江地域文化传统和与时俱进的浙江文化精神，她滋育着浙江的生命力、催生着浙江的凝聚力、激发着浙江的创造力、培植着浙江的竞争力，激励着浙江人民永不自满、永不停息，在各个不同的历史时期不断地超越自我、创业奋进。

悠久深厚、意韵丰富的浙江文化传统，是历史赐予我们的宝贵财富，也是我们开拓未来的丰富资源和不竭动力。党的十六大以来推进浙江新发展的实践，使我们越来越深刻地认识到，与国家实施改革开放大政方针相伴随的浙江经济社会持续快速健康发展的深层原因，就在于浙江深厚的文化底蕴和文化传统与当今时代精神的有机结合，就在于发展先进生产力与发展先进文化的有机结合。今后一个时期浙江能否在全面建设小康社会、加快社会主义现代化建设进程中继续走在前列，很大程度上取决于我们对文化力量的深刻认识、对发展先进文化的高度自觉和对加快建设文化大省的工作力度。我们应该看到，文化的力量最终可以转化为物质的力量，文化的软实力最终可以转化为经济的硬实力。文化要素是综合竞争力的核心要素，文化资源是经济社会发展的重要资源，文化素质是领导者和劳动者的首要素质。因此，研究浙江文化的历史与现状，增强文化软实力，为浙江的现代化建设服务，是浙江人民的共同事业，也是浙江各级党委、政府的重要使命和责任。

2005 年 7 月召开的中共浙江省委十一届八次全会，作出《关于加快建设文化大省的决定》，提出要从增强先进文化凝聚力、解放和发展生产力、增强社会公共服务能力入手，大力实施文明素质工程、文化精品工程、文化研究工程、文化保护工程、文化产业促进工程、文化阵地工程、文化传播工程、文化人才工程等"八项工程"，实施科教兴国和人才强国战略，加快建设教育、科技、卫生、体育等"四个强省"。作为文化建设"八项工程"之一的文化研究工程，其任务就是系统研究浙江文化的历史成就和当代发展，深入挖掘浙江文化底蕴、研究浙江现象、总结浙江经验、指导浙江未来的发展。

浙江文化研究工程将重点研究"今、古、人、文"四个方面，即围绕浙江当代发展问题研究、浙江历史文化专题研究、浙江名人研究、浙江历史文献整理四大板块，开展系统研究，出版系列丛书。在研究内容上，深入挖掘浙江文化底蕴，系统梳理和分析浙江历史文化的内部结构、变化规律和地域特色，坚持和发展浙江精神；研究浙江文化与其他地域文化的异同，厘清浙江文化在中国文化中的地位和相互影响的关系；围绕浙江生动的当代实践，深入解读浙江现象，总结浙江经验，指导浙江发展。在研究力量上，通过课题组织、出版资助、重点研究基地建设、加强省内外大院名校合作、整合各地各部门力量等途径，形成上下联动、学界互动的整体合力。在成果运用上，注重研究成果的学术价值和应用价值，充分发挥其认识世界、传承文明、创新理论、咨政育人、服务社会的重要作用。

4

PREFACE

　　我们希望通过实施浙江文化研究工程，努力用浙江历史教育浙江人民、用浙江文化熏陶浙江人民、用浙江精神鼓舞浙江人民、用浙江经验引领浙江人民，进一步激发浙江人民的无穷智慧和伟大创造能力，推动浙江实现又快又好发展。

　　今天，我们踏着来自历史的河流，受着一方百姓的期许，理应负起使命，至诚奉献，让我们的文化绵延不绝，让我们的创造生生不息。

2006 年 5 月 30 日于杭州

浙江文化研究工程成果文库序言

袁家军

　　浙江是中华文明的发祥地之一，历史悠久、人文荟萃，素称"文物之邦""人文渊薮"，从河姆渡的陶灶炊烟到良渚的文明星火，从吴越争霸的千古传奇到宋韵文化的风雅气度，从革命红船的扬帆起航到新中国成立初期的筚路蓝缕，从改革开放的敢为人先到新时代的变革创新，都留下了弥足珍贵的历史文化财富。纵览浙江发展的历史，文化是软实力、也是硬实力，是支撑力、也是变革力，为浙江干在实处、走在前列、勇立潮头提供了独特的精神激励和智力支持。

　　2003 年，习近平同志在浙江工作时作出"八八战略"重大决策部署，明确提出要进一步发挥浙江的人文优势，积极推进科教兴省、人才强省，加快建设文化大省。2005 年 7 月，习近平同志主持召开省委十一届八次全会，亲自擘画加快建设文化大省的宏伟蓝图。在习近平同志的亲自谋划、亲自布局下，浙江形成了文化建设"3+8+4"的总体框架思路，即全面把握增强先进文化的凝聚力、解放和发展文化生产力、提高社会公共服务力等"三个着力点"，启动实施文明素质工程、文化精品工程、文化研究工程、文化保护工程、文化产业促进工程、文化阵地工程、文化传播工程、文化人才工程等"八项工程"，加快建设教育、科技、卫生、体育等"四个强省"，构建起浙江文化建设的"四梁八柱"。这些年来，我们按照习近平同志当年作出的战略部署，坚持一张蓝图绘到底、一任接着一任干，不断推进以文铸魂、以文育德、以文图强、以文传道、以文兴业、以文惠民、以文塑韵，走出了一条具有中国特色、时代特征、浙江特点的文化发展之路。

　　文化研究工程是浙江文化建设最具标志性的成果之一。随着第一期和第二期文化研究工程的成功实施，产生了一批重点研究项目和重大研究成果，培育了一批具有浙江特色和全国影响的优势学科，打造了一批高水平的学术团队和在全国有影响力的学术名师、学科骨干。2015 年结束的第一批浙江文化研究工程共立研究项目 811 项，出版学术著作千余部。2017 年 3 月启动的第二期浙江文化研究工程，已开展了 52 个系列研究，立重大课题 65 项、重点课题 284 项，出版学术著作 1000 多部。特别是形成了《宋画全集》等中国历代绘画大系、《共和国命运的抉择与思考——毛泽东在浙江的 785 个日日夜夜》等领袖与浙江研究系列、《红船逐浪：浙江"站起来"的革命历程与精神传承》等"浙 100 年"研究系列、《浙江通史》《南宋史研究丛书》等浙江历史专题史研究系列、《良渚文化研究丛书》等浙江史前文化研究系列、《儒学正脉——王守仁传》等浙江历史名人研究系列、《吕祖谦全集》等浙江文献集成系列。可以说，浙江文化研究工程，赓续了浙江悠久深厚的文化血脉，挖掘了浙江深层次的文化基因，提升了浙江的文化软实力，彰显了浙江在海内外的学术影响力，为浙江当代发展提供了坚实的理论支撑和智力支持，为坚定文化自信提供了浙江素材。

当前，浙江已经踏上了实现第二个百年奋斗目标的新征程，正在奋力打造"重要窗口"，争创社会主义现代化先行省，高质量发展建设共同富裕示范区。文化工作在浙江高质量发展建设共同富裕示范区中具有决定性作用，是关键变量；展现共同富裕美好社会的图景，文化是最富魅力、最吸引人、最具辨识度的标识。我们要发挥文化铸魂塑形赋能功能，为高质量发展建设共同富裕示范区注入强大文化力量，特别是要坚持把深化文化研究工程作为打造新时代文化高地的重要抓手，努力使其成为研究阐释习近平新时代中国特色社会主义思想的重要阵地、传承创新浙江优秀传统文化革命文化社会主义先进文化的重要平台、构建中国特色哲学社会科学的重要载体、推广展示浙江文化独特魅力的重要窗口。

新时代浙江文化研究工程将延续"今、古、人、文"主题，重点突出当代发展研究、历史文化研究、"新时代浙学"建构，努力把浙江的历史与未来贯通起来，使浙学品牌更加彰显、浙江文化形象更加鲜明、中国特色哲学社会科学的浙江元素更加丰富。新时代浙江文化研究工程将坚守"红色根脉"，更加注重深入挖掘浙江红色资源，持续深化"习近平新时代中国特色社会主义思想在浙江的探索与实践"课题研究，努力让浙江成为践行创新理论的标杆之地、传播中华文明的思想之窗；擦亮以宋韵文化为代表的浙江历史文化金名片，从思想、制度、经济、社会、百姓生活、文学艺术、建筑、宗教等方面全方位立体化系统性研究阐述宋韵文化，努力让千年宋韵更好地在新时代"流动"起来、"传承"下去；科学解读浙江历史文化的丰富内涵和时代价值，更加注重学术成果的创造性转化，探索拓展浙学成果推广与普及的机制、形式、载体、平台，努力让浙学成果成为有世界影响的东方思想标识；充分动员省内外高水平专家学者参与工程研究，坚持以项目引育高端社科人才，努力打造一支走在全国前列的哲学社会科学领军人才队伍；系统推进文化研究数智创新，努力提升社科研究的科学化水平，提供更多高质量文化成果供给。

伟大的时代，需要伟大作品、伟大精神、伟大力量。期待新时代浙江文化研究工程有更多的优秀成果问世，以浙江文化之窗更好地展现中华文化的生命力、影响力、凝聚力、创造力，为忠实践行"八八战略"、奋力打造"重要窗口"，争创社会主义现代化先行省，高质量发展建设共同富裕示范区，提供强大思想保证、舆论支持、精神动力和文化条件。

丛书序言

PREFACE

中国乡村曲折艰难的现代化进程，步履艰难而又波澜壮阔。其意蕴之丰沛，与中国生活、中国社会和中国文化深切相连。回溯中国乡村自1840年中国社会开启现代转型以来走过的兴衰起伏之命运轨迹，可谓千回百转、曲折萦纡。数辈乡民身居不同时代，应对多重挑战，以吃苦耐劳、隐忍柔韧、顽强进取的品格精神，维系了村庄命脉和厚重历史。

一

当代乡村发展，承历史之重，开乡村现代化之时代新局。改革开放以来，浙江乡村变化巨大，以其走在前列的先行先试，开乡村发展的时代新局，呈现了发展中国家走向现代化的轨迹，为中国乡村的现代化发展提供了分析参照的样本。有鉴于此，本套丛书以"中国村庄发展：浙江样本研究"为主题，着力于从以下方面开展研究，并取得相应成果。

改革开放40多年，特别是自2003年习近平同志在浙江工作后，作为习近平新时代中国特色社会主义思想的重要萌发地，浙江乡村发展迈入新阶段，呈现城乡融合、"五位一体"全面发展的新态势。习近平同志以以人为本、执政为民的治理理念和统揽全局的思维方式，对浙江乡村发展全面布局，实施"千村示范，万村整治"等重点工程，从推动产业新发展、建设新社区、培育新农民、树立新风尚、构建新体制等维度全面推进乡村发展。习近平同志有关乡村发展的理性思考、创造性实践和历史性成果，是我们选择浙江村庄作为中国村庄发展样本加以研究的重要遵循和行动指南。

村庄是最基层的社会单位之一，是最为鲜活丰沛的日常生活之地，是中华历史文化传统的重要根基，是我国全面建成小康社会、开启全面建设社会主义现代化国家新征程的重要建设领域。然而，由古至今，村庄也是最缺乏历史记载和文献档案系统、最难听到它本真的话语呼声、最难触摸到它脉动的心灵、最难见到它在历史进程中完整形影的场所。本丛书旨在以长时段的历史研究视野，观察、记录和研析作为基层生活共同体的中国村庄，在面对社会转型期的急剧巨变时，如何通过调整、舍弃、更新、吸纳共同体内在结构和要素的策略，重建与生活、与生产、与社会、与时代均相契合的新型乡村社会生活的规则和秩序，以此维系村庄生存，推动村庄发展，提升村庄品质。同时，亦拟以翔实细致的个案性剖析，探求乡村传统建构的实际场景和内在机制。故此，在各专著框架中，特设"史地篇"，追寻村庄过往在其当下时段中的历史投射，记述村庄的整体性历史进程，定位其当今发展在乡村文明进程中的历史坐标，为观察、研究村庄建立长程的历史背景；特设"访谈篇"，以大量的村民口述访谈和全面系统的乡村档案收集整理，为一直以来缺乏史料积淀的村庄建立由文献、田野调查和口述访谈为架构的资料系统，记下了村民传承、维系、建设、发展村庄的种种心声；尤其重视以经济、政治、治理、文化、生态等各篇组合的整体性研究，通过深度驻村调研、深层次介入村庄内部生产生活环境，为不同类型村庄在当代社会变革时期所做的探索与发展，建立起完整的事实记录和分析样本，在浩瀚苍茫的历史时空中留下了我们这个时代的乡村社会发展印记，见证了乡村传统建构中的众多真实过程。

乡村研究是社会学、历史学、政治学、文化学等学科的重要领域，村庄个案研究、专题研究、历史断代研究、现实问题研究等成果丰硕。本套丛书以11个村庄为研究对象，以各个村的纵向历史发展特别是改革开放40多年来的乡村发展基本轨迹为历史纵轴，以独具浙江特色的村庄经济、政治、文化、社会、治理、生态等为记述研究主体，从不同角度记述浙江乡村发展轨迹，并从中提炼具有普遍意义的发展路径、特征和价值，为相关学科深化乡村研究提供了丰富个案和鲜明的地方资源。

乡村发展在我国改革开放史中具有众多首创之功和重要的历史地位，目前乡村振兴背景下来自各级党委、各级政府、社会各界和广大村民等的积极作为，是当代中国历史进程的重要组成部分。本套丛书各部专著所述浙江村庄历史和改革开放40多年来的乡村建设历程、发展成就和价值意义，以来自乡村一线这种最为社会基层的真实场景、鲜活实践和全方位的研究阐释，极大地丰富了浙江以至中国当代发展研究的内涵，为党史、新中国史、改革开放史、社会主义发展史的研究，输送了来自乡村大地的源头活水，增强了研究的内在活力。

本套丛书积极探索学术研究对接当下社会需求的内在理路，将来自改革前沿的现实问题研究与学术研究紧密结合，在全面系统记述乡村历史、开展理论研究的同时，直面乡村建设发展中的困境、不足和问题，走进当代社会实践，走向乡村基层，走进乡民群体，在与政府、乡村和农民的互动中开展现实问题专题研究，发挥学术研究参与现实社会建设的作用和价值，以理性分析、务实举措从村庄发展现实问题中提炼可供下一步乡村振兴所需的理论资源和对策建议，撰写多个智库报告，得到省委省政府领导多项肯定性批示，实现了学术研究中问题意识、现实关切和人文关怀的有机关联，提升了人文社科研究在基层社会的知晓度和影响力。

二

自项目正式实施以来，项目组科研人员深入全省相关市县宣传、文化、旅游、建设、农办等政府部门和百余个村庄开展深入调研。从东部海岛到西部田园，从浙南山区到浙北平原，课题组成员顶着烈日酷暑、冒着风雨严寒，克服诸多困难，走进田间地头，结交农民朋友，深入农户开展深度访谈，全方位多视角实地考察村庄发展实况。5 年来深入乡村的实践探索和项目研究，让我们收获良多，也给我们带来很多启示。

在本套丛书研究和撰写过程中，乡镇村干部群众一致认为本研究在梳理村庄历史、增强集体认同、提升文化自信、提供发展资源、理清发展思路等方面，与乡镇和村的建设需求十分契合，对项目研究给予极大肯定，表现出极高的参与和配合热情，尤其热切地表达了对专业性强、学术水平高的人文社科研究的衷心期待。蕴含于乡村大地的家园故土寻根意愿、强烈的文化自觉意识、丰富的创业创新业绩、高昂进取的精神面貌和积极态度，以及存在于一些村庄的老龄化、空心化、业态陈旧、过度开发、贫富差距、文化生活单调等发展中的问题和不足,均让我们深切感受到村庄发展的巨大需求空间,看到了乡村社会发展对专家学者的热切期盼。广阔的乡村大地,正是开展人文社科研究、获取厚重科研成果的丰富沃土。

习近平总书记指出:"人民的需要和呼唤,是科技进步和创新的时代声音。"社会科学工作者只有走出书斋,积极探索学术研究对接当下社会需求的内在理路,深入开展脚踏实地的基层调研,将哲学社科理论研究与社会实践紧密结合,将来自改革前沿的现实问题与学术研究紧密结合,准确了解社情民意、把握时代脉搏,实现学术研究中问题意识、现实关切和人文关怀的有机关联,才能克服从书本到书本、从理论到理论的研究局限,强化基础理论研究厚重感,提升应用对策研究针对性,取得适应现实所需、彰显学术价值、具有中国气派的哲学社会科学研究成果。

以重大系列项目构建综合性学术团队,开展集聚多学科、多梯队联合共事的集体攻关项目,既整合了原先相对分散的科研力量,也在团队的协同共进、交流互鉴、相互砥砺中营建起浓厚的学术氛围、深厚的同事情谊,为年轻科研人员的成长提供了优质平台,达到了既出成果又出人才的双赢效果。

5 年来的学术劳作和辛勤付出,让我们收获满满,既有研究专著的丰硕成果,也是一次整合院内乡村研究相关科研力量、以团队合作形式开展重大主题研究的实战历练,为我院培育乡村研究平台、打造乡村研究品牌、历练乡村研究队伍、承担乡村研究重大课题,做出了有益尝试,取得了扎实成效。创新不易,守成更难,开拓尤需勇气、毅力和实力。衷心祝愿项目组和各位科研人员以本套丛书出版为新起点,勉力精进,深耕勤研,取得更多丰硕成果。

浙江省社会科学院副院长、研究员

"中国村庄发展:浙江样本研究"项目负责人、丛书主编　陈　野

2020 年 12 月 6 日

丛书绪论

INTRODUCTION

中国是一个历史悠久的农业大国，农业是关系到国计民生的基础产业，农民是占人口最多的社会群体，农村是最广阔的地域空间。"三农"问题在我们党和国家发展中占有重中之重的地位。村庄作为中国最古老的社区，既是农民的集居地，也是农业赖以发展的基础，亦是农耕文明、农耕文化、地域文化生存发展之地。从一定意义上来说，村庄发展就是"三农"发展的缩影，村庄发展演变也反映着社会的变革趋势，特别是城乡关系的发展变化趋势。

村庄是乡村经济社会发展最基础、最基本的单元，村庄发展也是整个中国经济社会发展演变的一个风向标。无论是城市发展还是农村发展、工业发展还是农业发展都会在村庄的发展上表现出来，所以研究中国村庄发展实际上是解剖中国经济社会变革的"麻雀"，"麻雀虽小、五脏俱全"，我们通过对改革开放 40 多年来村庄发展的一些样本的解剖，可以揭示中国改革开放 40 多年来政治、经济、社会、生态和文化等方面的发展轨迹与发展规律，起到"窥一斑、见全貌"的作用。

一、改革开放 40 多年来浙江村庄发展的基本经验

浙江是 5000 年中华文明实证地、中国革命红船起航地、改革开放先行地和习近平新时代中国特色社会主义思想的重要萌发地。浙江作为中国东部沿海发达的代表省之一，市场化、工业化、城镇化进程走在全国的前列，同时浙江也是地域差异性十分明显的省份，"七山一水二分田"的基本省情和兼有山海之利的特点，使得浙江村庄发展的多样性特色十分明显。由浙江省第二期文化研究工程重大系列项目"中国村庄发展：浙江样本研究"形成的这套丛书，选取的 11 个村庄研究样本，既来自 11 个地（市），也兼顾了发达地区明星村与欠发达地区的后发村、平原村与山区村、城郊区村

与纯农区村、少数民族村与海岛渔村等不同类型的地域村庄。这11个不同村庄在浙江既有一定的代表性，也隐含了发展的普遍性与多样性相统一的规律性。特别是改革开放的伟大变革是从农村开始的，改革开放的先行者和主力军也是农民。"春江水暖鸭先知"，从一定意义上来说，浙江村庄也是浙江变革最早、最快的地方，因此这11个样本村庄的研究就有了多方面的意义与价值。

从书的11个不同类型的浙江村庄个案，每个研究基本上都由史地、经济、社会、治理、生活、生态、文化、访谈、文献等篇组成，从而分析每个村庄发展基础，记述发展历史，总结发展经验，解释发展动因，揭示发展本质，提炼样本价值。浙江这11个样本村庄地域位置各异，资源禀赋不一，发展水平参差不齐，但通过对这11个个案村改革开放40多年来的发展历程、发展实绩、发展经验、发展动因等的整体分析，我们大致上可以揭示浙江农村40多年改革开放的基本经验，也可以从中寻找到浙江40多年改革开放与发展之所以能够走在全国前列的内在原因。正如时任浙江省委书记习近平同志总结的，浙江发展快是因为农村发展快，浙江富是因为农民率先富，浙江活是因为农村搞得活。从这11个个案样本村的发展总体情况来分析，浙江村庄40多年改革开放中值得全国村庄借鉴的发展经验主要有以下五点：

一是坚持走以"人民大众创造财富、人民政府创造环境"为运行机制的大众市场经济的创新发展之路。改革开放以来浙江把家庭联产承包制改革对农民生产力的解放运用到了极致，通过千百万农民率先闯市场，鼓励农民以市场为导向调整优化农业结构，鼓励农民务工经商，大力发展乡镇经济、家庭工业和个私经济，率先在全省快速推进市场化、工业化和城镇化的进程，促进农民分工分业分化，让千百万农民成为自主创业创富的市场经营主体，形成了"百万能人创业创富、千万农民就业致富"的新格局。以乡镇企业、个私经济为主体的民营经济不仅带动了农民快速致富，也成为推动浙江工业化、市场化最强大的力量。花园村、上园村、邵家丘村、缪家村等村庄的发展都实证了这一以农民大众为创业创新主体力量的创新发展之路。农民大众和民营企业成为全省市场经济绝对的主体力量，市场化、工业化、城镇化中的浙江农民的创造力得到了前所未有的爆发。同时，浙江各级政府按照时任省委书记习近平的"以人为本谋'三农'"的要求，为农民自由全面发展创造环境，大力改善基础设施、公共服务和人居环境，推进"最多跑一次"改革，形成了"人民大众创业致富、人民政府管理服务""人民大众创造财富、人民政府创造环境"的大众市场经济的创新发展模式。这一发展路子非常全面地体现了以人民为中心的发展思想，做到了发展为了人民、发展依靠人民、发展成果为人民共享，浙江这一大众市场经济的运行机制使浙江"三农"发展表现了极大的创造力。

二是坚持走"城乡融合发展、一二三产业融合发展"的城乡一体化的协调发展之路。城乡关系在"三农"问题解决上起着极为重要的作用。改革开放以来，浙江逐步改革了城乡二元分割体制，允许农民到城镇务工经商，走出了一条农民城镇农民建的城镇化之路，县城和小城镇成为农民首选的安居乐业之地。特别是从新世纪以来，时任浙江省委书记习近平亲自制定《浙江省统筹城乡发展 推进城乡一体化纲要》，实施了新型城镇化与建设新农村双轮驱动的新战略，实施千村示范、万村整治的工程，大力推动城市基础设施向农村延伸、城市公共服务向农村覆盖、城市现代文明向农村辐射，快速缩小了城乡在基础设施、公共服务和现代文明方面的差距。经过十几年坚持不懈的建设，我们这11个个案村庄无一例外地都变成了生态宜居的美丽乡村，农村人居环境得到了根本性改善。在这一背景下，城市出现了逆城市化和新一轮"上山下乡"的热潮，追求绿色生态的城市消费者热衷于到美丽乡村来休闲度假、养生养老，城市有识之士和城市资本技术也开始出现了"上山下乡"，到美丽乡村发展民宿等美丽经济和现代农业。传统农业也出现了加速向现代农业转变的新趋势。家家粮棉油、户户小而全的小农经营大幅减少，适度规模经营的家庭农场、合作社、龙头企业成为新型农业经营主体。大学毕业生、研究生、留学归来的高层次农二代和来自城市的农创客给浙江农业注入了新的生机和活力。同时，农业出现了功能多样化以及与第二、第三产业相融合的新趋势，休闲观光农业、文创农业、体验农业、智慧农业、设施农业等新型农业业态快速增多，现代农业呈现出与第二、第三产业深度融合的全产业链发展的新趋势。农业绿色化、标准化、品质化、品牌化让浙江农业呈现出前所未有的发展新态势。

三是坚持走"绿水青山就是金山银山"理念为引领的生态生活优先的绿色发展之路。浙江人多地少，人均资源稀缺，在改革开放初期，为了解决产品短缺、工业品供应匮乏问题，被迫走了一条以牺牲生态环境为代价的粗放型、数量型经济发展之路。在世纪之交，生产发展与生态保护的矛盾更加突出。2003年，时任浙江省委书记习近平高瞻远瞩地提出了建设生态省和绿色浙江的新战略。在全省实施"千村示范、万村整治"工程，2005年习近平在安吉余村首次提出了"绿水青山就是金山银山"理念，强调优美的生态环境就是最普惠的民生福祉。在农村经济发展上，把为农民创造优美生活环境、优良生态环境放到首要位置。本丛书11个样本村无一例外地都开展了农村人居环境和生态环境整治，将原来污染严重的垃圾村建设成为生态宜居的美丽乡村。像余村、棠棣村、清漾村、沙滩村等都成为美丽乡村精品村和文化旅游名村，美丽乡村成为农民引以为豪的美好生活的幸福家园，也成为城市人越来越向往的休闲度假、养生养老的生态乐园。越来越多的城市消费者、投资者兴起"上山下乡"的新热潮。乡村旅游、农家乐、民宿、体验农业等"美丽"经济和"乡愁"产业成为"两山"转化的有效载体，这些绿色产业成为浙江农民创业就业、创业致富的新亮点。

四是坚持走"对外开放、对内开放"相互联动的特色块状经济的开放发展之路。通过对改革开放前后的经济发展路子的比较，使浙江干部群众意识到全方位开放经济和市场经济是发挥资源小省、市场大省优势的必然选择。浙江抓住中国的对外开放新机遇，大力发挥劳动力人才和工贸优势，大力发展市场在外、原料基地在外的"两头在外"的集聚化、特色化生产加工、贸易基地，形成了柯桥轻纺、海宁皮革、义乌小商品、永康小五金、桐乡羊毛衫、东阳红木家具、大唐袜业等特色块状经济。本书的11个样本村在这一开放发展大潮中形成的一村一品、一村一业的特色专业村的发展模式，则是浙江这种开放型块状经济的基础和重要生力军。这种"两头在外、无中生有"的块状产业是县域经济、农村经济的强大支撑和竞争力所在，都是浙江农民创业就业的主阵地，也是浙江民营经济具有强大竞争力的重要因素。在浙江这些以县城和小城镇为依托的特色块状经济集聚发展的地方，浙江农民只要有劳动能力就可以找到工作岗位，只要有资本就可创业办实业。目前这种对外对内双向开放和市场原料两头在外的块状经济正向产业集群的方向转型，并通过智能化改造促进传统制造业向先进制造业转型。通过这种双向开放的特色块状经济的发展，以农民和民营经济为主体的县域经济也得到了不断提升，成为浙江"三农"发展极为亮丽的风景线。

五是坚持走家庭经营、合作经营互促共进，鼓励先富帮扶后富、双管齐下的共创共富的共享发展之路。在40多年改革发展中，浙江农村逐步形成了符合社会主义市场经济发展要求的经营体制。确立了农户家庭经营在农业生产中的主体和基础地位，强调这适合农业自然再生产和经济再生产相结合的产业特点，也适合社会主义市场经济运行机制，但我们家庭经营规模太小、数量太多，参与市场竞争能力非常有限。因此，在发挥家庭经营在农业生产中的基础作用的同时，充分发挥合作经营在农民走向市场中的服务作用。为了适应现代农业发展的要求，浙江在农业经营体制上不断地推陈出新，一方面我们按照承包农地"三权分置"的原则，促进土地经营权向专业大户、家庭农场和龙头企业集中。另一方面，通过发展专业合作社，特别是大力发展生产合作、供销合作、信用合作三位一体的农合联组织，为农业家庭经营提供全方位的合作服务。与此同时，村经济合作社作为集体土地所有者代表和社区集体经济组织，承担起发展壮大集体经济为社员服务的职能。在农业创业创富和收入分配方面，我们致力于打破分配上的平均主义和"大锅饭"，允许和鼓励一部分人和一部分地区，通过勤劳致富和创业开拓市场先富起来，同时引导和鼓励先富带后富，先富帮后富。本丛书中处于欠发达地区的缙云北山村、海岛地区的蚂蚁岛村和龙峰民族村等，也都先后走上了先富带后富、大家一起富的共富之路。浙江40多年改革开放中的"三农"发展实践证明，共同富裕不等于平均富裕，不能通过计划经济搞纯而又纯的公有制、过度集中的单一公有制经济来实现，而是要通过发展社会主义市场经济，充分发挥市场机制的基础作用和政府的积极有为作用，让千百万农民成为独立的家庭经营的市场主体，在此基础上，政府通过发展合作经营和扶贫攻坚，帮扶欠发达地区和低收入群体增强发展能力。只有让一部分地区、一部分人群先富起来，才能形成先富带后富、大家共同富裕的共同发展的新格局。

二、浙江村庄发展的个性特色和影响因素

以本套丛书所述 11 个村庄为代表的浙江村庄发展经验弥足珍贵，有许多值得全国村庄借鉴的地方。而通过对这 11 个村庄历史地理、资源禀赋、社会文化、人文环境、政府服务等多方面的深入挖掘和综合思考，揭示这 11 个村庄之所以发展快、发展好、发展有个性特色的深层次的原因及其规律性，则更是我们这套丛书出版所要达到的一个重大预期目标。全面分析浙江这些村庄的历史文化、地理区位、资源禀赋、产业特点、人文因素、发展环境、政府服务等多方面因素，浙江村庄发展与下列五大因素密切相关：地域位置与资源禀赋、文化传承与人文素养、乡村能人与乡村干部、改革政策与民众认知、地方领导与地方治理。这五大因素影响并决定着村庄发展方向、发展特点和发展水平。

首先是地域位置与资源禀赋。中国人常说"一方水土养一方人"，浙江就是受这方面因素影响特别大的地方，尤其是农业生产为基础的村庄发展以及民风民俗影响更是特别直接。浙江地处中国东部沿海长三角地区，气候是亚热带季风气候，四季分明，雨热同季，气候多变同时又有人多地少、山多田少、人均农业资源不足等特点。这些地域特点与资源禀赋总体上使得浙江农民和村庄发展形成了自身的群体特征。农业生产一年四季都可进行，农民既勤劳又节俭，家庭手工业发达。同时相邻地区的差异性也比较大，如杭嘉湖、宁绍平原这种江南水乡地区的村庄与村民同浙西南山区、浙中山区盆地的村庄产业及民俗民风的差异性也比较大，但总体上浙江村民勤奋节俭、农商兼营、心灵手巧的特点十分明显。

其次是文化传承与人文素养因素，这也是对村庄发展影响久远的因素。浙江是

中华民族 5000 年农耕文明实证地、中国农业文明重要发祥地，有将近万年的上山文化、八千年跨湖桥文化、七千年河姆渡文化、六千年马家浜文化和五千年良渚文化，这种农耕文化对浙江村庄和农民影响极其深远。农耕文化影响下形成的天人合一、道法自然的农事理念，巧用资源、精耕细作的农作制度，勤劳勤俭、勤学勤勉的农家品质，村落集居、族人互助的农村价值及耕读传家、回馈乡里的乡贤精神都使得浙江村庄发展带有明显的农耕文化、民俗文化影响的深深的烙印。

第三是当地乡村能人与乡村干部因素的作用非常巨大。我们从 11 个样本村的 40 年改革发展的历程与成效来看，乡村能人和乡村干部的行为、思维的影响是决定性的。尤其那些在改革开放中率先富起来的村庄，诸如样本村中金华的花园村、温州的上园村、宁波的邵家丘村、绍兴的棠棣村、丽水的北山村等，都是由乡村能人和乡村干部带头闯市场、带头经商办厂兴实业而带领村民群众走上共创共富之路的。可以说在所有发展因素中，这种能人因素的作用是极其明显的，尤其是村庄的干部，应该既有创业创富闯市场的能力，又有带领村民走共同富裕道路的奉献精神，这显得尤为重要。

第四是政策导向与民众认知的因素。这在村庄改革开放 40 多年发展中的影响力也特别的明显。浙江这种具有悠久的农商兼营、工农商皆本的地俗文化和人多地少的地方，在计划经济和以粮为纲的左的年代，浙江人的手工业和家庭工业、小商品生产都被当作资本主义尾巴砍光了，农民生活十分贫穷。在 1978 年改革开放和普遍实行包产到户的新的改革政策环境下，浙江农民发展商品生产、乡镇企业、个私经济的积极性得到全面激发。从实践来看，农民群众对改革政策的认同度越高、响应越热烈的地方，村庄的经济社会发展就越快，农民们致富的速度也越快，政策效应也越明显。当然，这也与当地党委政府的工作力度密切相关，政策宣传和贯彻落实越到位的地方，农民群众认知度越高，政策效果也越明显。

第五是地方领导和地方治理的因素，这也是村庄发展十分重要的因素。地方领导思想是否开放、思路是否开阔、对"三农"工作是否重视、对农民群众感情是否深厚、工作作风是否求真务实，这些都关系到能否为当地村庄发展创造良好的环境条件。如改革开放初期，温州地方领导、金华东阳义乌地方领导、宁波余姚地方领导的思想比较开放、开明，作风求真务实，就为这些地方村庄改革发展创造了比较宽松的发展环境。在乡村地方治理上，浙江农村都比较好地实行了村民委员会自治的地方治理，并且很多地方都把村民自治与德治、法治紧密结合起来，形成了村民自治、德治、法治"三治合一"的地方治理模式，为村民自我治理、自我发展创造了良好的治理机制。

　　总之，浙江村庄在 40 年改革开放中发展的经验弥足珍贵，值得各地借鉴，发展的内在机制、规律也反映了中国改革开放以来"三农"发展的规律性。本丛书记述的浙江 11 个样本村庄的发展各具特色，但也有许多共性的经验、规律可循，期望读者们能从这一丛书的村庄发展案例中发现一些对今后中国村庄有借鉴意义的东西，希望大家将这一丛书看作研究浙江 40 年改革开放村庄发展和"三农"发展的一个重要窗口。

"中国村庄发展：浙江样本研究"项目首席专家　顾益康

2020 年 10 月

目 录

CONTENTS

导语　开放包容、共同富裕的花园道路

一、改革开放时代伟力铸就花园传奇

在浙江中部东阳市南部的丘陵地带，有一个传奇的村庄——花园村。花园村在改革开放的伟大时代书写下由穷到富、由小到大、由弱到强的村庄传奇，不仅为农业农村现代化贡献了具有理论价值和借鉴意义的样本，更是诠释乡村振兴战略"产业兴旺、生态宜居、乡风文明、治理有效、生活富裕"的先锋与典范。

花园村在村两委领导班子带领下，从 1981 年创办花园服装厂开始，40 年来，强党建、抓工业、兴产业、惠民生、善治理，坚持做到了"五个不动摇"：一是坚持党委领导、党员带头不动摇；二是坚持依法治村、民主管理不动摇；三是坚持发展工业实体经济不动摇；四是坚持为民、利民、惠民、富民不动摇；五是坚持打造中国农村样板、世界名村不动摇。广大党员干部坚持"奉献、公正、公平、公开"的办事原则，使花园村做到了 40 年矛盾不上交、纠纷不出村、选举不拉票、村民零上访，使花园的高科技产业突飞猛进，传统产业和新兴产业稳步推进，新农村建设全面发展，党的建设和干部队伍建设全面加强。

2016 年 7 月，花园村党委被中共中央授予"全国先进基层党组织"称号；花园村已连续三次被中央精神文明委授予"全国文明村"称号；2015 年，花园村被司法部、民政部联合评为"全国民主法治示范村"；2017 年 12 月，花园村被民政部评为首批"全国农村幸福社区建设示范单位"。多年来，花园村还荣获全国乡村振兴示范村、全国乡村治理示范村等上百项省级以上荣誉。近年来，花园村还深入推动"最多跑一次"改革，便民服务中心代办事项由原来的 16 项增加到 166 项，其中 95％ 的事项实现了"最多跑一次"。2019 年 12 月 26 日，浙江省委、省政府把花园村确定为唯一的浙江省乡村振兴综合改革试点，为全国农村实现治理能力现代化提供更多经验。2020 年 11 月，浙江省发展改革委公布浙江省第四批小城市培育试点名单，花园村成为全省首个上榜的村级试点。"村域小城市"揭开新型城镇化的浙江新篇章。①

40 年来，从 500 人不到的小村到 6.5 万人的大村，从人均年收入 87 元到人均年收入 13.5 万元，从 2004 年 10 月的第一次"一村并九村"到 2017 年 3 月的第二次"一村并九村"，从 0.99 平方千米的面积到 12 平方千米的面积，花园村从未停止新农村建设和实现共同富裕的脚步；从"村名花园不见花，草棚泥房穷人家"的穷山村，到如今花园一般的名副其实的花园村，花园村成为中国十大名村、中国十大国际名村、国家 4A 级旅游景区和首批"中国十大优秀国际乡村旅游目的地"。

如今，花园村有全球最大的维生素 D3 生产企业；有亚洲最大的宽幅铜板带生产企业；有全国领先的新型墙体材料生产企业；有填补浙江空白的高性能铜箔生产企业；打造了全球最大的红木家具专业市场和全国最大的红木原木交易市场；有全国农村规模最大、设备最先进的等级医院，有全国农村最大的综合商场，有全国农村最大的 16 年一贯制国际化学校，有全国农村最大的摩天轮；有国家级高新技术企业 5 家、上市公司 1 家、已完成股份制改造企业 3 家。截至 2020 年年底，花园村全村实现营业收入 610 亿元，拥有个私工商户 2949 家，村民人均年收入 14.2 万元。

花园传奇仍是一幅未完成的壮丽画卷。在花园百年梦想的感召下，花园人将继续高擎起农村现代化幸福新农村的旗帜，以开放包容、不断进取的胸怀，力争把花园村建设成为世界上最富有、最美丽的农村，让花园村民成为世界上最富裕、最幸福的村民，让花园村成为"世界名村""世界强村"。

二、包容性可持续工业化：花园村产业兴旺的秘籍

花园传奇是如何铸就的？在调研写作的三年多时间里，笔者曾在各种不同场合求教于了解花园村发展历程的专家学者、政府官员、媒体记者、企业家和银行家。尽管他们所给出的答案不尽相同，但无一例外，他们都认可花园传奇归根到底是建立在经济增长之上的奇迹。更进一步看，花园传奇建立在区域空间内生产方式转变、内部不断完善的产业生态系统之上。

诺贝尔经济学奖获得者罗伯特·卢卡斯曾经说过："一旦一个人开始思考经济

---

① 王世琪、傅颖杰、王江红：《"村"变"城"，浙江迈出第一步》，《浙江日报》2020 年 10 月 15 日第 2 版。

增长问题，他就不会再考虑其他任何问题。"[1] 当我们的足迹遍及浙江各地农村，试图在年深岁久的原始资料中寻找能够解释农村产业发展的普遍规律时，一种来自于发展经济学，却并非用于解释农村经济的理论线索恰恰能够与各地乡村产业发展或成功或失败的经验材料相呼应，为我们理解花园村，乃至理解改革开放40年来浙江乡村产业发展的逻辑提供具有较强解释力的分析路径，那就是由乡村企业主导的包容性可持续工业化道路。

联合国工业发展组织（UNIDO）在2015年发布的《2016年工业发展报告——技术和创新对包容与可持续工业发展的作用》中指出，包容与可持续工业发展包括三个要素：第一个要素是长期、可持续的工业化，这是推动经济发展的动力；第二个要素是具有社会包容性的工业发展和社会，其提供平等机会和利益公平分配；第三个要素是环境可持续性，其使工业活动所带来的繁荣与自然资源过度使用和负面环境影响脱钩。[2] 实际上，传统的工业化道路较少考虑社会包容性和环境可持续性这两个要素，因为这两个要素在工业化实践中往往被认为是影响工业化速度的外部约束条件。而且通常状况下，企业作为经济领域中的理性主体，在缺乏政府规制的条件下，并不会主动在保持经济增长、促进社会包容性和努力实现绿色经济转型中充分权衡利弊，尽最大可能实现社会与环境包容性的经济增长选择。因此，在经济成长初期容易大量出现低门槛的劳动力密集型企业和资源环境非友好型产业，并且容易积累大量的社会矛盾和环境冲突风险。

而曾经经历过发展方式转型之痛的浙江，可能最先体会到非包容性的经济增长将会给社会和环境带来的"成长中的烦恼"。在改革开放的前20年中，以乡镇企业和家庭小作坊为主体的工业化进程，固然使区域经济水平得到快速提升，但与此同时，人均GDP逼近中等收入门槛、一般制造业瓶颈临近、粗放型生产环境压力显露等问题已经日益严峻。经济可持续增长、社会和谐稳定、环境生态友好这三者之间似乎成为解不开的死结。

面对推进经济结构战略性调整和发展方式根本性转变这一困局，习近平同志在浙江工作期间提出"腾笼换鸟""凤凰涅槃"策略，进而用"八八战略"为浙江后来近20年的发展指明了道路。"腾笼换鸟"，就是积极参与全国乃至全球经济合作

---

[1]　E.赫尔普曼：《经济增长的秘密》，中国人民大学出版社，2007年，封底。
[2]　联合国工业发展组织：《2016年工业发展报告——技术和创新对包容与可持续工业发展的作用》，2015年，第1页。

和交流，为产业提档升级腾出发展空间；"凤凰涅槃"，就是摆脱对粗放型增长的依赖，提高自主创新能力，用信息化带动工业化，变制造为创造，变贴牌为创牌，实现产业和企业的浴火重生。[①] "八八战略"进一步明确高质量和可持续的统一、社会建设与生态保护的双赢、软实力与硬实力的匹配、先发地区与后发地区的统筹、经济与民生的共进、法治与人文的和谐、社会发展与人民获得感的共同提升，绘就了浙江在新的发展阶段中的全景式改革画卷。

把研究问题再拉回到农村经济增长的维度上，在一个村域范围内，是否可能按照"八八战略"的思路实现产业的"腾笼换鸟"与社会和环境的包容性增长呢？林毅夫等结合动态比较优势理论与波特的竞争优势理论提出，落后国家需要积累生产能力，逐步改变经济要素禀赋结构和比较优势。[②] 一个国家或地区的产业结构可以首先从农业升级为简单加工制造，再发展为具有一定技术含量的高级制造，而后升级为资本密集型的重工业或者技术密集型的产业。在此过程中，资本逐渐积累，居民教育水平逐渐提高，市场制度逐渐完善，最终实现经济发展水平的赶超。从理论上看，这一模式同样也可以被村域经济增长所采用，借助产业升级和技术创新获得更大的比较优势。然而，真正能够按照这一道路实现村域经济增长的往往凤毛麟角，大部分村域经济和乡村企业都停滞在这条道路中的某个阶段，难以再进一步。以下就从比较视野分析说明为什么花园村在经济发展过程中能够实现三次跨越，而其他村庄却很难做到。

花园村工业化发展的第一个阶段大致是从20世纪80年代初到90年代中期。花园村的第一代创业者们通过从事服装加工、建筑材料等投资小、收益快的轻工业产业，锻炼了对市场需求的把握能力及对企业经营的管理能力。但他们也已敏锐察觉仅依靠"低、小、散"的生产方式，难以实现更高级别的工业化发展。因此在邵钦祥等企业家的带领下，花园村的各项产业早在20世纪90年代初就实现了内部整合、抱团发展，避免花园村的产业陷入低技术、小规模、分散化的相互抄袭模仿、恶性竞争的泥沼。尽管在浙江某些地区，受到发达市场组织的影响，高度细分专业的小规模加工制造企业仍然有一定的生存空间。但正如曾经支撑日本在战后实现经济增长奇迹的众多街道工厂在进入21世纪面临倒闭危机一样，所谓

---

① 王祖强、江于夫：《经济转型升级的浙江经验》，《浙江日报》2017年6月1日第5版。
② 林毅夫、蔡昉、李周：《比较优势与发展战略——对"东亚奇迹"的再解释》，《中国社会科学》1999年第5期。

的"社会化小生产"不可能成为持续工业化的主流。而花园村组成工贸集团，不仅避免了内部竞争，还能够有效盘活资产，因而主动关闭甜菊糖苷厂、钢铁厂、砖瓦厂、电子器材厂等技术含量低、环境污染重、经济效益差的企业。而在浙江其他农村地区直至"五水共治""三改一拆"等专项整治行动实施以前，许多乡村"低、小、散"企业仍在勉强经营，却无力成长为规模型产业。

花园村工业化发展的第二个阶段大致是从 20 世纪 90 年代中后期到 21 世纪 00 年代中后期。这一时期的标志性事件是花园集团与中国科学院合作，投资开发具有独立知识产权，且工艺技术领先世界的维生素 D3 工业化生产线。回溯这段历史，投资开发维生素 D3 生产线无疑是花园集团凤凰涅槃，一跃成长为高新技术企业的关键一步。但迈出这一步所需付出的代价却是当时花园村的企业家们始料未及的。在投入当时花园集团几乎全部流动资金的情况下，维生素 D3 光化学生产线的中试仍迟迟无法成功。正是最终坚持下来的毅力让花园集团等来了全线中试成功。在国家对高科技产业的大力金融支持和优惠政策帮助下，花园集团才能够完成耗资巨大的工业化生产线建设，成长为在维生素 D3 制造领域拥有全球话语权的企业。而反观浙江省内其他已经具有一定规模的民营企业，或者将产业脱实向虚，投资能够获得更高收益回报的房地产业或金融行业，或者小富即安，仅在原有技术水平上扩大投资规模，却始终无法下定决心进行大踏步的技术升级。

花园村工业化发展的第三个阶段大致是从 21 世纪 00 年代末至今。花园集团在做精做强维生素 D3 上下游产业的基础上，开始多元化经营的尝试。一方面，花园集团继续以高科技为驱动力，投资铜板材、新型墙体材料、高性能铜箔等工业化产业；另一方面，花园集团以投资建设花园红木家具城为平台，配合原木市场、板材市场、雕刻·油漆中心、产业园区，对红木家具全产业链进行横向与纵向整合，为更多创业者打造了高水平发展的开放平台。在为原来分散经营的红木产品企业商户提供全产业链优势的同时，提升了区域内红木产品的品牌形象，避免以次充好、恶性竞争等问题的出现。而由红木加工相关产业所带动的外来人口迁入，又成为花园村实施持续城镇化发展战略的重要动力。而浙江省内一些乡村企业在实施多元化经营战略的实践中，容易出现投资方向不明确、投资重点不突出等问题，既无法掌握技术、产业链等方面的竞争优势，也不能通过产业开发使区域经济产生良性连锁反应，创造更多就业创业机会。

花园村经济发展的三次跨越，既归功于以邵钦祥为代表的花园村企业家们超越同时代经营者的发展眼光与决策魄力，也是花园村在工业化进程中始终实行社会与环境的包容性发展战略的成果。自党的十六大提出新型工业化道路以来，花园村产业发展按照"科技含量高、经济效益好、资源消耗低、环境污染少、人力资源优势得到充分发挥"的要求，布局各项产业的转型升级与新型工业化路子。而党的十九大进一步提出高质量发展的要求，为花园村经济发展走包容性可持续工业化道路指明了方向，增强了信心。

应该说，花园村选择走产业、社会和环境包容性增长的道路，一方面是对党和政府在不同阶段经济发展方式要求的贯彻落实，另一方面也是缘于花园村企业家们对家乡故土的眷恋与执着。在20世纪90年代，许多地方以"政企分开"，减轻"企业办社会"负担，让企业"轻装上阵"参与市场竞争为理由，推动乡镇企业改制。但是企业不仅减下了"负担"，也切断了其与原来乡村社区的纽带联系。大多数乡土企业家选择将企业搬迁至经营条件更优渥的城镇地区，这样就不必再用企业盈利补贴各项乡村公共福利事业。更恶劣的情况是少数企业完全放弃社会责任，不吝以污染环境和制造安全风险为代价赢利。而以邵钦祥为代表的花园村企业家则始终将企业的主营业务放在花园村，在"求实、创新、求强、共富"的精神引领下，以理想与毅力去打造科技花园、绿色花园、活力花园、和谐花园。

有这样一批勤奋务实、不断创新的企业家的引领，花园村就像磁石一样不断吸引着各地人才前来就业创业。伴随着花园村城镇化建设的持续推进，高度开放的产业生态为本地和外地的创业者提供了抓住机遇、大展宏图的沃土。花园村的产业结构也因大大小小创业者的眼光和进取，不断在纵向上延长、横向上加宽。自己发财致富，也为别人提供发财致富的机会。这又是一项花园村能够实现包容性可持续增长的重要内在动因。

实施包容性可持续工业化战略对花园村仍然是进行时。未来花园村仍将坚决贯彻创新、协调、绿色、开放、共享的发展理念，统筹推进"五位一体"总体布局，协调推进"四个全面"战略布局，推动高质量发展，推动新型工业化、信息化、城镇化、农业现代化同步发展，加快建设现代化经济体系，努力实现更高质量、更有效率、更加公平、更可持续的发展，使花园村成为乡村振兴的先锋和典范。

三、经营型治理: 花园村乡村治理的综合优势

治理有效是实现可持续增长的重要前提，也是包容性增长的重要目标。在改革发展之初，农村工业化和市场化的力量固然有助于快速提升农村居民收入。但随之而来的产业发展与社会秩序的张力、生产关系变革与乡村生活方式的冲突、工业化生产与生态环境承载力的矛盾、市场化价值对传统伦理道德的冲击，都对乡村治理提出了前所未见，却不得不面对的现实挑战。由于这些挑战远超传统乡村自身的治理能力，大多数乡村只有依靠地方党委政府自上而下的制度植入和资源投入，才能缓解现代化进程对乡村治理带来的诸多冲击。但花园村走出了一条以村庄党委和村民委员会为治理主体，以实现区域综合发展为治理任务，以民主协商为治理手段，不断完善内源性发展的经营型治理模式。

乡村治理作为一种问题视域，是在 21 世纪 00 年代逐渐进入农村政策的各项体制机制改革之中。党的十六届四中全会将社会体制改革与经济体制改革、政治体制改革、文化体制改革并列为改革的主要领域。同时将"创新社会管理体制，整合社会管理资源，提高社会管理水平"作为国家发展的重要内容。党的十七届三中全会通过的《中共中央关于推进农村改革发展若干重大问题的决定》进一步将"完善农村社会管理体制机制，加强农村社区建设，保持农村社会和谐稳定"作为农村改革的一项重要任务。2013 年中央一号文件明确提出"完善乡村治理机制，切实加强以党组织为核心的农村基层组织建设"。2014 年《中共中央关于推进农村改革发展若干重大问题的决定》指出："必须坚持党管农村工作，始终把加强和改善党对农村工作的领导作为推进农村改革发展的政治保证。坚持一切从实际出发，坚持党在农村的基本政策，加强农村基层组织和基层政权建设，完善党管农村工作体制机制和方式方法，保持党同农民群众的血肉联系，巩固党在农村的执政基础，形成推进农村改革发展强大合力。"在党的十九大提出"乡村振兴战略"以后，"治理有效"也被认为在诸因素之中起着举足轻重的作用，加快推进乡村治理体系和治理能力现代化是实现乡村振兴的必由之路。[①]

花园村不仅是产业兴旺、领先全国的富裕"名村"，也是乡风文明、治理有效、生态宜居、生活幸福的全面振兴"名村"。从乡村基层治理角度分析，可以发现花园村拥有远超普通村庄的治理能力。

---

① 张翼：《乡村振兴重在治理有效》，《光明日报》2018 年 10 月 23 日第 11 版。

第一，花园村以强有力的党建加强乡村基层自治组织建设。没有坚持原则、尊重农民、清正廉洁、敢于担当的基层组织，就难以领导村庄各项事业走上正轨。花园村创新党组织设置，重组党支部，确保党组织全覆盖。2004年并村后，花园村党支部升格为党委，下设4个党支部，把原先花园村党员和9个新并入村的党员打乱分散到4个党支部。2017年第二次并村以后，新成立2个党支部，并将全村534名党员打乱分散到6个党支部，实行"以旧带新"，从而杜绝了党组织内部的徇私舞弊和派系现象，巩固了党组织的领导核心地位。花园村还不断提升党组织建设水平，依规治党，从严治党。通过严格执行"三会一课"制度、推进"6+1"标准化建设、深化五星积分制度等举措，健全党建工作机制，夯实党建阵地建设，提升党建管理水平，实现了农村党建工作提档升级。

第二，花园村整合村庄各个群体的力量，构建高效乡村治理体系。在管理队伍方面，花园村多数干部由具备企业家精神、有战略眼光、有社会威望的"能人"兼任，少数干部由具备专业知识、有时间精力、有服务意识的"管理者"专任，村组织一线工作人员全部实行专职制，从而实现决策、管理与服务的明确分工和优势互补。在管理机制方面，花园村探索"村—小区"二级治理机制，将19个村改组为"小区"，在村党委统一领导下，小区分头进行日常管理。花园村还通过建设一个平台、打造两支队伍、完善三张网络，将原来村级16项代办事项增加到164项，通过"一窗受理，集成服务"，率先在村级实现95%的事项"最多跑一次"，村民"办事一般不出村"，显著提升了办事效率和群众获得感。近40年来，花园村干部切实做到了"奉献、公平、公正、公开""工作不计酬、选举不拉票"，增强了党组织的凝聚力、战斗力、公信力，在群众中树立了威信。2020年，在123名党代表和7243位选民参与的换届选举中，新一届党委、纪委班子和村委会成员以全票当选。

第三，花园村充分运用"三治融合"机制，培养专业风险化解能力。在少数乡村地区，治理失序导致黑恶势力、宗族恶势力死灰复燃，滋生"黄赌毒""盗拐骗"等群众深恶痛绝的丑恶现象。花园村则通过民主决策、科学管理和严格监督完善乡村自治。花园村所有村干部都经过民主公开选举产生，村务实行严格的公开制度，凡涉及村庄公共利益的重大决策事项、关乎村民群众切身利益的实际困难问题和矛盾纠纷，都由党组织牵头，组织村民群众召开村民大会和村民代表大会协商决定，形成的统一意见必须严格执行。花园村不断修订完善《村规民约》

《生态公约》《村民道德公约》，对尊老爱幼等乡土传统和建设规划等现代秩序各领域进行规定，将其作为先进文明户、五好家庭户、遵纪守法户等荣誉评定的依据，并与各项福利的发放挂钩，以此来约束村民自觉遵守。花园村还成立了由 2 名法律硕士、4 名法律专业本科生、10 名常驻工作人员组成的法律事务部，全权负责村内各类争议纠纷案件的处理，制定了从受理、调处到归档等一套规范程序，实现了"小事当天解决，大事三天解决""矛盾不上交、纠纷不出村、村民零上访"。

第四，花园村不断完善公共服务设施，以城镇化建设提升居民幸福指数。为了弥补基层政府财政能力薄弱的不足，花园集团和花园村集体 30 多年来在花园村持续投资，兴办学校、医院、市场、公园、剧院、超市、酒店、银行、高档别墅、高层住宅及老年公寓等高水准的服务设施，通过旧村改造和整村规划，着力打造硬化、净化、亮化、绿化、美化的居住环境。在开放的氛围下，村民和外来常住居民均可以享受优质的公共服务和基础设施，拥有超越普通乡镇的便利程度和生活品质。花园村还建立一个平台（村级便民服务中心），打造两支队伍（网格员队伍和专职代办员队伍），完善三张网络（一个门户网、一个 App、一个微信公众号），运用"互联网+"现代信息技术，实现了"一网覆盖、智慧联动、网格巡查"。工作人员可以在办公室通过监控墙面观察全村 60 个区域、2400 个摄像装置上传的实时画面，调派治安队伍，以科技手段提升防范处置风险能力。

第五，花园村高度重视美丽乡村与乡风文明建设，不断提高社会文明程度。首先，花园村充分利用并村和旧村改造的契机，通过合理规划把村内道路设施、水电管网、山坡河道、绿化工程、垃圾处理、生态农业做到尽善尽美，高效开发使用土地功能区块，打造宜工、宜农、宜商、宜居、宜游的复合型城镇化空间。通过打造浙江省首家单独以村为单位的国家 4A 级旅游景区，实现旅游与一、二、三产的有机融合，既留住了绿水青山，也系住了乡愁。其次，花园村还通过开办《花园报》、组建专业艺术团体、举办主题大讨论等形式，把"求实、创新、求强、共富"的花园精神进一步弘扬光大，让新老花园村民以"科技花园、绿色花园、活力花园、和谐花园"为理想，为花园建设"世界名村"和"世界强村"贡献精神力量。

总结来看，花园村通过村庄党组织、自治组织和经济组织的有效协作，在"一分五统"的架构下，在近 40 年的时间里持续投入村庄基础设施和公共服务设施建设，深耕乡村治理和乡风文明建设的土壤，使花园村具备远超普通村庄的内源性发展资源和综合治理执行能力，在乡村基层实现了自我组织能力与自主治理能力的同步提升。

相对于由地方政府行政推动的治理创新，花园村内源性发展的经营型治理模式具有三方面的独特优势。

一是总体规划更具历史纵深感，能够为实现长期发展目标持续发力。尽管大量既有研究已经观察到地方政府具有"增长主导性"与"资源经营性"的特征[①]，但相对于任期有限的地方政府官员，现有制度条件并未限制村庄两委成员的任期。[②]而且村庄领导集体更容易形成福泽乡里的在地化情感归属，更有意愿实现村庄的长期稳定发展。

二是经营收益的利益回报机制更为直接，能够促使村两委做出经营性投资决策。毫无疑问，社会治理和投资建设都需要高昂的成本，但村庄可以通过这些投资直接获得经营条件改善、土地价值提升、村民满意度更高等回报。对于更有远见的村庄集体组织而言，投资经营村庄城镇化发展，远比直接将收益以股份红利形式进行分发更有远期收益，也能通过整体环境改善创造更多共富机会。

三是村两委对村庄居民的需求和意见更加敏感，能够为了贴近农业农村真实需求做出改进举措。村两委通过制度化的换届选举及接受村民日常监督，相对更理解村民在经济发展、环境改善、公共服务提升等方面的所思所想，利用相对雄厚的集体资产，进行重大项目建设和适应性制度调整，并通过《村规民约》等地方性非正式制度实现具有韧性的社会建设，使村庄城镇化经济社会红利得以进一步辐射放大。

四、自我加压的名村效应：花园村治理创新动力机制

近十几年来，中央各项政策对农村社会治理改革创新的重视程度不断提升。这种呼唤改革的信号也被各级政府部门所感知，并将推动农村社会治理创新作为与推动经济发展近乎同等重要的工作任务。而且农村治理创新既不同于发展地方经济，无法简单用GDP增长指标加以衡量，也不同于贯彻中央政策任务，难以用政策的执行力与完成度加以考核。[③]农村治理创新更大程度上是在确定了改革原

---

① 陈国权、毛益民：《第三区域政企统合治理与集权化现象研究》，《政治学研究》2015年第2期。
② 周鲁耀：《"统合治理"：地方政府经营行为的一种理论解释》，《浙江大学学报》（人文社会科学版）2015年第6期。
③ 周黎安：《中国地方官员的晋升锦标赛模式研究》，《经济研究》2007年第7期。

则方向的基础上，将探索社会治理体制改革创新的具体任务交由地方进行自主实践。在乡村改革发展的时代背景下，花园村作为首屈一指的"名村"，没有躺在过去的"功劳簿"上自我满足，反而以"名村"为动力，不断自我加压，在贯彻中央和省委省政府的各项改革任务方面，勇做先锋，争创典范。

在公共管理实践中，政府组织体系内部存在着中央与地方、上级与下级的内在互动逻辑。对于像乡村基层治理创新这样相对偏"柔性"的考核标准，难以通过自上而下"一刀切"的指令模式推动改革，而需要借助地方政府更具操作性的改革试验，稳妥有效地探索实施方案，最终通过总结众多行之有效的创新经验，推动相应制度改革。政府内部 M 型层级结构使得地方政府在经济社会管理发展方面拥有一定的决策权。[①] 而且地方政府相对更接近基层，了解民众对改革的诉求，因而由地方政府来推动农村社会治理创新可能更符合地方公众的预期，其改革方案也可能更适应地方经济社会结构特征。周雪光基于组织社会学的研究指出，由于科层制体系中存在的信息不对称，下级政府部门存在动机，即通过非常规方式向上级部门传达信号，体现本部门具有较强能力；如果这种信号被上级接收，且被认可，那么获得激励的概率会大大增加。[②]

由此，围绕乡村基层治理体制机制创新的上下级互动，在政府组织内部可能演化为类似"招投标"的竞争遴选过程。上级政府通过编制"招标文件"，发布"招标通告"，大致说明某一项农村社会治理改革希望达到的政策目标；下级政府则根据招标要求调动辖区内的各类资源，或整体或局部地试验创新举措，形成具有典型特征和可复制、可推广价值的做法与经验，制作成"投标文件"上交给上级部门；上级部门通过或公开或隐蔽的"评标"过程，最终确定中标人，并以"示范"或"试点"等名义下发文件，向"中标人"发送"中标通知书"。这种由"委托—代理"关系构成的激励设置，并不导致下级政府必然对政策指令照办执行。有些下级政府认为其不具备进行试验的条件而主动放弃"投标"；有些则可能认为完成这项"招标"任务的成本收益率相对较低，只通过类似"后台规则前台化"[③] 的有限创新进行总结后再"投标"。由于这种"招投标"竞争本身存在风险，影响地方政府"投标"决策最主要的因素，还是其可动员资源的多少和执行能力的强弱。为了弥

① 钱颖一、许成钢：《中国的经济改革为什么与众不同：M 型的层级制和非国有部门的进入与扩张》，《经济社会体制比较》1993 年第 1 期。
② 周雪光：《逆向软预算约束：一个政府行为的组织分析》，《中国社会科学》2005 年第 2 期。
③ 狄金华：《改革在途：地方政府的社会治理创新及其扩散》，社会科学文献出版社，2019 年，第 112 页。

补自身资源少和执行力弱的限制，地方政府的理性做法是选择辖区内的村庄、企业或社会组织进行合作，通过"外部规则内部化"[①] 将其治理经验吸纳到自身治理实践之中。

花园村作为"五位一体"协调发展的乡村典型，早在 20 世纪 90 年代就已经被浙江省表彰命名为"浙江省小康示范村"，并被国务院农村发展中心誉为"中国名村"而闻名于全国。[②] 经过 30 多年发展积累，花园村已经稳稳占据中国名村前三甲的位置，受到各级领导的高度重视与肯定。由于花园村在经济、社会、文化、生态等各领域均有不俗的表现，且拥有较多的资源和较强的治理执行力，各个层级的地方政府部门都愿意与花园村合作，助力花园村申报各类农村改革项目试点。花园村通过积极支持地方政府的改革试点工作，在获得众多荣誉称号的同时，也为改革推进贡献了具有花园特点的创新方案与实践经验。

随着党和政府越来越关注乡村振兴战略，花园村在获得更多上级政府授予的荣誉的同时，也获得了突破原有体制机制障碍，探索村域高质量发展的新机遇。举例来说，2019 年初花园村成为全省唯一的"村域小城市"培育试点，不仅受到市县两级党委政府主要领导的高度重视，更是有十多位省级部门领导和专家齐聚花园村，共同研讨完善花园村"村域小城市"培育试点实施方案。[③] 花园村相当重视这个发展机遇，力求在更高站位做好城镇化发展规划的同时，争取获得更多省级相关部门的支持，在"村域小城市"这条全新的发展路径上摸索前进，把自身打造成为"小而精、小而美、小而富"的"村域小城市"，为全省乃至全国其他农村的村域发展与建设提供有效经验与做法。

2019 年年底，省政府办公厅下发《关于东阳市花园村乡村振兴综合改革试点总体方案的复函》（以下简称《复函》），同意在东阳市花园村开展"浙江省乡村振兴综合改革试点"，并原则上同意《东阳市花园村乡村振兴综合改革试点总体方案》（以下简称《试点总体方案》）。《复函》明确东阳市要认真履行试点主体责任，抓紧制定实施方案，坚持改革创新、统筹推进和政策底线，还要求省级有关部门根据《试点总体方案》，特别是省级层面支持改革事项清单的要求，加强指导和支

---

① 狄金华：《改革在途：地方政府的社会治理创新及其扩散》，社会科学文献出版社，2019 年，第 121 页。
② 封定一、陈至发、李数平等：《花园成功道路：从走过的道路去寻求未来发展的方向》，经济日报出版社，1997 年，第 125 页。
③ 吴浩宇：《花园村"村域小城市"培育试点研讨推进会召开 探索打造乡村振兴升级版》，《花园报》2019 年 4 月 16 日第 1 版。

持，促进改革试点任务顺利实施。^①花园村两委也明确将乡村振兴综合改革试点作为重要发展契机，深入研究破解困扰城镇化发展，以及各项公共服务事业提升中的深层次问题，力争把花园村建成为乡村文明与城市文明高度融合的实践典范、乡村未来社区的实践典范、新时代乡村振兴的实践典范，为全省、全国乡村振兴提供经验和样板。

自我加压的名村效应，本质上是扎根于浙江这片创造改革开放奇迹的沃土中，由地方党委政府和村庄共同书写的传奇。一方面，地方党委政府将改革不断向前推进，走深走实，以人民的获得感、幸福感、安全感作为初心使命；另一方面，花园村将共同富裕、全面振兴作为永不停歇的奋斗目标，把"百年花园"梦想融入每一项改革的落地见效之中。正如改革开放初期，"温州模式"创造了浙江民营企业于无规则处闯新路的探索精神，在全面深化改革、实现中华民族伟大复兴中国梦的新时代中，花园村不待扬鞭自奋蹄，无比自豪地续写"世界名村""世界强村"的花园新传奇。

---

① 王江红：《花园村成全省唯一乡村振兴综合改革试点》，《花园报》2020 年 1 月 18 日第 1 版。

史

地

篇

艰难困苦　玉汝于成

中国村庄发展

SHIDI PIAN
JIANNAN KUNKU YURU YUCHENG

中国人始终坚信一种唯物辩证的逻辑：贫穷困苦的客观发展条件，能够磨砺人的意志，助力未来的成功。在前工业化条件下，花园村的地形地貌与资源禀赋不适合发展粮食种植业，导致花园村民在历史上始终处于挣扎求生的困境，难以积累发展村庄各项事业的资源。然而这样的困境也锻造了花园人坚韧勇敢、自强不息的文化基因。本篇第一章详细介绍花园村的地理与气候条件，以及种养殖业物产，分析干旱缺水的自然条件如何限制村庄的农业发展。第二章简要回顾花园村的形成历史与宗族溯源，并介绍近代以来的行政建制与区划调整。第三章分别介绍在新中国成立以前，以及改革开放前两个时期花园村村民的生产生活方式，以及教育医疗卫生条件的基本情况。

第一章　地理及自然环境

花园村位于浙中丘陵地带，自然种植条件不佳，易受干旱影响。由于缺水、少田、山瘦、土薄，原来是个"村名花园不见花，草棚泥房穷人家，种田交租难户口，担盐扪鱼度生涯"的贫穷小山村。[①] 100 多户农民祖祖辈辈靠分布在大小 11 个山坡上的 200 多亩（1 亩＝666.7 平方米）耕地勉强维持生计。而恶劣的自然条件也塑造了花园村人格外勇敢与有韧劲的性格。通过充分借助改革开放的时代伟力，花园村在富起来、强起来之后，平整土地、引水蓄湖，对自然环境进行了大规模改造。宜居、宜业、宜游，生态美丽的花园村已成为中国乡村振兴美好图景的旗帜与标杆。

第一节　地理与气候

一、地理方位和地形地貌

花园村，地处浙江省中部、金华市东部，位于浙江省东阳市南马镇镇政府驻地北侧，距离南马镇约 1.6 千米，距离东阳城区约 16 千米。村中心位于北纬 29°7′25″，东经 120°13′46″。花园村原有面积 0.99 平方千米，经过 2004 年 10 月和 2017 年 3 月两次并村，面积扩大至 12 平方千米。东临南江，南靠南新村、前宅村，西接下安恬村，北至南市街道。

历史上，花园村属邑南小平原中之丘陵地貌。全村东西走向，东南高、西北低，村庄土地高低不平、坑坑洼洼，地力贫瘠，土质为金红色，呈酸性。村庄四

---

① 东阳市作家协会：《东阳名村志》，金华市图书馆藏，2004 年，第 26 页。

周没有山脉，只有低低的山坡野地，其上生长矮松和薪柴。有蔡山、红株山、毛芋山、水车山、水碓山、加郎山等山头，高度大多在10米以下。山地多为红岩，表面都是红色的沙砾，细沙浅浅聚集在低凹处，历来只自然生长松树，零星分布灌木及柴丛，不能种植农作物。此类高地无有产出，多为集体所有。村中老人回忆，由于村内道路高低不平、崎岖难行，平面上只有数百米的距离，往往需要步行十几二十分钟。

改革开放以来，花园村投入大量资金对村域内山坡进行平整开发。如蔡山现为花园游乐园，红株山现为花园生物高科股份有限公司，毛芋山现为花园集团公司大楼，水车山现为宾馆别墅、小康新区。经过30余年持续的地形改造，花园村域内绝大部分土地得到平整，以适应各种产业开发建设的需要。即便是2017年第二次并村划入的地块也在蹄疾步稳地平整开发之中。

如今驻足花园村中心高楼，环顾瞭望四周群山，宛如置身于平坦宽阔的盆地之中，完全不见起伏不平的丘陵地貌，足见花园村人改造家园的毅力与成就。

二、气候与自然灾害

花园村属亚热带南缘海洋性季风型气候区，兼有盆地气候特征，温度变化平缓，温暖湿润，四季分明，光照充足，有明显的雨季和旱季，历年降雪、霜冻、结冰时间较短。年平均日照2002.5小时，7月份日照最多，年平均日照率为45%。[①]春季冷暖气团交替频繁，气温变化较大，常有春寒、倒春寒、冰雹等灾害性天气出现。夏季梅雨期在21天左右，雨量集中，常有大暴雨出现，导致梅汛洪涝。7月盛夏受副热带高压控制，持续高温干旱。秋分后在稳定的变性高压控制下秋高气爽，伴有小雨，也常有"秋老虎"酷热气候出现。冬季常年平均有1—2次强降温，造成大雪冰冻或大风天气。1948年到1988年间年平均降雪10天。近年来，受全球气候变化影响，降雪有所减少。历年气温差变化幅度较小，年均气温16.8℃，极端最高气温39.7℃，极端最低气温-10.3℃。

明清以降，受到人口剧增的影响，屯垦愈烈，生态环境日趋恶化，自然灾害频仍。因特殊地形地貌影响，至民国年间，花园村"三年两头旱"，导致群众生活苦不堪言。发生在7—8月的"伏旱"与发生在9—10月的"秋旱"导致农作物大量减产，连群众的饮用水也很难得到保障。花园村民只能前往九联（旧称下庄头）、

---

① 王庸华主编：《东阳市志》，汉语大词典出版社，1993年，第59页。

前蔡、马府等西北方邻村挑水，或者在罗溪河床的沙石中挖坑舀水，挑回家再用明矾过滤后使用。历史上，清雍正元年（1723年）、乾隆十六年（1751年）、嘉庆二十五年（1820年），东阳都发生过特大旱灾，饥荒导致木皮草根均被采食一尽，甚至有大批饥民食观音粉充饥。[①] 花园村在1934年遭遇伏旱，一连72天烈日当空，旱地颗粒无收。中华人民共和国成立以来，党领导群众挖塘修塘，治山治水，提高了花园村抵御自然灾害的能力，但灾害仍有发生。1953年、1954年7月至9月间大旱；1967年7月至8月间大旱，公社驻队干部陈天发动各生产队抗旱，用19部水车从方店水库提水；1971年连续40余日晴天，用20多部水车从樟树塘塘底提水。[②] 直至南江水库渠道竣工后，花园村面临的旱灾威胁才日趋减少。

除旱灾以外，洪涝、大风、冰雹、霜冻等灾害虽有发生，但并不严重。1922年8月，东阳遭遇飓风大雨，洪水猛发，全县溺死555人，塌房1.9万余间，坏房2.68万余间，冲毁田地7600余亩，桥梁堤岸毁坏无数。[③] 但花园村仅罗溪[④]下游洼地被淹。1989年7月23日发生特大暴雨，防军乡等地灾情惨重，而花园村只有罗溪下游十几亩水田田塍被冲毁。[⑤]1955年4月13日，大风、冰雹袭击画水、南马、湖溪三区，雨雹持续半小时，雹大如蛋[⑥]，花园村祠堂被大风吹倒，红株山松树被连根拔起。

由于周边丘陵涵养水源能力较差，花园村历史上一直面临干旱缺水的威胁。村北虽有罗溪沿洼地流过，但源短、流细、溪狭，且不流注花园村。即便在夏季暴雨时节，罗溪宣泄不及，至多淹没花园村30—40亩低洼田，且水退得较快。花园村先人长期通过堆塍挖塘蓄水引流，改善生产生活用水条件。村庄四周及填满中间人工开挖新筑的水塘共有60多口。但每逢大旱，花园村内水塘干涸、井不出水，村民连生活用水都需至邻近的马府等村挑来，甚至因此引发与别村村民的冲突。

20世纪70年代以后，南江水库水流由渠道灌注至花园村，农业灌溉条件得到改善，田野间许多小水塘被填没成耕地。根据村中老人回忆，全村原有较大水塘10口。[⑦] 除下松树塘外，其余9口塘面积均在5亩以下，平均水深在3米以下。

① 王庸华主编：《东阳市志》，汉语大词典出版社，1993年，第90页。
② 浙江东阳市花园村村志编委会：《花园村志》，花园集团档案室藏，2014年，第60页。
③ 王庸华主编：《东阳市志》，汉语大词典出版社，1993年，第99页。
④ 罗溪，花园村老村民又称之为后溪。
⑤ 浙江东阳市花园村村志编委会：《花园村志》，花园集团档案室藏，2014年，第60页。
⑥ 王庸华主编：《东阳市志》，汉语大词典出版社，1993年，第101页。
⑦ 浙江东阳市花园村村志编委会：《花园村志》，花园集团档案室藏，2014年，第223页。

20 世纪 80 年代，花园村集资新建了 3 座电灌基埠，并发动群众开挖了 1600 多米长的引水渠道，完成了电灌的配套工程，使全村 240 多亩农田实现自流灌溉、旱涝保收。[①] 20 世纪 90 年代初，为满足日益增长的生活和工业用水的需求，花园村党支部书记邵钦祥联系了紫溪邵氏同宗，出资 100 万元加高紫溪水库堤坝，然后沿途深埋 3500 米管道，将水源源不断地引到花园村，为花园村自来水厂提供了优质稳定的水源。[②] 进入 2004 年以后，随着行政区域调整，花园村将罗溪改造作为一项重点工程，以摆脱罗溪汛期时的洪水危害。截至 2008 年 6 月，东阳市政府和花园村总计投入近千万元实施罗溪改造工程。改造后的罗溪上口宽 20 米，下口宽 10 米，溪深约 5 米，河道取直、流量增加到原来的 4 倍，并且在河道两岸进行景观美化。同时，花园村还对原来位于方店村[③]的方店水库进行清淤引水，建成了湖面面积达 108 亩的吉祥湖[④]。通过修堤种柳、搭亭建廊，引进音乐喷泉和水幕电影，搭配五彩斑斓的霓虹灯带亮化工程，如今的吉祥湖已经成为花园村旅游的标志性风景。2015 年初，花园村对位于西田村[⑤]的马坞塘实施改造，扩建为蓄水量翻番的马坞水库，以保障花园村 4 万多人口饮用水安全及村庄防洪等需要。[⑥]为配合全域旅游景区开发的需要，2015 年 9 月马坞水库更名为福祥湖。[⑦]

　　时至今日，渠道建设与河流整治将洁净充沛的水源引入花园村，吉祥湖、福祥湖等大小湖塘常年充盈，让困扰花园村数百年的干旱问题得到彻底解决。

第二节　自然资源

一、农田山林

　　花园村内可耕地资源一直非常紧张。新中国成立前，花园村的农户以缺田少

---

①　厉文华：《受群众拥戴的花园村党支部》，载金光强主编《花园足迹 30 年》，中国美术学院出版社，2011 年，第 11—14 页。

②　东方涛：《邵钦祥传奇》，浙江人民出版社，2006 年，第 182 页。

③　方店村属于 2004 年第一次行政规划调整并入花园村的 9 个村之一。

④　王江红：《吉祥湖：花园村的"小西湖"》，《花园报》2018 年 11 月 23 日第 2 版。

⑤　西田村属于 2004 年第一次行政规划调整并入花园村的 9 个村之一。

⑥　包康轩：《东阳扩建马坞水库》，《浙江日报》2015 年 1 月 29 日第 1 版。

⑦　张浩楠：《花园两湖有新名称》，《花园报》2015 年 9 月 8 日第 1 版。

地、赤贫如洗闻名乡里。村中除了邵世金等本家有几丘① 薄田和"燥地塔"② 外，几乎是清一色的佃农，要靠向附近南马、泉府、大南山的大户人家租田勉强求生。新中国成立后，全村土地也从未经过精确丈量统计，主要因为地处丘陵，田块高低不平，形状又呈多边形。当时最大的一块水田位于樟树塘下，实际也只有二亩四分大。加之建房筑路、兴修塘堤、开荒垦种、移坟掘树导致田块变动、面积增减。耕地面积始终只是粗疏的近似值。

土地改革时，花园村人均分得耕地面积 1 亩，大部分是水田，只是高低错落，丘数多，面积少。由于耕地单块面积实在太小，拖拉机开不进来，根本无法实施机械化耕种。实施农业合作化后，田地归集体所有，有两次比较集中的山改田运动。第一次是 1962 年，将散布在田畈中间的大小坟头移走，全部辟为水田，增加了 20 亩左右水田。第二次是 1977 年 8 月，全县响应大寨县的号召，大搞农田基本建设，将与南马交界的下和山一带地塔全部改成水田，增加了 15 亩左右水田。③ 由于缺乏机械化设备，改田时劳动强度极大。高处要在烈日下挥着 8 磅重的榔头打炮眼，低处要在齐肚脐深的坑中填土。根据《东阳县地名志》记载，至 20 世纪 80 年代初期，花园村有耕地总计 258 亩。④

至 20 世纪 80 年代中期以后，花园村筑路、建房、开厂，使耕地面积不断缩小，直至 90 年代只余少量水田有人耕种。待第一次并村后，才通过集约化经营的方式，在村庄东北角分别于 2005 年和 2006 年建成了 3000 多平方米的现代化玻璃温室和 10000 平方米的钢结构连栋塑料温室，用于高科技农产品生产和农业观光。待第二次并村后，2018 年又在村庄西北方渼陂下小区平整建设了 3000 多亩现代农业新园区。⑤ 该园区建有全自动玻璃温室 5 亩、钢架连栋大棚 20 亩、单体大棚 340 亩，引进推广名特优农作物新品种，引进应用智能化管理、无土栽培等先进技术，进行蔬菜瓜果等的高效栽培设施示范，发展现代农业。

在实施土改之前，花园村在村外有四块林地，属于村民共有的柴山。规定在每年农历八月到次年二月间，村民可上山割柴，用作生产生活的燃料。其中毛龙尖是面积最大的一块柴山，约有 500 亩，位于离村 7.5 千米的永康上湖坑附近。

① 丘：量词，指用田塍隔开的水田，为 1—10 亩。
② 燥地塔：高出地面，难以灌溉的旱地。
③ 浙江东阳市花园村村志编委会：《花园村志》，花园集团档案室藏，2014 年，第 146 页。
④ 东阳县地名办：《浙江省东阳县地名志》，金华市图书馆藏，1985 年，第 411 页。
⑤ 王庆丽：《花园人的美好生活——东阳花园村推进新农村建设纪事》，《浙江日报》2018 年 6 月 5 日第 1 版。

而另外三处山林，峰棍、乌坞、金鸡笼小山的面积都在 30 亩以下。实施农业合作化后，山林归集体管理，通常隔 1—2 年开山，将山地自上而下划块，拈阄后由各组社员上山砍柴。由于毛龙尖既高又陡，2.5 千米的山岭沿途有近 90 度的悬崖峭壁，被村民俗称为"板壁潭渊"①。但也因为毛龙尖山高路险，即便一直无人管理，也没有外村人来偷拾柴草。由于花园村域内山少树少，加之养猪普遍熟饲，因此一年四季柴火都比较紧张。但 20 世纪 90 年代之后，花园村人不再养猪，且有了更为便宜干净的罐装液化石油气或蜂窝煤做燃料，所以已经没人再上山割柴。如今的毛龙尖等山林已经草木茂盛、郁郁葱葱，其燃料功能几乎被花园人所忘却。2014 年 11 月，花园村老一辈村干部邵钦木、邵永贵等人陪着年轻的新任村主任邵君伟到毛龙尖等山上转了一圈，好让年轻一辈的领头人直观感受花园父老曾走过的艰难历程，不忘来路，把花园村的事业做得更好。

1949 年以前，花园村内像蔡山、红株山、毛芋山等占地面积较大的山坡野地上都生长着比较高大的松树。蔡山是村内最高峰，有 30 米高，其顶上有一株大松树，成为人们从远处识别花园村位置的标志。而因乌桕树收割掉下的桕籽可以榨油，花园村人有意栽种乌桕树，几乎 90% 的田塍上有乌桕树。乌桕树是一种色叶树种，春秋季叶色红艳夺目。在入秋时节，花园村田间地头的乌桕树火红一片，再加上村中高低丘陵та苍翠葱郁的松树掩映，成为花园村中难得的风景。除了松树和乌桕树以外，花园村中原来还有橡树、黄连、樟树等古树名木，除个别因变乱而被砍伐，村民基本上能自觉保护古木，不会轻易砍伐。

1955 年 4 月 13 日下午 7 时左右，特大风暴、冰雹袭击花园村，飓风将红株山、水碓山、后山塔等地 20 余株古松连根拔起。更大的影响发生在 1958 年秋后的"大炼钢铁"运动，上级下令砍伐村内树木，将其烧成木炭，以助炼钢。尽管村里不太情愿，还是组织大批劳动力逐株砍伐锯截。1960 年以后，花园村中除了具有经济价值的乌桕树，其他大树几乎被砍伐殆尽。3 斤桕籽可以换 1 斤油，对花园村农户来说还是一笔可观的收入。虽然乌桕树根系发达，树冠较大，影响地面耕作，但好在乌桕树在冬天时叶子全部落尽，春天新叶萌发较迟，对于在旱田中种植大小麦无甚妨碍。后因 1972 年与邻村因一株乌桕树发生械斗，且乌桕树根系过于发达，很快会将土地中的水分吸干，导致旱情更加严重，所以花园村人索性

---

① 浙江东阳市花园村村志编委会：《花园村志》，花园集团档案室藏，2014 年，第 219 页。

将田塍、高坎上的乌桕树全部砍伐，全村只在罗溪溪塍里留下三株乌桕树。[①] 20世纪六七十年代，村庄中树木被砍伐殆尽的现象，不唯花园村，邻近各村都有。自然景观遭到破坏自不待说，更严重的是破坏了大自然的生态平衡。由于没有了大树，原先在树上筑巢产卵、孕育后代的鹰、鹞子、猫头鹰、喜鹊、乌鸦、八哥及斑鸠、鹁鸪、雉鸡、啄木鸟、白头翁等鸟类也急剧减少，乃至消失。生态环境的破坏，使"村名花园不见花"的讥语愈加刺激花园村人的自尊心。

进入20世纪80年代，邵钦祥担任村党支部书记以后，高度重视绿化工作，村庄基本建设搞到哪里，绿化植树就跟到哪里。1987年为了绿化厂区，邵钦祥请人在厂门口人行道两侧栽上20棵桧柏。以此为始，从成立花木组到园林管理处，再到园艺公司，花园村的每一条道路都有绿化带和遮护林，每一个村民家门口都有绿篱和花带，每一个厂区都有花坛和草坪。2000年花园村在蔡山新建泰山农民公园[②]，在公园中栽上6000多株花木，有樟树、广玉兰、紫薇、黑松、桂花、杨梅、茶花、龙柏、红花檵木、含笑花等70多个品种。截止到2017年第二次并村之前，花园村内绿化面积已达到300多万平方米，草坪绿地48.26万平方米，绿篱5000平方米，种植各种乔木花卉175万株，移植香樟、桂花、广玉兰等古木数百株。[③] 短短30年，花园村内绿树成荫、鸟语花香、池清水绿，呈现了人与自然和谐相处的绿色花园美景。

二、种植业物产

花园村可耕地资源匮乏，水源获取不易，导致农作物生产必须投入较其他地方更多的劳动力。在新中国成立前的很长一段历史时期内，花园村水田和旱地一般年种两熟，从1912年开始，也有部分村民在水田中尝试年种三熟。

在水田中，多数农户在冬季稻茬间嵌种蚕豆或罗汉豆，撒草籽（紫云英）种绿肥，以达到固氮肥田的效果；少数种大麦、小麦。东阳当地有"吃了麦饼，丢掉米饼"的农谚，意思是不种草籽养田而种麦子，得不偿失。[④] 春季种早稻、中稻，于"立秋"后收割；少数人种糯谷。秋作种胡萝卜、白萝卜、松菜；少数种荞麦。当时的亩产量很低，每亩田一年能收5担谷物已算好收成。农业合作化运动

---

① 浙江东阳市花园村村志编委会：《花园村志》，花园集团档案室藏，2014年，第220页。
② 泰山农民公园2017年改建为花园游乐园。
③ 浙江东阳市花园村村志编委会：《花园村志》，花园集团档案室藏，2014年，第222页。
④ 周耀民等：《东阳风俗志》，金华市图书馆藏，1984年，第7页。

后，开始推广双季稻，面积逐年扩大。20世纪60年代以后，种植经验不断丰富，良种、化肥、农药供应也日趋增加，花园村凡是灌溉条件允许的地方，均种上了双季稻。1970年以后部分水田改种杂交玉米，但由于整地和管理费工费力，1979年后又复种连作晚稻。1980年后开始种双季晚稻。一直到20世纪90年代，由于花园村乡镇企业发展，大多数劳动力转到二、三产业，相当一部分农户改种单季晚稻。

在旱地上，花园村一般只种两熟作物。冬种春粮，一般为小麦（第二年春间作套种旱豆）；夏种秋粮一般为番薯、绿豆及芝麻。由于新中国成立前多数旱地种乌桕树，春粮容易大熟，但秋作因树木遮阴且水分被树木吸收，收成极低。20世纪90年代以后，由于粮食宽裕，大多数人家弃旱地不种，只种水田。

除了粮食作物外，由于花园村民日常以猪脂油为油料来源，基本未种植各种油料作物。而经济作物除了少量种植棉花、苎麻、络麻等制衣原料之外，为了开发副业打草席，只有种植席草的面积逐年扩大，在1984—1990年达到顶峰。[1] 花园村中的瓜果历来只是零星种植，只是在20世纪80年代中期，邵钦祥书记为发展农业多种经营，在蔡山上种上了柑橘林，并从外塘挖来塘泥肥滋润橘树，其长势很好。成林后分户管理，让村民吃到酸甜可口的柑橘。

新中国成立前，花园村栽种的蔬菜品种较少。主要是萝卜菜，萝卜可用来晒萝卜丝，腌萝卜片，菜叶可腌制成干菜；油冬菜，在冬春季间种收；九头芥，秋种冬收，腌制成九头芥腌菜，如贮藏得好可全年吃，晒成九头芥干可全年吃。东阳将九头芥干誉为"博士菜"，盖因素有好学之风的东阳秀才、举人离开家乡奔赴求学之路时，都会带着这种干菜。[2] 夏秋季蔬菜较多。夏季有洋葱、空心菜、长豆荚、茄子、辣椒、黄瓜、南瓜、丝瓜、白扁豆、葫芦等；秋季有白萝卜、菘菜、芋艿等。花园村民在大多数年景均制备腌菜、干菜，形成了当地的饮食特色之一。一些穷苦人家大半年都只能靠吃米糠腌菜过活，外出担盐和经商的劳动力也以之为副食。新中国成立后，陆续增加蔬菜品种。春季有四月豆、球菜、花菜、芹菜，夏季有番茄、莴苣、马铃薯，秋冬有茭白、甜椒、菠菜。

过去种菜大多是村民自种自食，但从20世纪80年代起，有村民在自家承包地上专门种菜，卖给非本地的务工者以获取收入。

---

① 浙江东阳市花园村村志编委会：《花园村志》，花园集团档案室藏，2014年，第152页。
② 王晓明：《龙的花园——邵钦祥和他的百年梦想》，中国市场出版社，2018年，第204页。

1993年花园工贸集团成立之后，在集团内部建立了蔬菜组，集中土地利用塑料大棚和地膜覆盖技术育苗，规模化生产各种高品质、安全的蔬菜。2005年花园农业发展有限公司成立后，更是运用无土栽培技术，选用珍珠岩基质栽培、营养液自动灌溉，在玻璃大棚中全年生产各种高科技蔬菜水果。2017年又开发渼陂下田园，除了新建四季花海约270亩，还新建精品果园约220亩，有梨园、桃园、梅园、桑葚园、樱桃园等，以增加田园采摘乐趣。这些规模化生产的蔬果除了少部分投入市场进行销售外，绝大多数供给花园集团各企业及花园村民。

三、养殖业物产

由于花园村内没有任何矿产资源，在贫弱的农业生产之外，村民只有通过养殖业增加收入来源。历史上，花园村民养殖较多的是猪和鸡鸭禽类，而笃泥鳅①则是花园村民在艰辛岁月中奋力改善处境的一项特殊副业。

在东阳农村，猪是相当重要的资源。猪肥是种植业的主要肥源，婚丧喜庆、酬神祭祖、过节待客、请工做活皆少不了猪肉。至近现代，养猪一直是农户最重要的副业，其收入仅次于种植粮食。在新中国成立前，花园村中除了鳏寡孤独及常年给别人做长工、打零工的家庭不养猪，农户养猪数量相对保持稳定。对于境况稍差的家庭，一般买进小猪后以青粗饲料喂养为主，待猪长到35—50千克时卖"猪壳"。而普通农户则上半年养"猪壳"，下半年养年猪宰杀。因猪有同伴抢食本性，容易生养长大，所以通常年景，平均每户年存栏量在1.5头以上。花园村中大致有1/3的养猪户养母猪，待母猪生出仔猪后，盛在猪笼里，挑到南马集市上去卖。旧时将"牵公猪"给母猪配种的人视为下贱，所以几乎没有农户养公猪。

土改之后，获得土地的花园村民养肉猪的热情极高，存栏数量上升较快。但1953年冬粮实行统购统销后，养猪数量有所下降。1958年秋后大办"人民公社"，不准私人养猪，农户家养的猪一律强制归村饲养。1960年起政府提倡"公养私养并举，以私养为主"，加之1961年进一步推出各种鼓励农户多养猪、养大猪的政策，农户养猪数量逐渐恢复。生产队规定按照猪体重分段计算生产队的投肥数量，以此计领肥料量，又规定每只肉猪生长一斤肉，生产队就补贴一斤粮食，养猪越大，补贴越多。1963—1964年，南马食品购销站收购毛猪每只重40千克，即可奖售化肥20千克、饲料15千克、香烟2条、布票5市尺。花园村出售的活猪数

---

① 捉泥鳅，当地土话叫笃泥鳅。

量从 1961 年的 41 头，增长到 1973 年的 182 头。1974 年在"农业学大寨"运动中又倡导公养毛猪，公社干部要求花园村办集体养猪场。但村中各生产队反应冷漠，消极应对，集体养猪不久就因管理困难而弃办，而私人养猪的积极性却有增无减。

1982 年实施家庭联产承包责任制后，分田到户加上粮食丰收，全村养猪数量超过了 400 头。但没过几年就因花园村中务工经商的男女劳动力日渐增多，村里不再将养猪作为主要副业收入，养猪数量逐渐下降。在花园集团成立初期，还曾办过饲养场，集中养猪养鸡养鸭，春节时作为村集体福利分给村民。2000 年后花园村域空间已基本城镇化，也没有村民再继续养猪。

1949 年前花园村饲养的猪种，九成以上是"东阳两头乌"，另有少量"龙游乌"和"江山乌"。1970 年前后逐渐引进"长白"、"苏白"、"杜洛克"及它们与"两头乌"母猪杂交的后代。该猪种因饲料适应性广，且增重快、体型大而受农户欢迎。20 世纪 80 年代中期引进"大约克"等瘦肉型猪种，淘汰"长白"等肉脂多、皮厚猪种，但纯种"两头乌"自 20 世纪 70 年代末就非常罕见。[①]

花园村耕地大部分是黄筋泥地，黏性大，耕作费力，因而饲养牛主要是作为耕地畜力。黄牛虽役力比不上水牛，但价格较低、饲料较省，可以用来耕水田和拉碾拉磨。1949 年前花园村有 20 多头牛，水牛只有四五头。1955 年成立农业社后，各生产队都有一两头水牛、两三头黄牛，或指定社员饲养，或分户轮流养，养牛数量已大为减少。在 20 世纪 70 年代至 80 年代初，花园村大量引进拖拉机，取代牛力，实现耕田机械化。1984 年后花园村就再没养过牛。

花园村农户历来都养鸡，每户少则 2 只，多则 10 来只。农户白天放养，任由鸡在门堂屋角田边觅食，傍晚喂食稻谷、玉米粒后将鸡关入鸡舍。在人民公社时期，养鸡卖蛋换取零用钱是村民重要的副业收入。但由于农户养鸡采取放养的方式，一旦发生鸡瘟，混杂传染，容易局部成灾。后来公社对预防疫病也较为重视，经常派兽医到村中注射疫苗。为整洁村容村貌，1994 年花园村两委决定，从是年正月十六起，家禽只限于自家屋内饲养，不准放养。1998 年旧村改造完成后，村民家家户户住上宽敞明亮的新楼房，因嫌鸡屎污地，再无村民愿意养鸡。

不同于户户养鸡，花园村历史上极少有人养殖鸭和鹅。一是缘于花园村内缺乏较宽阔的水塘，必须将鸭子赶至附近方店和卢头村的水塘，往来费时费力；二是养鸭只有同时饲养数十只乃至上百只才有规模效益，通常村民家既拿不出如此

---

① 浙江东阳市花园村村志编委会：《花园村志》，花园集团档案室藏，2014 年，第 154 页。

雄厚的资本，也无力承担鸭群或因感染瘟疫大量死亡的风险。东阳过去有"俗不养鸭"的民俗，盖嫌鸭子叫声类似"败、败"，不宜发家致富，又嫌鸭子好吃青蛙、螺蛳、小鱼残害生灵。但新中国成立后此民俗渐泯。①

花园村地处丘陵地带，小水塘星罗棋布。自然繁殖的如鲫鱼、柳条鱼、乌鲤、鲶鱼、泥鳅、黄鳝、虾等，可任由人钓、捕。买鱼苗人工养殖的有青鱼、草鱼、白鲢、花鲢等正鱼。花园村中除下松树塘归全村所有，其他水塘的归属权皆按照塘水灌注谁家田，水塘养鱼所有权就归谁家的规则确定。由于塘小池浅，人工养鱼难以形成规模。即便是最大的下松树塘，年产正鱼也不超过 2000 斤，每位村民最多分得 5 斤鱼。②

捉泥鳅，晒成泥鳅干，是改革开放前花园村少有的能拿得出手的特色物产，但同样也是经济拮据又无其他挣钱门路条件下花园村人勉强为之的副业。花园村周边池塘、水沟、水田，凡是腐殖质较多、有积水的地方就会有泥鳅。泥鳅营养丰富，又长于泥中，可任由人捕捉。按照东阳南乡风俗，到别人家田沟水塘中去笃泥鳅，只要不捕捉人家养的正鱼，不破坏田塍，一般主人家不会干涉。新中国成立前花园村就有人会笃泥鳅，之后由于断了担私盐的营生，"合作化"和"人民公社"时期全村有 40 多人出去笃泥鳅。

笃泥鳅异常辛苦。春夏头顶烈日炙烤，秋冬双脚在冷水里浸泡，更不堪忍受的是蚂蟥叮咬，一口浅水塘里下去上来，肚脐下、大腿根全是蚂蟥，血淋淋一片，狼狈、痛楚可想而知。花园村人为了多笃几斤泥鳅，往往是一大早就摸黑起身，到方圆数十千米内的池塘去笃泥鳅。收获好的可以装满一裙篮，曾有村民邵星贤连续两天每天捕获超过 100 斤；收获差的只有 2—3 斤，甚至空手而返。③笃泥鳅的渔具是当地叫作"爬春"的四角笼网，三面是网，一面开口，一米见方。笃泥鳅时需蹑手蹑脚，先用脚尖在浅水塘底慢慢探路，然后用"竹三角"从前方一米左右的水域里往开口驱赶。笃泥鳅有时会捕到鱼苗，但花园村人从不贪小，立即随手放回到池塘里去。因而，在临近的四方八乡，花园村笃泥鳅人的口碑很好，不太会遭当地村民驱赶。

花园村人笃泥鳅，主要用来烘焙泥鳅干，贩卖泥鳅干得来的收入是一项不可

① 周耀民等：《东阳风俗志》，金华市图书馆藏，1984 年，第 19 页。
② 浙江东阳市花园村村志编委会：《花园村志》，花园集团档案室藏，2014 年，第 157 页。
③ 浙江东阳市花园村村志编委会：《花园村志》，花园集团档案室藏，2014 年，第 158 页。

或缺的生计来源。泥鳅干的加工，晴天时是将泥鳅倒在地笠里暴晒，等到它快死时放到热锅里烤；阴雨天则把泥鳅倒在热锅上，烈火烧熟，然后放在帘上用炭火焙松、烘干。烘焙用的荆帘最初是用水筋料编织而成，有时炭火太猛荆帘还会烧起来。20世纪70年代以后，花园村人从县城买来铁帘子，用铁帘烘焙泥鳅使其受热均匀，再用谷壳和粗糠的烟火熏一熏，使泥鳅干色呈微黄，卖相更好，拿到市场上更能卖得好价钱。20世纪80年代以后，生活条件极大改善的花园村再没村民以笃泥鳅为业。

第二章　村落历史

花园村形成已有近740年历史，但由于地处丘陵，自然条件恶劣，始终是岁月更迭中名不见经传的偏僻山村。但慎终追远，花园村未来得以书写改革开放时代传奇的力量，已经镌刻在家族勤劳务实的基因之中。

第一节　村庄的形成

一、村庄由来

花园村主姓邵。相传花园村邵姓祖先邵礼（生于1321年），字"廷慎"，于元代至元年间（约1333—1341年）从东阳紫溪村迁至花园村。根据《紫溪邵氏宗谱》记载，邵礼是紫溪邵氏始迁祖邵淇（生于1262年）的四世曾孙。邵礼从小家境贫寒，少年时父母相继亡故，本人虽粗识文字却谋生艰难，故向本乡官宦世家马府寻求庇护。

马府由南宋名臣马光祖始建。马光祖（约1201—1273），字华父，号裕斋，东阳马宅镇人。咸淳五年（1269年）升授为知枢密院事，以金紫光禄大夫（加金章紫绶者的光禄大夫）致仕，封金华郡公，谥号庄敏。马府与厉、乔、葛、何并称东阳五府，称雄一时。

相传邵礼向马府求靠时，马府族长见年仅十五岁的邵礼神情厚道，恭谦温良，述说家世，言谈有据，遭遇困顿，不卑不亢，于是留其在马府栽花护园。邵礼深感马府容留之恩，在马府花园里起早贪黑，洒扫庭院，莳花弄草，披星戴月，勤勉恭敬，深得马府族人赞赏。至邵礼长到二十岁，马府族长征询族人意见，公认邵礼忠厚笃实，不怕苦累，勤勉无私，信义可靠。马府族人赞同其恪守祖德，给以邵礼赏赐。一是为邵礼物色了相当女子，助其娶亲完婚；二是划拨蔡山脚下的马府花园，让他在此安家发族。[①]

元至正初年（1341 年），邵礼生一子，起名为"赏"，以告子孙后代不要忘记马府族人在困难之际的知遇之恩。邵赏也被《紫溪邵氏宗谱》认定为花园这一支的始迁祖。从此，紫溪邵氏第一支外迁的后裔就在此繁衍生息，而"花园"也沿用为村名至今。

二、行政建制与行政区划

从唐代开始，邑城之地设隅、坊；邑城之外，实行乡、里、坊、村制，百户为里、五里为乡。宋熙宁四年（1071 年）推行保甲法，改乡里为都保制，10 家为保，50 家为一大保。元承宋制。自元末建村以来，花园村历代皆为东阳县辖地，元、明、清代属仁寿乡五十六都。

清末实行"新政"，在基层废除保甲制度，县以下乡级基层组织变乱无序。中华民国元年（1912 年），推行区、乡制；花园村属东阳县第八区。1928 年，南京国民政府第一次公布《县组织法》，规定县以下的组织依次为区—村（里）—闾—邻四级。1929 年又公布了《重订县组织法》，将村（里）改为乡镇，县以下改为区—乡（镇）—闾—邻四级，具体规定为 5 户为邻，5 邻为闾，百户以上的村庄为乡。1932 年花园改称为东阳县第八区花园乡，乡驻地为花园村。

为加强对农村县以下基层的统治，1933 年，国民政府行政院农村复兴委员会派调查人员到浙江、江苏等农村调查。在浙江东阳县，调查人员向县府询问该县经济社会情形，而县长以"县府中人素不下乡，故情形并不熟悉"相答。盖因县长及僚属来自外地，语言不通，平时足不出县衙。[②]为扭转基层涣散局面，国民政府决定恢复保甲制度，先在江西试行，1934 年推行于全国。1935 年 5 月 31 日，东阳县实施乡镇保甲制，410 个乡镇合并为 68 个都乡。1935 年 5 月，花园为五十六都乡第六保。

1939 年 9 月，国民政府行政院颁布《县各级组织纲要》，于 1940 年 1 月开始推进"新县制"，但因种种原因推进缓慢。1942 年 5 月东阳县沦陷于日寇。嗣后东

① 东方涛：《邵钦祥传奇》，浙江人民出版社，2006 年，第 5 页。
② 行政院农村复兴委员会编：《浙江省农村调查》，商务印书馆，1934 年，第 235 页。

阳县调整区域，1944年11月南马乡置镇，花园属南马镇。

1949年5月15日，东阳县人民政府成立，废除保甲制，设9个区，44个乡镇，花园属南马区南马镇。1950年，扩区增乡，东阳拆分为11个区124个乡镇，同年7月，花园归入紫溪乡四村，范围包括方店、花园、马府、前蔡、卢头、殿下、后山、下里园、下庄头、墩塘头、水碓头、白殿、桥头、石鼓等14个自然村。1955年办光明农业生产合作社，1956年撤区并乡，花园属南马乡。1958年10月政社合一，实行人民公社化制度，以区建乡，称南马人民公社南马大队（又称南马管理区）花园生产队。1959年、1960年花园生产队包括花园、方店、马府、前蔡4个自然村，有6个小队，农户总数达268户。1961年调整公社规模，恢复区，大队改为人民公社，同年9月花园村称为花园生产大队。1983年政社分设，改人民公社为乡，恢复村制，称南马乡花园村，总面积0.99平方千米。1985年5月南马乡再次置镇，属南马镇花园村。1992年5月撤区扩乡并镇，花园村属镇政府所在地范围之内。[①] 至2003年底，全村有177户，496人，总面积2.58平方千米。[②]

2004年10月18日，东阳市人民政府办公室印发《东阳市人民政府关于同意南马镇行政村区域调整方案的批复》（东政发〔2004〕93号）。为优化农村资源配置，促进农村经济和社会发展，推进城乡一体化进程，市政府批复同意南马镇总计26项行政区划调整请求。其中第八项明确"撤销花园村、西田村、南山村、马府村、方店村、前蔡村、卢头村、三余村、九联村、河泉村建制，建立花园村，村委会驻地设花园"。同年10月20日，10个行政村正式合并为新的花园村，村区域面积达5平方千米，本地户籍人口达到4300多人。

并村后没多久，花园村就通过了《总体规划方案》，按照合理布局、全面规划、整体拆建、分步实施的目标，将原来的10个村改为10个小区，对各小区进行了规划和建设，还统筹村域空间资源，划为村民平安居住区、高效生态农业区、第三产业服务区、高科技工业园区。[③] 以农房改造为重点，整体搬迁4个村，整体拆建3个村，旧村改造3个村，做到道路硬化、路灯亮化、环境绿化、卫生洁化、饮水净化、村庄美化，把原来空间分散、设施落后的村庄改造为布局科学、配套先进的现代化的城镇。

---

① 浙江东阳市花园村村志编委会：《花园村志》，花园集团档案室藏，2014年，第58页。
② 浙江东阳市花园村村志编委会：《花园村志》，花园集团档案室藏，2014年，第66页。
③ 王江红：《花园村：并村十年奔大康》，《花园报》2014年11月6日第1版。

2017 年 3 月 15 日，东阳市委、市政府决定对部分行政区划进行调整，将花园村周边 9 个自然村并入花园村，通过"强村带弱村、先富带后富"的方式，做大花园模式。2017 年 8 月 24 日，东阳市人民政府办公室印发《东阳市人民政府关于同意南马镇将南城、西瑶等五个行政村并入花园行政村的批复》（以下简称《批复》）（东政发〔2017〕47 号）。该《批复》同意"南马镇将南城（含南城、青龙、西山坞 3 个自然村）、西瑶（含西瑶、桥头 2 个自然村）、环龙、柳塘、渼陂下（含渼陂下、桥头 2 个自然村）等 5 个行政村并入花园行政村。为实现这一行政区划调整，浙江省人民政府办公厅于 2017 年 8 月 14 日印发了《浙江省人民政府关于东阳市部分行政区划调整的批复》（浙政函〔2017〕88 号），同意"将东阳市南市街道所辖的环龙村、柳塘村、渼陂下村划归东阳市南马镇管辖"。

在省市两级地方政府的协调下，花园村在第一次并村的 13 年后，进行了第二次并村，再次组建成新花园村，村区域面积扩大到 12 平方千米，本地户籍农业与非农业人口合计约 8800 人，常住人口超过 6.5 万人。

如表 1-1 所示，1982 年时，后来合并组成新花园村的 19 个行政村，当时的本地户籍人口总数为 7744 人，与 2017 年的户籍人口数相比，年均增长率仅为 0.37%，户籍人口增长相对缓慢。

表 1-1　1982 年各村庄人口统计 [①]

村　名	户　数	人　数	村　名	户　数	人　数
花　园	102	397	南　城	79	351
大南山	231	872	青　龙	104	411
西　田	183	657	西山坞	44	144
方　店	166	631	西　瑶	61	254
前　蔡	83	333	桥　头	83	325
河　泉	36	142	环　龙	277	1099
九　联	40	169	柳　塘	165	616
三　余	70	273	渼陂下	145	597
卢　头	41	181	乐　业	20	82
马　府	49	210	合　计	1979	7744

---

① 东阳县地名办：《浙江省东阳县地名志》，金华市图书馆藏，1985 年，第 404—440 页。其中桥头村当时称为桥楼村。

第二次并村后，花园村从见效快的治危拆违、整治村庄脏乱差环境等入手，进行全面"大扫除"，使新并村的村容村貌出现了巨大转变。与此同时，经过科学论证，花园村对新并村的规划也已出炉。溇陂下、乐业、桥头、西瑶4个小区规划为工业、养老休闲、农业、水利区块；青龙、南城、西山坞3个小区规划为商业、旅游区块；环龙、柳塘规划为第三产业区块，以发展红木产业为主。① 截至2019年第三季度，西北方地区，溇陂下小区大片土地已平整，不但建成了古色古香的居民小区，3000多亩现代农业新园区也投入运营；中部地区，3.5千米长的红木长廊商业街已完成建设，串联起南山、西田、柳塘、环龙4个小区，与未来红木家具和物流产业形成配套，实现红木全产业链升级发展；东南方地区，西山坞、南城、青龙3个小区正在实施整体搬迁。花园村再次以"一村并九村"为契机，建设起一座令世人艳羡的村域小城市。

第二节　宗族与乡贤

一、宗族溯源

花园邵氏源于紫溪邵氏。根据《紫溪邵氏宗谱》中收录的明正德年间通州儒学司训② 邵英所作《紫溪邵氏宗谱序》中记载，最早迁居紫溪的邵氏先祖是邵淇（号养元）。邵淇与其兄邵海于宋端平三年（1236）从严州寿昌（今建德市寿昌镇附近）出发，至兰溪，与时任兰溪州判官的族侄邵文龙会修族谱，后为追访九世祖安简公邵亢③ 之墓而到东阳，择地造屋，长居紫溪。但邵淇的几个儿子后来又散居到温岭、余姚、松阳、武义等地，唯有其孙邵婺这一支仍留在紫溪。

时至今日紫溪邵氏村民，以及相关书籍较多认可的说法是，邵亢的后裔邵淇迁居原名黄毛塔的村庄。后邵淇的九世孙邵蔺考中进士，官至山西道御史，邵氏族人为了纪念他，而将村名改成紫溪。

邵蔺（1481—1539），字宗周，号紫溪，正德九年（1514）进士。正德十一年

---

① 王江红：《一年大变样 三年全变样》，《花园报》2018年3月16日第1版。
② 儒学司训：明清时县学教谕的别称。
③ 邵亢（1014—1074）：字兴宗，丹阳（今江苏丹阳）人。历仕北宋仁宗、英宗、神宗三朝，官至枢密副使，谥安简。紫溪邵氏将邵亢视为先祖。

（1516）到福建建阳县任知县。① 嘉靖五年（1526）复任山西道御史。② 嘉靖七年（1528 年）巡按广东。嘉靖八年（1529）上书建议将过去由里甲酌定的派料银折合成秋粮一并征收。③ 嘉靖九年（1530），锦衣卫陈纪奉差到广东办理陈洸案，邵圌弹劾陈纪贪赃枉法、包庇陈洸等罪，因而遭贬。④ 后陈洸定罪，邵圌被重新启用为安徽无为州判官，殁于任上。至今紫溪村中仍保留着始建于 1529 年，邵圌任御史后荣归省亲时所建的御史厅。

邵圌之后，紫溪邵氏文风绵长，几乎历代皆有读书做官者。至近代，更是涌现出知名报人邵飘萍（1886—1926）、国画名家邵逸轩（1885—1954）等，其子邵少逸（1912—1986）、其女邵幼轩（1918—2009）、其堂妹邵一萍（1910—1965）在国画方面也均有建树。⑤

如图 1-1 所示，自邵礼从紫溪迁到花园村后，花园邵氏就成为紫溪邵氏在外的第一支分支。如表 1-2 所示，花园邵氏历代仍按照紫溪邵氏的排行来定辈分。按照宣统年间《紫溪邵氏宗谱》中"凡例"的记载，紫溪邵氏的"乐道"56 字排行诗原是北宋邵雍所作，可管后世子孙 56 世排行。但由于历经千年，后世子孙为避讳复用辈分的字，在大约 200 年前新定了"棕煜"20 字辈诗。至今紫溪和花园邵氏后裔中 50 岁以上者，名字中多有"钦""永""宏"等字，也是按照字辈而来。

---

① （清）郝玉麟等修的《福建通志》七十八卷首五卷中记录邵圌于正德年间后期任建阳县知县。
② 《明实录世宗实录》卷之六十九记载嘉靖五年十月壬申"复除服阕山西道试监察御史邵圌原职"。
③ 《明实录世宗实录》卷之一百二记载嘉靖八年六月丙子"广东岁派料银旧例出办于里甲，至是巡按御史邵圌奏请编入合省秋粮内均派徵"。
④ 《明实录世宗实录》卷之一百十五记载嘉靖九年七月癸卯"先是锦衣卫千户陈纪奉差广东逮问陈洸，巡按御史邵圌劾其奸弊等罪纪。以御史陈大器出巡广西时嘱圌使劾，已因摅大器罪状奏闻，上念纪与大器皆回籍听勘"。
⑤ 东阳市人民政府地方志办公室、东阳市农业和农村工作办公室编：《摇落的风情》，西泠印社出版社，2019 年，第 122—127 页。

```
                        亢
                       乐三
              ┌─────────────┴─────────────┐
           仲俊                          伯聪
          道四                          道三
           宏源                          宏渊
          安五                          安四
           隆祉                ┌──────────┴──────────┐
          和五               隆福                  隆佑
      ┌────┴────┐           和四                  和六
   贤洪        贤汪
   善三        善二
              宜微
              积二
               旺
              森一
               炽
              百二
         ┌─────┴─────┐
        淇          海
       增六         增二
  ┌────┬────┬────┤                        │
 贤   嘉   显   盛                        达
千四  千六 千八 千九                     千十
      ┌───┴───┐                         乾
     宁  阳  婺                        万十六
   万十五 万十一 万十三                    礼
              铨                       庆十七
            庆十五                       尝
      ┌────┬────┴────┬────┐           兴五
     贞   利        亨   元            邦
    兴四  兴三      兴二  兴一          珉八
   ┌──┴──┐       ┌──┴──┐
  哲    章      恕    冯
  珉七   珉五     珉一   珉四
```

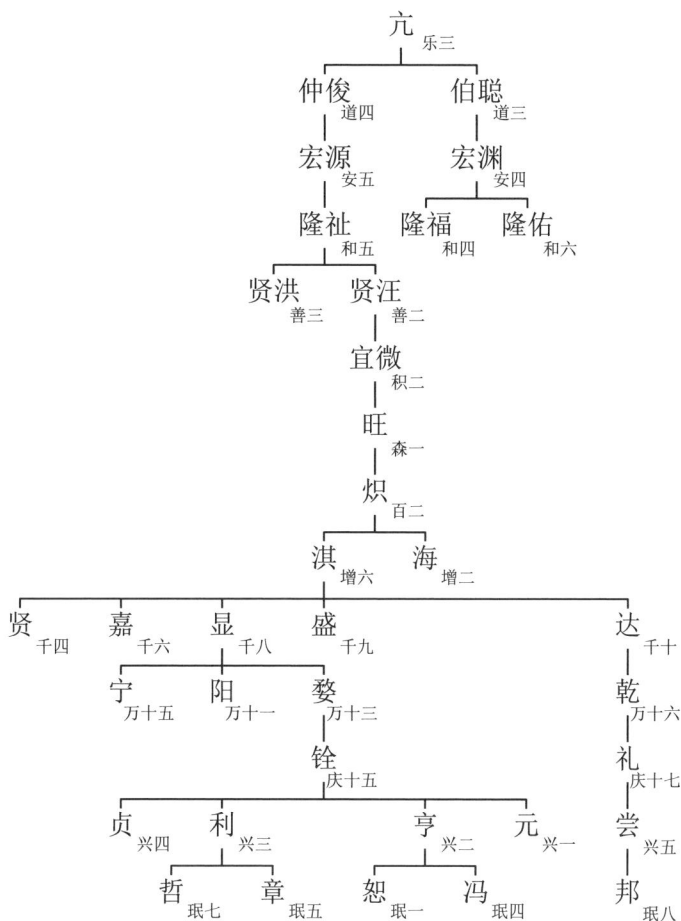

图 1-1　紫溪邵氏家谱世系图（局部）[1]

表 1-2　紫溪邵氏排行辈分表 [2]

乐	道	安	和	善	积	森	百	增	千	万	庆	兴	理
开	宗	明	义	福	昌	济	乾	泰	坤	宁	仁	寿	纯
										字辈：			（棕）
富	贵	荣	华	隆	恺	悌	温	良	恭	俭	让	谦	文
（煜）	（坦）	（钦）	（永）	（宏）	（开）	（学）	（士）	（光）	（国）	（家）	（承）	（兆）	（瑞）
恢	宏	德	泽	维	淳	厚	呈	进	奇	祥	伏	瑞	云
（仁）	（德）	（启）	（隆）	（章）									

① 由《紫溪邵氏宗谱（二十八卷）》（1994 年重修）第二卷中的紫溪邵氏家谱世系图中截取整理。
② 由紫溪村老年协会会长邵福清整理。

至清代末年，花园邵氏已发展为有五十多户人家的小山村，按照分支聚居，逐渐形成月田大房、大份二房和上台门的小房。[①] 大房是前几代邵氏祖先的长子，子孙开枝散叶更早，后代的辈分往往更小；而小房的后代在村中同龄人当中往往辈分更大，甚至可能相差两三个辈分。掌握家族事务的祠堂家长，一般是由村中辈分大的人来担任。因此，住在上台门小房最年长的长辈，就掌管整个花园邵氏的家族事务。

二、知名乡贤

花园村在新中国成立前虽是山野小村，近代却也有两位知名的乡贤。一位是邵煜富（1869—1944），字克恒，排行富九百三十八。幼时上过私塾，聪敏好学，资质过人，但无奈家境贫寒，最终放弃学业而从事农桑。成年以后胆识超群，卓有才干，被邵氏族人推举为祠堂家长，掌管全村事务。邵煜富因为处事正直无私，排解纠纷条理清晰、是非分明，在邻近三村中威望极高。每逢花园村民遇到急难事，邵煜富都急公好义，热心救济。1912年，花园村一村民因田界、灌溉问题与邻村发生争执，竟被擒走。邵煜富闻之立即前往邻村祠堂，与该村族长据理力争，直斥其非法拘禁平民百姓于法律不合。该村族长恼羞成怒，自恃村大势强，将邵煜富一并拘拿。邵煜富毫不示弱，声言要将非法拘禁恶行上告至金华地方审判庭，维护法律尊严。该村族长权衡利害，决定将两人放回，但邵煜富提出该村必须赔礼、认错、道歉，否则自己宁愿留住该村，等待公决。该村族长自知理亏气短，只得将两人风光送回。[②] 邵煜富平日热心村中公益事业，1937年，他牵头建造上台门厅堂，并构建楼房，翌年又倡议增修邵氏宗祠前庭三间，使宗祠规模更为宏敞。

邵煜富作为祠堂家长，总想为花园邵氏族人做点善事。当时，花园族中许多穷苦人家仍用松香木做灯，即便过年过节也买不起蜡烛。邵煜富就安排人手采集村中乌桕树籽打青油，制成蜡烛，挨家分送族人。邵煜富还收留一个生活无着的外村人在家里做长工，并仿照当年马太师府族长收留自己祖先邵礼的做法，给这名长工娶妻安家。邵煜富还特别关心族中后辈教育。凡是上台门有孩子小学毕业，邵煜富就张罗拿出一扇猪肉做成好菜，请来族人开一桌宴席为其庆贺，鼓励族人

① 东方涛：《邵钦祥传奇》，浙江人民出版社，2006年，第16页。
② 浙江东阳市花园村村志编委会：《花园村志》，花园集团档案室藏，2014年，第73页。

向学。① 邵煜富对教育的重视也惠及后代。他的独子邵嘉麟，私塾读到十一岁，为了家计学裁缝做手艺，还曾去宁波跑码头、开眼界。邵嘉麟勤学苦练，不仅会打算盘，记账功底扎实，还写得一手好毛笔字，每逢春节或族中人家做红白喜事，对联、斗方总是由他出笔，他是花园村中公认的"文化人"。

另一位乡贤是邵华森（1908—1984），排行隆三十七，幼年读过两年私塾，十三岁投师学泥水手艺，十七岁出师，十八岁即自学设计，后在杭州、金华等地跟老师班从事建筑业。三十岁后即自己当包头，承揽工程。因其精通业务，且为人正直厚道，跟从者甚众。1945 年 8 月，其负责修复 1942 年被日本人炸毁三孔的南马大桥，使之恢复通行。1950 年，在金华成立邵华森营造厂，有工人 100 多人。新中国成立初期，从杭州至鹰潭铁路沿线的饮水工程、莫干山避暑山庄、金华火车站等凿建工程皆出自邵华森之手。1952 年 6 月，金华组建公营金华市建筑公司（金华市第一建筑公司的前身），其为创始人之一，并被推选为技术施工负责人，被评为九级工程师。1953 年，邵华森倾全部积蓄，自己设计建造了金华群众剧院，为丰富金华市民文化娱乐生活做出贡献。自己不图任何回报，唯要求终身免费在群众剧院看戏看电影。②

邵华森为人豁达仗义，有工友上门求助必慷慨解囊。凡借出的钱，从不主动索回。他对工作素来严谨，一丝不苟，常教导子女，学艺先要学习做人，因此三个儿子、六个女儿都成长为有用之才。在金华建筑界，邵华森声名卓著，他的家教有方也曾被媒体多次报道。

① 东方涛：《邵钦祥传奇》，浙江人民出版社，2006 年，第 17 页。
② 浙江东阳市花园村村志编委会：《花园村志》，花园集团档案室藏，2014 年，第 74 页。

第三章　田园时代的生活

从生产方式上看，花园村在改革开放之前是以农业为主要功能形态的区域。恶劣的自然条件和有限的物产资源，使田园时代世世辈辈的花园人即便播种下汗水乃至鲜血，也无法在贫瘠的土地上收获丰衣足食的朴素梦想。新中国成立以后，花园村生产生活各项条件均有很大改善，不再为残酷土地剥削制度所束缚的花园村人迸发出极大的生产生活热情。尽管农业生产水平有了较大提高，但自然条件决定了以农业为主的生活形态，难以让获得翻身解放的花园人过上富裕文明的现代化生活。

第一节　新中国成立前的生活

一、艰难谋生

"村名花园不见花，草棚泥房穷人家，种田交租难糊口，担盐捉鱼度生涯。"这首诗之所以被花园村人反复谈起，不仅是因为它形象地描述了苦难年代花园村人世世代代在贫困线上挣扎的真实面貌，更是一针见血地反映了解放前花园村人主要的三项谋生来源：当佃农、担私盐、捉泥鳅。

花园村内耕地资源非常有限，加之大多是丘陵上的旱地，收成很难有保障。花园村民大多是佃农，靠向邻村南马或泉府的大户人家租几丘"讨种田"度日。村里3—4亩祠堂田，也全部出租，以租谷收入充公用。[1]广大的佃户村民终年胼手胝足，辛勤劳作，仍难求温饱。若遇到旱虫灾歉收，更是难以维持生计，甚至不

---

[1]　浙江东阳市花园村村志编委会：《花园村志》，花园集团档案室藏，2014年，第141页。

得不离乡背井，逃荒异地；少数几户租不到"讨种田"的贫雇农，只能扶老携少幼，全家外出讨饭；有几户佃农，在"讨种田"上精耕细作，将"劣田"改良为"好田"，为富不仁的地主就要"加租"或索回"讨种田"。

相关史料记载，那时候在东阳南乡租种地主一亩田，每年要交田租稻谷约100千克。而佃农人家自己肚子都填不饱，更没有能力养牛养猪，因此地里也缺少农家肥料，再加上农具落后、种子质量有限，亩产自然高不上去。即便风调雨顺的年景，一亩田地一年也只产出150至200千克稻谷。[①]佃农起早摸黑，一年最多也只能租种二三亩田地。秋后交了田租之后，家里连皮带谷，也就剩下几百斤粮食，还要为来年预备下种子。所以全家老小即便勒紧裤带"糠菜半年粮"，也已经非常不易。

当时花园村民为了维护自己的根本利益，团结起来，与地主开展"护田"斗争。1943年5月，南马大地主吴荣奎，无理要求收回租田，而且纠集人马冲到花园村，以武力威吓村民。时年33岁的邵永汉生平尚勇，长于武事，坚强其质，正直其心，一直在马山前蒙馆执教。眼见地主打到花园村来，邵永汉出于义愤，拿着二节棍奋勇当先，冲进对方阵营里，如入无人之境。众村民协力同心，将吴荣奎的人马打得落荒而逃。邵永汉却被戳破肚子，肠子流在外边。村民急忙救治，他还说"没事"。后终因伤势过重，流血身亡。[②]

为了求活路，挑贩私盐是花园历代村民的一项收入来源。但贩运私盐历来都是一宗极为冒险的营生，盐铁自汉代以来就由官府经营，贩私盐弄不好就血本无归，甚至有掉脑袋的危险。20世纪三四十年代，日军侵华，交通阻滞，官盐常常供应脱节。远离沿海的江西一带食盐更加紧缺，百姓欲买食盐却求告无门，只能辣椒当盐过日子。花园村民尤其是村中青壮年瞅准盐卡越是吃紧，盐的销路一定越好，赚钿也就越大的时机，就用"生命兑盐食"，三五成群，结帮结对，肩背草席，从花园村出发，经东阳、磐安、仙居到台州向盐民购买食盐。为了不让"盐兵"或"缉私队"查获，他们往往昼歇夜行，翻山越岭，钻密林、绕远路、避关卡、走险道，体力消耗大又担惊受怕。所以本地人都说"一分本事赚一分钱，十分本事担私盐"。

花园到台州有300多千米路，体力好、胆子又大的人，为了多赚点钱，就不

① 王晓明：《龙的花园——邵钦祥和他的百年梦想》，中国市场出版社，2018年，第26页。
② 浙江东阳市花园村村志编委会：《花园村志》，花园集团档案室藏，2014年，第75页。

怕山高路远，挑到江西的玉山、上饶、乐平等地去卖。一路挑，一路卖，起程日挑 160 斤盐，到了江西便差不多成空担了。这样的旅程要一个多月时间，沿途要穿烂三双草鞋。挑贩私盐的花园人在江西境内沿途歇夜住庙，只要一小勺盐即可换得一宿二餐，沿途几处客栈混得熟了，花园人住进去不用多费口舌。大多数花园人到仙居担盐，都在周边贩卖，有的则到磐安新屋东郭岭等盐市从仙居人手里接过盐担，挑到黄田畈等地去卖，往返一次可赚 30—40 斤大米，比替人打零工每天 5 斤来得强多了。①

早年间，在一个暮春的傍晚，花园村民邵灯金挑着盐担走过乡间田塍小路，前方有一个盐兵荷枪把守。情急之下，他挑起盐担直奔水田中央，且用搭柱挂着盐担歇肩，盐兵犯不着脱下鞋袜下水追赶缉拿，于是就在田塍上悠闲地抽烟，看邵灯金能坚持到几时。直到天色渐暗，盐兵终于耐不住饥饿，自行撤走。邵灯金这才拔起搭柱，挑着盐担，夺路而逃。他回到花园村后，把这件事讲给村民听，说他僵持在水田中时，搭柱在烂泥田里越陷越深，架在上面的盐麻袋都快浸到水田里了。幸好最终逃出生天，否则即便不被抓住，所担的食盐也必化无疑。但后来邵灯金再出去担私盐，就一去不归、下落不明了。他家里托外出的伙伴们打听，也是杳无音讯。大家猜测邵灯金可能是又碰到盐兵遭遇不测，冤屈地客死异乡，成了孤魂野鬼了。②

为了避免邵灯金的悲剧重演，花园村民决定以后出门一定要结伙抱团，心齐胆大，不能孤单独行，万一有事，也可有个照应。遇到盐兵盘查，花园人不惊慌失措，叫口才好一点的人上前周旋，见机而作，往往能有惊无险、化险为夷。遇到一两个盐兵硬要拦阻不让通行时，花园人就捡起搭柱，劈头就打，然后夺路而走。

1935 年 5 月某日傍晚，邵荣金、邵小弟、鸭（绰号）等三人，在岩坞新凉亭边狠狠教训了一个为盐兵充作耳目，专门和花园人作对的义乌人，将他打了一顿之后，把他捆绑在山顶上。这个义乌人吃了这次亏以后，花园人"蛮"和疾恶如仇的秉性在担盐路上传扬开来，盐路上一些盐卡的盐兵都知道花园人不好惹，于是往往睁一只眼，闭一只眼，碰到有人担私盐路过，喝问一声："哪里人？"听到回答说是"花园的"，就把手一挥，让他们走过。邻近村庄担私盐的人都知道跟花园

① 浙江东阳市花园村村志编委会：《花园村志》，花园集团档案室藏，2014 年，第 168 页。
② 东方涛：《邵钦祥传奇》，浙江人民出版社，2006 年，第 14 页。

人不会吃亏，纷纷冒充花园人，只要盐兵发问："哪里人？"也就壮着胆回答："花园的。"这样也便可以顺利通过盐兵的盘查。[①]

除了已经介绍过的抓泥鳅、制泥鳅干，手工业也是花园村民的重要谋生来源。村中传说，清朝初至中期，花园水碓山一带办过缸窑，且规模很大，烧制时火焰红遍半个天空。改革开放初，花园村平整土地、建造厂房时，在四五个地方挖出烧制过的缸、钵、罐等缸窑遗物，佐证了当年花园村的确开过缸窑的说法，且占地面积不小。据说缸窑是清军镇压本地太平天国起义时，被清军毁掉的。

纺纱织布则是花园村妇女主要从事的手工业工作。虽说20世纪二三十年代以后现代纺纱厂、织布厂生产的各式棉布已经非常普遍，但花园村穷，没有闲钱去买"洋布"穿，所以家家户户保持旧习，每年种点棉花，供制作棉衣被褥之用。新中国成立前，花园村有10多架妇女手拉脚踏的织布机。因为一年四季穿的衣服都是家用土布织制的，所以大多数家庭妇女都会在农闲时间织布。过门媳妇和老年妇女都用土纺车纺纱，积几年或几户合并起来纺织一次土布，自纺自织自用，不计劳动时间和成本。家织的土布厚实、耐穿、保暖。闺女出嫁时嫁妆里的印花土布被套、家用的粗棉纱被单、男人秋夏劳动遮阳用的"汤布"等都是自己纺纱织造成的。花园村邵世堂的老婆严团凤，年轻守寡，天天晚上纺纱到深夜，黑夜里舍不得点灯，点一支香插到纺车头，既计时又采光，含辛茹苦，培养两个儿子成才。[②]

在种地实在没有出路的情况下，花园村也有村民外出从事木工、泥瓦工、鞋匠另谋生路。村民邵仁富做"大木"，替人造房子做门窗；邵金相做"细木"，制作嫁妆，或家用木器，1940年以后，专门做筒车、稻桶出售；邵义兴是鞋匠，在金华、兰溪谋生，会做皮鞋，曾经在金华街头摆过鞋摊，专卖皮鞋。[③]而像弃农从商的邵世金往返于东阳、杭州之间，从事茶叶、草籽种生意，还有邵嘉霖在20纪40年代末在南马摆过一个布摊，卖"洋布"，则属于极个别生财有道的能人。

二、艰辛生活

1912年后，当局先后推行村里制，规定百户为一村，花园村与马府联合编为一村，称花园村；后推行保甲制，10户为甲，10甲为保，花园与马府仍为一保，保长由上面委任，甲长通常由保长指定，负责向村民派捐、派粮、派税、派款。

---

① 浙江东阳市花园村村志编委会：《花园村志》，花园集团档案室藏，2014年，第168页。
② 浙江东阳市花园村村志编委会：《花园村志》，花园集团档案室藏，2014年，第163页。
③ 浙江东阳市花园村村志编委会：《花园村志》，花园集团档案室藏，2014年，第161页。

但花园村生活异常穷苦，也很少有人愿意主动担当费力不讨好的保长、甲长。

在日常生活的衣食住行中，花园村民也只是在勉强生存的水平上挣扎。在穿衣方面，男穿自织土布衣服，大多是对襟、大襟短衫，出门会客、过节才穿长布衫。穷苦人家普遍穿补丁叠补丁的衣服。冬天，没有几户人家置办得起棉衣。本地有"三岁不穿棉，四岁不食盐"的俗语。

在饮食方面，虽然以大米为主食，但除了逢年过节，很少有村民家里吃得起白米饭，大多是田荠饭、萝卜饭、菜饭。猪油炒饭是非常难得的上等美食。有些贫困户因生活所迫也有吃"两头餐"的。旧事有"三月荒，六月竭"的说法，因为农历三月春粮未上场，六月春粮吃尽，而新谷未收获。这时有村民甚至只能忍饥挨饿挺过去。菜肴多取就地种植的蔬菜、瓜果，极少有人赶集买菜。农家小孩子偶尔吃到一块肉，只咬一口，舍不得吃完，要留到下一餐吃，甚至吃好几天，直到肉变味了才吃掉。①

在居住方面，村民住的多为泥墙矮屋，怕暴雨、怕大风、地下潮湿、光线暗淡。根据村里老年人回忆，到新中国成立，全村只有113间房屋，其中矮屋25间，平均每人住房面积10平方米左右。②

在交通方面，民国以前由于地处丘陵，道路不通，花园村民外出皆步行；民国时期，到外县、外省，虽有汽车、火车、轮船，但花园人穷，坐不起，还是靠一双"铁脚板"。

新中国成立前，由于花园村实在太贫穷了，花园村的姑娘往往刚满十五六岁，就盼望着远嫁他乡，好早早逃离这个穷苦地方，靠嫁到条件好一些的村里争取过好一点的日子。村里的姑娘们都渴望外嫁，可四邻八乡的姑娘却没有一个愿意嫁过来。"有囡勿嫁穷花园"是周围四村八乡人熟悉的口头禅。花园村的小伙子要想如愿地娶到老婆，要么用自己尚未出嫁的姐姐妹妹去换婚，当地称为"对门亲"，要么就得"倒插门"，去给人家当上门女婿。花园村1949年前也发生过两起抢亲的事件。③但究竟是对方悔婚、拒婚、逃婚而导致抢亲，还是以抢亲为形式娶外村里的寡妇，难以考证。旧时东阳乡间寡妇改嫁，对男女两家来说都有辱门风，故不敢公开行之，这便引出了抢婚习俗。抢婚大多为新夫家、旧夫家暗中商量好，为避免舆论对旧夫家和娘家的责怪。新夫家备下酒席，请数个健壮大汉抬轿，夜

① 浙江东阳市花园村村志编委会：《花园村志》，花园集团档案室藏，2014年，第64页。
② 浙江东阳市花园村村志编委会：《花园村志》，花园集团档案室藏，2014年，第135页。
③ 浙江东阳市花园村村志编委会：《花园村志》，花园集团档案室藏，2014年，第247页。

间潜入寡妇家，抬之而归。旧夫家则要装腔作势地追赶一番。同时，新夫家还要另请几人从娘家"绑"来大舅，然后举行婚仪，正式结婚。① 如果不想尽办法，许多花园村的男性很有可能要打一辈子的光棍。

新中国成立前，花园村人生活困顿，有病看不起医生，死亡率很高，普遍寿命不长。村民生病绝大多数只能卧床苦熬，求其自愈，只有生活条件较好的几家农户，才请中医诊治。当时比较有名气的中医是白塔的杜本富，即南马镇著名中医杜永仁的祖父，诊费（俗称"利市"）随病家奉送。1912 年，西医传入东阳。村民最早且普遍接受的是天花的预防接种（种牛痘）。当时东阳县城虽有西医医院，但花园村人从无求西医诊治的。缺医少药导致迷信盛行。家中有人生病，稍治不痊或幼儿高热惊厥心悸时，有不少老年人就请本村的神汉扶乩驱鬼或请老妪于傍晚时拎行灯和竹竿招魂（俗称驱魂），此种迷信活动，除了病人卧床休息而不治自痊以外，毫无效验，耽误治病。②

新中国成立前，花园村内满地都是垃圾和猪狗粪便，无公共卫生可言，只有到春节时，每家每户才突击打扫周边环境卫生。糟糕的卫生环境，再加上缺乏必要的医学常识，导致各类传染病在村庄内蔓延。以前村中经常有人患天花，死亡率很高。清朝末年渐有医生用天花患者痂片吹入鼻孔，名曰"吹痘"，使之发天花，然后精心护理治疗，有可能终身免疫，也有可能死去或留有疤痕。接种牛痘苗的方法传入，才使天花逐渐绝迹。而婴幼儿因患麻疹而继发细菌性支气管肺炎，也容易导致死亡。村中因疟蚊传播原虫引起疟疾病的情况也比较常见，多为间日疟，即隔一天中午前后发病，打寒战、发高烧，出汗后到傍晚时退热，俗称"打半日"。

新中国成立前，妇幼保健问题更是触目惊心。新生幼儿有许多死于破伤风（俗称"脐带风""七日风"）。从前产妇临盆，或坐凳里，或坐便桶上，大腿下铺着稻草，半跪半站着分娩。接生婆以土法接生，结扎脐带的线绳、剪断脐带的剪刀、包扎婴儿的衣物褓褓皆未经消毒，新生幼儿因此感染破伤风菌，在七日内死于破伤风的不可胜数。旧法接生，妇女分娩如过"鬼门关"，有不少产妇死于难产或患产褥热死去，本地有妇女临盆，"一只脚伸在棺材里，一只脚伸在棺材外"之说。至 20 世纪 30 年代，东阳才有新法接生，可是农村仍用旧法接生，产妇难产坐在

① 周耀民等：《东阳风俗志》，金华市图书馆藏，1984 年，第 70 页。
② 浙江东阳市花园村村志编委会：《花园村志》，花园集团档案室藏，2014 年，第 213 页。

耙齿上，用网裹住全身，昏厥，则敲打铁器和大锣，用此等迷信方法助产。[①]

三、祈望幸福

虽然邵氏后裔素来强调耕读传家，但由于村小民穷，花园村读书人一直很少。据传说，紫溪同族邵坦懋于 1886 年曾来花园办启蒙馆，未及一年，因村人太穷，孩子不得不"辍学为耕"，而黯然离去。而邵坦懋就是民国著名报人邵飘萍的父亲。因为族中有几块尚贤田，专门用于资助办学，所以村中蒙馆虽然办办停停，但开办的年数还算比较多。

20 世纪 20 年代，有个人称熊先生的马姓下安恬人在花园村启蒙馆任教，在人们的记忆中，熊先生会做状，能写契立约，平时村民需写点什么，都去找他，他乐意帮忙，从不推托，深受全村村民的尊敬爱戴。熊先生后有永先生。永先生，邵氏，溇陂下人。梅塘村的吕义松、下陈宅的陈贵智都在花园启蒙馆里教过书。启蒙馆没有固定场所，但办在仕德堂下厅时间最长。[②] 新中国成立以前，只有高中毕业的邵永福、初中毕业的邵宏木算是村中两个有文化的人，大多数村民连进启蒙馆接受启蒙教育的机会都没有，尤其是妇女，在村民中文盲比例很高。

虽然生活艰辛，但看东阳戏和嵊县班（婺剧和越剧），是花园村人人都喜欢的文化娱乐活动。1935 年 6 月，邵煜富发起在松树塘背做过一次戏。那年大旱，演戏带求雨，邵田孝等几个人抬着王罗庆佛身，祈求老天爷发慈心降时雨。家家都做豆腐，豆腐补贴给戏班子演员吃。此外，每逢米头殿开光，花园村与马府、前蔡等小村合起来做几天戏，演出剧目是《铁灵关》《华方寺》等。米头殿的开光时间是小麦种好后的农历十月，做戏时，看戏的人挤在田里看戏，对农作物没有影响。唱道情和花鼓戏是花园村民喜闻乐见的说唱曲艺，除过年时节和农忙季节，经常有人邀请艺人来唱戏本，大家聚在本堂场院里静听，演唱结束后，你出一点，我出一点，量力出钱凑足演唱者的报酬。[③]

每逢农历正月元宵节，迎龙灯是花园村历史悠久、村民普遍参与的群众性文娱体育活动。由于花园村地势七高八低，不易蓄水，容易遭受旱害，而风俗传说龙行雨、虎生风，为祈求风调雨顺、五谷丰登，因此用毛竹篾片扎"灯头"，迎龙灯，敬神娱人。

---

① 浙江东阳市花园村村志编委会：《花园村志》，花园集团档案室藏，2014 年，第 215 页。
② 浙江东阳市花园村村志编委会：《花园村志》，花园集团档案室藏，2014 年，第 192 页。
③ 浙江东阳市花园村村志编委会：《花园村志》，花园集团档案室藏，2014 年，第 200 页。

新中国成立前，花园村村内的宗教建筑是本保殿，位于邵氏宗祠前幢靠马府村交界的地方，坐北朝南，殿宇三间，单层，栋高约 4 米。[1] 殿中供奉的神祇主要有城隍老爷、灶君菩萨、关公、胡相公（胡则）[2]、朱相公等，还有本保神。遭遇大旱时，村民抬着王罗庆[3]神像求雨，主持求雨仪式的人念着"王罗庆相公，请你酒多吃盅，雨水落落通"的求雨歌。本保神是花园村村民根据特定历史渊源挑选的，意谓玉皇大帝派来监理本保事务的。逢初一月半日都有人去烧香，祭拜祈求，保佑一村平安。[4]

第二节　改革开放前的生活

一、土地还家

1949 年 5 月 8 日，中国人民解放军第二野战军第三兵团十二军三十五师一〇三、一〇五团攻克县城，东阳宣告解放。1950 年 10 月，东阳在荷塘乡试点后，全县分三批开展土地制度改革。是年为准备土地改革，全县原有 9 区 44 乡镇折分为 124 个乡镇，花园属紫溪乡四村。[5]

1951 年，花园村迎来了"土改"工作队，代表新政权，带领花园村民进行土地改革，实现世世代代从不敢奢求的"耕者有其田"梦想。[6] 根据 1950 年 6 月 30 日中央人民政府颁布的《土地改革法》，土地改革贯彻"依靠贫农、雇农，团结中农，中立富农，有步骤有分别地消灭封建剥削制度"的总路线，由村农民协会主持进行，县委派工作队具体指导。"土改"时，花园村七十来户人家除了少数人家住得上木结构的泥墙瓦屋，大多数农户住的都还是用稻草打"草披"屋顶的茅草棚。分配土地之前照例要先划分家庭成分，然后按成分给予分配相应的土地。经过工作队员和"土改"积极分子认真工作，按照当时土地房屋土改标准，花园村没有地主和富农，够得上中农的也只六七家，绝大部分是在贫困线上挣扎、侥幸活命的贫农。

① 浙江东阳市花园村村志编委会：《花园村志》，花园集团档案室藏，2014 年，第 137 页。
② 胡则，字子正，婺州永康（今浙江金华永康）人，北宋时期清官。
③ 传说王罗庆是东阳南乡画水镇泉村人，成仙当了雨神。
④ 浙江东阳市花园村村志编委会：《花园村志》，花园集团档案室藏，2014 年，第 252 页。
⑤ 浙江东阳市花园村村志编委会：《花园村志》，花园集团档案室藏，2014 年，第 29 页。
⑥ 东方涛：《邵钦祥传奇》，浙江人民出版社，2006 年，第 20 页。

根据村中老人回忆，当初来村里主持"土改"工作的干部，人称"宋指导员"，他身材魁梧，身板笔直，是个标准的东北大汉。他原本是鞍山钢铁厂的一位产业工人，办事公道、作风朴实，调查工作做得细致深入、一丝不苟。[①]土地改革划成分时，全体农会会员坐在一起，按照花名册，逐一询问各家"吃、穿、住"的水准。土地改革时，花园全村60户左右农户，除了有几亩薄田的几户人家被划为"中农成分"，其他种地主家"讨种田"的农户都被划为"贫农"或"雇农"。

原则上，谁家种的就分给谁，数量不足的要"割进"。"割进"户按人口每个人分到一亩。数量有超标准的，要"割出"，每个人可分到一亩一分。这样，"割出"户可比"割进"户多分进一分田。为了多分到一股土地，村中一些光棍汉赶紧托人四处做媒，匆匆说合，草草完婚。由此，花园村中不少穷苦人家在"土改"中迎来了既分到田又成了亲的双喜临门。

在"土改"中，花园村全村共分进土地200亩，还从邻村方店分来两头大水牛。1951年5月土地改革结束，每户人家都领到盖有东阳县人民政府大印的土地房屋所有证。而且花园村因为没有地主和富农，"土改"斗争比较平和，绝大多数村民真心拥护"土改"政策。

二、农业合作化运动与人民公社

土地改革后，农民的生产积极性空前高涨，粮食产量显著上升，农村面貌焕然一新。但是农业生产仍然是一家一户的分散经营，规模小，效率低。不仅无力采用新的耕作技术，也缺乏生产工具，农业抵御自然灾害能力差。为此党和政府在1951年就开始逐步对农业进行社会主义改造。当时邻近的三头里村有个张银昌互助组办得很好，政府编起小戏去各村宣传。花园村民都看过这出戏，1951年年底开始，村里陆续成立了几个互助组，实行共同劳动，分散经营。土地、耕畜、农具等生产资料和收获的农产品，仍旧归各家所有。

1953年，花园村的互助组进一步发展为初级农业合作社，由邵荣娜当社长，邵永底当会计。初级农业社属于农民自愿组织的集体组织，其特点为土地入股、耕牛、农具抵价入社，劳动评工记分。收入除留部分公积金和公益金外，30%按土地分红，70%按劳动工分配。参加劳动的劳力每天夜里都得去评工记分，粮食按收获时间预分，年终决算。1954年11月，国家开始实行粮食统购统销政策。

---

① 王晓明：《龙的花园——邵钦祥和他的百年梦想》，中国市场出版社，2018年，第29页。

部分农户卖了"过头粮"，多数农户口粮偏紧，影响生产积极性。1955 年春，乡政府传达中共浙江省委对农业合作化"全力巩固、坚决收缩"的方针，各村根据自愿互利原则进行整顿。

1955 年 8 月，毛泽东主席发表《关于农业合作化问题》一文，批评"坚决收缩"方针，东阳全县掀起农业合作化高潮。花园村成立光明高级农业合作社，邵有兴为社长，邵永福当会计，并在乡干部的帮助下，发动个体农民入社，1956 年 6 月，花园村全部农户都加入高级社。高级社取消土地分红，耕牛和大农具折价入社，全社作为单一核算单位。农产品扣除农业税、生产费、公积金、公益金及管理费用后，按社员的劳动数量和质量由高级社统一分配结余。全社男女劳动力，一般按劳动力强弱和生产技能高低评定底分。男整劳动力最高一天 10 个劳动工分，妇女最高 6 分，出工论时间按"底分"，多数情况是"死分死记"。其间也尝试按劳动质量进行"死分活评"，有升有降，但容易引起争吵，故很难实行。农事大忙时，为不误农时，就实行"小段定额包工"制度，不分男女整半劳动力，谁完成多少工作量，就记多少工分。当时生产队有记工员，每个社员都有工分簿。白天参加劳动，晚上就聚集在生产队办公室里，或评工记分，或讨论第二天农活安排。从 1957 年到 1958 年夏，花园村大多数社员接受并开始习惯农业合作化的生产方式，粮食、肉猪、草丝、络麻生产相对稳定，社员口粮紧张状况初步得到缓解。社员之间接触较多，互相之间关系也比较融洽。[①]

1958 年 9 月底，东阳全县以区为单位建立政社合一的"工农商学兵"五位一体的人民公社。[②]花园村取消光明高级农业合作社，与毗邻的方店村、马府村、前蔡村合并为一个生产队。人民公社以"一大二公"为特点，统一核算，统一分配，实行部分供给制，村村办公共食堂，取消自留地，取消评工记分，按月按等级发工资。但实际上只在 1959 年 2 月发过一次工资，整劳动力每人发到 2 元，其余半劳动力统统 1 元。

由于物资生产和分配权力集中在县、社两级，基层生产单位没有自主权。生产没有责任制，分配更加平均化，经济核算制度被抛弃，严重阻碍生产力的发展。1958 年 10 月花园村召开社员大会。驻村公社干部根据上级指示，号召"割私有制尾巴，早日实现共产主义"。翌日立即行动，扒毁各家各户的锅灶和风炉，铁锅全

---

① 浙江东阳市花园村村志编委会：《花园村志》，花园集团档案室藏，2014 年，第 143 页。
② 浙江东阳市花园村村志编委会：《花园村志》，花园集团档案室藏，2014 年，第 332 页。

部集中起来，运到南马农机厂小高炉炼钢炼铁。

为了配合"大办钢铁"，根据上级命令，花园村先后抽调青壮男性劳动力，或到横锦水库打挑土，或到下和伐木烧炭，或到巍山上宅耐火砖厂推泥做砖。妇女劳动力则被抽调到南马溪滩洗铁砂，晚上还要去掰玉米，夜里不让回家，全部睡在南马大会堂。当时南马农机厂高炉林立，从溪滩里洗出来的铁砂含铁量极微，木炭火加小风箱鼓风，也炼不出多少铁，却浪费了许多由古木焖烧成的木炭。由于村中青壮年劳动力全部被抽走，农业劳动仅剩老病残弱，秋收冬种被耽误。花园村因为外流到江西、安徽做工的人多，农事更缺人手。那时，农户家中成员东分西散，除了春节，很难团聚。

1960 年 11 月 3 日，中共中央《关于农村人民公社当前政策问题的紧急指示信》（十二条）和 1961 年 1 月 20 日中央工作会议纪要下发后，东阳县委成立算账退赔办公室，并组织工作队赴各地宣传贯彻，纠正"大跃进"、人民公社化中出现的错误。1961 年，东阳县横店夏厉市村召开万人大会，调整花园生产大队，全村划分为 4 个生产队，恢复评工记分、按劳分配制度，重分自留地。取消公共食堂，各户重建锅灶。同时还号召分社员搞"百斤粮运动"，允许分社员在荒山野坡开荒，谁开谁种归谁有，社员劳动积极性再次被调动起来。1962 年贯彻《农村人民公社条例（草案）》（六十条），实行"三级所有，队为基础"政策，以生产队为核算单位，生产、经营、分配一体，生产开始出现转机。加上夏秋作物丰收，分田塍到户种大豆，产量比过去翻了好几番。外流江西、安徽的村民陆续回家参加农业生产。1964 年 1 月开始"小四清"（清理账目、清理仓库、清理财务、清理工分），同时落实政策，退赔过去向外流人员收缴的每人每月 9 元的工作金。但大队实在没钱可退，即便砍掉松树塘下一株腰粗的大樟树，石塔塘里的鱼也被捉去抵退赔款，也还是远远不够，只能不了了之。1965 年 10 月—1966 年 6 月，村里开展"社会主义教育运动"（"四清"：清政治、清经济、清组织、清思想），成立贫下中农协会，并没有查出村中干部有经济问题。1966 年至 1976 年"文化大革命"期间，村里成立过"烈火战斗队""燎原战斗队"两支组织，但并没有发生过激行为，也没有发生过武斗。在一次又一次的"农业学大寨"运动中，花园村始终实行生产队核算制，也没有取消过农户自留地。

三、努力耕耘却依旧贫困

客观而论，尽管在特定历史阶段因生产关系调整，部分农户生产积极性受挫，但因推广农业技术、使用农业机械，加上种子改良和肥料改进，花园村农业生产水平一直在稳步提升。

在农业技术方面，人民政府高度重视培养农业科技队伍，推广农业新技术、新品种。花园村虽然识字的人不多，但村民相信政府，思想不保守，在推广良种改进栽培技术方面丝毫不落后。在水稻插秧技术上，20世纪50年代中期推广小株密植，50年代后期推广浓株密植，60年代推行宽行窄株，东西方向长方形密植，70年代采用小苗带土插秧，既提高了成活率又争取了农时。1973年，花园大队成立科技组，每个生产队配一名植保员，实践科学种田。1976年6月，邵钦祥担任第三生产队队长，大胆试行"2×5"密植技术，粮食大幅度增产。

在农业机械方面，花园村1956年从供销社赊购进双轮双铧犁3架，因土质黏重，牛力难以胜任而旋即被淘汰，闲置锈蚀数年后当废铁处理掉。1972年，邵钦祥向村支书邵福星提供信息，据说缙云某地有一辆八成新的拖拉机准备出售。花园村决定请南马农机厂的葛龙进当拖拉机手，由邵钦祥带路从缙云买回一辆带拖斗的旧拖拉机。这架带柴油机的拖拉机成为花园村第一台机械化农机具，不仅能耕田、耖田，单拆下来还可发电抽水，农闲时节还可装上拖斗跑运输。之后村里又筹资购进一台工农12型的手扶拖拉机，一天能耕20亩左右，工效可比牛耕提高8倍。1965年，花园村购置了一部南马农机厂生产的双人脚踏打稻机；1972年后，每个生产队拥有2部打稻机，全村共6部。1962年，花园村购进2部经改进的背箱式喷雾器。1964年，人民政府支援贫困队发展生产，发送给花园村一架手摇式机动喷雾器，供全村4个生产队轮流使用。

在种子改良方面，1955年起，花园村早稻先后引进早籼503、南特号、早三倍、莲塘早、陆财号等早熟品种和胜利籼、中农34、399等中籼品种。早籼南特号抗稻瘟病能力明显优于老品种，且早熟高产，群众称之为"翻身稻"。[1] 中稻以399为主，晚稻主要是花秋、晚籼9号。1958年后，早稻逐渐以陆财号为当家品种。1960年引进早矮脚南特，逐渐成为迟熟早稻当家品种。从此开始以推广矮秆为主要内容的品种改革。到20世纪60年代后期，水稻基本实现矮秆化，70年代

---

① 王庸华：《东阳市志》，汉语大词典出版社，1993年，第356页。

初水稻品种更替频繁。种植时间较长的早稻早熟部分田稻苗发僵时有品种先锋 1号、广陆矮 4 号、红梅早、军协等。中稻以广场矮 5 号为当家品种。晚粳品种有农垦 58、早熟农垦等。1975 年起引种杂交晚稻南优 2 号。

在肥料改进方面，1949 年后重视广积土杂肥，1959 年搞积土肥运动，挖坟头泥、草皮泥、地皮泥，家家户户栏前栏边、灶前灶后都挖得坑坑洼洼。1964 年后推广以磷增氮法，紫云英用磷肥（钙镁磷肥、过磷酸钙）拌种后撒播，效果显著，为农户广泛接受。1964 年推广稻田养萍，但没有普及。化学肥料从 20 世纪 50 年代中期推广双季稻时开始使用。花园村村民使用过的氮素化肥有硫酸氨、氯化氨、尿素碳酸、石灰氮、氨水等。20 世纪 60 年代初期和"文化大革命"期间，化肥供应非常困难，特别是尿素和氨水时常短缺。1976 年，邵钦祥托人从衢州化工厂陆续买来废氨水，使得当年的玉米获得大丰收。

新中国成立初期，花园村民的年人均收入还不到 30 元，政府年年给花园村送农具、肥料或拨救济款。20 世纪 60 年代，花园村民人均口粮每年只有 340 斤；到了 20 世纪 70 年代，花园农业生产开始有起色，人均口粮大大提高。1972 年，人均口粮达到 726 斤。据说当时在南马粮食集市上，出售整方笋筐白米的都是花园村人。这一方面主要缘于花园村原来耕地土质差，1953 年统购统销"三定"时粮食亩产定得低，相应征购任务指标低，在杂交水稻亩产量提高后，剩余就相对较多；另一方面，持续地开垦新田，将旱地改为水田，加上农业生产技术的改善，也大大提高了粮食产量。[1]

花园村人口从 1958 年的 66 户 293 人增长到 1978 年的 101 户 387 人，虽然吃饱饭的问题已经基本解决，但农户的收入很低。到 20 世纪 70 年代，花园村民人均年收入还不到 70 元。家中还是全靠养鸡生蛋、打草席赚点钱来维持。工业品对花园村人来说更是奢望，据说 20 世纪 70 年代，花园人心目中生活富有的标准是家里有三个"圈"，即一辆自行车和一块手表。当时花园村中少数村民的额外赚钱门路还是需要通过在灰色地带从事贩卖木材、盐、糖，或者到外地担任筑路建房的民工来获得。这些营生不仅异常辛苦，而且也有受到政府部门处罚的风险。

四、教育与医疗条件改善

新中国成立后，党和政府高度重视改善教育与医疗卫生条件。即便缺乏充足

---

[1] 浙江东阳市花园村村志编委会：《花园村志》，花园集团档案室藏，2014 年，第 63 页。

人才和经费保障，也想方设法挖掘现有资源，最大程度提升农村居民的文化素养和身体健康水平。

新中国成立以后，村校由国家委派教师，学生家庭经济困难的，学费可以申请减免。1950年2月开办花园村校，校舍设在祠堂前厅，春季招生，春季开学。开班时学生只有20多个人。学生有来自马府村的，通常一个班、两三个年级复式教学，最多时有50多个学生。村校教师通常只有一人。1950—1955年，教师频繁调动，5任教师马俊林、邵宏本、陈景浩、李德林、吴少娜，几乎是一年一换。1955年4月13日，特大冰雹袭击花园村，祠堂被飓风刮倒，村校校址移到马府村章龙家堂屋里，花园儿童都转移到马府读书。1961年祠堂修复后，校址迁回原址。在曾经执教村校的各位老师中，郭元奎老师执教的时间最久，从1960年委派到花园村校任教，一直教到1983年退休。除"文化大革命"期间因动乱原因辍教过几年外，几乎从未间断。花园村好几代孩子都是郭元奎老师的学生，郭老师也与花园村人结下浓厚感情。①

除了完善基础教育，在政府的重视和提倡下，针对成年人的教育也开展得如火如荼。1955年，首次在仕德堂堂屋开办夜校，由村中小学毕业的邵宏有担任教师。参加学习的大多是青年妇女，晚上学员们自带煤油灯聚在一起，学习积极性很高。夜校实行"农闲多学、农忙少学、大忙放假"政策，教学时间控制得比较灵活。花园夜校停停办办，断断续续，一直办到1958年。通过夜校学习，有许多人初识文字。人民公社化后，都能参与记工分记账。1968年"文化大革命"期间，村里办起政治夜校，由初中毕业的邵仁松当教师，学习《毛主席语录》。青年男女聚在一起，学政治、学唱歌，也曾经热闹过一番。1976年，全村又开展扫除文盲活动，逐步消灭了青壮年文盲现象。

为了解放妇女劳动力，1958年下半年大跃进时期，花园村还办过农忙幼儿班。当时农家妇女同男人一样要出工参加集体劳动，村里便安排初识文字的马彩娥任保育员。幼儿班设在大房堂屋，共有20多个幼儿入学。当时没有教具，马彩娥动脑筋用煮熟的玉米粒、胡萝卜串起来，作为教具。但怕孩子吃掉"教具"，马彩娥天天检查，看得很紧。1960年幼儿园停办，一直到1983年才再次办起幼儿园。②

新中国成立以后，人民政府高度重视群众健康，兴建医院诊所，使得病的群众能及时医治，并经常性开展卫生防疫工作。定期派出医务人员到乡村，为村民

---

①② 浙江东阳市花园村村志编委会：《花园村志》，花园集团档案室藏，2014年，第193页。

接种各类预防针剂、疫苗，使天花、霍乱、疟疾等传染病基本在花园村灭绝。

　　1960年以后南马有了卫生所，小孩生病都到诊所请西医方医师看。方医师是前宅村吴海尚的老婆，看小孩子疾病很有名。当时在卫生所诊病，只收取病人挂号费。1965年，村里派村民邵天云、邵永银等参加县举办的农村保健员、卫生员培训，1969年，农村办合作医疗，大队派邵有木去培训，回来就当赤脚医生。大队、生产队从公益金中拨款补助合作医疗，小病不用出村，群众看病比较方便。

　　为了降低孕产妇与初生婴儿死亡率，1951年，人民政府卫生部门开始改造旧产婆，培训新法接生员。花园村没有人参加新法接生培训。村中"洗三"①日都叫方店村方素琴来操办，之后又叫前宅和渼陂下村的接生员来接生。1959年，村中妇女马彩伦参加七天新法接生培训，但因家里人反对，从未为村里产妇接过生。1977年，村民邵兰芳培训为新法接生员，为村里婴儿接生，但时间不长。②

---

① 洗三，旧时生育习俗。婴儿出生后第三日，举行沐浴仪式，会集亲友为婴儿祝吉。
② 浙江东阳市花园村村志编委会：《花园村志》，花园集团档案室藏，2014年，第215页。

经 济 篇

转型开放 共赢发展

中国村庄发展

JINGJI PIAN
ZHUANXING KAIFANG GONGYING FAZHAN

村　域　　城　市

花园传奇最具魅力之处，在于其在改革开放奔涌向前的大江大河中，善于把握宏观经济调整带来的各种机遇。在业态结构不断转型升级的同时，始终保持开放胸襟，推动城镇化发展，为更多追梦人搭建创业致富的平台。本篇以花园村主导产业变迁为线索，剖析花园村在不同阶段产业发展的内在逻辑。第一章分析了花园村在短缺经济时代，如何积累各种生产要素，实现工业化初步发展，并以集团化经营避免陷入低端同质化竞争。第二章以进军高科技产业为主轴，分析花园集团如何克服人才短板，完善公司治理结构，引进和提升核心技术，实现从劳动力密集型向科技密集型产业的转型升级。第三章介绍花园集团在新时期如何扩展经营领域，创新发展多业态产业，并搭建以红木家具市场为代表的市场平台，为更多居民就业创业提供机遇。

第一章 工业化启动（1981—1993）

花园道路是农村通过自主产业转型升级，实现可持续工业化与新型城镇化的成功经验。在工业化的最初阶段，花园村在具有先进理念和市场拼搏经验的企业家带领下，认识到块状经济中内含的低技术、同质化竞争陷阱，领先众多乡镇企业，率先实现集团化、规模化经营。

第一节 产业发展基础

乡镇企业作为中国大陆实行改革开放政策以来独特的经济组织形式，是许多农村地区得以走上工业化发展道路的基石。但即便在改革开放初期，相关限制性政策放开，在短缺经济造成的市场需求旺盛、农村劳动力得以自由流动的背景下，也并不是所有乡村都能自我发育出乡镇企业的。著名学者秦晖在 20 世纪 90 年代通过调查指出，"能人"、资金和技术是乡镇企业得以产生的三项最重要的条件。[1]虽然花园村在改革开放之前在地理区位和经济基础等方面均处于劣势，但是有着敢闯敢拼、坚韧不拔的创业精神的花园村创业者们还是克服了重重困难，迈出了乡村工业化的第一步。

一、企业家精神的摇篮

在人民公社化时代，限制乡村民间经济发展的外部因素，除了以"割资本主义尾巴"限制商品市场交换意识形态的桎梏，还有限制农村劳动力自由流动的人口迁徙管控措施。对于花园村这样一个缺乏工商业传统的乡村，村民如果不走出

---

[1] 秦晖：《农民中国：历史反思与现实选择》，河南人民出版社，2003 年，第216—218 页。

村去见识世界，自然无法积累经验见识，成长为具有市场眼光、组织能力，能搭建营销渠道的企业家。

东阳素有"百工之乡"的美誉，在周边省市的建筑队伍当中来自东阳的泥水匠、木匠特别多。走南闯北、见多识广，也让走出大山的工匠比世代困守丘陵薄田的农民多了市场经济、做生意的意识，以及与人打交道的变通能力。当时东阳流传着"一把斧头一把锯，哪里合算哪里去"的新民谣。在20世纪60年代初，花园村因生产秩序混乱而产生饥荒危机，村里脑子稍微活络的青壮年都外流到江西、安徽开石头、造马路去了。但随着农业生产逐渐稳定，到外地务工的青壮年逐渐减少。但到20世纪70年代中后期，不乏能工巧匠和吃苦耐劳精神的东阳又成为青壮年劳动力的主要输出地。当年东阳建筑业队伍经常在江西承包工程，如果在当地做工收入好、缺人手，队伍中在农村缺乏副业收入的亲朋好友、同乡邻居，就会成群结队跟来江西打工。按照当时队里的政策，外流劳力只要向队里缴了公积金，就可以获得自由外出打工的机会。当时外出者都调侃地称自己到江西"打野鸡"。

邵钦祥的表哥马樟德当时在井冈山承包路桥工程，由于工程工期紧，春节不回东阳过年，就汇了100元钱给家里过春节。这件事传到花园村，引起了轰动。那时花园村民从事农业劳动一年不吃不喝也赚不到这么多钱。马樟德带信给邵钦祥，邵钦祥告别新婚的妻子，叫上同伴一起到江西马樟德的工程队打工。在不到一年的时间里，邵钦祥不仅在工程队当了会计，还利用工程施工间隙在当地贩售东阳产的草席。当时在施工队打工时，平均每个底分是八九角钱一天，而原来在生产队里干农活，好的年景十个底分才八九角钱，施工队高出生产队里整整十倍。[1] 在工程结束从江西返乡时，邵钦祥还通过与长途汽车站和火车站的领导说情变通，把打工时积攒下来，却属于管制物资的几大箱木板运回花园村。

早期在江西打工的经历固然让花园村的"能人"初涉经营、锻炼了胆量，但真正让花园村涌现出一大批掌握市场规律、锻炼出经营能力的企业家，还要等到花园服装厂成立壮大之后。在邵钦祥的带领下，许多曾经参与过花园服装厂创立和早期经营的村民后来大多成为能够独当一面的企业家或经营人才。花园服装厂也成为在这座名不见经传的小山村中，发展出庞大花园集团和众多公司的企业"孵化器"。

---

[1] 东方涛：《邵钦祥传奇》，浙江人民出版社，2006年，第99页。

二、原始资金的积累

开办企业必然需要原始资金，但改革开放之初的花园村作为出了名的经济薄弱村，依靠集体力量开办企业很不现实。而村民家庭除了到外地打工赚取收入之外，只能利用农闲时间打草席来赚取一些微薄的收入。人工打草席工序很多，采麻、纺弦、削草、穿弦、扣打、剪口、晾晒。编制草席的工具是草席机，编制草席必须要有两人才能进行，一人添草入弦，一人扣实扣紧。打草席虽然非常辛苦，但由于并不掌握流通过程，难以积攒下足够的本钱。

真正为花园工业发展攒下第一桶金的是花园蜡烛厂的创办。1979 年上半年，大南山村办起了矿烛厂，生意红火，收入可观。大南山村的郭元奎老师在花园小学任教，就把这个信息告诉了花园村支部书记邵福星。邵福星又找来邵钦祥和邵钦祥的二哥邵钦培商量，大家认为当时农村经常停电，晚间照明非常需要蜡烛，而且乡间操办喜事和祭祀也少不了红蜡烛。他们决定每人出资 500 元进行合办，利润四股分红。后来，邵钦祥的好友邵天云闻讯，也参了半股。[①]

1979 年 8 月，众人参股合办的蜡烛厂在村东头两间黄泥屋里正式开张。邵钦培、邵钦祥兄弟从东阳北乡案卢村订了两台蜡烛机。这家家庭工厂以参股的几家男女为劳动力，男人负责在外跑供销，妇女在厂中生产蜡烛。

为找生产蜡烛的主要原料石蜡，男人们跑遍了金华化工厂、衢州化工厂、上海炼油厂，甚至大连的炼油厂。由于五金厂生产也要用到石蜡，他们曾向磐安、金华的五金厂转买。原料最紧张时，邵福星打听到有个五金厂想买彩电，买不到。如果能拿彩电去交换，他们就可以提供石蜡。于是，邵福星找到在厦门工作的叔叔，买来了一台日立牌彩电，换来了五金厂六七吨石蜡。到后来，南山的三家矿烛厂和华龙、滕头的两家矿烛厂反倒要向邵福星买石蜡了。[②]

几位妇女分成两班轮流生产，每一班连续工作一天一夜。半夜十二点后接着包装，直到天明。每班要做出十七八箱成品。蜡烛生产虽然原理简单，但生产起来也有许多的窍门。妇女们心灵手巧，不仅能把棉纱线灯芯放得不偏不倚，还熟练掌握融开石蜡浇模的火候。如果蜡烛机坏了，还要请在南马农机厂上班的师傅来修理。到后来，遇到一些小毛病，妇女们自己也能修理。

生产出的蜡烛由邵钦祥和邵钦培骑着自行车载到巍山、东阳县城、王坎头一

① 东方涛：《邵钦祥传奇》，浙江人民出版社，2006 年，第 125 页。
② 东方涛：《邵钦祥传奇》，浙江人民出版社，2006 年，第 126 页。

带推销售卖。还在学校教书的邵钦培趁着寒暑假，坐车到缙云、丽水、龙泉、庆元一带，通过同学、同事、熟人的联系，把产品源源不断地销往山区。邵钦祥找到各地日杂小店进行代销，还约定好代销提成，进一步扩大了销售渠道。

开业的头一年仅仅4个月，每股净收入就有500多元，这让几户脱农转工的花园村人尝到了办企业的甜头。为福泽乡里，花园村每家每户都收到了由自己村里工厂生产的"花园牌"红烛。办蜡烛厂的两年，尽管非常辛苦，参股的几户人家都攒下了为数不小的收益。但由于生产技术门槛低，周边村里也纷纷上马蜡烛生产，加之农村电网供电日趋稳定，蜡烛的销售利润势必越来越薄，众人开始寻找新的创业项目。

三、生产技术的基础

林毅夫等学者认为中国大陆的乡镇企业在1978年改革之前就存在，其来源是20世纪70年代初为响应"农业的根本出路在于机械化"口号，在农村各个公社广泛创办的农机维修厂。[①] 在20世纪70年代，农村地区原有的"五小"社队企业，在改革开放后也纷纷转变为村办企业或各种"挂户经营"的民营生产单位。[②] 但花园村的情况比较不同。在邻村马府已经用拖拉机耕田，有粮食加工厂，有电灯照明时，花园村还是耕田用牛，米挑到马府去碾，没有电灯的落后局面。

促使花园村走上工业化道路的技术基础，还是分散的手工劳动和手工业作坊。改革开放以前，花园村中只有邵钦祥的父亲邵嘉霖，以及他的徒弟邵荣娜懂得缝纫制衣的手艺，村里只有邵嘉麟家有一部缝纫机。但就是这点微弱的手艺技术传承，促成花园村诞生第一家规模经营的工厂——花园服装厂。再比如花园村和花园集团后来开办的烧砖制瓦、房屋建造、火腿加工等企业，也或多或少能在过去的手工匠人身上找到技术的来源。但总体来说，在乡镇企业发展早期，其技术来源相对狭隘，生产技术水平普遍有限，容易在特定区域内短时间形成相互抄袭模仿的竞品产业集群。在这种相对恶劣的区域产业结构下，乡镇企业想要做大做强，必须逐步告别单纯依赖劳动力成本与土地价格优势，在相关生产技术上取得突破性的进展。

进入20世纪90年代以后，花园村产业的生产规模和产品档次跨上一个新的

---

① 林毅夫：《解读中国经济（增订版）》，北京大学出版社，2014年，第164页。
② 王平：《蜂窝状经济中的灰色市场——1978年以前的温州民营经济萌芽》，《中国研究（2011年春季卷）》，2011年第1期。

台阶。2002 年，花园村建成了全球最大的维生素 D3 生产基地，2004 年 10 月，花园牌维生素 D3 荣获浙江省名牌产品称号。在 2010 年以后，花园铜业、花园新能源、花园药业等一大批以高科技为核心竞争力的现代工业企业发展壮大，进一步促成花园村产业走上新型工业化的可持续发展之路。

第二节　工业化起步

一、花园服装厂：千锤百炼方成钢

无论以何种标准来看，花园服装厂都是花园村工业化的起始点。虽然花园服装厂从制作呢绒制服起家，加工技术相对简单，工艺流程也不复杂，有资金采购呢料，有裁剪机、裁衣板就可办厂，但是万事开头难。花园服装厂的创立与成长真正体现了浙江创业者的"四千"精神：走遍千山万水、历经千辛万苦、道尽千言万语、想出千方万法。

1981 年秋，曾为花园村办过三级电灌的南马区水利水电管理站站长金顺立来到花园村找到邵福星和邵钦祥，带来消息说南马地区已办起多家服装厂，而且生意不错，询问他俩花园村有没有办服装厂的意向。金顺立刚从部队转业回到泉府村，无论是银行、工商还是财税部门他都很熟悉。金顺立了解到当时有一家合伙工厂因为两个合伙人的意见相悖而散伙。于是，他想法把其中一个合伙人与花园村牵线，利用他多年跑供销的经验与花园合作另办一个厂。[1] 在大胆心细的谋划下，花园村的邵钦祥、邵钦培和村支书邵福星各出了 3000 元参股，同时还吸收了南马金顺立等三人的股份，一共集了 6 股，以 18000 元资金办起了花园服装厂。

1981 年 10 月，花园服装厂正式开工。服装厂借用村里的祠堂做厂房，缝纫女工除了从其他服装厂招来的 8 名熟练工，加上在花园和马府村招收的工人共 18 人。每个女工都自带缝纫机进厂。服装厂由邵钦祥任厂长，金顺立当副厂长，邵福星主管蜡烛厂，并兼服装厂的出纳，邵德王当仓库保管，由南马合伙人跑供销业务。邵钦祥还安排老裁缝父亲邵嘉麟来当验收员，又请来姐姐邵琴娥到厂做整烫，二哥邵钦培虽仍在学校当教员，但兼做会计。"上阵父子兵、打虎亲兄弟"，

---

[1]　东方涛：《邵钦祥传奇》，浙江人民出版社，2006 年，第 130 页。

由亲朋好友组成的人员班底在草创的花园服装厂能各尽其能。

服装厂遇到的第一个困难是执照难、开户难、贷款难。虽然花园服装厂是挂靠在村集体名义下的"红帽子"企业，但由于当时基层干部观念仍未转变，对于农民办厂还非常保守。好不容易求人办下执照，还得去信用社为企业开银行户头，申请贷款。这"三难"让刚开始办厂的邵钦祥费尽周折。

服装厂遇到的第二个困难是资金周转不灵。在购入呢料生产出第一批呢制服装后，服装在销售途中，资金不能及时回笼，厂里没钱买第二批呢料。眼见生产就得停顿。邵钦祥通过拜托村里一位来自安徽的媳妇，让她联系她在蚌埠的哥哥，帮忙赊到了一点儿呢料。但对方只肯赊一次，等到第二次时，就要求先汇款再发货了。在安排出纳汇出3万元钱购买呢料后，却因为汇票上的小错误导致汇款失败。兜兜转转晚了半个月才把货款汇出。

服装厂遇到的第三个困难是原料在运输途中被扣。好不容易买到第二批呢料，刚运到安徽屯溪市（现黄山市屯溪区），却被当地工商局扣下了。邵钦祥与邵福星连忙赶到屯溪，找人说情、说理、请客，对方才答应放行。等把这批呢料运回花园村已是农历年底，工人已快放假。

尽管经历各种波折，服装厂开业第一年产值还是达到5万元，获利7000多元。虽较原计划中的20000元利润相去甚远，但每股分得500元红利，以及服装市场的良好行情还是让企业上下对来年获利充满信心。

下定决心准备大干一场的花园人，在1982年扩大了服装厂规模，股份由6股扩大到12股，又从银行贷了5万元，职工由18人扩展到45人，还租用了更大的场地。当时南马一带的服装厂，通常是临近秋冬才开始生产呢衣服，然后趁冬季销售。他们害怕全年生产呢衣服没有销路，产品积压太多。但邵钦祥考虑到上半年呢料市场处于淡季，往往降价销售，还可适当赊账，而且之前通过另一家镇办服装厂的供销员在武汉的商场谈妥了销售合同，一件呢料衣服至少能赚10元钱。服装厂全体人员铆足了劲，每工作七天，休息一个晚上，从3月到5月一直加紧生产，共向武汉发出2160件黑色呢制中山装。

然而，花园服装厂自成立以来最大的危机也悄然降临。首先是这批从嵊县订来的呢料存在质量问题，甚至有整根的鸡毛从衣料里戳出来，导致这批次的服装质量都受到影响。其次是那家镇办服装厂向武汉的商场去函，要求拒绝接收由原来那位供销员发过去的服装。这样一来等于完全切断了花园服装厂原本的销售渠道，不但对资金回笼造成巨大困难，也逼得服装厂的管理人员不得不自己充当供销员，在各省市寻找销售渠道。

在当年 7、8 月间，邵钦祥和金顺立两人带着 1000 元钱，先后去往江苏、山东、山西、陕西、河南、河北、湖南、湖北、北京等地推销服装。他们每人都带着三四十千克重的各类服装样品。一找到店家，就摊开几十件样品，向店家推销，争取签订销售合同。他们就这样一个店一个店地推销，一条街道一条街道地寻找，一个城市一个城市地拜访。白天联系业务，晚上为了省钱就睡地下室旅馆或者公共浴室，要不就在南来北往的列车上度过。这次近一个月连轴转的推销之旅虽然没能签下合同，却让他们掌握了不少服装市场行情的变化与规律。第二次他们两人又带着 300 元钱从义乌经杭州、上海、无锡、常州，每站必下。一直到徐州红光服装店，才发现店内柜台在代销南马一家服装厂的服装。通过费尽心思的公关，他们终于和这家商店签下 2000 件藏青中山装的订单。

然而最困难的还是那销往武汉的 2160 件黑色呢制中山装被拖拉机成箱成箱地退回花园村的时刻。在近乎绝望的氛围下，有些小股东选择了退出。转眼已经到了农历十二月，邵钦祥找来邵钦培和金顺立一起商议，觉得只有把退回的呢料服装马上推向市场，避免在仓库积压才能最大限度挽回损失。于是三人决定破釜沉舟，金顺立和邵钦培分别辞去了原有的公职，他们兵分三路，分头突击，立下军令状：不销完这批库存服装，就不回家过年。

邵钦祥这一组利用已有的业务联系，前往徐州；金顺立这一组，北上东进山东兖州；邵钦培这一组原定的目的地是西安。在销售了一部分服装后，为了再多卖一些，也为了拓展销路，邵钦培带着 500 元钱再次北上，在北方数地绕了一圈，最后才折回北京。到达北京时旅费几乎耗尽，得到"北京振兴东阳同乡会"张申会长的帮助在北京联系了几天业务后，回到东阳花园村已经是大年三十晚上。①

过年之后按照旧例，邵钦祥在正月初十组织股东们进行集体清账。最终结算，1982 年花园服装厂忙活了一年却亏损 35000 元。分摊后，每股亏损 3000 元。为了稳定军心，邵钦祥依然给予要求退股的股东本金照退、利息照付的条件。

在顶住了企业解体崩坏的危机后，邵钦祥重新制定了一个更为大胆的计划，每股投资增加到 6000 元，加大风险与回报，以凝聚人心。同时，及时总结经验教训，培养推销员，闯荡全国市场，建立自己的销售渠道。上一年在全国各地推销

---

① 东方涛：《邵钦祥传奇》，浙江人民出版社，2006 年，第 147 页。

那批次品呢制中山装固然是拼死求生，但也为花园服装厂打开了更广阔的销路。逐渐成熟的企业家们也开始认识到产品质量与企业声誉的重要性。他们从"南马镇"和"花园村"中各取头一个字，将服装命名为"南花牌"，打响企业的名号。

1983年，迅速打开销路以后，花园服装厂的缝纫女工们日夜加班，生产指标几乎月月加码。邵钦祥在外地主抓产品销售和原料采购，每天晚上打长途电话到厂里遥控指挥，调度生产计划。后方日夜生产，前方抓紧推销，邵钦祥带领花园人闯商海、求生路。在挺过了严峻考验后，终于使花园服装厂扭亏为盈，当年创利10万元，每股分得4500元的红利。自带缝纫机进厂的职工，由最初的18名发展到9个组一百七八十名。

但良好的市场前景也让在邵钦祥的带领下闯荡商海的股东们产生了分家单干的心思。1984、1985两年间，服装厂的股东们纷纷离去，回到自己村里去办厂创业，服装厂形成了一次巨大的裂变。而相对简单的加工流程与生产技术，以及逐渐成熟的销售渠道，让花园村的"能人"们纷纷借本钱买来呢料，雇人加工，自办个体服装厂。最多时仅花园村就有20多家从事呢制服装生产的个体工厂。

与此同时，邵钦祥整顿留下的股东，对内进一步扩大生产，及时了解市场行情，生产满足顾客需要的时新款式，对外创新营销模式，提升品牌形象。通过第一线市场调研，邵钦祥发现在商场中产品销售量与柜台上营业员的投入程度有很大关联。过去通常采取经销或代销的模式，同类商品被集中在一个柜台内，无法体现出商品的品牌差异。而且营业员与所售商品之间没有利益联系，不会热情向顾客介绍和推荐产品，产品在陈列时也很可能受到冷落，被放在柜台不起眼的角落。于是，邵钦祥在徐州的商场中展开试点，向国营商场承包整个柜台，并派出自己企业的营业员负责向顾客进行推销。这样超前的经营理念果然产生了前所未有的经济效益，不仅有效扩大了品牌影响力，还在当地引导了消费的潮流。时年日本电视剧《血疑》在中国银屏热映，剧中由山口百惠扮演的幸子的穿着打扮被当时年轻人争相效仿。其中幸子所穿着的呢制大衣款式被人们称为"幸子大衣"。花园服装厂及时抓住商机，加紧生产"幸子大衣"，一个冬天就能售出4000多件。走在马路上，随处可见拎着"南花牌"服装袋的顾客。时尚潮流让生产成本只有46元一件的"幸子大衣"，卖到了120多元的价格仍然供不应求。

1984年成为花园服装厂的大发展之年，年产值280万元，利润居然突破了50万元，在整个东阳的服装加工业中也能跻身前茅。即便有如此良好的收益，邵钦祥为了村集体的公共福利，也毅然把服装厂转为村办集体企业。改革开放以后，东阳当地企业凭借当地工人的高超技艺，以及对市场需求的及时掌握，生产出大量价廉物美、深受市场欢迎的各类服装。加之服装加工企业投资少，资金周转率高，工艺简单，当地服装加工企业迅猛发展。根据《东阳市工业志》记载，1978年只有企业29家，总产值166万元；1984年有企业336家，总产值5881万元；到1988年年底，有企业290家，总产值达1.86亿元，从业人员达1.5万人，占整个乡镇工业总产值的近三分之一。企业星罗棋布，遍布全市，规模大的有上千万产值，规模小的有个体办或联户办的几万元产值。[①]

为了在激烈的市场竞争中脱颖而出，邵钦祥积极搜集市场信息，扩大生产规模，增加产品种类。1985年4月19日，《浙江日报》刊登了一篇题为《服装业在这里崛起——来自东阳县的报告》的调查稿件，反映东阳服装业快速发展的情况。报道中特别提到花园服装厂设计的裙式女风衣获得了全省"西子杯"电视大奖赛的最佳设计奖；厂长邵钦祥为了生产出又多又好的服装，各地的服装展销会他都去参加，看到式样好的衣服就买回来，供设计人员参考。

邵钦祥从市场调查中发现，在徐州有一种西裤很畅销。这种西裤不仅面料容易找，而且做工简单，以现有条件花园服装厂完全能够生产。最关键的是，生产西裤能够优化企业的生产线结构。过去服装厂主营呢制服装的生产与销售，旺季是秋冬两季；在春夏淡季时，由于生产量不足，熟练工人容易流失。如果增加西裤生产线，就可以做到全年开工，充分挖掘现有产能。另一方面，邵钦祥承包下邻近横店的屏岩服装厂，不仅立即扩大了产能，还从该厂原来生产西装的生产线上获得了大量熟练工人，立即开工生产西裤，迅速占领徐州西裤市场份额，让这家由屏岩砖瓦厂办的不见起色的服装厂立刻变得红火起来。与屏岩砖瓦厂的合作，也让花园服装厂获得了稳定的建筑材料来源，正好用来建造花园服装厂新厂房，同时，为花园村建造了一座现代化的大会堂兼影剧院。

然而，邵钦祥将企业利润投入花园村村庄集体福利的做法却引发了其他合伙人的不满。1986年初，随着另一位股东的退股，分走了二分之一的资金和厂房，花园服装厂的股东只剩下邵钦培、邵钦祥两兄弟。在之后的三年里，花园服装厂的业绩非但没有下滑，反而蒸蒸日上。在厂里邵钦祥主管生产，同时负责管理和信贷业务，邵钦培全力负责供销，带领业务员四处出击、洽谈业务、签订合同。

① 浙江省东阳市经济委员会，《东阳市工业志》，金华市图书馆藏，1992年，第99页。

邵钦祥还在南马镇办起了服装材料经营部，为周边各家服装厂批发布料，成为支持南马地区服装产业发展的领航者。两年后，邵钦培也提出要去徐州单做，他顺利承包徐州铜山县第二毛纺厂的服装车间，在徐州当地生产服装，源源不断地供应承包的徐州最大几家百货商场的服装专柜，获取稳定丰厚的利润。

1989 年初，花园服装厂的合伙人彻底解散，只剩下邵钦祥一个人独挑大梁。但花园服装厂不仅自身经营依旧红火如故，还成为孵化一系列满足市场需求、投资小、见效快的产业项目的"金母鸡"，为花园村产业走上规模化、集团化发展道路提供了强劲引擎。

二、花园工业公司：抱团出海抗大浪

1988 年以后，由于花园服装厂的产值利润快速增长，经济效益显著，资本积累不断增加，集体经济实力雄厚，花园村在邵钦祥的带领下，借鉴横店"母鸡孵小鸡"的经验，摸索市场规律，搞"短、平、快"的项目，相继创办了 8 家村办企业。

花园砖瓦厂作为花园村的第二家规模型企业，成立于 1988 年。邵钦祥敏锐地察觉到开始富裕起来的农民为了改善住房条件，纷纷拆除原来的泥墙屋改砌砖墙屋，对砖瓦的需求必然呈现增长趋势。花园村也即将启动全面的旧村改造计划，届时会对建材产生很大需求。于是邵钦祥组织人员在红株山办起花园砖瓦厂，自任厂长，聘请原任屏岩砖瓦厂副厂长的赵正兴担任技术厂长。由于用人得当、管理有方，砖瓦厂历年经济效益颇为可观，产量最高的 1994 年，年产红砖 1000 万块。1998 年，花园集团进行产业结构调整，砖瓦厂被调整后停办。由于历年采挖，原本在花园村内占地面积第二大的红株山竟然被整个挖平，可见当年产量之大。[①]

1989 年，邵钦祥又办起东阳市甜菊糖苷厂，专门从事饮料用甜味化学添加剂的生产。进入 20 世纪 90 年代以后，他接连办起花园吹塑厂、华丽服装厂、花园服装材料经营部、家电经营部等一连串生产型兼经营型的集体企业。

除了与服装材料相关的企业，邵钦祥的各种创业项目几乎都是在新领域中的全新尝试。在当时的条件下，邵钦祥之所以敢不断尝试新项目，主要出于三方面原因。一是当时中国大陆经济整体仍处于短缺经济状态，只要察觉到市场有相应需求，立即组织生产供给，无论是否具有价格成本上的比较优势，都能够被市场

---

① 浙江东阳市花园村村志编委会：《花园村志》，花园集团档案室藏，2014 年，第 162 页。

所接纳；二是实施"以工强村"战略，必须在原有基础上不断发展多种产业类型，广开创业和就业渠道，使村庄的产业结构和劳动力结构真正实现从农业向工业的转型；三是通过开办新企业，创造新的管理岗位，锻炼人才，凝聚企业家队伍。单个人的能力与精力总是有限的，通过把花园村内外"能人"们的积极性调动起来，委以管理重任，一批懂经营、善管理的企业家在花园村的产业版图中锻炼成长起来，为着兴工强村的共同目标团结奋进。

可以说在20世纪90年代初，当时看似兴旺发达、方兴未艾的乡镇企业正面临着众多前途未卜的汹涌暗潮。习近平同志在1989年就撰文指出，随着治理整顿的逐步深入，乡镇企业正面临生存和发展的关键时期。[①]他高屋建瓴地做出了三方面判断：一是乡镇企业已开始进入巩固、完善、优化的阶段，即将面临"量"的发展受到严重制约、"质"的提高迫在眉睫的严峻挑战；二是当时银根紧缩，原材料与能源供应短缺，市场出现疲软，迫使乡镇企业必须及时调整产品结构，谋求新的出路；三是乡镇企业在之前的快速发展中已经暴露出不少自身弱点，为了今后发展则必须自我完善，增强竞争能力。

面对命运的十字路口，从邵钦祥作为企业家的个人选择来看，经过十年打拼，他已经积累下众多荣誉和财富，完全可以在自己熟悉的服装加工销售领域中驾轻就熟，安享清福。那此后花园村的众多乡镇企业也可能只是昙花一现，消失在城乡工业化滚滚向前的浪潮之中。但是邵钦祥以他超越同时代乡镇企业家的眼光与魄力，毅然做出联合花园村众多企业和产业，为了实现共同富裕梦想，打造能够抗击风浪、漂洋渡海的"大船"的决定。

邵钦祥和村中各家合营企业的业主及个体企业的负责人进行了反复的座谈、磋商，向他们摆事实、讲道理，说明抱团经营的重要性，共同谋划村庄产业发展的新天地。于是一项足以记录在浙江乡镇企业发展史中的事件发生了。1991年7月，邵钦祥以8家自己一手创立的村办集体企业为核心层，联合46家户办企业，组建了东阳市首家村级工业公司——东阳市花园工业公司。《金华日报》对花园工业公司成立大会进行了报道，肯定了花园村已基本形成以农业为基础、工业为主导，物质文明和精神文明齐头并进、全面发展的新格局。[②]

花园工业公司不是将企业机械简单地联合在一起，而是通过建章立制，实施

①　习近平：《摆脱贫困》，福建人民出版社，1992年，第101页。
②　许建法：《花园村成立工业公司》，载金光强主编《花园足迹30年》，中国美术学院出版社，2011年，第19页。

村企合一，让企业不断充实集体经济，反哺"三农"，尽快让所有的村民富裕起来。通过适时发展规模经济，花园村的产业结构从单一的服装加工转变为多种行业齐头并进，形成多方位、多角度的多路进击的良好态势。既通过企业的规模优势赢得主动权，又借助信息共享与渠道互助，形成"1+1 > 2"的共赢格局。许多原本经营方式单一、技术含量较低、缺乏营销渠道的小企业在工业公司这艘"大船"的支持下提升自身特有的竞争优势，增强了抗风险能力。

1991 年，花园工业公司产值就达到了 1058 万元，创利税 120 多万元，效益立竿见影。不仅花园村民实现了 100% 就业，同时还吸纳了邻村村民和外来人员来花园村务工创业。由于工业迅速发展，村集体有丰厚的资本，以工扶农有了强大物质基础，花园村的农业经济也进入最快、最好的发展时期。小小的花园村在自己的实践中开创了"村企合一、共同富裕"的新模式。

1992 年邓小平南方谈话后，社会各界进一步凝聚共识，下决心走社会主义市场经济道路。同年 3 月，邵钦祥投资 1500 万元，在花园村毛竿山的砂岩石上建成了占地面积 24310 平方米，建筑面积 15600 平方米，集现代生产、生活、办公、娱乐为一体的第一个新型工业区。工业区内除了有高大的厂房、综合楼，还有食堂、宾馆、广场、绿化带等配套设施。接着创办或引进了 7 家企业：花园洗衣厂、花园彩印厂、电子器材厂、花园蓄电池厂、花园钢铁厂，以及中外合资浙江东阳荣祥制衣有限公司和中外合资东阳伟祥印刷有限公司两家合资企业。[①] 这些新企业的成立，使花园工业公司规模迅速扩大，产品结构日趋合理，产品档次和技术含量迅速提高。同时，引进数百万的外国资金，也带来了先进的管理经验、技术和市场，取得了很好的经济效益。花园工业公司的职工发展到了 1293 人。[②] 在新型工业区里工作的职工超过 1300 人，固定资产总额为 1453 万元。1992 年花园工业公司的产值近 3000 万元，创利税 299 万元，分别是上一年的 3 倍和 2.5 倍。[③]

① 封定一、陈至发、李致平等：《花园成功道路：从走过的道路去寻求未来发展的方向》，经济日报出版社，1997 年，第 11 页。
② 浙江东阳市花园村村志编委会：《花园村志》，花园集团档案室藏，2014 年，第 167 页。
③ 东方涛：《邵钦祥传奇》，浙江人民出版社，2006 年，第 194 页。

第二章 产业转型升级之路（1993—2008）

正如习近平同志在《之江新语》中指出，浙江经济既有"先天的不足"，又有"成长的烦恼"，在浙江发展的关键时期，结构需要优化，产业需要升级，企业需要扩张，要素需要保障，环境需要保护，市场需要更大的空间，经济增长方式需要从根本上转变。[①] 花园集团在浙江民营企业中率先明确了以科学技术为企业持续发展的根本动力，不惜代价推动企业主营业务从劳动力密集型向科技密集型产业转型升级的发展之路。尽管这条道路崎岖坎坷，充满风险挑战，花园人却以"咬定青山不放松"的韧劲，成功迈进维生素D3工业化生产的大门。

第一节 花园集团的初步发展

一、产业结构调整的主动选择

1993年对花园村经济发展来说是不平凡的一年。下半年开始，花园村就围绕"由量的扩张向质的提高转变，由速度效益型向质量效益型转变"的新理念，努力探索产业结构调整的新路，迈开花园村第二次创业的坚实步伐。[②]

企业的迅速发展，让花园村的企业家们意识到小小的花园村已经难以容纳越来越多的企业，必须超越花园村的地理空间局限，谋求新的发展机遇。1993年年初花园开始走出花园村谋发展，花园工业公司投资125万元，购买了紧靠39省

---

① 习近平：《之江新语》，浙江人民出版社，2007年，第144页。
② 邵钦祥：《创新推动花园经济飞跃发展》，载金光强主编《花园足迹30年》，中国美术学院出版社，2011年，第149页。

道，原属南马区砖瓦厂的 34 亩土地。同年 5 月 18 日，公司出资 110 万元，兼并了原金华专利研究所下属的东阳计算器厂。东阳市计算器厂原是一家专业生产量具、量器的企业，由于产品档次低、市场竞争力不强，当时企业已无法正常开工生产。而花园工业公司通过兼并获得了占地面积约 36 亩，建筑面积约 11000 平方米的厂区。基于这些位于村外的土地，花园工业公司创办花园村第二工业区，并陆续投资开办了经贸公司、磁钢厂、火腿食品厂、建筑装潢公司等新企业。

也是在 1993 年，下定决心进行产业结构调整的花园工业公司关停了蜡烛厂、吹塑厂等一批产品档次低的劳动密集型企业，兼并和收购了中外合资金梦龙服装有限公司、计算器厂等技术含量较高的企业，提高了主营业务的档次与水平。

为了推动花园村工商业发展跃入新的腾飞阶段，花园村决定进一步理顺管理层次，优化生产要素，增强整体实力，做好"复关"①，准备发挥"船大好冲浪"的优势，对花园工业公司进行改组，预备成立花园工贸集团。1993 年 6 月 18 日，公司召集 28 家全资、控股、参股企业讨论组建集团。经过充分的协商、论证，7 月 15 日，金华市政府下发〔93〕105 号文件，同意以原东阳市花园工业公司为核心层，东阳市花园服装厂、制锁厂、吹塑厂、伟祥印刷有限公司、荣祥制衣有限公司、电子器材厂、洗衣厂、砖瓦厂、华丽服装厂、宏伟钢铁有限公司等 10 家直属企业为紧密层，花园服装材料批发部等 18 家企业为松散层，组建"浙江花园工贸集团公司"，并于 7 月 26 日向工商行政管理部门登记注册。花园工贸集团的成立标志着花园村企业进入了规模化、集团化的大发展阶段。

浙江花园工贸集团公司批准成立后，确定了"决策管理科学化、生产设备现代化、干部职工知识化、科工农贸一体化"的发展战略和"以十四大精神为指针、以市场经济为依托、以体制改革为动力、以科技投入和人才培训为重点、以全面提高经济效益为目的"的工作思路。② 花园集团所采取的组织形式体现了以核心企业为中心的集团领导制，联合形式具有紧密型、半紧密型和松散型三个层次，各成员企业保留法人地位。当时的企业家将这种组织形式称为"联合舰队"，其既拥有强大阵容，也有着远超普通企业的竞争实力和抗风险能力。1994 年，根据"产权清晰、权责明确、政企分开、管理科学"的现代企业制度建设的要求，对下属的核心企业进行大刀阔斧的资产重组，理顺产权关系，搞活存量资产，使整个集

---

① 复关是恢复中国在《关税与贸易总协定》中缔约国的地位。
② 佚名：《花园村村级经济概况及其发展简史》，花园集团档案室藏，1994 年，第 6 页。

团公司形成高效的经济运行体制和制度规范机制。集团公司的宏观调控作用及规模效益，很快就在花园村产业发展中显示出来：同一地区重复建厂、盲目发展的现象大大减少，同行业之间相互斗争的内耗转变为优势互补的做大做强。[①]

1994年，花园集团先后创办了花园经贸公司、花园化工工业品公司、花园磁性厂、花园火腿食品厂、花园建筑装潢公司、花园综合垦殖场等6家企业。花园第二工业区的基建也顺利完工。

1995年11月8日，花园集团被国家农业部批准为首批全国乡镇企业集团。花园集团发展成为拥有34家成员企业的大型企业集团。其中集团紧密层企业18家，分别是花园服装厂、荣祥制衣公司、花园彩印厂、伟祥印刷公司、花园磁性厂、花园火腿厂、花园洗衣厂、花园砖瓦厂、花园建筑装潢公司、花园钢铁厂、花园汽修厂、花园养殖场、花园经贸公司、花园文化娱乐公司、花园食品厂、美国庆祥集团公司、花园宾馆、花园包装厂。

作为花园集团的龙头企业，花园服装厂的生产能力与加工品质稳步提升，服装出口成为企业销售业绩提升的主要渠道。花园服装厂所生产的"南花牌"系列内销服装在1994年浙江省首届乡镇优秀工艺品展评会上获得两个二等奖、两个三等奖。[②]花园服装厂生产的系列服装远销香港、日本、加拿大、意大利等地区和国家，1995年完成产值8000万，其中出口创汇3500万，名列1995年中国行业100家最大经营规模乡镇企业第17名，列为"出口大户企业"。

花园火腿厂生产的"火腿王"系列产品，采用新工艺深加工，再现了金华火腿的优秀品质，分别获得1995年江西新产品、新发明、新专利金奖，又荣获1995年北京国际食品及加工技术博览会金奖，成功打响了企业品牌。1995年，火腿厂完成产值3600万元，产品供不应求。

花园村的企业家们敏锐地察觉到中国"复关"成功，以及未来加入世界贸易组织可能对全球经济一体化带来不可估量的影响。1995年年底，花园集团被外贸部授予进出口自主经营权。花园集团也尝试在美国开设境外企业，打造产品和服务通向世界的桥头堡。花园集团还在北京、上海、杭州、深圳等地建立分公司、办事处，为企业发展及时提供各类市场信息与技术情报。

---

① 王湘、楼震旦、孙顺其等：《花园新报告》，花园集团档案室藏，2003年，第28页。
② 封定一、陈至发、李致平等：《花园成功道路：从走过的道路去寻求未来发展的方向》，经济日报出版社，1997年，第13页。

二、外引内培弥补人才短板

花园集团的产业结构能否实现从劳动力密集型向科技密集型的转型升级，关键在于能否补齐人才短板。由于历史原因，乡镇企业普遍面临的问题是经济、财会、对外经贸、管理、法律和高科技等方面的人才奇缺。企业职工大都是本村村民及来自其他农村地区的外来务工人员，文化程度较低，没有经过正规培训，因而技术素质很难提升。面对人才问题，花园集团很早就开始布局谋划，主要从对外引进各类技术人才、对内培训企业管理层和员工，以及推进村域城镇化建设三方面展开工作。

花园村农民过去是凭着吃苦耐劳精神在市场摸爬滚打中顽强求生发家的，但随着花园集团走上规模化、现代化的发展道路，过去的土办法已不能适应复杂的经营管理实践需要。为了应对来自国内外的激烈竞争，花园集团投入极大的精力和资源进行人才引进工作。到 1996 年年末，花园集团就已拥有 12 名高级职称专业人才，拥有中级、初级职称的科技人员 200 人。[①] 在从党政机关和国有企业延请管理骨干和技术人员的基础上，还聘请了浙江省内多所高等院校的校长、教授作为花园集团的高级经济技术顾问。

为了在集团内部培养人才，早在 1993 年，花园集团就分别与杭州电子工业学院（即现在的杭州电子科技大学）、杭州大学（1998 年并入浙江大学）、浙江大学等院校签订协议，定向委托培养企业职工。仅在 1994 年花园集团就送出 14 名职工到大专院校让其代为培养，与浙江大学、杭州大学、杭州电子工业学院落实 24 名大专生代培指标。花园集团还聘请高校教授在公司内部陆续举办了"英语""经济合同法""档案管理""财会两则""企业经营管理"等的培训班，以提高全体员工的素质。

"巢好自有凤飞来。"早在 1994 年，花园集团就利用工业区建设和旧村改造的契机，邀请杭州大学区域与城市科学系对花园村做了全面勘测，按照小城镇建设的标准对花园村和两个工业区进行了详细规划。通过完善村庄内部道路建设，鼓励经商能人沿街设店经商，逐渐形成商业街。兴建职工宿舍和村民居住点，完善生活区配套设施，大力发展饮食、体育、文化娱乐等第三产业，逐渐形成区域性文化娱乐中心，从而实现"创一个城市式的花园村"的总规划。1995 年至 1996 年

---

① 封定一、陈至发、李致平等：《花园成功道路：从走过的道路去寻求未来发展的方向》，经济日报出版社，1997 年，第 95 页。

间，花园集团投入 308 万元进行了旧村改造工程，全村的旧屋全部被拆除，村民全部住上了新居。花园集团还投资 500 万元建成了三幢宽敞舒适的专家楼。按照规划要求，房子造到哪里，道路就通到哪里，绿化就跟到哪里。在 20 世纪 90 年代末，花园村内已经是绿树亭角、假山曲桥、喷泉彩灯、商铺林立，颇有一派城镇气象。良好的居住条件、便捷的生活文化设施、优美的环境让各类人才能安心在花园村定居工作，弥补了乡村生活造成的精神文化空虚感。

第二节　产业转型的探索

一、发展高新技术产业的背景

如果说集团化经营在组织模式上促成了花园集团各项产业抗风险能力的提升，那么不惜代价投入具有自主知识产权的高新技术产业，就是解开花园村实现可持续工业化谜题的关键一环。

经过 15 年的发展积累，截至 1996 年年末，花园集团已初步形成覆盖服装、彩印包装、建材、火腿食品、磁性材料、建筑装潢、电子等行业和第三产业的产业体系。下属企业的主要产品有各式牛仔系列、丝绸系列、皮革系列服装，高档印刷包装品，Y25-Y30 永磁铁氧体，"花园牌"火腿王，"神鹰牌"蓄电池，民用钢材，红砖，扬声器等 22 个系列 166 个品种，在国内外市场已经占据一定的市场份额。尽管花园集团各家企业的产品范围涵盖极广，可除了少数特色产品，绝大多数的工业制成品都处于生产加工的中间环节，既没有掌握产业的核心技术，也没有把控产业上下游的渠道优势。在当时的环境下，与国内外其他生产制造商相比，并不具有明显的竞争优势。要让花园集团的整体产业结构再上一个台阶，就必须在 1—2 个产品方向上获得突破性的进展，在国际市场竞争中打造具有核心知识产权的"拳头产品"。

作为具有强烈居安思危意识的企业家，邵钦祥在国内外考察学习过程中深刻认识到，随着科学技术的迅猛发展，许多发达国家和地区正以高科技为先导，推动产业转型和产品升级。未来只有注重高科技产品的研究开发与创新，才能为企业带来巨大效益。正是在这种背景下，邵钦祥于 1993 年就旗帜鲜明地提出了"非高科技项目不上"的发展理念，明确花园集团今后的产业化方向要锁定在高科技产业上，在较高的起点上选好突破口，抓好切入点，依托科研机构和高等院校，积极抢占科技制高点，开发最新技术和最新产品，进而形成新的产业优势，加快培育经济增长点，为花园集团的新腾飞和持续发展奠定坚实的基础。[①]

在这一理念的指导下，花园集团在绝大多数乡镇企业还未意识到高科技对产业可持续发展的重要性的时候，就开始想方设法与高等院校和科研院所"寻合作、攀高亲"，寻找具有产业潜力与市场前景的高科技项目。早在 1993 年初，花园工业公司就以举行花园综合楼竣工典礼为由，邀请省内三所著名高校的校领导出席典礼、莅临指导。路甬祥当时担任浙江大学校长，因为有事未能前来，但特别委托了副校长卜孝凡和办公室主任张乃大出席这次典礼。尽管未能请来路甬祥校长，但邵钦祥也借此机会结识了路甬祥校长，此后，花园集团与浙江大学的交往更加频繁，不仅请来浙江大学的知名教授为花园集团职工授课，还得到与浙江大学合作开发高科技项目的机会。聚丙烯中空纤维膜技术生产净水器和年产 10 吨集成电路单晶硅片这两个在当时具有领先价值的高科技项目，通过与浙江大学的合作被引入花园集团。

1994 年，已升任中国科学院常务副院长的路甬祥，邀请邵钦祥到北京列席"21 世纪人力资源开发与利用"的国际会议。会上，众多国内外著名专家、学者的发言，进一步开阔了邵钦祥的视野和思路，更加坚定了他利用科技二次创业的决心和信心。会后，他找到路甬祥院长，初步表达了寻求合作机会，投资合适企业，发展高科技项目的想法与诚意。此举为之后中科院的专家团队与花园集团展开科研合作奠定了基础。

1995 年，邵钦祥多次北上南下进行考察，全面了解、咨询相关高新科技项目的发展前景。1996 年春，他再次北上，在京西宾馆找到了路甬祥院长。此时他已升任中科院院长。邵钦祥再次向路院长表达了希望在中国科学院相关院所中，为花园集团物色"高、新、尖"项目的请求。是年 5 月，金华市召开科技博览会，中科院派了 4 位专家、带了 10 个项目赴会。路甬祥院长提前将此信息告诉了邵钦祥。未等金华市科技博览会开幕式结束，邵钦祥就把这 4 位专家接到了花园村。邵钦祥在专家们提供的有关计算机软件、高档玻璃、反光材料等 10 多个高科技项目中，一眼就挑中了当时仍未完成中试的维生素 D3 项目。

---

① 王湘、楼震旦、孙顺其等：《花园新报告》，花园集团档案室藏，2003 年，第 103 页。

当路甬祥得知邵钦祥相中维生素 D3 项目时，善意地提醒邵钦祥："维生素 D3 项目是个好项目，国家需要，但难度大。"[1] 维生素 D3 是人与动物生长、发育、繁殖、维持生命和保持健康不可缺少的一种脂溶性维生素。其主要作用是调节钙、磷代谢，促进肠内钙、磷吸收和骨质钙化，维持血钙和血磷的平衡。维生素 D3 长期以来只有少数发达国家能够生产，其生产技术被瑞士的罗氏公司、德国的巴斯夫公司和荷兰的杜发公司等三大公司所垄断。上海第六制药厂曾于 1990 年前试验生产过极少量的维生素 D3 产品，由于工艺技术落后、规模小、收率低、成本过高而被迫下马。在 20 世纪 90 年代末，中国每年所需维生素 D3 折合纯品约为 10 吨，全部依赖进口，每年耗费外汇高达 2000 万美元。随着畜牧业等维生素 D3 主要需求产业的快速发展，我国对维生素 D3 的需求呈现逐年增长的趋势。自"七五"计划以来，维生素 D3 的工业化生产一直被列为国家科技攻关与开发生产的重点项目，但一直未能有重大突破。

中国科学院感光所曹怡、张宝文项目组在多年光化学研究的基础上，在 20 世纪 90 年代初就提出一条不同于国际上通用生产方法的新合成路线，利用胆固醇合成维生素 D3。这条工艺路线采用了全新的反应器和溶剂体系，从根本上改革了热化学阶段的合成路线，摒弃了传统的溴化和脱除氢溴酸的方法，避免了溴的重原子效应对后面光化学反应的不利影响，从而大大提高了维生素 D3 的产率和质量。维生素 D3 的总产率从国外最高的 30% 提高到 40%，与国外工艺相比，该工业路线具有步骤少、产率高、成本低的三大优点。到 1996 年年初，该工艺路线在实验室的小试已经成功，但要进行工业化生产仍需投入巨额经费，而且实验室研究成果的市场转化也面临着众多的风险与不确定性。

正是在这种前途未卜的巨大风险面前，花园村企业家展现了惊人眼光与决策魄力，为花园集团实现第二次创业打开了一片天地。

二、维生素 D3 项目研发生产始末

维生素 D3 项目虽然拥有广阔的市场前景与经济社会效益，但对花园集团而言无疑是在高科技产品这一未知领域的全新创业。风险和危机无疑在挑战着花园村企业家们的魄力与胆识。

1996 年 9 月，中国科学院感光所（后为理化技术研究所）与花园集团签订了

[1] 王湘、楼震旦、孙顺其等：《花园新报告》，花园集团档案室藏，2003 年，第 99 页。

共同投资开发维生素 D3 的协议书。同年初，花园集团在北京市郊大兴县投资购买了 36 亩土地，创建了北京祥发科贸有限公司，主要作为花园集团与中国科学院感光化学研究所中试和生产维生素 D3 的基地。计划在感光化学研究所完成中试放大后，建成一条年产 1 吨维生素 D3 的新工艺生产线。截止到 1997 年 6 月底，双方已投入研发经费 2160 万元，其中花园集团已投入 1560 万元。[①]

1998 年 4 月 23 日，双方在北京大兴县所建的第一期热化学生产线开机投料试车一次成功。投料试车回收所得的产物——酰化胆固醇的收率、品质均达到工艺要求标准。[②] 在成功试验热化学生产线后，双方立即紧锣密鼓地建设光化学生产大楼，竭尽全力争取早日实现从热化学到光化学的全线通车。[③]

对花园集团而言，企业在 1997 年前后面临着严重的资金紧张问题。1993 年至 1996 年前后，我国宏观经济曾一度出现经济"过热"现象，整体经济面临通货膨胀压力。为稳定经济，实现"软着陆"，央行采取了一系列"紧缩"政策，控制贷款与货币供应量的过度增长。银行抽紧银根，使原本就耗资巨大的维生素 D3 项目给花园集团带来更为沉重的压力。从首期投入科研经费 480 万到 800 万、1350 万，直至 3000 多万元，连续几年的大投入，就像个"无底洞"般抽走花园集团的可用资金。再加上原有服装、食品行业利润的下降，企业资金周转一度非常紧张，企业遇到了前所未有的困难和挑战。[④]

时任花园生物高科股份有限公司经理的马焕政回忆这段历史，说道："从对维生素 D3 的投资可看出邵总的胆魄非同一般。1996 年与中科院合作进行中试，一下子投入 480 万元，不到 3 个月又需大量资金，又增投到 800 万。此时，对许多企业家，特别是实力不足的乡镇企业家来说，已是望而却步，因为弄不好会倾家荡产，前功尽弃。谁料，不到 6 个月，又需几百万元资金，风险越来越大，你还要不要再投？邵总毅然决定还是按照需要增加了投资，直增到 1350 万元。没有胆魄的人，能做到吗？"[⑤]

但历史证明，花园人的坚忍投入是物有所值的。1999 年 9 月 22 日，维生素

---

① 总经办：《花园集团维生素 D3 项目纳入企业化经营》，《花园集团报》1997 年 8 月 1 日第 1 版。
② 佚名：《花园集团维生素 D3 项目热化学车间投料试车成功》，《花园集团报》1998 年 5 月 1 日第 1 版。
③ 金光强：《维生素 D3 热化学生产线市场成功暨光化学生产大楼·花园集团北京生产基地办公大楼竣工典礼在北京工业小区隆重举行》，《花园集团报》1998 年 7 月 1 日第 1 版。
④ 吴振荣、金光强：《穷善己身 泽泽于民——记东阳市花园村党委书记、花园集团董事长邵钦祥》，载金光强主编《花园足迹 30 年》，中国美术学院出版社，2011 年，第 256 页。
⑤ 王湘、楼震旦、孙顺其等：《花园新报告》，花园集团档案室藏，2003 年，第 79 页。

D3 光化学车间一次投产成功，各项数据经检测均达到预期目标。经过两年多的努力，研发项目建成热化学车间（利用胆固醇生产 7-去氢胆固醇）和光化学车间（利用 7-去氢胆固醇生产维生素 D3），两条生产线的全部贯通也标志着维生素 D3 中试取得完全成功。① 经分析检测，由该生产线生产的维生素 D3 油剂质量优于荷兰进口的同类产品。1999 年 12 月 29 日，维生素 D3 通过浙江省新产品技术鉴定。② 北京大兴车间具备年产 3 吨维生素 D3 的工业化生产能力标志着有望打破三大国际公司垄断世界市场的局面，使我国一举成为世界上掌握最先进维生素 D3 生产技术的国家。

　　但从中试成功到真正建成大规模工业化生产线仍面临着诸多挑战。2000 年 4 月 6 日，东阳市委、市政府专门组成高级别考察团赴京考察并参加花园集团"维生素 D3 应用与发展"座谈会。考察团在参观了北京祥发公司维生素 D3 生产基地后，认为东阳引进维生素 D3 大规模生产项目，对于东阳市的产业结构调整和经济发展具有非常重要的意义，明确支持花园集团进一步开发和发展维生素 D3 项目，支持花园集团在东阳建设年产 10 吨维生素 D3 生产基地。③ 为此，同年 5 月，花园集团就成立了维生素 D3 热化学车间筹建小组，并且广招贤才，为在花园村新建厂房进行大规模工业化生产做准备。

　　2000 年 5 月 16 日，花园集团与中国科学院感光化学研究所签订合同，由花园集团出资 2000 万元，一次性买断维生素 D3 生产新工艺小试及中试的全部成果技术，使花园集团在维生素 D3 工业化生产领域拥有了领先西方发达国家生产工艺水平的自主知识产权。④

　　2000 年 6 月，新成立的浙江花园生物高科股份有限公司投资 9700 万元，开始在花园村北化工园区，建设年产 6 吨维生素 D3 结晶及 1000 吨饲料添加剂项目生产基地。计划以维生素 D3 为核心技术，专门从事医药化工、生物化工及饲料添加剂等相关产品开发。随后，土建工程、设备招标、人员招聘、技术培训、工艺设计等工作交叉进行，齐头并进。仅用了 6 个月时间，就建成了高度现代化的 DCS 自动控制系统、整洁美观的热化工生产车间。2001 年 1 月 2 日，维生素 D3

① 北京维迪思通化学品技术有限公司：《维生素 D3 项目光化学车间一次投产成功》，《花园集团报》1998 年 10 月 1 日第 1 版。

② 骆天士：《维生素 D3 通过省三级鉴定验收》，《花园集团报》2000 年 1 月 1 日第 1 版。

③ 金牡丹：《我集团在京召开维生素 D3 应用与发展座谈会》，《花园集团报》2000 年 4 月 16 日第 1 版。

④ 公木：《〈VD3 技术转让合同〉最近在京签订》，《花园集团报》2000 年 6 月 1 日第 1 版。

热化学车间投料试产一次成功。① 是年 4 月底，根据浙江师范大学检测中心检测，经过热化学工艺生产的 7-去氢胆固醇纯度在 94%～95% 之间，外观白色透亮、无杂质，超过了国外同类企业要求含量大于 90% 的标准，达到国际先进水平。②

2001 年 7 月 10 日，花园生物高科维生素 D3 光化学车间的光照装置在中外工程师的共同努力下安装完毕，国产和进口设备在水联动试车过程中工作一切正常，光化学车间基本建成。③ 8 月 10 日，光化学车间投料试车成功，生产出合格的维生素 D3 油剂。8 月 22 日，浙江花园生物高科股份有限公司举行维生素 D3 投产典礼。9 月 6 日，维生素 D3 油剂经国内外权威机构检测，质量一流，开始批量为国内外多家知名企业供货。11 月，饲料级维生素 D3 微粒进入国内外市场；12 月，医药级维生素 D3 系列产品也进入国际市场。

2002 年 6 月 26 日，浙江花园生物高科股份有限公司通过 ISO9001 认证。7 月 4 日，花园生物高科经有关部门的批准，正式获得自营进出口权，可以自主拓展国际市场。7 月 5 日，浙江花园生物医药技改项目总体规划在花园宾馆二楼会议室通过了专家们的论证。11 月 2 日，花园生物高科公司年产 1000 吨饲料级维生素 D3 微粒车间正式投产，标志着花园生物高科股份有限公司进军全球饲料行业迈出了成功的一步。④

2002 年年底，花园生物高科股份有限公司圆满完成了维生素 D3 项目第一期的建设，一举打破由瑞士罗氏公司、法国巴斯夫公司、荷兰苏威公司、杜发公司垄断国际市场的局面，并且以其世界一流的生产工艺，使花园高科成为全球生产维生素 D3 系列产品的专业化、现代化大型企业。维生素 D3 项目先后被授予"国家级火炬计划项目""国家重点技术项目""国家双高一优项目""国家重点火炬计划项目""国家高科技产业化示范工程项目"等高科技项目荣誉。2002 年 5 月，国家计委下文，花园生物高科股份有限公司的维生素 D3 及饲料添加剂产业化示范工程项目被列入国家技术产业发展项目计划，国家予以安排资金 1000 万元。⑤

在东阳花园村开始建设维生素 D3 生产基地的同时，花园集团已经布局在杭州下沙购置土地，再建一个规模更大的维生素 D3 生产基地。早在 2000 年 5 月 25

---

① 金光强：《VD3 热化学车间投料试产一次成功》，《花园集团报》2001 年 1 月 6 日第 1 版。
② 公木：《浙江花园生物高科攻坚路上奏凯歌》，《花园集团报》2001 年 6 月 6 日第 1 版。
③ 公木：《一万年太久，只争朝夕》，《花园集团报》2001 年 8 月 6 日第 1 版。
④ 佚名：《饲料级 VD3 微粒车间正式投产》，《花园集团报》2002 年 11 月 21 日第 1 版。
⑤ 邵宏宝：《维生素 D3 列入国家高技术产业发展项目计划》，《花园集团报》2002 年 4 月 21 日第 1 版。

日，花园集团与杭州经济开发区签订了《杭州经济开发区国有土地使用权出让合同（草案）》，投资 920 万元购买 70 亩土地 50 年的使用权出让年限。[①] 2002 年初，根据市场需求，花园集团又在杭州下沙国家高新技术开发区购地 70 亩，实施总投资 2 亿元，年产 10 吨维生素 D3 结晶、2000 吨维生素 D3 饲料添加剂生产项目。

2004 年 11 月 16 日，花园集团投资 2 亿元建设的杭州下沙生物科技有限公司年产 500 吨维生素 D3 油剂和 2000 吨维生素 D3 饲料添加剂项目正式投产。这是当时国内唯一、世界最大的维生素 D3 生产基地[②]，对于改变我国维生素 D3 产品依赖进口的局面，带动医药制剂、饲料加工、食品生产和光化学工业的发展具有十分深远的意义。

从 1996 年投资研发到 2004 年东阳花园与杭州下沙两个基地同时投入工业化生产，是花园集团发展历史上的一件大事，也是中国乡镇企业依托科技创新实现产业结构转型升级不可多得的成功案例。在 20 世纪八九十年代曾经遍布各地、红火一时的乡镇企业，在进入新世纪以后绝大部分都销声匿迹。分析其背后的产业结构原因大致有二：一是乡镇企业的掌舵人们容易"小富即安"，在产业规模上难以形成规模化的工业生产能力；二是乡镇企业所掌握的核心生产技术，往往停留在行业低端，既无法对行业形成决定性的主导力，也容易形成低端复制模仿，陷入高度同质化产品之间的行业内耗。

而花园集团则很早就开始布局高新科学技术产业，推动企业的转型升级。通过外引中国科学院具有巨大潜力的高科技项目，内培何建设、李本初、夏明奎等一批求实奉献的技术人员，花园集团用 8 年多时间让维生素 D3 这样在生产上具有世界领先水平的高科技项目，最终落户在浙中山地的花园村，形成在本行业中的世界话语权，这既是乡镇企业转型升级的一个乡村奇迹，也是不断深化改革开放过程中的一个中国奇迹。

三、以科技实力进军医药产业

2002 年党的十六大报告指出，坚持以信息化带动工业化，以工业化促进信息化，走出一条科技含量高、经济效益好、资源消耗低、环境污染少、人力资源优势得到充分发挥的新型工业化路子。初尝研发生产维生素 D3 甜头的花园集团，

---

① 公木：《我集团在杭州购买开发建设项目用地 70 亩》，《花园集团报》2000 年 6 月 1 日第 1 版。
② 今日：《花园成为全球最大维生素 D3 生产企业》，《花园集团报》2004 年 11 月 20 日第 1 版。

决心继续依靠企业技术进步，以维生素 D3 产品为核心，进一步加大高新产品开发力度，做大做强医药化工产业，让整个花园集团迈入新型工业化道路。

为做大做强医药工业，花园集团对金华市的医药工业进行了调查。调查发现，在 1998 年至 2002 年的 4 年间，金华市医药工业取得长足发展，产业总量快速增长，产品结构有所提高。2002 年医药产品销售收入达 35.41 亿元，占全省医药工业产品销售收入的 18.5%，是 1998 年的 3.15 倍，年均递增 33.23%，利润年均增长 36%。[①] 而且医药市场的竞争，主要集中于拥有高技术、大规模企业之间的"战略博弈"，而非传统产业中那种低技术、拼价格的"沼泽肉搏"。

为了保持和扩大在医药化工领域中的竞争优势，推动相关产品不断推陈出新，花园集团决定大力加快医药中间体和原料药的研究、开发、生产步伐，进军医药工业。

花园集团要下功夫，逐步形成花园医药物流中心，实行分支机构专业化、下伸网点集约化、零售企业连锁化和管理现代化的物流管理模式，以建立完善的市场营销体系，做大营销网络，做大花园医药化工市场。

2001 年 7 月 26 日，花园集团出资 860 万元，收购了浙江康莱特药业有限公司下属的磐安药业有限公司。[②] 2001 年 9 月 17 日，浙江花园药业有限公司举行揭牌投产典礼。[③]

自 2002 年开始，遵循"一保二稳三开发，努力争取四提高"的发展思路，积极争创发展新优势。"一保"指的是以"替保"为拳头产品，将其积极推向市场。随着人们生活水平的不断提高和社会老龄化的加快，人们对花园药业公司"国内独家生产"的"替保"药物的需求量与日俱增。"二稳"即指稳定公司政策和稳定员工队伍。"三开发"就是要开发人才，开发市场，开发品种。[④] 花园集团还投资 4000 万元，征地 130 亩，在三年内建成按 GMP 标准[⑤] 设计的厂房及生物医药高科技园区，[⑥] 对花园药业公司进行异地改造，建立维生素 D3 胶囊和片剂生产车间。

2004 年 1 月，花园药业公司固体制剂车间经过专家的全面检查审核，通过了

---

① 王湘、楼震旦、孙顺其等：《花园新报告》，花园集团档案室藏，2003 年，第 111 页。

② 金光强：《我集团成功收购"康莱特"磐安药业公司》，《花园集团报》2001 年 8 月 16 日第 1 版。

③ 金光强：《咬定发展目标 打造药业"航母"》，《花园集团报》2001 年 9 月 21 日第 1 版。

④ 佚名：《花园药业公司积极争创发展新优势》，《花园集团报》2002 年 8 月 6 日第 1 版。

⑤ GMP 标准是世界各国对药品生产全过程监督管理普遍采用的法定技术规范。

⑥ 佚名：《全力以赴 加快花园生物医药高科技园区的建设》，《花园集团报》2002 年 4 月 6 日第 1 版。

GMP 认证。^① 至 2004 年年末，全面完成从磐安到花园的生产线搬迁改造，建成片剂、胶囊剂、颗粒剂、茶剂、中药提取等生产线。至 21 世纪 10 年代初，花园药业公司进一步扩大完善，拥有固体制剂、原料药和注射剂等多条生产线，并顺利通过 GMP 官方认证及美国、欧盟等采购商的认证与审计。有 20 多种中西成药和原料药上市销售，计划年生产片剂 10 亿片、胶囊剂 5 亿粒、茶剂 1 亿袋、冻干注射剂 1 千万支、小容量水针剂 5 千万支。^②

第三节　集团组织架构与治理模式优化

一、以科学管理创建现代企业制度

1997 年党的十五大报告中指出，要加强科学管理，探索符合市场经济规律和我国国情的企业领导体制与组织管理制度，建立决策、执行和监督体系，形成有效的激励和制约机制。落实科学管理，建立现代企业制度不仅是国有企业改革中必须破解的难点问题，也是乡镇企业自我发展和完善的"必答题"。

早在花园集团成立之初，花园村的企业家们就开始思考如何围绕党的十四届三中全会通过的《中共中央关于建立社会主义市场经济体制若干问题的决定》中提出的"产权清晰、权责明确、政企分开、管理科学"十六字方针，健全完善花园集团的组织架构及各项管理制度。

花园集团通过多年探索和实践，形成大城市决策、中心城市经营、村镇工业基地生产的 ABC 组织体系，完善了股东会、董事会、监事会、经理班子的职能，规范了法人治理结构，在资金筹措、调控、财务结算管理及成本、速度、效率、效益分析和生产、销售等方面全面建立了现代管理制度，做到了决策科学化、议事民主化、管理规范化和监督公开化。集团下属的生物商科公司、服装公司、火腿食品公司等企业均通过 ISO9002 质量体系认证，使集团的管理趋于科学化、合理化，并被中国管理科学院列为"管理科学实验基地"^③。

在创新企业制度方面，花园集团在 1994 年就根据现代企业制度建设的要求，

① 佚名：《花园药业公司通过 GMP 认证》，《花园集团报》2004 年 1 月 8 日第 1 版。
② 浙江东阳市花园村村志编委会：《花园村志》，花园集团档案室藏，2014 年，第 182 页。
③ 佚名：《百家现代企业制度建设样板企业揭晓》，《花园集团报》2003 年 5 月 21 日第 1 版。

对下层核心企业进行资产重组，理顺了产权关系，激活了存量资产，形成了有效的经济运行体制和制度规范的机制。1998 年 12 月开始还构建了母子型体系，切出部分资产进行股份制改造，并成立职工持股会，使所有的花园人"劳者有其产，劳者有其股"。

在创新经营管理方面，花园集团在完善法人治理结构和制度创新的基础上，又进行了经营方式的创新，即从产品经营、原始资本积累的经营方式转向资本技术经营和资本扩张的经营方式，开展以企业上市为中心的多种形式的资本运营。花园集团在 1993 年下半年就将"企业规模集聚化发展战略"和"科技先导型发展战略"写进集团制订的花园"九五"计划和 2010 年远景规划之中。高科技项目的陆续实施，带动了整个集团产业结构的调整和优化，小、多、散的企业格局开始向专业、优势、特色方向转型。[①]

在创新管理理念方面，花园集团强调从单纯的运营管理到系统的战略管理、体系性的职能管理、整体性的文化管理。从提高管理者和广大员工的素质着手，在资金管理、成本管理、质量管理、人力资源管理等方面建立了一整套科学规范的管理章程。从过去的以人管人变为用制度和章程管人，使管理逐步走向制度化、法制化轨道。花园集团多次修订《花园工贸集团有限公司管理规章》（以下简称《管理规章》），要求每一个员工严格按规章制度办事。在实施过程中，经过"有情的领导、无情的管理、绝情的制度"的磨炼摔打，全体干部员工认识到：在企业内部，制度的权力最大，制度面前人人平等。通过公司法务部门、财务部门、审计部门对《管理规章》执行情况的严格内控，从而使干部和员工在工作岗位上自觉地遵守制度，真正做到依法办事，依法管理，培养自律奉献的优秀团队。[②]

在创建学习型组织方面，1996 年 9 月，花园集团成立花园干部学校，提出要建设一支高素质的干部队伍和员工队伍，并且提出了创建"学习型企业"的目标。通过进一步的实践，花园集团开始把创建"学习型企业"放到企业发展优先战略位置的高度来推进，并进行系统设计和全面规划。一是以更新观念为先导。每年适时开展学习大讨论，回顾企业发展成就和基本经验，并进行"深化改革，谋求发展"的全员轮训教育。通过宣传教育、理论灌输、循循善诱、舆论引导等方式，

---

① 邵钦祥：《以产权制度改革和产业结构调整为动力 推动花园经济超常规发展》，《花园集团报》2003 年 4 月 21 日第 1—2 版。
② 徐华：《管理创新是发动机》，《花园集团报》2003 年 5 月 21 日第 1 版。

使职工切实转变观念，不断提高思想道德素质和对企业改革的承受能力，进一步增强学习科学文化和专业技能的求知欲，自觉地把个人愿景与企业愿景统一起来。二是以管理创新为接口。以建立现代企业制度为目标，打破旧的管理体制，依托个人和团队的知识，增强组织和团队主动适应外部变化和自我发展的能力，推动企业管理不断创新。三是以学习型组织的"五项修炼"为抓手。摒弃旧的思维方式，大力倡导职工进行自我超越，改善心智模式，建立共同愿景，进行团队学习和系统思考。[①]

二、用信息化提升工业化推进现代化

中国所实现的工业化，是在信息化时代，以信息化引导工业化、信息化与工业化深度融合的新型工业化道路。对于花园集团的工业化发展而言，自21世纪初信息化被提上日程以来，其始终是花园各项产业加速发展和实现现代化企业管理的支撑要素。

从花园创业开始，花园人就紧紧抓住发展通信信息不放，始终把通信信息设施作为花园村与企业最根本的基础设施来抓，始终把通信信息设施的提高放在超前的位置上。早在1994年，花园集团就投资80万元更新电话总机交换系统，实现电话分机全部程控化、直拨化；又投资20万元，使骨干企业和公司总部的人事、档案、统计、财务等部门全部实现电脑管理。[②]

为了适应世界信息发展的潮流，花园集团开始着重发展计算机网络的建设与应用，2000年先后投资了60余万元，建成花园网站（www.gardencn.com）。花园计算机应用网络形成后，原来内部通信网不适合上网，为了全方位发展花园计算机信息，花园集团毅然放弃了原来的通信网与交换设备，一次性买断1000门程控交换的所有电话号码，使整个花园村的信息网络进入了全球互联网。[③]

花园集团率先实施企业信息化建设，为花园村和企业带来了工作效率与企业知名度的提升。邵钦祥在2001年发表于《花园集团报》上的署名文章中提到两个例子。第一个例子是花园生物高科有限公司生产维生素D3的部分设备需要从国外进口。如何充分搜集潜在供货商信息，选择性能良好、质量可靠、工艺先进的

① 今日：《对花园集团创建学习型企业的几点思考》，《花园集团报》2004年9月6日第2版。
② 封定一、陈至发、李致平等：《花园成功道路：从走过的道路去寻求未来发展的方向》，经济日报出版社，1997年，第18页。
③ 花园集团通信管理处：《实现信息化　金华第一家》，《花园集团报》2001年1月21日，第2版。

设备，在以前是专门组织人员出国考察，再进行商务谈判，这不仅花费巨大，而且耗时漫长。而在实施信息化以后，在1天时间内查阅了十几个国家上百家公司的资料，很快选择了5家公司，并在网上开展电子商务招标，只用了半个月时间就圆满地完成了国际采购设备工作，为企业节约了50多万元的支出。

第二个例子是花园火腿厂曾花钱做了很多广告，但效果不好，其经营情况不良。后来，该厂利用计算机信息技术，专门为该厂名牌产品"老汤"牌火腿制作了网页并通过花园网络发布，效果非常明显，上海、广州、深圳、杭州等地的客户纷纷前来订货，一举扭亏为盈。[①]

花园生物高科的维生素D3系列产品开始销售后，荷兰的哈尔伯特贸易与投资公司亚洲进出口部经理郭扬帆先生和西安国际经济合作有限公司业务部经理郭海民先生很快就专程前来花园村考察，洽谈业务。邵钦祥总裁询问他们是通过什么渠道知道花园的，他们回答是他们公司的董事长通过网络搜索到的信息。花园集团依赖高科技产出的众多新产品之所以能在短时间内被市场所了解、信赖，也是搭上了信息化与工业化深度融合的"东风"。

计算机网络为花园办公自动化创造了有利条件，极大地提高和改善了企业的管理水平与经营水平，尤其是实施财务计算机管理后，公司下属所有单位包括远离公司本部的企业，其财务收支、资金流动情况一目了然，使公司领导充分了解到整个公司的资金流量与存量，同时使企业财务得到了有效的管理与控制，公司随时可以调度、集中资金，用于最需要资金和效益最好、见效最快的经营项目上，大大提高了资金周转率与利用率。

2006年，花园集团将原来的集团计算机管理中心和通讯管理科合并，组建了花园集团信息管理中心，对花园集团和花园村信息化工作进行统一系统的设计，统一技术标准，统一指导信息技术项目的实施。在管理信息系统、专业应用系统、网络基础设施和信息安全体系建设等四个方面进行持续整合。[②]花园集团信息管理中心以集团强大的功能定位及其营利和决策流程的改进与优化为基础，建立和形成以战略信息管理为龙头，财务信息管理为核心，知识管理、协同OA和人力资源管理及内容管理系统为配套的集团公司综合信息系统。

花园集团的信息化建设也带动了花园村民信息化意识的提升。2001年，花园

---

① 邵钦祥：《信息化是花园再创辉煌的动力》，《花园集团报》2001年11月6日第1—2版。
② 王江红、诸葛琰：《插上信息的翅膀飞翔》，《花园报》2007年5月12日第2版。

村就被授予金华市首个信息化示范村的荣誉。2001 年 4 月，花园村党支部村委会做出《关于加快花园村信息化的决定》，对花园村民家中安装使用计算机及连接上网予以资助和优惠。[①]

花园集团在信息技术革命浪潮到来之初的高水平、全方位布局，也为后来花园村在 2020 年与华为签署战略合作协议，建设全感知、全联接、全场景、全智能的"智慧花园"，打造全国智慧乡村示范样板奠定了思想理念基础与人力资源基础。[②]

① 浙江东阳市花园村村志编委会：《花园村志》，花园集团档案室藏，2014 年，第 135 页。
② 王江红：《建设全感知、全联接、全场景、全智能的"智慧花园"　花园村与华为签订战略合作协议》，《花园报》2020 年 7 月 24 日第 1 版。

第三章　开放与创新发展（2009 年以来）

让村庄全体成员依靠自己的勤劳努力，过上共同富裕的好生活，是花园道路的重要标志。科技密集型第二产业发展固然能够带来源源不断的财富，但其能够提供的就业岗位和创业机会相对有限，对地方经济社会发展的带动效应也不明显。为此，花园村以具有地方传承色彩和产业基础的红木家具产业为突破口，大力发展第三产业，带动就业创业机会的快速增长，也为周边地区联动发展产生巨大的辐射效应。与此同时，花园集团在高科技发展的道路上蹄疾步稳，在筑稳生物医药领域产业根基的同时，利用资金优势、人才优势在新材料、新能源等具有广阔潜力的产业领域创新发力，打造门类更加健全的高科技产业集群。

第一节　花园集团创新发展

一、第三次创业热潮拓展多元发展空间

进入新世纪以来，花园集团形成了以高科技产业为主导、传统产业和新兴产业相配套的发展格局。特别是 2008 年以后，宏观货币政策收紧，导致企业融资难，原材料价格不断上涨，出口退税政策调整，劳动力成本大幅上扬，美元贬值，一系列的不利因素让过去以出口为导向的民营企业经营倍感压力。然而，未雨绸缪地提早布局产业结构转型升级的花园集团，仍按照既定发展战略，蹄疾步稳，因势利导，全力推动维生素 D3 产品生产，通过向上下游拓展，打造完整的维生素 D3 上下游产业链。在投资决策上，彻底抛弃了花园集团创立早期时以"短、

平、快"项目为主的投资项目取向，坚持能上能不上的项目不上、非生产型项目不上及大投入项目不上的"三不上"原则，削减和压缩了大批投资项目，确保生产资金和流动资金的充裕。在 2008 年世界金融危机所引发的一系列市场冲击下，花园集团仍能轻装上阵，以管理制度改革等为突破口，促进各项工作的落实，进而实现了"逆水行舟舟自稳"。

2009 年年底，随着国际经济危机造成的负面影响逐渐缓解，花园集团结合自身产业结构和技术储备，提出了深化改革并实现经济大投入大发展的战略，掀起了花园集团第三次创业热潮。近十年间，花园集团以推进工业化为重点，以优化升级为主线，通过经济结构调整，逐步实现产业结构的科学化、规模化、效益化，在生物医药、基础材料、新型材料、电子科技、建筑房产、红木家具等产业上谋求发展。

在生物医药领域，浙江花园生物高科股份有限公司是国家高新技术企业，已成为全球最大的维生素 D3 生产和出口企业之一。公司院士专家工作站成为全国示范站，"花园"牌维生素 D3 生产技术和生产工艺处于国际领先水平，荣获"国家科技进步二等奖""国家技术发明奖二等奖"和"中石化工协会科技进步一等奖"等荣誉。2014 年 10 月 9 日，"花园生物"（300401）在深交所正式挂牌上市，登陆资本市场并成为维生素 D3 龙头企业。2018 年 6 月，总投资 103.6 亿元、总用地 1600 亩的花园集团（金华）生物医药科技园项目在金华经济技术开发区开工建设，致力建成百亿级生物医药科技园。科技园将包括三大板块：一是维生素板块：以维生素 D3 市场为基础，有序扩展其他维生素品种，提升公司在维生素领域的主导地位；二是药物板块：以 25-羟基类物质为基础，生产全活性维生素 D3 和其他创新型药物，促使公司向大健康产业迈进；三是研发板块：以目前企业研究院为基础，进一步扩大院士专家工作站、博士后工作站及中试平台规模，促使企业的研发实力与公司发展相匹配，持续推动企业创新发展战略。[①] 花园生物致力打造完整的维生素 D3 上下游产业链，"25-羟基胆固醇"和"羊毛脂胆固醇"产品技术属国际先进，"羊毛甾醇""羊毛脂异丙酸"技术在国内领先。其中 25-羟基维生素 D3 是维生素 D3 的活性代谢物，也是全活性维生素 D3 的前序产品，具有极高的药用价值与市场价值。根据花园生物 2019 年半年报，报告期内公司实现营收 4.18

---

① 胡哲南：《区域联动发展共建"大金华"》，《花园报》2018 年 4 月 17 日第 2 版。

亿元，同比增长 30%；净利润 2.30 亿元，同比增长 50%。[①]

花园药业股份有限公司自 2015 年开始进行股份制改造，2016 年 6 月 6 日正式挂牌。公司所有的"替保"商标是浙江省著名商标，其主导产品心脑健片是国内独家生产和国家中药保护品种，"茶叶提取开发与应用省级高新技术企业研究开发中心"已被认定，公司正以立足大健康产业为契机，聚焦药品和医疗器械细分领域的产品研发与销售，规划药品和医疗器械双引擎驱动并提升核心竞争力，为企业可持续发展夯实基础。而坐落于绍兴滨海新城医疗器械产业园的浙江福瑞喜药业有限公司，致力于呼吸领域用药（雾化吸入制剂）的专业研发生产，力争发展成为国内呼吸系统用药领域领先的雾化吸入制剂专业化生产企业，目前多个二类、三类、四类雾化吸入剂产品已顺利注册申报。2018 年花园药业公司获评"浙江省品牌大奖企业"。[②]

在基础材料板块，花园集团于 2009 年投资创办了浙江昌兴铜业有限公司（花园铜业的前身）。自 2010 年 2 月正式建成投产以来，生产高质量的高精铜板、铜带、铜排、铜棒和宽幅铜板带等各种铜系列产品。2016 年 6 月，总投资 6.7 亿元的国家火炬计划项目、浙江省重大产业项目——年产 10 万吨高精度宽幅铜板带生产线项目正式投产。[③]经过十年发展，公司荣膺"中国铜板带行业十强企业""中国铜棒（排）材十强企业""浙江省工业大奖银奖"和"东阳市市长质量奖"，组建铜合金技术研究开发中心，研发市场上急需的"高、精、尖"产品，大大提高了产品的技术含量和附加值，致力成为铜板带行业领导者及实现综合实力居国内国际领先水平。2019 年 9 月，省重大产业示范类项目——年产 6 万吨 1320 毫米超宽幅高精铜板带已经建成，最宽可达 1400 毫米，公司成为亚洲生产精制铜板带最宽的生产企业之一。此外，通过工艺改进及技术创新自行研制出的高品质紫铜压延铜箔产品，厚度最薄的只有 0.012 毫米，比纸张还要薄许多，填补了省内空白，为企业向百亿元大企业迈进注入了强大的后劲。[④]

作为基础材料与新能源产业的交叉领域，浙江花园新能源有限公司于 2017 年成立，目标是进军锂电池及电子电路急需的铜箔行业。由其承担的省重大产业龙

---

① 王江红：《花园生物公司荣登创业板五十强》，《花园报》2019 年 8 月 15 日第 1 版。

② 许欣雅：《花园药业公司奏响提质增效最强音》，《花园报》2019 年 6 月 15 日第 2 版。

③ 吴浩宇：《花园铜业公司发展迈上新台阶 跻身"中国铜板带材十强企业"》，《花园报》2018 年 1 月 6 日第 1 版。

④ 叶永永、王江红：《花园打造工业经济发展新引擎》，《花园报》2019 年 9 月 3 日第 1 版。

头类项目——总投资 45 亿元的年产 5 万吨高性能铜箔项目是东阳市多年来工业实体经济投资最大的项目。项目分为两期：一期建设年产 20000 吨高性能铜箔，分为 10000 吨锂电池用铜箔和 10000 吨电子电路用铜箔；二期建设年产 30000 吨高性能铜箔，分为 20000 吨锂电池用铜箔和 10000 吨电子电路用铜箔。同时，项目建设全封闭电子洁净车间，购置世界一流的高端铜箔生产装备，阴极辊、生箔机和表面处理机列等关键设备从日本进口，裁切机、溶铜罐等配套设施国产化。[①] 一期项目已经建成投产并填补了该领域浙江省内的空白，为新能源汽车和 5G 通信提供重要的关键材料。其中，6 微米锂电铜箔产品试产成功，开发周期刷新国内同行业最短纪录，正式跨入全球屈指可数的 6 微米锂电池铜箔生产企业行列。[②] 花园新能源将对标国际一流标准，致力把企业打造成具有全球影响力和核心竞争力的高端制造企业。

在新型材料版块，花园新材料股份有限公司是国家高新技术企业，其前身是成立于 2012 年的花园包装有限公司，现已成为浙中南最大的包装新材料龙头企业之一，名列中国纸包装工业纸箱彩盒 50 强，荣获 2019 年度东阳市市长质量奖。[③] 其产品涉及小商品外包装、门业五金工具包装、红木家具包装，是农夫山泉、娃哈哈、蒙牛等知名饮料企业的包装供应商。同时，花园新材公司自主研制了多功能轻质复合墙板等系列新型环保建材，具有隔音好、保温好、强度高、成本低等一系列优点，参与的《包装材料　蜂窝纸板》及《建筑用纸蜂窝复合墙板标准》等国家行业标准修订、制订工作已经实施，成为全国领先新型墙体材料生产企业之一。目前公司顺利建成省重大产业项目——年产 1000 万平方米多功能轻质复合墙板建设项目，适用于旅游景点、生态别墅、厂房及学校宿舍楼等工程建筑。

在电子科技板块，花园金波科技股份有限公司是其中的代表，其前身可以追溯到成立于 2010 年的花园电子器材有限公司。2014 年 1 月，花园集团全资收购上海金波弹性元件有限公司。2015 年将生产基地搬迁到花园工业园区，近 20 名核心人员和技术骨干也转驻花园村。[④] 同时，完成股份制改造，成立花园金波科技股份有限公司。其全资子公司上海金波弹性元件有限公司，是国家级高新技术

① 李光镇：《尽早建成投产　争创世界一流》，《花园报》2019 年 2 月 22 日第 3 版。
② 周振平：《花园新能源公司年产 5 万吨高性能铜箔项目一期厂房结顶　向填补浙江空白又迈进一步》，《花园报》2018 年 10 月 24 日第 2 版。
③ 周振平、陈宇阳：《花园新材公司荣获东阳市市长质量奖》，《花园报》2020 年 2 月 21 日第 1 版。
④ 黄晓华：《上海老牌名企移师花园绽新蕊》，《花园报》2016 年 7 月 16 日第 1 版。

企业、中国电子行业协会理事单位，承担火炬计划重点项目，拥有 30 多项创新专利。目前，花园金波主要从事锡磷青铜波纹管、铍青铜波纹管及不锈钢波纹管的研发、生产与销售，并承接各种电子产品的 OEM 和 ODM 服务。其中金属波纹管是工业装备的关键基础零部件，被广泛应用于液体动态密封、压力传感控制和管路柔性连接等军工与民用领域；智能芯片同样是工业自动化控制、信息通信设备、未来智能家居电器的核心控制部件。花园金波现有员工 400 多人，高级管理人员和技术人员 100 多人，具备强大的设计和研发能力。

除了上述以高科技为底色的现代工业企业外，花园集团还在建筑房产、红木家具、传统食品、商贸旅游、影视文化、教育医疗等领域做精做强，为可持续工业化提供了良好的外部环境和生产、生活、生态有机融合的经济发展格局。

浙江花园建设集团有限公司现是国家房屋建造总承包一级资质企业，已有 20 多年发展历史，先后荣获"钱江杯""华东杯""楚天杯""龙江杯"等赋予的数十项优质工程荣誉。此外，东阳市花园建达房地产开发有限公司也已经在花园村成功开发阳光城、湖景城、商业中心、中华城等多个高层住宅楼盘，为花园村迈向城镇化提供高品质商品住房保障。

东阳市花园红木家具开发有限公司主要负责花园红木家具城，以及花园大型木材市场的开发运营。2018 年 9 月，由原木市场、板材市场、雕刻·油漆中心、产业核心区块及红木家具城等红木家具全产业链和产业群构成的花园红木家居小镇，被列入浙江省级特色小镇第四批创建名单。

浙江老汤火腿食品有限公司是中国肉类协会副会长单位和省级农业龙头企业，生产的"老汤"牌火腿被评为"浙江名牌产品""省绿色农产品""长三角名优食品"，荣获金华火腿质量评比金奖，并取得了《出口食品生产企业备案证明》。[①]

浙江花园进出口有限公司是省级大型进出口贸易公司，主要经营和代理各类商品及技术的进、出口及对销贸易和转口贸易。

花园商业中心是集住宅、购物、餐饮、娱乐、健身、休闲、观影于一体的综合性商业体，总建筑面积约 20 万平方米，显著提升了村域小城镇建设的生活品质。

浙江花园旅游发展有限公司主推名村党建考察游、职工康养度假游、中小学生研学游、乡村休闲观光游、红木家具鉴赏游、现代工业示范游等六大特色板块，

---

① 邵钦祥：《注重科技　加大投入　铸就"老汤"火腿新辉煌》，《农产品加工》2006 年第 4 期。

开发的中国农村博物馆及花园游乐园等景点提升了旅游档次与品位，打造了浙江省首个单独以村为单位创建成功的国家 4A 级旅游景区，被国家文化和旅游部授予首批"中国十大优秀国际乡村旅游目的地"和"网友最喜欢的乡村旅游目的地"称号。

浙江花园影视文化传媒有限公司适应国家发展文化产业形势，投资拍摄的首部电视剧《大明按察使》在央视一套和央视八套播出，极大地推动了花园文化产业的快速发展，《大明按察使之铁面御史》也已登上银屏。花园艺术团是中国村级最大的文艺团体之一，演员全部来自全国各大音乐院校、艺校和文艺院团，目前有歌队、舞队、民乐队、曲艺队和杂技、武术队等，有先进齐全的灯光、音响设备和专业技术人员，有经验丰富的专业编导和创作团队。

花园田氏医院正在积极争创二级甲等医院，在骨伤科等方面独有建树，目前拥有 200 多套先进的诊疗设备，开放床位可达 520 张，是全国最大村级医院之一。花园中学和花园幼儿园是花园集团投资 20 多年的教育机构；花园集团还与浙江师范大学强强联手，投资 7 亿元建设浙江师范大学附属东阳花园外国语学校，推行16 年一贯制教育。

二、四十载奋进深耕产业，兴旺沃土

花园集团的快速发展，彻底改变了花园村的面貌，促进了花园村的全面小康建设。2020 年，花园村实现营业收入 610 亿元，拥有个私工商户达 2949 家，村民人均年收入达 14.2 万元，接待国内外游客 370 万人次，是金华市首个税收超 3 亿元的村。[1]

从 1981 年成立花园服装厂开始，花园集团始终坚持发展工业实体经济不动摇，经过近 40 年的创业创新，已经形成以高科技产业为主导，新兴产业和传统产业相配套，带动花园村经济的发展格局。应该注意到，以工业化为主体的乡村产业变革，相比于发展规模农业、旅游业或者房地产业，对实现乡村城镇化带来的推动效应最为彻底，且可持续。

首先，工业化表现为单位空间上经济产出价值的倍数增长。工业作为资本、土地、劳动力复合作用的产业，其单位空间的产值至少是同等占地农业生产的几十倍；对于技术密集型或者资本密集型的现代工业来说，这一比值甚至可以上升

① 周振平：《花园村去年实现营收 610 亿元》，《花园报》2021 年 1 月 25 日第 1 版。

至数千倍，乃至上万倍。以亩产税收为例，根据 2011 年 1—6 月的统计，花园村全村工业用地 458 亩，亩产税收达 22.61 万元；上半年人均税收达 2.48 万元，户均税收达 6.29 万元。[①] 因此，对于花园村这样一个原本只有 0.99 平方千米的丘陵地貌的小村来说，最初选择工业化，并且在工业化过程中及时"换档升级"，走上新型工业化道路，几乎是实现在贫瘠的土地上种出"摇钱树"的唯一途径。

其次，工业化表现为单位空间上人口聚集程度的倍数增长。工业和商贸业的发展，在区域范围内创造的劳动就业机会比农业高出 10 倍以上。即便是在劳动密集型产业逐渐被淘汰的背景下，花园村目前 12 平方千米空间上的常住人口也达到 6.5 万人，平均人口密度从 1982 年时的每平方千米 400 人，到目前每平方千米约 5400 人，增长了 13.5 倍。大量常住人口的聚集不仅使单位土地价值明显提升，而且使得商业、医疗、教育、物流等公共服务更能发挥规模效益。因此，花园村通过工业化创造的优质就业岗位，不仅能够吸引到天南海北的人才，更能为相关配套产业的发展带来机会。单位空间中常住人口数量增长，实质上就是城镇化的一种表现形式。

第三，工业化表现为单位空间上资本投资强度的倍数增长。工业化的起步必须依赖资本投入，而从劳动密集型产业向技术密集型和资本密集型产业的转型升级，更需要投入大量的资本。花园村在近 40 年的可持续工业化过程中，通过利润积累和金融信贷，不仅在花园村各个工业园区中投入巨额资金进行厂房、设备和研发设施的建设，还投入大量企业盈余用于村庄道路交通、供水供电、环境卫生、医疗教育等公共服务和基础设施建设。而且在花园集团的带动下，花园村集体经济中通过红木市场和厂房收到的租金，以及雕刻油漆中心的收入也连年上升。近几年间，花园村集体以地生财，发展瓦片经济，将增加的收入用于村民福利和村庄基础设施建设，其发展进入良性循环。

如表 2-1 所示，在 1978 年到 2020 年的 43 年间，花园村工农业总产值（营业收入）从 1978 年的 0.08 亿元增长到 2020 年的 610 亿元，花园集团总资产从 1978 年的 0.02 亿元增长到 2020 年的 266 亿元[②]，花园村户籍人口人均收入从 1978 年的 87 元增长到 2020 年的 142000 元。[③] 根据历年商品零售价格指数换算后，花园村

---

① 王江红：《花园村成为我市首个税收亿元村》，《金华日报》2011 年 8 月 1 日第 1 版。
② 花园集团成立之前的总资产以花园村集体经济总资产计算。
③ 花园村户籍人口人均收入受到 2004 年、2017 年两次并村影响，出现短缺下滑。

工农业总产值的可比价年平均增长率为 23.0%，是同时段浙江省全省生产总值年平均增长率 11.9% 的 1.93 倍；花园村户籍人口人均收入的可比价年平均增长率为 16.9%，是同时段浙江省农村居民人均可支配收入年平均增长率 8.4% 的 2.01 倍。

表 2-1　花园村工农业总产值（营业收入）、总资产及人均收入统计表 [1]

年　份	工农业总产值（亿元）	总资产（亿元）	人均收入（元）
1978	0.08	0.02	87
1979	0.11	0.03	107
1980	0.35	0.07	235
1981	0.63	0.11	377
1982	0.85	0.18	482
1983	0.98	0.28	628
1984	1.12	0.39	754
1985	1.26	0.46	831
1986	1.39	0.58	1218
1987	1.52	0.67	2103
1988	1.64	0.80	2900
1989	1.75	0.93	3826
1990	1.92	1.12	4785
1991	2.19	1.38	5652
1992	2.33	1.52	6529
1993	2.58	1.96	7384
1994	2.86	2.17	8291
1995	3.29	2.75	9123
1996	3.74	3.26	10047
1997	4.25	3.94	11035
1998	4.82	4.60	12192
1999	5.13	4.96	13148
2000	5.71	5.48	14020
2001	6.47	6.20	15000
2002	7.79	7.54	17260
2003	8.69	10.00	19579
2004	13.17	11.36	20000
2005	20.86	13.12	16520
2006	33.50	17.29	19260

[1]　数据来源：《花园村志》及历年花园村年度总结。

续表

年　份	工农业总产值（亿元）	总资产（亿元）	人均收入（元）
2007	37.89	22.32	22100
2008	44.35	26.62	27600
2009	57.10	30.67	36200
2010	91.98	33.77	51600
2011	117.00	39.73	68000
2012	190.00	58.70	82000
2013	289.00	97.00	120000
2014	338.00	112.00	130000
2015	401.00	142.00	150000
2016	461.23	192.96	160000
2017	520.63	207.55	120000
2018	546.00	229.38	126000
2019	602.00	246.00	135000
2020	610.00	266.00	142000

三、村集体经济资产提质增量，福泽乡里

进入 21 世纪以来，随着花园红木产业的兴起，通过收取厂房租金，花园村集体资金不断充实。花园村基础建设和村民福利支出从过去单一依靠花园集团的企业投入，逐渐转变为不仅能够依靠村集体资金自负盈亏，还能够通过投资具有稳定回报和公共利益的项目实现资产增值，持续健康发展。

2013 年根据对花园村全村所有财产进行登记、核查、清理，评估健全财产账目，全村资产已达 12 亿元。2013 年村集体总收入 1.7 亿元，包含收取各项合同承包款、厂棚租金 3498 万元。2013 年村集体总开支 1.2 亿元，包含房屋、新建道路、排污、公墓、水塘、水库、绿化、卫生、土地平整等基础设施建设支出 8234 万元；口粮款，春节、中秋、重阳节等节日福利券，医保、农保、困难补助、奖学金、春节现役军人家属慰问金、村民子女读书优惠款等村民福利支出 735 万元；农房改造补贴和建房困难补助支出 3331 万元。花园村集体 2012 年年底结余 1.5 亿元，2013 年年底结余 2 亿元。

2015 年全村所有财产进行登记、核查、清理，评估健全财产账目，全村资产已达 13.8 亿元。2015 年村集体总收入 1.64 亿元，包含收取各项合同承包款、厂房租金 5200 万元。2015 年，村集体总支出 2.93 亿元，包含用于全村基础设施建

设投资 2570 万元，其中道路硬化投资 520 万元，排水排污管道建设投资 220 万元，新建公墓投资 52 万元，新建老年公寓楼投资 354 万元，水库水塘投资 368 万元，路灯亮化投资 238 万元，绿化卫生投资 498 万元，水处理投资 320 万元；用于村民福利支出合计 1874 万元，其中农医保 128 万元，村民优惠医药费 102 万元，子女读书优惠款 38 万元，口粮费、节日福利、电视费、困难补助等 946 万元，农房改造补贴 660 万元；用于投资新产业 2.49 亿元，其中雕刻油漆基地投资 1.28 亿元，标准厂房投资 1.08 亿元，板材市场投资 1280 万元。花园村集体 2014 年年底结余 3 亿元，2015 年年底结余 1.71 亿元。

2016 年全村所有财产进行登记、核查、清理，评估健全财产账目，全村资产已达 15.43 亿元。2016 年村集体总收入 1.98 亿元，包含收取各项合同承包款、厂房租金 6566 万元。2016 年，村集体总支出 2.45 亿元，包含用于全村基础设施建设合计投资 3687 万元，其中道路硬化及修缮投资 760 万元，排水排污管道建设投资 380 万元，新建公墓投资 42 万元，水库水塘投资 278 万元，路灯亮化投资 158 万元，绿化卫生投资 480 万元，铺路侧石广场砖及各类挖机费开支 1589 万元；用于村民福利支出合计 3578 万元，其中村民医疗保险费 128 万元，村民优惠医药费 148 万元，子女读书优惠款 52 万元，口粮费、节日福利、电视费、困难补助等 980 万元，农房改造补贴 2270 万元；用于在建工程、固定资产投资 1.38 亿元，其中修建南山寺万福塔、万佛殿、钟楼、财神殿等 1250 万元，饮水工程 1172 万元，地下通道 488 万元，创 5A 开支 453 万元。花园村集体 2015 年年底结余 1.71 亿元，2016 年年底结余 1.24 亿元。

2017 年全村所有财产进行登记、核查、清理，评估健全财产账目，全村资产已达 16.02 亿元。[①] 2017 年村集体总收入 5.9 亿元，包含收取各项合同承包款、厂房租金 1.2 亿元。2017 年，村集体总支出 1.97 亿元，包含用于全村基础设施建设投资 8241 万元，其中道路硬化、白改黑 [②] 投资 1492 万元，污水管道整改投资 1822 万元，新建公墓投资 158 万元，水库水塘投资 102 万元，路灯亮化投资 85 万元，绿化卫生投资 777 万元，红木长廊支出 1425 万元，铺路侧石广场砖及各类挖机费开支 2380 万元；用于新建柳塘、环龙厂棚、锯板厂、福山景区、饮水工

---

① 新并入 9 个小区原有资产未评估入账。
② 白改黑是指把原来的水泥混凝土路面（灰白色）改建为沥青混凝土路面（黑色），达到环保、防尘、降噪和增添行车舒适性的效果。

程等投资 5659 万元；用于村民福利支出合计 5800 万元，其中村民医疗保险费 284 万元，村民优惠医药费 430 万元，子女读书优惠款 88 万元，口粮费、节日福利、电视费、困难补助等 2148 万元，农房改造补贴 2850 万元；用于鼓励花园村创办企业、个私工商户和经营业主在花园村域范围内消费优惠总额 105.1 万元。花园村集体 2016 年年底结余 1.24 亿元，2017 年年底结余 5.17 亿元。

　　2018 年全村所有财产进行登记、核查、清理，评估健全财产账目，全村资产已达 18 亿元。^① 2018 年村集体总收入 4.52 亿元。2018 年，村集体总支出 4.45 亿元，包含用于全村基础设施建设投资 2.55 亿元，其中红木长廊支出 2654 万元，生态园投资 1600 万元，新建幼儿园投资 1039 万元，老年公寓扩建投资 722 万元，道路硬化、白改黑投资 1752 万元，排水、污水、天然气管道整改投资 4980 万元，新建公墓投资 650 万元，路灯亮化、线路整改投资 762 万元，绿化卫生投资 493 万元，饮水工程投资 978 万元，新建桥梁投资 142 万元，困难户建房投资 240 万元，党群、党建活动中心投资 273 万元，新建小区综合楼投资 238 万元，福山景区投资 670 万元，新建锯板厂、钢棚投资 2879 万元，铺路侧石广场砖及各类挖机费开支 5389 万元；用于村民福利支出合计 1.3 亿元，其中 2019 年口粮费支出 1333.2 万元，村民医保 596 万元，报销医药费 420 万元，子女学费报销 138 万元，拆房补偿款 9800 万元，困难补助 97 万元，数字电视费 68 万元，节日福利等 549.8 万元；用于鼓励花园村创办企业、个私工商户和经营业主在花园村域范围内消费优惠总额 68.64 万元。花园村集体 2017 年年底结余 5.17 亿元，2018 年年底结余 5.25 亿元。

　　2019 年全村所有财产进行登记、核查、清理，评估健全财产账目，全村资产已达 20.6 亿元。2019 年村集体总收入 2.6 亿元。2019 年，村集体总支出 3.79 亿元，包含用于全村基础设施建设投资 2.8 亿元，其中花园国际物流中心投资 3100 万元，天香湾景区、生态园投资 2865 万元，幼儿园南山分院投资 2610 万元，老年公寓扩建投资已支付 1642 万元，全村道路硬化、白改黑投资 5508 万元，排水、污水、天然气管道安装整改投资 4520 万元，新建公墓投资 232 万元，红木长廊支出 478 万元，路灯亮化、线路整改投资 720 万元，绿化卫生投资 525 万元，饮水工程投资 448 万元，新建桥梁投资 470 万元，给困难户建房投资 257 万元，新建小区综合楼投资 315 万元，福山景区投资 185 万元，罗溪道路建设投资 378 万元，

---

① 新并入 9 个小区原有资产未评估入账。

花园第二菜场已支付 108 万元，铺路侧石广场砖及各类挖机费开支 3600 万元；用于村民福利支出合计 0.56 亿元，其中村民医疗保险费 568 万元，村民优惠医药费 460 万元，子女读书优惠款 220 万元，口粮费支出 1426 万元，节日福利、电视费、困难补助等 670 万元，农房改造补贴 2200 万元；用于励花园村创办企业、个私工商户和经营业主在花园村域范围内消费优惠总额 72.9 万元。

第二节　花园村市场化创业平台建设

一、搭建大舞台，同走致富路

"改变农村落后面貌，实现共同富裕梦想"是花园村"当家人"们在创业之初就立下的初心。但不同于其他一些"明星村"主要通过直接发放集体福利的方式提升村民生活水平，花园村则更倾向于整合资源、因地制宜、顺势而为，通过集体搭台让群众唱戏的模式，为花园村民和周边群众提供创业就业的产业平台。花园村在三十多年间大力倡导"勤劳致富、劳动光荣"的价值观和人生观，让花园村民实现了"家家有事业、户户能致富"的愿望，让花园人的富裕和文明程度不断提升。

早在 20 世纪 90 年代初进行村庄整体规划时，花园村就在主要道路两边规划了商用店铺，让村庄工业聚拢起来的人气能够惠及从事餐饮、娱乐和商贸等第三产业的小创业者。这些大小商铺生意兴隆，既繁荣了花园村快速城镇化过程中的商品市场，也为花园村民转变理念、积极创业产生了示范作用。《花园集团报》曾经报道过来花园村开超市的武义老板席小英的创业故事。曾经在上海经营过五金店的席小英夫妇看中花园村快速发展过程中的商机，投资几十万元，在 2003 年 8 月开出了花园村第一家规模型超市"华隆超市"。经过近一年时间的经营，蒸蒸日上的生意让她更加确信在花园村投资创业具有良好前景，她还决定将武义老家的房子卖掉，带着孩子一起来花园村定居生活。①

正是察觉到村庄城镇化发展在人口集聚和产业培育方面的巨大潜力，花园村和花园集团借助第一次并村的机遇，在 2005 年投资 1500 万元新建了花园粮油商

---

① 林夕：《席小英的"三件事"》，《花园集团报》2004 年 5 月 26 日第 2 版。

贸城。花园粮油商贸城按"三星级"文明集贸市场标准进行规划设计、建设和管理，占地总面积14690平方米，于2006年1月正式营业。市场内设置沿街五金、百货、服装、文化用品、电器经营区，各类环保农副产品和粮油蔬菜经营区，大型超市经营区，农民自产自销蔬菜经营区，市场办公设施和车辆停放管理区等五大功能区。另外，花园商贸城每月逢农历三、八举办集市，每年还举办四个交流会。[①] 花园商贸城开业以后，商家林立、生意红火，沿街商铺中的50%都是花园村民自己经营的，涉及饮食、日化、通信、五金等诸多行业。原本在南马菜场卖羊肉的花园村方店小区居民方立昌在商贸城开业后立即抢租摊位，生意一路攀升。[②] 受到商贸城火爆人气的带动，周边村民也纷纷利用自家沿街铺面开店经商。

而后来花园购物广场、花园商业中心、花园大厦、花园娱乐城、服装一条街、饮食一条街、建材两条街及花园大排档的建成使用，进一步丰富了花园村的第三产业发展，在形成花园村休闲、餐饮、购物的商业圈的同时，创造了众多业态更加丰富、档次更加高端的创业机会，形成"人人忙赚钱，家家赚钱忙"的大众创业热潮。

根据花园村统计，截至2019年年末，全村共有个私工商户3768户，实现产值296亿元，上缴东阳税收7119万元。如表2-2所示，木制品上下游产业在花园村的工商业中占有67.7%的经营主体数量，以及89.5%的成交额，而近年来住宿餐饮、副食百货、服装鞋帽等行业也在花园村悄然兴起，成为花园村区域市场繁荣的佐证。

表2-2　2019年花园村工商户行业分布[③]

行　业		户数（户）	占比（%）	成交额（亿元）
木制品行业 2550 家	红木产品制造销售	2132	56.6	196
	原木板材经营	163	4.3	65
	木制品雕刻油漆加工	255	6.8	3.8

---

① 浙江东阳市花园村村志编委会：《花园村志》，花园集团档案室藏，2014年，第191页。
② 王江红：《淘金新农村　致富路更宽》，《花园报》2010年4月9日第1版。
③ 邵钦祥：《坚持新发展理念　推动高质量发展——为乡村振兴综合改革贡献花园智慧和力量——在2020年花园村党员干部大会上的讲话》，花园集团档案室藏，2020年1月11日。

续表

行　业	户数（户）	占比（%）	成交额（亿元）
农副产品经营	76	2.0	
副食百货家电	217	5.8	
服装鞋帽	169	4.5	
住宿餐饮小吃	234	6.2	31.5
五金建材卫浴	153	4.1	
培训休闲娱乐	102	2.7	
物流快递仓库	47	1.2	
其他（建筑劳务）	220	5.8	
合　计：	3768	100.0	296

二、"天下红木第一村"打造富民产业

东阳木雕已有千年历史，不仅是东阳区域品牌的"金名片"，更孕育了庞大的红木家具产业。据统计，东阳有红木家具企业 2000 余家，年产值超 200 亿元，从业人员超 10 万人，被称为"富民"产业。[①] 东阳历来不乏木雕木艺的能工巧匠，尤其是改革开放以来，东阳市红木家具产业不断发展壮大。在东阳市南乡地区，南马镇、横店镇等地的乡村城镇分布着上千家大大小小、规模不一的红木家具加工企业。而产业结构"低小散"、产业链上下游沟通不畅、环境污染、资源分配不均等问题逐渐成为制约红木家具产业迈向高质量发展之路的绊脚石。

花园村原本并没有木制品加工的传统，但改革开放以后，在花园村周边发展出上千家木线加工厂，为家具生产和建筑装修提供材料。在并村以前，大南山村和方店村均已经有一批由当地村民开办的木线工厂。为了给正处于上升期的木线行业提供生产加工场地，花园村于 1999 年建起了总面积达 11000 平方米的花园木线基地。周边区域木线业主纷纷来投标办厂，形成了花南二路木线一条街。[②] 当时木线厂的厂房通常采用铝合金钢棚，上边盖石棉瓦，前边生产，后边办公休息。开办一家占地 1000 多平方米的小厂，只需投资 10 余万元，可达到数十万元的年产值。[③] 由于木线一条街品种齐全、质量过硬，企业主恪守商业信誉，其生产经营不长时间就已经名声在外，吸引了全国一大批客户。至 2001 年年末，在木线一条

---

① 金梁、陈勇、黄永强：《一个富民产业的"壮士断腕"——东阳红木家具产业转型升级纪事》，《浙江日报》2018 年 7 月 15 日第 1 版。

② 公木：《花园村木县基地投资者趋之若鹜》，《花园集团报》1999 年 5 月 6 日第 2 版。

③ 公木：《在花园"圆"发财梦》，《花园集团报》1999 年 12 月 16 日第 2 版。

街基础上发展起来的花园木线工业园区，已吸引了 50 多家私营企业主投资兴业，从业人员达到 1000 人。[1]2003 年，为了建设花园小康新区，花园集团拆掉木线一条街全部厂房，并出资 90 万元购买原属卢头、马府村的地块，于 2004 年在加朗山、加朗塘附近一带另建占地面积达 3 万平方米的木线城，有近 50 家个体企业在此投资建厂。但 2004 至 2005 年间，受到行业无序发展和低端竞争影响，木线城中的个体木线企业纷纷停业关门。[2]

2004 年 10 月，花园村和周边的 9 个行政村组成了新的花园村，并将"打造木制品产业基地"写进了新村的发展规划。为了重振木制品产业，花园集团投资 1000 多万元，挖山整地，在并村后的西田小区、南山小区建造了 120 多个现代钢架商铺，每座商铺面积达 500 平方米，将原先自发生成的木材交易马路市场搬进了商铺，又发展了锯木及物流等配套设施，设立了市场招商及管理办公室，从而开辟出一个没有围墙的木材交易市场，内设原木交易与板材交易两大区块。该市场依托正规化、专业化、规模化经营，为商家创建一个有利的平台，立刻吸引了全国各地木材经销商竞相入驻。[3]市场的木材品类从最初的白木、红榉等低价值木材发展到酸枝木、鸡翅木、花梨木、紫檀和黑檀等 26 个国家的 40 多个名贵木材品种，一举成为辐射全国的重要木材交易基地。在 2006 年前后，随着传统木线加工市场规模不断萎缩，有不少企业开始转向仿古红木家具和木制品生产。花园集团也因势利导，在花园村核心商圈内打造东永一线沿路红木家具一条街，开始谋划布局红木家具制造产业升级。2009 年，东阳市政府规划的红木家具产业园落户花园村。[4]花园村红木产业出现井喷式发展，仅下半年，该村红木家具企业就由原来的 100 多家猛增到 300 多家，其中 100 多家是花园村村民自己创办，从业者达 3000 人。[5]

花园村通过整合资源，实施分类发展，已经具备了原木进口、板材销售、电脑雕花、红木及仿古红木家具等红木产品全产业链开发实力。红木家具生产企业在花园村周边可以轻松获得各种生产原料、配套加工技术和产品营销渠道。[6]单个红木家具企业只需要做好产品设计、木工制作和拼装及品牌运营等核心环节，不

① 金光强：《花园农村现代化建设亮点多多》，《花园集团报》2001 年 11 月 6 日第 1 版。
② 浙江东阳市花园村村志编委会：《花园村志》，花园集团档案室藏，2014 年，第 166 页。
③ 王江红：《整合：让木材木线业走向辉煌》，《花园报》2006 年 12 月 13 日第 1 版。
④ 王江红、胡亮亮：《花园木制品产业在转型升级中蓬勃发展》，《花园报》2009 年 7 月 8 日第 1 版。
⑤ 陈林旭、叶丽华、吴旭华等：《"中国红木家具第一村"呼之欲出》，《花园报》2010 年 9 月 21 日第 2 版。
⑥ 包晶冰、滕雪芳：《东阳红木家具产业集群研究》，《中小企业管理与科技（下旬刊）》2013 年第 8 期。

必配齐所有生产要素，只要把相应生产环节分解发包给各配套企业，就可轻装上阵，做精专业。在花园村的木制品产业链条中，可以把板材加工业务交给锯板厂和烘房，把雕花业务交给电脑雕刻企业，甚至连油漆和打磨都有专门的厂家代工。而且花园村的村庄知名度也加快了红木产业品牌的传播与认可。

在此背景下，"东阳市红木家具产业园——花园核心区块"规划于 2010 年 6 月通过论证，区块内红木家具产业园规划占地 1000 亩。同年 12 月 23 日上午，总投资 2 亿元、建筑面积 9 万平方米的花园红木家具城一期盛大开业。当时花园村周边红木家具企业已有 2000 多家。为了避免企业间出现恶性竞争，家具城内产品出现以次充好、鱼龙混杂的问题，花园村对入驻花园红木家具城的企业设定了一定门槛，优中选优，最终只有 260 多家知名红木家具品牌入驻家具城一期工程。为了保证市场内的红木产品质量，花园红木家具城推出十大服务承诺，并且要求每一家经营户的红木家具必须货真价实，一经发现伪劣及假冒的产品，将依照有关规定给予从重处理。同时，还强调把消费者放在首位，在明码标价的基础上诚信经营。此外，还将通过"保真"活动，引导经营户自我约束和自我规范，绝不以次充好。[①] 服务和质量是行业的本钱，许多商家之所以选择在花园红木家具城里经营，而不是在周边另辟门店，也是坚信消费者在选购红木家具这样的高档商品时会更加相信品牌，而花园红木家具城无疑增强了消费者的信任感。[②]

红红火火的红木产业，不仅让经营者获利颇丰，也让花园村民从中获益。仅在 2011 年，花园村街面房的租金就飙涨到 5 万至 7 万元，但仍是一铺难求。有村民将自家一层 6 间街面房租给红木家具厂，年收入可达 20 万元。除了从租房中获益，花园村村民还及时把握机会，广开收入来源。2011 年，在第一次并村后的 1700 多户农户中，创办企业的有 300 多户，经商开店的有 100 多户，租赁房屋的有 600 多户，形成了全民创业的良好局面。而红木市场的发展也使木工、油漆工在花园村成了紧俏人才，人均日薪增加了 20% ～ 30% 不等。熟练的技术工人月收入超 6000 元，成熟的管理人员年收入超 15 万元。[③]

随着市场的进一步规范，花园红木家具城的品牌影响力越来越大，吸引了来自全国各地的红木厂家。2012 年 10 月 5 日，花园红木家具城二期正式开业，

---

① 王江红：《共建诚信市场　打响花园品牌》，《花园报》2011 年 3 月 10 日第 3 版。
② 卢曦：《花园：红木之村养成记》，《中国文化报》2014 年 6 月 14 日第 7 版。
③ 蒋萍：《一个村打通一条产业链》，《文汇报》2011 年 9 月 28 日第 3 版。

400 多家知名红木家具品牌入驻市场。2012 年 10 月，花园村被农业部中国村社发展促进会授予"中国红木家具第一村"称号。2013 年 1 月 21 日，花园红木家具城三期（精品馆）正式开业。2013 年 9 月 30 日，花园红木家具城四期盛大开业。2014 年 11 月 16 日，花园红木家具城五期盛大开业。花园红木家具城一、二、三、四、五期工程，总面积达到 38.6 万平方米，总投资 20 多亿元，分 ABCD 四个区，有 1800 多家红木家具品牌专营店进驻。

　　截至 2013 年年底，东阳市木雕工艺行业市场主体实有 2495 家，2014 年达 2980 家。7 年间，木雕红木家具企业数量增加了 10 倍，从业人员达数十万人。然而 2014 年之后，我国红木家具市场销量出现下滑，相比于急剧扩张的红木家具生产能力，红木家具的市场需求却出现了下行。① 一方面，受到从 2013 年起东盟国家纷纷实施红木原材出口禁令影响，红木原材料市场曾一度掀起炒作风，红木家具价格也应声飞涨。另一方面，受 2010 年前后市场火爆的影响，大量以假乱真、以次充好、工艺粗糙的红木家具产品流入市场，恶化了红木家具市场秩序，动摇了消费者对红木家具的信心。

　　面对市场的严峻挑战，花园红木家具城除了一如既往地引导商户守诚信、重服务、优质量，还探索通过从 2013 年起每年举办的花园红木家具展销会的平台，展示红木工匠精神，做强红木家具生命力。在 2016 年 4 月末举办的"2016 中国·花园红木家具展销会"上，代表花园村的 2000 多家红木家具企业及花园红木家具城 1800 多家品牌经营户，发出"工匠精神　花园传承"的诚信生产和经营倡议。② 《人民日报》《浙江日报》等重要媒体都对"三千工匠"唱响"工匠精神"的新闻进行了报道。产品品质和文化内涵的提升，也让花园红木家具城的销售顶住压力，依旧红火。2016 年，花园红木家具城市场总成交额达到 189.42 亿元。③

　　经过十余年发展，花园村成为名副其实的"天下红木第一村"，已形成了花园原木市场、板材市场、雕刻·油漆中心、产业核心区块、红木家具城及红木长廊等红木家具全产业链和产业群，涵盖了从原木、板材、锯板、烘房、雕刻、油漆及红木家具设计、生产、销售的所有产业环节。2018 年，花园红木家具城进一步推进市场提档升级工作，开辟的大师艺术作品街也在市场"北京街"亮相，旨在突出

① 黄信：《红木家具市场如何走出困境？》，《中国文化报》2016 年 7 月 23 日第 7 版。
② 王江红：《2016 中国·花园红木家具展销会亮点纷呈受追捧》，《花园报》2016 年 4 月 30 日第 2 版。
③ 李婷婷：《解读浙江花园村"红木现象"：无中生有的产业传奇》，《花园报》2017 年 7 月 7 日第 2 版。

工匠精神主题，目前已汇聚了胡冠军、王宝田、金彪云等十多位全国各地木雕工艺美术大师作品。2018 年 9 月，花园红木家居小镇入选浙江省级特色小镇第四批创建名单，这就是花园红木向更高质量发展的一个新起点。对沿街的 800 多个商铺进行统一改造，打造一条长 3.5 千米的红木长廊；投资 5 亿元建设运行建筑面积达 6.5 万平方米的花园家居用品市场；抓紧建设花园红木产业国际物流中心一期及二期工程；探索红木家具线上销售的新零售模式。[①] 这些举措在三年间逐一实现，不仅有力地巩固了花园红木家具城全球第一大规模红木家具专业市场的地位，更是有力地推动了东阳红木产业走上规模化、专业化的转型升级之路，让红木家具这个富民产业，持续为花园人带来更多财富。

第三节　现代农业与绿色发展

一、以工扶农，发展"一优两高"农业

花园村地处丘陵地带，山多地少，人少水少，农业的发展受到很大制约，农业发展颇为艰难。但在 20 世纪 80 年代，实施家庭联产承包责任制极大增强了农民的生产积极性，再加上农业生产条件的改善，使得花园村的农业有明显发展。

1982 年 9 —10 月，花园村各生产队均落实家庭联产承包责任制，经过全体社员民主讨论决定分田到户，进展顺利。花园村的农民成为责、权、利相结合的自主经营者，生产积极性得到充分发挥，劳动力得到充分投入。而历年来兴修水利灌溉设施，改良土壤，推广先进耕作技术的效果也更加明显。1983 年，花园村粮食获得空前丰收，全村粮食总产量达到 231500 千克，亩产 700 千克，1984 年又比 1983 年增产 8.6%，总产量达到 251350 千克。村民家中储粮甚多，光是杂交稻、晚稻等优质米都吃不完。于是将早稻粮谷全部用于喂猪，带动生猪饲养量成倍增长，户均养猪四头。[②] 1984 年春，贯彻中共中央 1 号文件精神，继续实施和完善联产承包责任制，延长耕地承包期 10 —15 年，全村改为统一按人口承包到户，村与户签订承包合同形式，农户投入农业生产的信心更足，全村农业生产连年增产增收。

① 苏雪琪：《东阳红木家具企业电子商务发展策略研究——以东阳花园红木家具城为例》，《中国市场》2016 年第 46 期。
② 浙江东阳市花园村村志编委会：《花园村志》，花园集团档案室藏，2014 年，第 146 页。

自从 1982 年以来，随着村集体经济实力不断提升，花园村加大了对农业的投入。1982 年，村主任邵钦祥带头捐款集资 1.3 万元，用于修建三级电灌及长达 1600 多米的花园支渠，使全村 98% 的农田实现了自流灌溉。建设花园支渠，使花园村农田全部实现自流灌溉。[①] 此后逐步修建机耕路，安装发电机组，进行农业水利基本建设。村集体还组建了机耕、排灌、防治病虫害专业服务队，使全村的耕地实现了统一耕田、统一排灌、统一防治病虫害。[②] 到 1992 年，全村 187 亩耕地全部实现自动灌溉。同时通过改造低产田，开发荒山荒坡，种植桔、梨等果树，初步形成粮食、果林、花木、副食品、水产等多种经营态势。[③]

进入 20 世纪 90 年代，在"以工扶农"思想指导下，花园村在 15 年间累计从工业产值盈余中投资 360 万元用于农田水利基本建设，并在 1990 年建立了扶农、贴农的制度。农业税、定购粮任务全部由村集体承担，水电费、大田承包费及各项提留金全免。从 1992 年开始，花园村通过集中流转土地，实施集约化、专业化统一经营。花园工业公司投资 40 多万元，创办了花园综合垦殖场，建成了花园花苗场，扩大了花木园。截至 1994 年，垦殖场饲养有肉鸭 8000 只、鹅 2000 只、肉鸡 4000 只、肉猪 240 头，有淡水鱼塘 30 亩。花园村民们在节日都能分到一定数量的肉蛋，并运用大棚和地膜技术，规模化生产高品质、安全的蔬菜，保障村民和职工的日常所需。

随着花园村工业化加速发展，花园村民从事农业生产的比例不断下降。1981 年工业化起步之初，几乎所有村庄劳动力都要参加农业生产，而 1991 年组建工业公司后，从事农业生产的村民只占总人数的 29%。通过发展高产、优质、高效的"一优两高"农业，在耕地减少、村民纷纷放弃农业生产的背景下，花园村农业产值仍有所提升。1981 年年底，全村粮食总产量 197 吨，农业产值仅 15.61 万元；1990 年农业产值达到 32.3 万元；1992 年全村粮食总产量下降至 177 吨，但农业产值达到 46.8 万元；[④] 1993 年农业产值达到 66.8 万元；1994 年，农业总产值为 66.7 万元。[⑤] 到 2002 年，由于所有存量土地均被用于工商业开发建设，除了由花园集

① 浙江东阳市花园村村志编委会：《花园村志》，花园集团档案室藏，2014 年，第 107 页。
② 佚名：《花园村的小康之路》，花园集团档案室藏，1994 年，第 3 页。
③ 封定一、陈至发、李致平等：《花园成功道路：从走过的道路去寻求未来发展的方向》，经济日报出版社，1997 年，第 11 页。
④ 佚名：《花园村村级经济概况及其发展简史》，花园集团档案室藏，1994 年。
⑤ 佚名：《花园村建设规划实施情况》，花园集团档案室藏，1994 年，第 1 页。

团园林管理处开辟的 300 亩苗圃，[①] 花园村内基本已无耕地可供农业生产。

二、科技引领，促进三产融合

2004 年的并村为花园村农业发展的"再出发"提供了机遇。为了协调一、二、三产业有序发展，在对新花园村的总体规划中，花园集团提出开辟专门区域进行规模化农业生产的思路。受到以维生素 D3 项目为代表的第二次创业的洗礼，花园集团认识到了科技能带给企业的利益。因此，进一步明确了要发展具有高科技附加值的高效生态农业的发展思路。

花园村发展生态农业的总体战略是依托花园集团较强的科技支撑力、先进的经营理念和深厚的融资实力等，通过建设规模化农业设施、引进高科技种植品种、实施生态化种植，极大提升了农产品的品质与安全性。花园村积极响应国家农业政策，发展生态农业和高科技农业，并把农业与旅游业有效地结合起来，从而促进农业增效、农民增收。

为了打造花园高效生态农业的"主心骨"，花园集团于 2005 年 12 月投资成立浙江花园农业发展有限公司。公司主营业务是农业项目投资、开发、利用、服务建设，突出高科技生态农业特色，打造集农业生产、高科技示范、休闲游赏为一体，产业融合发展的农业龙头企业。

2005 年年底，花园农业发展公司在方店小区集中流转耕地，并平整山坡土地，开始建设花园农业生态园。在初期规划中，花园农业生态园区共有 10 个功能区，包括现代设施农业展示区、水生蔬菜生产区、名优葡萄生产区、设施蔬菜生产区、特色农业生产区、绿化苗木生产区、花卉生产区、优质蜜梨生产区、农业休闲观光区和农产品物流配送中心，占地面积达 2000 亩。[②] 第一期工程投资 800万元，建成面积达 3379.2 平方米的现代化玻璃温室和 10000 平方米的钢结构连栋塑料温室。多脊连跨 WSBRZ9.6-2.1-3 温室于 2005 年 9 月 8 日竣工。GPL-832 型连栋塑料温室于 2006 年 4 月 20 日竣工。[③] 此外，还开发了莲、藕、荷、水生蔬菜生产技术示范区，稻菜轮作生产技术示范区，桂花园、牡丹园、葡萄园等特色果园花卉区，还有百果园观赏采摘区、单体钢结构塑料温室精细蔬菜种植区。

在浙江省农科院、上海市农科院等科研机构的技术支持下，玻璃温室蔬菜运

① 王湘、楼震旦、孙顺其等：《花园新报告》，花园集团档案室藏，2003 年，第 91 页。
② 蔡蓉：《花园农业生态园总体规划通过论证》，《花园报》2007 年 11 月 30 日第 1 版。
③ 浙江东阳市花园村村志编委会：《花园村志》，花园集团档案室藏，2014 年，第 149 页。

用无土栽培技术，选用珍珠岩基质栽培，营养液自动滴灌，成功种植了荷兰"戴多星"黄瓜、荷兰"百利"番茄树及荷兰七彩甜椒等品种。其中荷兰"戴多星"黄瓜采用双膜双棚保温，电热线加温育苗，17天后移栽玻璃温室进行智能化管理，移栽45天后开始摘果，采摘期达105天，平均亩产量达到22750斤。在塑料连栋大棚内，种植台湾"龙女"和"金珠"番茄、"嘉年华"西瓜、以色列"HA-454"黄瓜等数十个品种特色农产品。同时，种植百日草、一串红、非洲菊和玫瑰等品种各异的花卉盆景苗圃。2006年10月16日，"健园"牌小黄瓜及七彩甜椒在第六届全国"村长"论坛·东阳市名特优新农产品展销会上获得金奖。2007年4月29日，花园番茄树荣登首批浙江省农业吉尼斯纪录榜。[1] 在种植外，还利用钢架玻璃温室大棚及联栋塑料大棚蔬菜、瓜果、苗木花卉基地，打造乡村生态农业旅游观光园区，仅在2006年上半年接待观光游客近万人次。[2]

为激发农民参与高效设施农业的积极性，花园农发公司将经过设施改造的单体塑料大棚以优惠的政策再承包给懂技术、会管理、善经营的本地农民。同时提供大棚农业的科技培训，使承包者很快掌握了温室大棚科学种植技术。当时花园小区一村民承租花园农发公司17亩土地种植花生，三年承包期只需交纳5100元承包费。他只种了一季的花生就赚回了承包费。当地一些村民最初并不看好农业生态园建设，可后来看了设施农业亩产几万斤的黄瓜、亩创效益几万元的西红柿后，也纷纷希望承包温室大棚，投入到设施农业生产中。[3]

为了打响科技农业品牌，花园农发公司为所生产的果蔬产品专门注册了"健园"品牌，在无公害、高科技等方向做出了许多创新，受到本地村民和外地顾客的青睐。公司围绕国家星火计划"花园生态高效农业标准化生产技术示范管理项目"实施要求，开展省农业专项资金成果转化项目"鲜食玉米超甜4号、浙甜6号标准化生产中试"、省级项目"花园高效农业发展基地建设"等，进一步突出科技创新优势。结合市场需要，不断调整种植结构，引进优质品种，公司获得了"浙江省农产品加工示范企业"等。[4]

为实施无公害农产品生产，花园农发公司不仅成立农产品质量安全生产管理工作小组，全面负责生产管理，分区分片负责包干，而且按农产品销售收入的

① 浙江东阳市花园村村志编委会：《花园村志》，花园集团档案室藏，2014年，第185页。
② 王江红：《花园村成功实践并村共富》，《花园报》2009年6月23日第1—2版。
③ 王江红：《花园设施农业俏争春》，《花园报》2008年3月26日第1版。
④ 黄庆山：《春暖花香 魅力无限：虎年伊始花园速写》，《花园报》2010年2月26日第2版。

3%～5% 作为农产品检测检验经费，配合农业部门开展监督工作，确保农产品无害化。此外，公司还全面贯彻落实《中华人民共和国农产品质量安全法》，积极对农产品生产经营户和农产品销售经营户进行普法教育，聘请农学专家和农民技术员常年在公司指导，举办以《浙江省无公害农产品标准化生产与管理》《测土配方施肥及生物病虫害综合防治》等为内容的农业技术理论培训，让农民掌握种植无公害农产品的技术。并且在选种、育种、施肥、农药喷洒、产品抽查检测与全流程追溯等各个环节都制定了严格的制度，从细节上保障了农产品的无公害生产。①

花园农发公司还积极实施农业科学实验项目，探索培育具有独特营养功能的新型农产品。由农发公司承担的富硒小黄瓜栽培技术研究项目被列为东阳市科技计划项目，通过喷洒富硒肥，成功培育出含硒量是普通黄瓜的 141 倍的富硒小黄瓜。② 还曾组织农科实验，给蔬菜大棚里的黄瓜、番茄和茄子每天播放中外名曲。经过实验，的确发现听音乐的蔬菜不仅个头长得快，产量增加不少，身价也是普通蔬菜的 2 倍。③

随着花园村农业精品化、现代化、品牌化的发展模式愈发成熟，花园农业发展有限公司还获得了"浙江省骨干农业龙头企业""浙江省农业科技型企业""浙江省农业科技研发中心""浙江省农业休闲观光示范园区""浙江省农产品加工示范单位""浙江省高效农业示范园区"等诸多荣誉。2012 年还获得了由国家农业部和国家旅游局共同认定的全国休闲农业与乡村旅游五星级企业称号，获得同等荣誉的整个浙江省只有 4 家单位。④ 公司所生产的"健园"牌蔬菜也获得了由浙江省农业厅认证的"浙江名牌农产品"⑤ 称号。花园村还充分借助村庄在高科技、红木产业等领域的知名度，将花园特色与现代农业相结合，突出农业高科技特征，综合开发农业在生产、生活、生态中的复合功能，形成融观光性、可参与性为一体，具有乡土气息和农业文化内涵的生态农业休闲观光园区。

2017 年以后，伴随着村庄规划的新一轮调整，花园村在依山傍溪、风景优美的原渼陂下村地块集中开发建设新的农业功能区，将花园生态农业园搬至这里，

① 李江炜：《浙江花园农业发展有限公司致力于做好无公害农产品文章》，《花园报》2011 年 9 月 7 日第 1 版。
② 陈紫放：《挖掘"富硒"优势 打造农业"富矿"》，《花园报》2012 年 7 月 25 日第 1 版。
③ 李聂、黄庆山：《每天一场音乐会 黄瓜番茄当听众》，载金光强主编《花园足迹 30 年》，中国美术学院出版社，2011 年，第 298 页。
④ 王江红：《浙江花园农业发展有限公司成为金华市首家全国休闲农业与乡村旅游五星级企业》，《花园报》2012 年 9 月 22 日第 1 版。
⑤ 马志华：《"健园"牌蔬菜获省级名牌农产品》，《花园报》2012 年 1 月 5 日第 1 版。

面积达到 1000 亩左右。在农业功能区内建有全自动玻璃温室 5 亩、钢架连栋大棚 20 亩、单体大棚 340 亩，栽种推广名特优农作物新品种，引进应用智能化管理、无土栽培等先进技术，进行蔬菜瓜果等的高效栽培设施示范。此外，新建四季花海约 270 亩，种植月季、菊花、牡丹、荷花等观赏花卉，打造四季花海项目；新建精品果园约 220 亩，种植梨、桃、梅、桑葚、樱桃等各类适合采摘的果类，增加田园内的采摘乐趣。在这些硬件条件的支撑下，打造一处集研学、养生、民俗、住宿等功能于一体，具有乡村文化特色的休闲观光农业公园，取名为花园村天香湾景区。2019 年 10 月，浙江省农业农村厅、浙江省文化和旅游厅公布了 2019 年浙江省 100 个"最美田园"、110 条休闲农业与乡村旅游精品线路名单，花园村渼陂下田园榜上有名，成为东阳市唯一的省级"最美田园"。①

单纯从经济体量的角度来说，花园村高科技农业产值仅占村庄工农业总产值中的很小一部分。但是在已经初步实现城镇化建设的花园村中保留农业要素，不仅是对花园村过往历史的价值纪念，为花园村民和花园集团员工提供高品质、放心吃的蔬菜瓜果，更是与花园村"科技花园、绿色花园、活力花园、和谐花园"的形象完美契合。充分应用科技手段提升传统农业，充分挖掘绿色景观的生产、生活、生态价值，在一二三产业协调发展、人与自然和谐相处中为花园人享受高品质的美好生活提供源源不断的物质与精神活力。

---

① 吕健：《渼陂下田园获省"最美田园"》，《花园报》2019 年 10 月 16 日第 1 版。

治

理

篇

励精为治　共创和谐

ZHILI PIAN
LIJING WEIZHI GONGCHUANG HEXIE

中国
村庄
发展

村 域 城 市

由村到城，意味着治理体系与治理能力的巨大飞跃。由地方政府主导的城镇化依靠成型的科层化组织，协调推进社会治理、空间改造、基础设施建设。但花园村以"经营型治理"为特征，将现代企业管理制度应用于城镇化过程中的治理体系建设与治理能力提升，在各领域达到，甚至超越同等体量城镇的治理水平。本篇第一章通过回顾花园村在村企合一和一分五统两个时期的基本治理模式，概括分析花园村在持续优化社会治理体制机制与保障村民集体福利方面的经验做法。第二章系统呈现花园村在各个时期实施村庄空间规划改造的治理实践，以及产生的实际效果，并介绍花园村在村级层面延伸政务服务的经验。第三章介绍花园村如何在科学规划的基础上，配合城镇化进程，不断完善道路交通、供水供电、景观旅游等基础设施。

第一章　村域治理的花园经验

在现代化进程中，村庄原有的治理体系与治理能力逐渐难以适应各种社会关系的调整。而对于持续推进工业化、城镇化的花园村而言，乡村治理面临的新挑战、新问题更为复杂。因此，花园村两委在发展村庄经济的同时，很早就将基层民主党建、文化、社会和生态文明纳入村域治理范畴，依托基层党建，引进最新治理手段，建立长效机制，花大力气促成乡村治理的现代化。归功于区域发展带来的土地价值提升，花园村的集体资产不仅家底厚，而且有持续增长的潜能。依靠雄厚的集体资产，花园村各项基础设施建设与村庄公共福利事业都能得到充分的资助，为村域城镇化解决各类外部性问题。

第一节　花园村村域治理的模式变迁

党的十八届三中全会提出将推进国家治理体系和治理能力现代化作为全面深化改革的总目标。作为中国社会主义现代化事业中的新维度，治理体系和治理能力现代化是在坚持党领导下经济、政治、文化、社会、生态文明和党的建设等各领域的制度体系建设，以及运用制度管理社会各方面事务的能力。受到政府与社会二分框架的限制，既有研究大多将乡镇作为治理体系的末端主体，却忽视了村庄两委及村庄龙头企业作为推进区域全面发展的主体，在村域治理体系与治理能力现代化中的职能与作用。

花园村近40年村庄"治理有效"的经验表明，培育"有为有位"的村庄治理主体，落实以人民为中心、以发展为中心的总体战略，提前谋划，全盘布局，有利于激发蕴藏在人民群众之中的无穷智慧和创造力，将人力资源优势迅速转化为人力资本优势，促进科技创新，拓展创业空间，汇聚现代化新动能；有利于促进地方政府与村两委之间形成合作，完善推进与新经济形态、新科技赋能相适应的体制机制，创新管理方式，提升服务能力，释放改革红利；有利于协调区域产业规划与区域空间规划、生态规划和社会发展规划的多规合一，实现工业持续发展与空间布局合理、生态环境优良、社会运行有序之间的共生统一；有利于扩大个人发展机会，促进权利公平，实现人人参与、人人尽力、人人享有的包容性增长，探索符合乡村发展规律的物质富裕、精神富有之路。

一、村企合一，为村域发展提前布局

在 20 世纪八九十年代，花园村采取的是在党支部、村委会的领导下，以村庄集体经济企业为主体，全面驱动村庄各领域发展的"村企合一"运作模式，有效保障了村民共有共富权利，促进村庄物质文明与精神文明的共同进步。[①]

改革开放之初，邵钦祥当上花园生产大队大队长。1984 年取消"人民公社"，成立花园村委会，邵钦祥经村民选举担任村委会主任，而村党支部书记由德高望重的邵福星担任。1986 年邵福星主动退位让贤，邵钦祥开始担任村党支部书记。2004 年 12 月经上级党组织批准，花园村党支部升级为党委，由邵钦祥担任村党委书记至今。在邵钦祥担任村党支部书记后，花园村在并村之前的历任村委会主任分别为邵江生（至 1991 年）、邵钦木（至 1998 年）、邵宏高（至 2001 年）、邵君伟（至 2004 年）。花园村 30 年来全面振兴的发展历程打下了邵钦祥长远谋划、辛勤耕耘的深刻烙印。

花园集团作为一家由村级企业改制发展而来的经济主体，受到企业成长历史、企业家邵钦祥强烈的社会责任感驱动，始终将企业的发展壮大与花园村各项事业良性发展联系在一起。但在企业发展壮大后，如何将企业管理与村镇领导体制相衔接，处理好党、政、企三者关系，是许多地方在当时遇到的现实问题。在这个问题处理上的道路选择甚至成为许多乡镇企业在改革开放初期兴旺一时，后来却盛衰各异的历史"分叉点"。花园村从经济和社会发展的实际特点出发，"不唯上、不唯书、只唯实"，探索出"村企合一"的村域治理体制。

"村企合一"是指花园村党支部、村委会和花园集团公司的领导班子合二为

---

① 陈至发：《村企合一：发展村级集体经济的有效组织形式》，《地方政府管理》1998 年第 3 期。

一，相互兼职，统一领导，分工负责，协调配合。村庄和企业的管理者相互渗透在各层次领导班子中。由邵钦祥担任花园集团党委书记、董事长、总经理，兼任花园村党支部书记。花园村党支部是花园集团下五个党支部之一，村长是集团公司常务董事。[1]

在当时的主流话语体系中，党政分开、政企分开被认为是政治经济体制改革的必然取向，也是企业转换经营机制，轻装上阵，参与市场竞争的必要前提。但从当时花园村的实践来看，村企合一却有着推动村庄和企业协调发展，各项事业共同进步的独特优势。

第一，村企合一有助于统一决策，提升效率，用足乡村"能人"的管理能力。村企合一便于集中领导，加强领导间的团结和合作，加强领导间的凝聚力，克服领导之间相互牵制的问题，从而形成党政企指令统一、行动迅速有力的局面。例如在花园村并村前对老花园村的三期旧村改造中，由党支部开展思想工作，村委会做好用地安排，企业提供旧村改造所需资金，促成党政企统一指挥、统一行动。

第二，村企合一有助于统一规划，合理布局，为产业转型升级预留发展空间。村庄进行城镇化建设需要根据空间位置和周边条件进行统一谋划布局，企业持续发展、产业升级需要实施土地开发战略，提前规划空间功能。如不进行统一规划，合理布局，既浪费土地资源，又不利于村镇配套基础设施建设。村企合一可以协调好企业发展和村镇建设的关系，在多规合一、全面发展的导向下，从经营产业升级为经营城市，实现企业发展和村镇建设的统一规划和合理布局。

第三，村企合一有助于以企扶农，以企兴村，统一发展乡村福利事业。受到土地资源总量和劳动力就业选择的钳制，村庄第二、三产业企业发展与农业之间可能出现此消彼长的竞争关系。村企合一有利于协调企业发展和农业发展的关系，利用企业改善农业生产条件，支持农业科技创新，提升农业规模化、产业化经营水平，实现"一优两高"农业。另一方面，企业资金积累可以及时投资于村庄基础设施建设，在提升企业发展外部环境和改善投资条件的有利刺激下，以产业发展带动村庄各项事业的发展，实现均衡增长，达到共同富裕。而且在长期实践中，花园集团热心参与农村福利事业，解困纾难，给予处于不利境地的村民必要的帮助，避免出现贫富差距过大等问题。

---

[1]　封定一、陈至发、李致平等：《花园成功道路：从走过的道路去寻求未来发展的方向》，经济日报出版社，1997年，第79页。

第四，村企合一有助于实现"名村""名企""名品"的价值联动，为村庄发展争取有利政策资源支持。花园集团在实施科技优先发展战略，努力推动产业转型升级的过程中，作为探路者和领跑者必然会在众多领域中遇到既有体制机制的障碍，难以依靠企业自身能力疏通解决。而花园村作为村级组织，即便不受到上级政府各种"一刀切"政策的影响，也迫切需要在区域发展中提出自身的意见要求，获得政策优惠和利益保障。花园集团在实践中协助花园村争创乡村发展典型作为企业发展的一项系统工程，高效回应党和政府关于农村发展的最新政策要求，投入企业资源协助花园村成为各领域中乡村发展的示范典型。而花园集团自身也通过积极参与各项社会福利和慈善捐助活动，加大关于花园村和花园集团的媒体曝光率和社会传播力，在公众中树立良好的社会形象，加强与社会各界的沟通，使花园的发展得到社会各方面的支持。花园集团的"名企"效应叠加花园村的"名村"效应，不仅让花园村成为各级领导想得到、记得住、用得上的乡村示范典型，也让花园集团成为各项产业创新的重要外部促进力量，让花园村的高科技工业产品、红木家具、乡村旅游产业等快速为消费者所认可，以"名村"带"名品"，以"名品"促"名村"，实现各项事业的良性发展。

通过与同一时期其他"名村"后来的发展进行比较，可以发现，村企合一的最大优势在于将企业留在乡村，以企业不断壮大带动村庄产业振兴、劳动力聚集和城镇化改造。但这一模式的成功很大程度上取决于企业家的社会责任意识和乡土情怀。绝大多数企业家从企业发展的理性角度会选择更早进行村企分开，为企业减下"办社会"的包袱；或者是将企业搬迁至比较优势更为明显的城镇地区。而像邵钦祥这样始终坚持发展工业实体经济不动摇，始终坚持打造中国农村浙江样板不动摇，始终坚持发展为民、利民、惠民工程不动摇的村庄带头人，[1] 真真正正可谓是凤毛麟角。这也是众多乡村在发展过程中，难以完全模仿"花园道路"的关键原因。

二、一分五统，为全面振兴奠定基石

进入 21 世纪以后，尤其是在 2004 年花园村第一轮并村之后，村企合一模式已经越来越不适应花园村村域治理的需求。一方面，随着花园集团的不断发展壮大，集团许多业务早已经延伸到花园村之外，乃至金华市之外，加之花园集团多家核心企业实施了股份制改造，继续以企业盈利投资村庄各项事业在产权上容易

---

[1] 王江红：《花园村坚持做到四个"不动摇"》，《花园报》2017 年 1 月 23 日第 1 版。

出现争议；另一方面，并村后花园村户籍人口增加了 10 倍，继续由花园集团为村庄各项福利支出兜底，无疑使企业背上沉重的"包袱"，丧失创业奋进的干劲。

为确定并村之后村域治理的基本模式，2004 年并村文件下达后，花园村首先召开由全村 754 名老年人参加的会议。2004 年 10 月 24 日又紧接着召开了全体党员、村委成员、共青团、民兵、妇联、老年协会会长会议，并举行了新花园村党总支、村民委员会揭牌仪式；10 月 25 日召开原 10 位村委书记、村主任会议；11 月 1 日召开原 10 位村会计、出纳会议；11 月 12 日，召开老年协会会长会议。为了进一步统一思想认识，2005 年 4 月，花园村组织全体干部和部分村民代表共 50 多人到江苏华西村、萧山航民村、奉化滕头村等"名村"参观学习。①

通过各种会议的交流讨论和外出考察学习，新花园村绝大多数的干部和村民认识到村区域调整将会产生的巨大改革红利：有利于区域产业的持续发展，有利于缩小各村之间的贫富差距，有利于新合并的村庄实施统一科学的建设规划，有利于完善村庄基础设施与提升公共服务品质，有利于改善村民生产生活条件，有利于减少村庄内部矛盾。在初步统一认识的基础上，村党委、村委会提出要在全村干部群众的共同努力下，凝聚力量、形成合力，实现"三年小变样，五年大变样"的发展目标。

针对区域调整后的实际情况，花园村制定了"一分五统"的政策意见。一分即村企分开，无论是花园集团还是其他个体私营企业，均按产权归属独立自主经营。"五统一"即财务统一管理、干部统一使用、劳动力在同等条件下统一安排、福利统一政策发放、村庄建设统一规划实施。同时，建立新的管理规章，实施依法治村。新的规章包括村级组织自身管理的规章、党员管理规章和村民管理规章三大方面。村级组织自身管理规章，主要包括决策程序、议事规则、财务管理、村务公开、公共事务管理、联系群众、干部考核和其他日常管理等八项制度。党员管理规章，主要包括党员作用发挥、党员活动、外出党员管理、党费收缴、党员评议、党员考核等六项制度。村民管理规章，主要包括村民自治章程、村规民约等，对计划生育、土地征用补偿、村民福利、村民合作医疗等与村民利益关系紧密的事项进行了详尽规范。各项规章制度的制定与落实，使全村的各项工作有章可循，工作有序进行。

客观上说，"一分五统"体制最早是华西村从 2001 年开始实施的村庄管理体

① 花园村：《以区域调整为契机　加快花园村城乡一体化建设》，《花园报》2005 年 10 月 14 日第 1 版。

制。但花园村在借鉴实践中，增加了"六融合"的新内容。"六融合"是指为了尽早实现新村与旧村的融合，推动思想融合、班子融合、管理融合、资产融合、制度融合、目标融合，实现了包容发展与共建共治共享。为了保证新老村民平等共享村级资源和福利，花园村集体经济始终保持开放状态，没有进行股份化改造，这有利于先后并入的各村平衡发展和深度融合，避免因集体资产股份量化"一刀切"改造，导致新老村民因占股不同而产生内部纷争。

2004年12月1日，经市委组织部批准，花园村召开了并村后的第一次党员大会，选举产生了中共花园村第一届委员会，6名候选人全部高票当选。花园村党委下设四个支部。共青团、妇联等组织也相继召开会议，建立健全组织体系，在村党委领导下，村民代表大会顺利召开，民主选举产生了新一届村委会。为提高村干部的办事效率，切实提高为村民服务的意识，花园村实行村干部工作责任制，并统一办公，设立村书记室、副书记室、主任室、副主任室外，还设有村办公室、财务室、妇女计生室、村建办公室、联村干部室、调解室等。花园村并村后历届党委委员、村委委员名单见表3-1、表3-2。

建立新的村级组织后，花园村各项工作有序推进，解决了各小区长期未解决的治理问题。如木线棚租金、违章建房及村集体财务混乱等问题得到解决，原来各村生活环境和村容村貌得到明显改善。各小区全部做到道路硬化，路灯亮化，垃圾集中回收处理，配备专职人员清理各种生活和工业生产垃圾，拆除露天粪缸池，新建生态公厕，路旁、村旁、公共场所全部绿化。原花园村民所享受的各项福利待遇，新并入小区村民能够无差别享受。

表3-1　花园村并村后历届党委委员名单

第一届		第二届		第三届	
姓名	职务	姓名	职务	姓名	职务
邵钦祥	党委书记	邵钦祥	党委书记	邵钦祥	党委书记
邵君伟	党委副书记	郭鸣鹿	党委副书记	邵君伟	党委副书记
厉天高	党委副书记	邵君伟	党委副书记	郭进武	党委副书记
方升潭	党委委员	方升潭	党委副书记	金牡丹	党委副书记
楼惠训	党委委员	马永胜	党委委员	马永胜	党委委员
马永胜	党委委员	马美琴	党委委员	马美琴	党委委员
		郭志坚	党委委员	郭志坚	党委委员
		厉朝勇	党委委员	厉朝勇	党委委员
				方正统	党委委员

续表

第四届		第五届		第六届	
姓名	职务	姓名	职务	姓名	职务
邵钦祥	党委书记	邵钦祥	党委书记	邵钦祥	党委书记
邵君伟	党委副书记	邵君伟	党委副书记	邵徐君	党委副书记
郭进武	党委副书记	郭进武	党委副书记	郭进武	党委副书记
金牡丹	党委副书记	金光强	党委副书记	厉朝勇	党委委员
邵徐君	党委委员	邵徐君	党委副书记	厉军强	党委委员
郭志坚	党委委员	厉朝勇	党委副书记	厉丽香	党委委员
厉朝勇	党委委员	邵君芳	党委副书记	贾新乐	党委委员
方正统	党委委员	郭志坚	党委委员	邵开忠	党委委员
马永胜	党委委员	方正统	党委委员		
厉丽香	党委委员	马永胜	党委委员		
厉军强	党委委员	楼惠训	党委委员		
		厉丽香	党委委员		
		陈会金	党委委员		
		贾学武	党委委员		

表 3-2　花园村并村后历届村委委员名单

第一届		第二届		第三届	
姓名	职务	姓名	职务	姓名	职务
郭鸣鹿	村委主任	郭鸣鹿	村委主任	邵君伟	村委主任
邵君伟	村委副主任	邵君伟	村委副主任	郭进武	村委副主任
郭国威	村委委员	厉朝勇	村委委员	郭跃祥	村委副主任
厉守健	村委委员	张明亮	村委委员	厉朝勇	村委委员
方义生	村委委员	楼惠方	村委委员	张明亮	村委委员
卢华森	村委委员	张将军	村委委员	楼惠方	村委委员
张洪星	村委委员	郭跃祥	经合社管委会成员	张将军	村委委员
楼惠方	村委委员	郭永胜	经合社管委会成员	方正德	村委委员
黄旺威	村委委员	方正德	经合社管委会成员	邵洪献	村委委员
张玉弟	村委委员	邵洪献	经合社管委会成员	卢国进	村委委员
马福新	村委委员	卢国进	经合社管委会成员	郭永胜	村委委员
第四届		第五届		第六届	
姓名	职务	姓名	职务	姓名	职务
邵君伟	村委主任	邵君伟	村委主任	邵钦祥	村委主任
厉朝勇	村委副主任	郭跃祥	村委副主任	郭跃祥	村委副主任
郭跃祥	村委副主任	曹新乐	村委副主任	厉朝勇	村委副主任

续表

第四届		第五届		第六届	
姓名	职务	姓名	职务	姓名	职务
郭　剑	村委委员	陈景明	村委委员	方明亮	村委委员
方正德	村委委员	张军跃	村委委员	蒋敏敏	村委委员
邵洪献	村委委员	蒋敏敏	村委委员	陈强胜	村委委员
张爱仙	村委委员	陈园法	村委委员	陈珍辉	村委委员

第二节　乡村治理现代化的花园经验

党的十九大提出乡村振兴战略，将"治理有效"作为乡村实现全面振兴的重要维度。一直以来，花园村就以"小事一天内解决、大事三天内解决"的治理机制，实现了近40年"矛盾不上交、纠纷不出村、选举不拉票、村民零上访"。[1] 在保障村庄第一、二、三产业兴旺发展的同时，让新老村民和外来务工人员能够共同享受平安幸福的生活。2016年，花园村党委被中共中央授予"全国先进基层党组织"荣誉称号，花园村还荣获全国文明村、全国民主法治示范村、全国乡村振兴示范村、中国十大国际名村等上百项省级以上荣誉称号。2019年12月31日，《中央农村工作领导小组办公室、农业农村部、中央宣传部、民政部、司法部关于公布全国乡村治理示范村镇名单的通知》（中农发〔2019〕7号）印发，公布了99个全国乡村治理示范乡镇和998个全国乡村治理示范村名单，花园村作为东阳市唯一获评村庄名列其中。[2] 省委省政府主要领导对花园村始终坚持依法治村、民主管理的治理经验曾多次予以肯定性批示，建议基层学习借鉴花园经验。

在实施乡村振兴战略背景下，花园村在推进乡村治理体系和治理能力现代化过程中遇到一些新情况、新问题，但通过依靠"党建引领""科技支撑""三治融合""产业升级"的力量渡过了难关，花园村的村域治理经验成为乡村振兴的标杆，为花园村迈向"世界名村"和"世界强村"提供治理保障。[3] 从乡村治理现代化的角度分析，花园经验包括以下四方面特征。

---

[1]　胡豹、顾益康：《从"枫桥经验"到"花园经验"：新时期乡村治理机制的嬗变与创新》，《决策咨询》2017年第5期。

[2]　王江红：《花园村获评全国乡村治理示范村》，《花园报》2020年1月18日第1版。

[3]　黄红华：《面向未来的基层治理体系改革》，《杭州（周刊）》2018年第2期。

一、发挥基层党组织战斗堡垒作用

一是优化基层党支部设置。花园村有党员 563 名，设党委 1 个、党支部 6 个。在并村过程中，花园村将新并入村的党员重新整合到现有支部并实行"以老带新、强弱联带""先进带后进、后进变后劲"的政策，从而杜绝党组织内部拉帮结派和徇私舞弊现象。

二是创新党组织活动方式。花园村建立村级党校，通过严格执行"三会一课"制度、推进"6+1"标准化建设、深化五星积分制度、建设党群服务中心、规范党建宣传栏、设立党员志愿服务站、建立党员联系群众制度等举措，夯实党建阵地建设基础，将党组织的服务管理职能延伸到社会治理的角角落落。

三是全力开展党员队伍建设。积极吸纳具备企业家精神、有战略眼光、有社会威望、有专业知识的党员进入支部班子，所有党员干部不拿村里一分钱，切实做到"奉献、公平、公正、公开"，"工作不计酬、选举不拉票"，实现决策科学、管理专业、服务周到、优势互补等社会治理效果的有机统一，形成"群贤治村"的社会治理格局。

二、发挥现代治理手段的积极推动作用

一是依托政务服务网搭建村级便民服务中心。花园村借力"最多跑一次"改革，以"办事一般不出村"为目标，将个体户营业执照办理、林产品开证、植物检疫证申领、身份证申领、户籍迁移等涉及群众最广、办理需求最大、呼声最强烈的事项纳入村级代办事务。目前村级代办事项共有 164 项，其中 95% 的事项实现"最多跑一次"，提升了群众的获得感和幸福感。[1]

二是依托平安信息系统搭建全科网格。花园村早在 2011 年就建立起平安建设信息系统，以专职网格员选用为切入点，进一步优化网格，实现治理的专业化、网格化。全村划分为 19 个网格，设 2 名全科网格指导员和 19 名专职网格员，并保证每个网格每年 3 万元的基数补助，同时按照网格人数给予一定的超量补助，流动人口补助按照每名流动人员每年 5 元的标准发放，明确网格员的职责，做到"村务民情无所不知，服务乡里无处不在"。

三是依托"雪亮工程"搭建公共视频监控网络和巡防网络。在充分整合现有视频监控资源的基础上，新建升级高清探头，统一连入全村公共视频监控系统，监

---

[1] 金光强、王江红、杜羽丰：《"最多跑一次"改革的花园经验》，《浙江日报》2019 年 7 月 29 日第 20 版。

控系统安装在村综合指挥室，安排专门人员坐岗值班。目前全村共建成视频探头3200 余个，已经做到村里治安复杂区域、交通进出口及案件高发地段（部位）全覆盖，在监控全覆盖基础上，也实现应急力量的全覆盖，建立一支近 300 人的应急机动队伍，执行社会治安巡逻任务，并与指挥室进行实时连线，实现"人防上有全科网格，技术上有雪亮工程"，提升基层社会治理的智能化、专业化水平。

三、发挥长效机制的制度化治理作用

花园村在治理实践中做好自治、法治、德治的"三治融合"中制度的制定与执行，使规范全面的治理体制转化为实实在在的治理能力与治理效能。

一是完善乡村自治制度。花园村修订完善《村规民约》等制度，并明确将《村规民约》执行情况作为先进文明户、五好家庭户、遵纪守法户等荣誉评定的依据，对于获评这些荣誉的农户，给予一定的奖励，形成"遵守《村规民约》光荣、违反《村规民约》可耻"的舆论导向；同时对村务实行"村民议事"制度，凡涉及村庄公共利益的重大决策事项、关乎群众切身利益的实际困难问题，都由党组织牵头，组织群众召开村民代表大会进行协商决定，听取各方诉求，提取最大公约数，最终达成共识，形成的统一意见则必须严格执行。

二是完善乡村法治制度。花园村建立制度化、规范化的社会治理体系和人民调解机制。联合南马法庭、东阳市司法局等部门建立社会治安综合治理领导小组，下设治保委员会、人民调解委员会、外来人口工作领导小组，各小区同时建立调解小组，共同开展调解矛盾纠纷、处置突发事件等工作。花园村还借助花园集团的力量，制定矛盾纠纷从受理、调处到归档等一套规范程序，明确"小事不过夜，大事不过周"的矛盾纠纷调处工作原则。即一般小事由专职网格员当场调解，普通矛盾纠纷由各小区的调解小组当天调解，大的矛盾纠纷由人民调解委员会在三天内完成调解，最困难的问题事项由村两委会负责兜底调解。以此层层分解、层层负责、层层落实，确保矛盾纠纷在村内部得到及时有效化解。在具体矛盾调解中，花园村还建立"优先照顾机制"。即在同等情况下，党员干部和普通村民发生矛盾，优先照顾普通村民利益；村民和外来务工人员发生矛盾，优先照顾外来人员利益。同时《花园报》开辟"普法动态""普法之声"等法治专栏，结合微信公众平台的法制宣传板块，定期刊登案例说法，开辟法治广场和普法长廊，坚持每季

度举办法律辅导课，邀请专家学者对党员、村民及员工等进行普法教育。①

三是完善乡村德治制度。花园村重点在发挥文化优势上下功夫，以文化推动乡村德治。积极推进文化阵地建设，在公园、广场、街道上设立道德宣传栏、标语牌，建成中国农村博物馆、花园剧院、花园图书馆等公共文化服务场所，组建包括民乐队、曲艺队等 6 支专业艺术团队在内的花园艺术团，定期以文艺演出的形式宣传与新时代相适应的道德标准，引导村民讲文明、树新风，强化社会治理中德治的引领作用。

四、发挥产业成长对社会治理的促进作用

一是通过发展工商产业，扶助市场主体，形成多元化的社会治理主体。花园村重点围绕红木家具产业实现多元融合发展，集聚 3508 家个体工商户，吸引 5 万多名企业经营者、公司"白领"、南北商贩、外来务工者等不同类型的市场主体和劳动力聚集在花园村。通过引导同业市场主体成立自治组织，发挥行业内部自律与互律功能，避免以次充好、坑害消费者或业主现象的发生。同时通过外来人口管理服务站落实各项服务，让来到花园村的每一个人都能找到属于自己的幸福生活，想创业的创业，想上班的上班，想做生意的做生意，大家都能实现自己的价值。

二是通过大力发展高科技产业，带动劳动力人口素质提升。自 20 世纪 90 年代以来，花园村抓紧布局各项产业的转型升级，基本实现了从劳动力密集型向资本密集型和技术密集型产业的换挡。产业升级的同时也带来了劳动力就业岗位质量的提升，有越来越多受过良好教育的年轻人，愿意来到花园村就业创业。在实现个人梦想的同时，也享受到花园村城镇化发展所带来的各项福祉。劳动力素质的提升和收入的提高，使得花园村域范围内常住居民的经济社会结构不断向以中等收入群体为主体的橄榄型社会结构靠拢。一些因成员照顾疏失或经济窘困而产生的违法犯罪行为，被自然地消除在共富共享的幸福生活之中。

三是坚持开放平等原则，促进户籍人口与外来人口的融合。对于户籍人口，在全村建立医保、社保和养老保险等保障体系，村民享有建房补贴、老年人高龄补贴、村民看病自费部分村里支付一半、免费公交车、村民子女 16 年义务教育、

---

① 吴浩宇：《"三治"融合催生蝶变　花园村积极打造全国民主法治样板的升级版》，《花园报》2018 年 2 月 3 日第 1 版。

55 岁以上村民免费体检等 31 项福利；对于外来人口，鼓励本村居民将自有住房出租给外来人口，与他们共同居住、加快融合。村里投资兴建的剧院、图书馆、医院、学校及免费公交车等公共设施，外来人员与村民享受同等待遇。

近年来，花园村全力以赴创建省级特色小镇"花园红木家居小镇"和开展浙江省乡村振兴综合（集成）改革试点村工作，及时掌握社情民意、预判经济社会潜在风险、维护社会稳定显得尤为重要。花园村的村域治理始终坚持党建引领，融合现代城市管理方式与传统乡村治理经验，不断创新新时代乡村社会治理的"花园经验"。

第三节　花园村民福利与保障

一、村企合一时期保障村民生活

长期以来，花园村为了鼓励村民创业致富，并不以滥发福利作为体现村庄发展与现代化的标志。但对于鳏寡孤独和遭遇特殊困难的村民，花园村都能及时给予必要的帮助。"生活靠集体，致富靠自己"成为村民们普遍接受的理念。

在村企合一时期，花园村村民福利是花园村和花园集团共同为村民提供的。随着花园集团的快速发展，花园村有更雄厚的实力支持福利事业发展。花园村委会越来越注重让每个村民物质、精神同时富有，有针对性地制定各种提高村民生活质量和水平的福利政策。1995 年时花园村村民福利政策包括：全村少年儿童入学入托均免费；60 岁以上老人可享受每年 700 斤口粮、600 元生活补贴费；医疗室为村民提供防病治病免费服务；在校生享受每学期高中生 50 元、中专生 60 元、大专生 90 元的生活津贴；残疾人员能得到妥善安排；公共食堂为 90% 以上家庭供应工作餐；村民每周可看两次电影。同时还建立了奖学、奖教金；至 1994 年止，获奖师生 136 人次，发奖学、奖教金 2.4 万元。[①]

随着经济社会发展条件的进一步改善，1997 年，花园村在原有村民福利基础上，又增加了舞厅、卡拉 OK 厅免费开放；洗澡、理发定期发放免费福利卡；把水泥路修到每户村民家门口；闭路电视、自来水集体安装；家家户户不再需养猪养

---

① 浙江花园工贸集团公司：《浙江省东阳市南马镇花园村委会》，花园集团档案室藏，1995 年，第 3 页。

鸭，逢年过节花园集团开办的养殖场会为村民家中供应大量的鸡鸭鱼肉；等等。[①]这让村民能够获得基本的健康且有文化的生活。

2000年以后，花园集团各项产业加快向高科技领域发展。以推进村庄城镇化建设为目标，提升村容村貌。花园村民造房子，都能得到集团公司的资金补助，多至一间房子补助2万元；鳏寡孤独者，则由集团出资造好房子让他们居住；地下排水管道、门前屋后绿化带、混凝土路面，一概由集团公司出资施工；村民家中自来水、照明设备、有线电视、电话，都由集团出资安装；村民家中楼顶安装太阳能热水器，都得到集团的资助；村民家中添置电脑，集团给予资助2000元，而且免费安装、免费提供上网；花园村民到医院看病可以享受医疗费补助，子女上幼儿园、小学、中学，学杂费全由集团支付，考上大学还能得到奖励；男性村民年满60岁，女性村民年满55岁，每年可以享受700元生活费、700斤口粮的养老待遇；村民每人每年还可得到300元的土地征用补偿；村民上班比较忙，没有时间开火做饭，可以到集团食堂用餐。[②]

二、并村之后提升村民生活幸福感

花园村并村以后，虽然村民数量几乎翻了10倍，但无论新老村民均享受同样的村民福利。而且按照"一分五统"的原则，花园村集体经济收入快速提升，村民福利转由村集体负担。例如2009年，花园村村民的福利待遇基本包括：每户电视收视费、电话月租费都由村集体承担；全村男65周岁及以上、女60周岁及以上的老年人享受每月生活补贴等；实行奖学金制度，村民子女考上高中、大学分别给予3千元至2万元的奖励，每年发放奖学金26万元以上；村里的残疾人、困难户、大病患者，都可向村集体申请补助；除了春节前夕向困难户发放补助金25万元外，村民子女上花园技校和花园幼儿园全部实行50%的学费优惠。[③]花园村的村民福利，让广大村民尤其是新并入村的村民过上了有保障的生活。不仅村民生活水平和生活条件达到甚至超过城里人的生活，而且新并入花园村的村民也通过享受村庄福利，对花园村集体形成了归属感和荣誉感，有利于花园村实现并村并心。

---

① 封定一、陈至发、李致平等：《花园成功道路：从走过的道路去寻求未来发展的方向》，经济日报出版社，1997年，第19页。
② 王湘、楼震旦、孙顺其等：《花园新报告》，花园集团档案室藏，2003年，第69页。
③ 王江红：《扶贫路上演绎共富曲》，《花园报》2009年6月10日第1版。

　　近年来，花园村通过创办市场和企业，获得了丰厚的租金和物业收入，村集体经济为推动村庄基础设施建设、改善村民生活提供了有力的经费保障。仅 2017 年，花园村投入到基础设施建设和村民福利中的资金就达 1.3 亿多元，花园村村民享受的福利待遇和公共服务水平丝毫不输给城里人。每位村民都享有养老保险、医疗保险、失地农民保险、农房改造补贴、数字电视费等 30 多项福利；80 岁以上的老年人，每年可领 2 千元到 1 万元不等的高龄补贴；大学生享有每年 1 万元到 5 万元不等的回乡创业基金；困难户可申请扶困补贴；村民看病自费部分还可由村里报销一半。[①]

　　目前，花园村民享有 31 项村民福利，包括村民子女上学实行 16 年免费教育制，从幼儿园到高中书学杂费全免，回村创业的博士生每年奖励 5 万元、研究生每年奖励 2 万元、重点大学本科生每年奖励 1 万元；村民每年享受免费体检，每人每月免费获得大米 30 斤、猪肉 2 斤、鸡蛋 2 斤、油 1 斤等。而且随着经济社会发展形势的变化，花园村民的福利标准也将进一步调整改善。

---

① 王庆丽、王江红：《花园人的美好生活——东阳花园村推进新农村建设纪事》，《浙江日报》2018 年 6 月 5 日第 1 版。

第二章　村域城镇化的秩序构建

　　从乡村社区成长为城镇社区，不仅是空间样貌上的转变，更需要构建与城镇化相适应的新秩序。在乡村基层治理中，村民宅基地和农居房的规划与建设往往是牵动各种复杂利益关系的矛盾焦点。对花园村而言，要在原有空间中实现城镇化，就必须以功能集约、样貌统一的城镇空间规划，替代分散零乱、各自为政的传统乡村建筑布局。花园村依托具有长远发展目标的空间功能规划，在最初不足1平方千米的小天地中实施旧村改造，建设小而美的新兴城镇中心。而后经过两轮并村，花园村面积扩大到12平方千米，更是给予花园村重新描绘乡村振兴美丽画卷的广阔空间。在空间开发改造过程中，如何让新老花园村民真心实意地配合这项工作，享受到改造带来的各项红利，是体现花园村基层治理经验与工作水平的重要考验。花园村推动旧村改造、村庄合并，以及"最多跑一次"改革在花园落地的经验表明，充分发挥基层党组织的战斗堡垒作用，工作充分耐心细致，做到相信群众、发动群众、依靠群众，乡村基层治理中各种新老治理问题总能通过努力得到化解。

第一节　前期旧村改造集中规划建设

　　在改革开放初期，花园村只有不到1平方千米的村域空间，而且还地处丘陵，高低不平。为了科学高效地使用村庄土地，花园村从20世纪80年代中期就开始了旧村改造，试图通过合理的规划建设，提高土地利用效率，改善村庄整体环境。

　　从结果来看，旧村改造能够带来全体村民利益的极大提升，但在实施过程中，必须将工作做细做扎实，才能获得村民们的支持。因为农民与土地的感情最深，最懂得土地的价值，而对于过去曾沦为佃农的花园村民而言，即便人均只有 0.39 亩土地，其仍然将土地视为珍宝。虽然对花园村实施旧村改造的计划来源于实际，但由于部分村民头脑中传统观念的束缚、历史遗留的旧房产权争议、邻里关系的瓜葛，导致旧村改造工作牵涉面广、情况复杂、工作难度大。即便大多数村民都觉得通过旧村改造，节约土地，造福后代，是件好事，但权衡利弊后，也纷纷表示这项工作难度很大，不一定能推动得下去。但邵钦祥书记还是坚持要迈出这一步，坚定不移地通过旧村改造的旧房拆建，为花园村腾出发展的空间，建起更令村民满意的新村。为此，花园村专门成立了旧村改造领导小组，确立"利用老区，节约土地，尊重历史，考虑发展，统一安排"的整体规划指导思想。一方面，请市城建规划技术人员进行实地勘察，精心设计；另一方面，发动村民献计献策，集思广益，使规划更顺乎民心，合乎村民的意愿。

为了搞好旧村改造，花园村领导班子敢于知难而进。他们先后召开党员骨干、拆建户代表等各层次座谈会，挨家挨户上门做拆建户的思想工作；同时公布各户的原居住面积和可建面积，公开本村的现状图和规划图，既供大家对照比较，又让户户参与讨论，人人参与监督。村干部急拆建户所急，满足拆建户所需，连拆建户自己还没想到的问题都给考虑到了。拆建户个人办不到的事却由集体办到了。旧村改造第一期工程拆除 49 户、122 间、总建筑面积 3462 平方米的旧房，安排 51 户新建新房 216 间。从 1989 年 4 月 16 日开拆，在不到两年的时间内全部建成了新楼，房前屋后及道路两旁都植树栽花，住房舒适、宽敞、明亮，环境优美。[①]

第二期工程自 1993 年 7 月开始，邀请原杭州大学城市科学和区域规划系专家，花半年时间对村镇规划重新做勘察设计。根据规划，将分别建设开发村东、村北、村南三个工业区；兴建新工业区，连接第二工业基地，并建造通往杭温公路的宽 16 米的水泥路，鼓励经商办厂能人沿街建房开店，逐步形成商业街。第二期旧村改造合计拆除了 86 户、198.5 间"祖宗屋"，安排新建 83 户 157 间楼房。全村的水、电、路、通信等由村统一施工，住房造型由村统一设计，绿化由村统一规划，并选择 7 户 20 间做生态试点。至 1997 年建成 6 条路和 7 条街及停车场、小广场、生态公厕等设施，人均绿化 2.54 平方米，人均果树 20 棵，人均居住用地 34.34 平方米，人均公共用地 14.03 平方米。村民都住上了宽敞明亮的新房，自

---

① 花园村：《花园村的小康之路》，花园集团档案室藏，1994 年，第 4 页。

来水、闭路电视等的配套生活设施更加方便，旧村改造后将兴建农民公园、游乐中心、小型广场、停车场等设施，花园村城镇化面貌初露端倪。①

前两期旧村改造工程共投资 454 万元，充分展示了花园村集体经济对村庄城镇化建设的重要助力。花园村从集体积累中直接拿出资金，按 5 元／平方米的标准，给拆建户经济补偿。同时，每平方米拆建面积平价供应红砖 300 块，对经济困难的村民给予特殊补助，最高的补贴额达 22000 元一间；"五保户"由村里优先予以安排。当时花园村和花园集团村企合一的体制，为顺利推进旧村改造工程提供了组织保证和技术保证，使花园村旧村改造的空间布局、村镇规划具有实用性与前瞻性，产业与空间统筹规划，合理布局。②

花园村旧村改造三期工程于 1999 年 3 月 6 日启动，拆除 20 世纪 80 年代中期建造的二层楼砖混住房 69 间。23 户拆建村民中有一半农户都建起了花园式的乡村别墅。③

至花园村 2004 年第一次并村之前，花园村生活、文化基础设施不断完善。花园村两委造福花园村民，先后改进小学校舍，安装发电机组，创建起幼儿园、村两委活动中心；投资 900 多万元相继建起各类文化活动设施。接着，又在第一工业区和第二工业区兴建办公大楼、新厂房、新宾馆；在南马至花园村和第一工业基地至第二工业基地浇筑广阔的水泥路、安装路灯。投资 80 多万元更新电话总机容量，投资 500 多万元建起三幢宽敞舒适的"专家楼"和职工宿舍。花园村一排排三层以上新居和别墅整齐划一，红瓷砖贴顶，白瓷砖贴墙，铝合金蓝色玻璃门窗熠熠生辉，极具现代化气魄。④村民住宅区按照整体规划要求，房子造到哪里，道路就修到哪里，绿化就跟到哪里，体现了花园村村域城镇化的初步成就。

第二节　两次并村中的治理实践

花园村经过 2004 年和 2017 年两次并村，周边 18 个村被并入花园村，村域面

---

① 浙江花园工贸集团公司：《浙江省东阳市南马镇花园村委会》，花园集团档案室藏，1995 年，第 3 页。
② 封定一、陈至发、李致平等：《花园成功道路：从走过的道路去寻求未来发展的方向》，经济日报出版社，1997 年，第 17 页。
③ 公木：《村在楼中　楼在花中　人在景中——花园村推进城镇化建设纪实》，《花园集团报》2000 年 12 月 16 日第 2 版。
④ 金光强：《奏响农村城市化交响曲——花园新农村建设综述》，《花园集团报》1999 年 10 月 16 日第 2 版。

积扩大了 12 倍，户籍人口增加了近 30 倍，再加上 5 万多外来常住人口。在很多人看来，这种大规模的村域调整，将会对当地的经济社会秩序带来很大冲击。但是花园村通过落实整体村庄功能规划和有效社会治理，使两次并村成为花园村城镇化建设的有利契机，在并村过程中并出了社会和谐，并出了村民行为规范和能力素养的提升。

为加快城乡一体化进程和新农村建设步伐，2004 年 10 月，根据东阳市行政区域调整规划，花园村与周边南山、西田、方店、马府、前蔡、卢头、三余、九联、河泉 9 个村，组建成立新的花园村。并村后，花园村共有农户 1607 户，人口 4271 人，耕地 1336 亩，村区域面积 5 平方千米。行政区域调整固然成为花园村打造"中国名村"的重要契机，也给花园村取得快速发展带来新的机遇和活力，但如何处理好并村过程中村庄各项事务，使其协调有序，使村民生活水平能进一步提升，使新老村民能在身份认同上尽快融合，考验着花园村基层治理的能力。

2004 年，花园村与周边 9 个村合并，实施了旧村改造提升工程：整体搬迁 4 个村，整体拆建 4 个村，旧村改造 2 个村，共拆建农户 1700 多户、拆除民房 5000 多间，面积 52 万多平方米，新建房屋 4000 多间，节约土地 700 多亩，打造了一个全新的花园村。

为了统一思想、凝聚人心，形成花园村跨越式发展的合力，市委文件下达后，花园村首先召开全村 754 名老年人参加的会议。2004 年 10 月 24 日，又紧接着召开了全体党员、村委成员、共青团、民兵、妇联、老年协会会长会议，并举行了新花园村党总支、村民委员会揭牌仪式；10 月 25 日，召开原 10 位村委书记、村主任会议；11 月 1 日，召开原 10 位村会计、出纳会议；11 月 12 日，召开老年协会会长会议。为了进一步统一思想认识，2005 年 4 月，花园村组织全体干部和部分村民代表共 50 多人到江苏华西村、萧山航民村、奉化滕头村等参观学习。通过各种会议的宣传贯彻和外出考察学习，大家认识到村区域调整是一项利国利民、促进农村经济与社会发展的大好事。村党委、村委会要求广大党员干部以身作则，率先垂范，树立全心全意为群众办实事、办好事的工作作风，并提出要在全村干部群众的共同努力下，实现"三年小变样，五年大变样"的发展目标，极大鼓舞并振奋了花园村村民的信心，统一并凝聚了广大干部、村民的思想，形成了发展合力。①

① 佚名：《以区域调整为契机　加快花园村城乡一体化建设——记花园村行政区域调整一周年》，《花园报》2005 年 10 月 14 日第 2 版。

当时与邵钦祥书记一起参与村庄合并各项工作的花园村党委副书记郭进武在回忆这段历史时说:"我们村的党员干部不辞辛苦,'5＋2,白＋黑',走遍千家万户,整理千头万绪,坚持以法治为引领,确保百姓过上美好生活。"① 仅在并村第一年,花园村就组织村民、村干部、各种村庄组织,召开大小会议 260 多场,通过民主决策的方式,充分尊重村民意愿,解决了并村过程中碰到的各种问题。

2017 年东阳市委决定对部分行政区划进行调整,将环龙、柳塘、渼陂下、乐业、桥头、西瑶、青龙、南城、西山坞等 9 个村并入花园村,希望通过"强村带弱村、先富带后富"的方式,做大花园模式,做强花园典型,促使花园村早日实现打造"世界名村"的目标。

在接到上级党委决策部署安排后,花园村党委、村委会积极响应、主动衔接、迅速行动,通过召开会议及实地走访等形式,统一思想,凝聚力量,形成合力,尽早融合,以加快推进新并入 9 个村的规划建设及新农村建设:3 月 15 日晚,花园村党委、村委会成员与新并入 9 个村的书记、主任和负责人进行碰头会,并传达了上级党委的有关决定;3 月 16 日全天,花园村党委、村委会组织班子成员及新并入 9 个村的班子成员对 9 个村进行实地走访,查看地形,了解实际,解决问题,提出规划;3 月 18 日全天,花园村党委、村委会组织会议对新并入 9 个村的当前急需解决事项、困难和问题进行研究,并就下一步工作进行了安排;3 月 19 日,花园村召开新并入 9 个村党员干部大会,让大家在领会上级党委决策部署的同时,了解花园村 2004 年并村以来的发展情况及新并入 9 个村今后的发展规划;3 月 23 日,花园村组织召开新并入 9 个村老年协会成员大会,来自 9 个村的 1000 多名老年人游玩了花园村各景点并听取了相关报告。②

其间,花园村党委书记邵钦祥先后在新并入 9 个村党员干部大会及老年协会成员大会上做题为《发挥优势形成合力　一分五统实现共富》的报告。邵钦祥指出,上级党委对东阳市部分行政区划的调整,既是对花园村过去工作的充分肯定,希望花园村"先富带后富",起到模范带头作用,也是对花园村今后工作提出了更高要求,花园村党委、村委会一定不能辜负上级党委、政府的信任和厚爱。他希望花园村全体党员干部、村民要统一思想认识,发挥优势,形成强大合力,坚持

① 吴浩宇:《"三治"融合催生蝶变　花园村积极打造全国民主法治样板的升级版》,《花园报》2018 年 2 月 3 日第 1 版。
② 王江红:《发挥优势形成合力　一分五统实现共富》,《花园报》2017 年 3 月 27 日第 1 版。

一分五统，尽快融合，实现共同富裕，进而推进更大层面、更高要求、更多目标的农村就地城镇化及美丽乡村建设。

对于第二次并村新并入 9 个村的村民来说，12 年前第一次并村的 9 个村村民的生活状况和村庄整体发展，无疑是最有说服力的证据。2004 年 10 月，东阳市进行全市范围的行政区域调整，南山、西田、方店、前蔡、河泉、九联、三余、卢头、马府等 9 个村率先并入花园村管辖。并村以来，花园村实现了从"两创"到"两富"再到"两美"的目标，成为了近年来全国农村发展速度最快、发展变化最大、发展质量最高、发展后劲最足的一个村。2016 年 7 月 1 日，花园村党委被中共中央授予"全国先进基层党组织"荣誉称号。花园村已成为国家 4A 级旅游景区，荣膺"中国十大国际名村"及"中国名村综合影响力 300 佳"前三甲，还荣获全国文明村、全国民主法治示范村、中国十大名村、中国红木家具第一村、中国十大最美乡村、首批中国乡村旅游模范村等上百项省级以上荣誉。

回顾第一次并村，花园村全体党员干部一心为公、心系村民，广大村民团结一心、努力拼搏，付出了大量的心血和汗水，取得了"并村并心"的成绩。12 年间，花园村党委、村委会重点做了四方面的工作。一是坚持以经济建设为中心，搭建平台，实现全民创业，建成了全球最大的维生素 D3 生产企业、全国最大的宽幅铜板带生产企业、全国领先的新型墙体材料企业及浙中南最大的新材料生产企业等，打造了全球最大的红木家具专业市场和全国最大的名贵木材交易集散地；二是坚持以旧村改造和农房提升为突破口，统一规划与建设，打造了全新的花园，根据《花园村总体规划方案》，每年投入几亿元，做好各项重大工程及村内配套的基础设施、用水、用电、道路、绿化、卫生等工作，将全村划分为一产、二产、三产和村民住宅区，实施了全国最大规模的旧村改造提升工程；三是坚持实施"一分五统"管理办法，"一分"即村企分开，"五统"即财务统一管理、干部统一使用、劳动力在同等条件下统一安排、福利统一政策发放、村庄统一规划建设，把 10 个村改为 10 个小区，把 10 个党支部整合为 4 个党支部，让花园村并村又并心，破解了原村庄的矛盾纠纷，打消了村民对并村后能否做到"同村同待遇"的顾虑，打破了个别村庄的派系斗争，化解了党员干部办事不公、损公肥私等问题，促进了并村后花园村的和谐与稳定；四是坚持党员干部带头，真正做到惠民、利民、为民，坚决实行"奉献、公正、公平、公开"的办事原则，要求村民做到的党员干部要先做到，实现了 36 年来花园村"矛盾不上交、纠纷不出村、选举不拉票、村民零上访"，同时村民享有 30 多项劳保福利，真正过上了比城里人还幸福的生活。

2004 年并村时，新并入村的集体经济薄弱，而花园村党委、村委会通过搭建平台、创办市场及出租标准厂房等，让村集体经济不断壮大，至 2017 年全村资产已达 15.43 亿元。从 2005 年到 2017 年的 12 年时间里，花园村每年用于公共服务建设及村民福利发放等民生项目的经费均在 2 亿元以上。这些前期探索也为第二次并村后村庄各项事业在新的起点上取得更大发展提供了治理经验和资金基础。根据第二次并村实际，花园村"十三五"规划将进行相应调整。

根据统计，花园村第二次并入的 9 个村区域面积达 7 平方千米，共有村民 1663 户，户籍人口 4577 人，党员 215 名。并村后，花园村全村区域面积从原来的 5 平方千米扩大到 12 平方千米；农户从原来的 3018 户增加到 4681 户，包括花园农业户籍 3388 户，外来建房户和购房户 1293 户；常住人口从 9302 人增加到 13879 人，其中花园农业户籍 9272 人，外来建房户和购房户 4607 人；全村党员从原来的 306 名增加到了 524 名，其中预备党员 3 名，男党员 437 名，女党员 87 名。

为了促进第二轮并入的新村能够尽快融入花园村的整体发展，为花园村村域小城镇建设提供持续发展的后劲，花园村党委、村委会继续按照"一分五统"的管理办法制订了工作计划，坚持以经济建设为中心，大力发展工业经济，通过整合资源，搭建创业平台，全面带动第三产业，不断完善基础设施建设和公共服务建设，全面提高村民生活质量，实现"三年小变样，五年大变样"的总体目标。为此，并村实施后，新并入 9 个村改为 9 个小区，9 个村的党支部划分到原来花园村的 4 个支部，并新增 2 个支部，以便于尽快熟悉情况、利于工作有效开展及化解矛盾纠纷，具体分为：第一支部——花园小区、卢头小区、渼陂下小区、南城小区；第二支部——南山小区、青龙小区、西山坞小区；第三支部——西田小区、环龙小区；第四支部——方店小区、柳塘小区；第五支部——马府小区、前蔡小区、河泉小区、乐业小区、西瑶小区；第六支部——九联小区、三余小区、桥头小区。

具体来看，花园村两委对第二次并村制定了七项重点工作任务：一是重新编制花园村村庄总体规划，按照一产、二产、三产和村民住宅的划分区块进行重新规划布局，渼陂下、乐业、桥头、西瑶四个小区规划为工业、养老休闲、水利区块，青龙、南城、西山坞三个小区规划为住宅、商业、旅游区块，环龙、柳塘规划为第三产业区块，以发展红木相关产业为主；二是继续以农房改造为突破口，规划到哪里，建设到哪里，绿化到哪里，做到道路硬化、路灯亮化、生态绿化、卫生洁化、饮水净化、环境美化；三是统筹规划，分步实施，首先解决农户住房问题，特别是困难户住房问题，2017 年启动环龙小区、柳塘小区危房户拆迁改造及乐业小区搬迁工程；四是解决历史遗留问题和小区部分矛盾纠纷；五是立即解决种田及福利发放、道路规划、公墓规划、6 个小区养老保险、租费收取、培养骨干及年轻优秀人才入党等问题；六是抓紧做好并入村的水、电、道路及绿化等工作，边解决问题，边规划边建设；七是实现并入村的快速融合，达到"六个融合"，即思想融合、班子融合、管理融合、资产融合、制度融合、目标融合，同时让小区与小区之间、干部与干部之间、村民与村民之间，相互多了解，相互多沟通。

村庄健康发展的动力来自广大党员干部团结一致、顽强拼搏、携手共进、奋力开创新并入 9 个村发展的新局面。在新一轮并村中，基层党建重点做好四方面工作：一是教育引导广大党员、干部、村民解放思想，更新观念，共同致富；二是继续开展"身在花园爱花园、花园赚钱花园消费、我为花园做贡献"活动；三是继续引导党员干部讲党性、讲政治、讲规矩；四是引导花园人树立"勤劳致富、劳动光荣"的思想，要有"大花园"的概念，以党员干部率先垂范，激发村民的理解与认同感，为做好各项并村工作提供组织保障。

为了争取村民，尤其是新并入村民的理解和支持，形成"心往一处想、劲往一处使"的齐心合力的民心支持，花园村两委重点在村庄老年村民思想工作建设上进行了四个方面的探索：一是进一步关心老年村民工作，让老年人更健康、更幸福、更快乐，并为老年人每年提供体检，使其保持身体健康的同时，感受到村集体的关爱；二要鼓励老年村民发挥好余热，为村里出谋划策，热心花园村公共事业，一同维护花园村和谐优美的社会环境；三要发挥好老年人在乡村宣传教育中的骨干作用，教育引导下一代树立正确的思维方式、行为习惯、价值观念，让村民们与村党委在思想上保持一致，珍惜得来不易的发展平台，通过创业创新，赢得致富机会；四要发挥好老年人在乡村社会中维护和谐、化解矛盾的桥梁纽带作用，有效促进花园村各项事业的开展能获得村民的团结合作。

当前，花园村已经拥有稳定发展的高科技企业的规模集群，花园村以红木家具为特色的专业市场欣欣向荣，花园村所打造的创业共富平台蒸蒸日上。并村并非简单叠加，而是通过"强村带弱村、先富带后富"的方式，做大花园模式，做强花园样本。花园村的发展成就有目共睹，发展成果来之不易，花园村的党员干部和村民群众通过长期的实践探索，已经总结出一套具有操作性的产业兴旺与村民共富协调发展、治理有效与村民福利共同提升、乡风文明与优美环境相互促进的富有花园特色的城镇化发展道路。如今的花园村基础设施齐全、公共服务完善、各项福利丰硕。城市居民能够享受到的，花园村民都能享受到；城市居民没有享受到的，花园村民也能享受到。自治、法治、德治的紧密结合，治出了社会和谐，治出了经济发展，治出了百姓幸福。

花园村两次并村的成功经验表明，坚持跟着党走，建立健全党委领导、村委负责、企业支持、居民参与、法治保障的现代乡村社会治理体制，坚持自治、法治、德治相结合，形成原村民与新村民、村民与居民、户籍人口与常住人口"共建、共治、共享"的治理新格局，将现代城市管理方式与传统乡村治理经验深度融合，是基于中国历史传统与社会结构现实，实现全面可持续村域城镇化建设的有效途径。

第三节　以"最多跑一次"改革提升村域政务服务

花园村作为一个拥有 6.5 万常住人口的超级大村，没有一名公务员，只靠 32 名村干部，就把村庄治理得井井有条，实现 40 年"矛盾不上交、纠纷不出村、村民零上访"。[①] 其治理经验之一就是将政府政务服务有效嵌入村庄治理之中，让村民在工作生活中能够更便捷、更放心地获得办证、申请、年检等政务服务，让村民群众"足不出村"就能解决大部分政府服务需求。

从 2016 年末开始，"最多跑一次"改革以提升群众和企业对政府服务满意度与获得感为导向，在浙江城乡地区轰轰烈烈地实施起来。而花园村则通过落实"最多跑一次"改革各项政策，积极推动政府服务向基层延伸，促成"最多跑一次"改革与乡镇"四个平台"建设有效衔接，做到"办事一般不出村""小事大事不出村，矛盾纠纷不上交"。花园村在"最多跑一次"改革方面做出的经验探索，也获得了时任省委书记车俊的批示肯定。

---

① 张帅、王江红：《花园村的幸福事》，《花园报》2019 年 12 月 3 日第 1 版。

　　早在 2013 年 12 月 26 日，随着总投资 6000 万元的花园村办公大楼建成投入使用，花园村两委富有前瞻性地将办公大楼一楼设置为便民服务中心，配置了电子触摸屏、显示屏、服务评价器等办公设施，按一站式服务的要求，设置林产品开证、外来人口管理、计生、民政、村民审务、户口、社保、医保、水电、财务及村邮站等窗口，完善为民办事、全程办事各项运行制度，确保便民服务中心正常、高效运作，切实为老百姓提供便捷、优质的服务。[①]

　　作为浙江少有的开设在村一级的政务服务大厅，花园村便民服务中心在此后数年间，一是不断充实服务内容，完善服务事项，做到绝大多数事项村民不出村就能办成；二是持续提升服务理念，以一流的服务，使便民服务中心成为便民、利民、惠民的公共服务平台；三是不断完善服务机制，切实加强对便民服务中心的规范化管理，通过制定制度强化对工作人员服务能力和服务态度的教育培养，让便民服务中心在花园村民和外来劳动者中形成了良好口碑。

　　2017 年"最多跑一次"改革在全省全面铺开，花园村抓住"最多跑一次"改革的契机，进一步完善基层政务服务，为花园村的村民、创业者和外来劳动者提供更好的政务服务体验。

　　在网上办、自助办代替线下办、人工办的改革趋势影响下，花园村成为金华地区第一个在城乡社区层级上配有政务服务自助一体机的村庄。有了这台签注（卡式）自助一体机，持有卡式往来港澳台通行证的老百姓申请团队旅游签注可以直接在村里办事大厅办理，不必再跑到东阳市区，为花园村及周边村镇群众办理相关业务提供了便利。[②]走进花园村办公大楼一楼的便民服务中心，"便民、利民、为民、惠民" 8 个字就映入眼帘。大屏幕上滚动播放 164 项"最多跑一次"事项清单，涉及民政、计生、人力资源保障、户口管理、市场监管、林产品开证、供电、综合业务受理、法律咨询等 9 大窗口，群众办事基本都可以在这里实现。

　　此外，花园村围绕省委、省政府关于加快推进"四个平台"建设的要求，将政务服务与区域基层治理有效结合起来，依托综合指挥、全科网格、智慧管理"三大基石"，用好用足村一级的"四个平台"的治理效能与服务效能，实现"最多跑一次"改革的智能化落地。

　　第一，打造"集成式"服务平台，为村民、企业、务工者提供定制化政务服

① 蔡一平：《有事这里走　办事不用愁　花园村便民服务中心启用》，《花园报》2014 年 1 月 8 日第 1 版。
② 金光强、王江红、杜羽丰：《"最多跑一次"改革的花园经验》，《浙江日报》2019 年 7 月 29 日第 20 版。

务。在为村民服务方面，将民政、计生、林产品开证等9个方面的办事事项纳入综合服务窗口，实现"一窗受理，集成服务"，承接受理审批和服务事项9大类164项，95%的事项实现"最多跑一次"的目标，其中现场立等可办的有57项。在为企业服务方面，个体户营业执照申请、注销、变更等工商服务事项已能在花园村直接办理，针对红木产业集聚的特色，设立林产品开证服务事项，简化红木企业办理各类生产证明流程。在为外来务工人员服务方面，针对人口聚居、矛盾纠纷增加的新形势，全村建立19个网格，有2名网格长和19名专职网格员、97名兼职网格员。依托综合治理平台，因势利导，从村规民约入手，特色定制外来人员入户安置政策。40年来，花园村做到了"矛盾不上交、纠纷不出村，重大矛盾纠纷都在三天内解决"。

第二，提升"零距离"服务体验，以改革跑出便民服务加速度。在办事前的信息资源获取方面，通过电子宣传显示屏、宣传专栏等多种形式，对"最多跑一次"服务事项进行了公示，印制办事指南，大厅放置自助服务事项查询机，供群众查阅，一次性告知群众办理所需材料。同时，配备"最多跑一次"改革意见箱，设立了综合业务受理窗口，很好地解决了办事群众"来回问事""办事跑空"的问题。在提供代办服务方面，在落实专职代办员代办基础上，结合网格员手持终端平安通等方式，将群众所需办理事项，通过系统数据先行一步报村一级审批，村级反馈办理意见与结果后，可以代办的，直接由网格员或专职代办员代办，不能由他人代办的，告知群众材料审核意见及是否需要补充、调整申请材料等内容，由本人前往便民服务中心领取一次性办理结果。在开展定制化服务方面，花园村在村域范围内建立一户一档、一企一档，便民服务中心为特殊群体开通绿色通道，开展法律咨询、户口办理、社保等服务项目。对行动不便或无行动能力的群众，专职代办员亲自上门，统一办理，并对办理事项单独建档，跟踪服务。

第三，完善"互联网＋"政务服务，打通政务服务线上办的"最后一千米"。在便民服务中心率先安装"一窗受理，集成服务"运行系统，实现与市、镇数据连通、信息共享。花园村"互联网＋"管理系统基本实现了一网覆盖、智慧联动、网格巡查。将不同来源的"三张网络"信息有机融合，提升数字化治理能力。"三张网络"包括一个门户，东阳市"四个平台"综合信息指挥系统；一个App，"智慧东阳"移动办公终端；一个微信公众号，花园村微信公众号。依托平安建设信息系统和浙江政务服务网，实行"4＋X"的功能集成模式，"4"即"四个平台"功能模块，"X"即根据工作需要增加功能模块。将治安视频监控系统、"五水共治"、"最多跑一次"公共服务事项等工作纳入系统，实现数据联通、信息共享，在村级层面上打造基层治理与政务服务的互联互通互认的数据集结站。

2020年，花园村进一步深化"最多跑一次"改革，花园便民服务中心再次升级，17个窗口可办理事项600多项，老百姓办事越来越便利。"最多跑一次"改革在花园村的实践经验表明，在不断完善基层党组织建设的前提条件下，促使自治、法治、德治的紧密结合，有利于提升社会和谐、促进经济发展、增强百姓幸福感。

花园村所有村干部都经过民主公开选举产生，村务实行严格的公开制度，凡涉及村庄公共利益的重大决策事项、关乎群众切身利益的实际困难问题和矛盾纠纷，都由党委组织召开村民大会和村民代表大会分别协商决定与解决。

除了乡村自治外，花园村还有着一套基于法治精神的城市治理体系和运行机制。绿化种植管理有花木公司，房屋建设有村建办，卫生检查有督查办，找工作有劳务市场办，有矛盾纠纷找综治办。村综合信息指挥中心实时掌握着全村3200多个监控探头的情况。

花园村还联合南马法庭、东阳市司法局等部门成立了社会治安综合治理领导小组，下设矛盾纠纷排查调处小组、外来人口工作领导小组、预防青少年违法犯罪领导小组等，组建了一支200多人的队伍，依法维护社会治安、执行巡逻任务、调解矛盾纠纷、处置突发事件。

如今，花园村基础设施齐全、公共服务完善、各项福利丰厚，老百姓的获得感、幸福感与安全感全面提升。

第三章　村域城镇化的基础设施建设

经营性治理作为花园村域城镇化道路的重要元素，其核心价值
体现在以足够长的未来发展远见，以及足够宽的全域开发视野，科
学规划乡村空间的功能定位，并且按照规划，分阶段稳步推进基础
设施建设与空间开发。花园村依托高素质的规划团队和对自身未来
发展的准确定位，按照经济和社会发展规划、土地利用规划、环境
保护规划、基础设施规划、文化与旅游规划"多规合一"思路，数
次制定完善村庄整体规划。高水准的规划与扎实的基础设施共同助
推花园村城镇化进程蹄疾步稳，持续向前。

第一节　花园村城镇化发展整体规划

在发展过程中不断完善规划，以落实规划带动村庄在城镇化道路上持续进步，
是花园村落实村域治理体系与治理能力现代化的重要经验。邵钦祥书记曾经如此
概括花园村的治理经验："我们坚持以农房改造为突破口，统筹规划，分步实施，
规划到哪里，建设到哪里，绿化到哪里。""花园发展的出发点和落脚点就是体现
在富民、惠民、安民上，就是要以工业的大投入大发展，推进全民创业，提高花
园人的富裕程度，提升花园可持续发展的能力。我们的目标就是要把花园村建设
成国内最富有、最美丽的农村，让花园村民成为最富裕、最幸福的农民！"[1]

早在"八五"规划期间，花园村根据原杭州大学城镇规划系的勘测和设计，进
行了旧村改造工程，全村的旧屋全部被拆除，新建楼房614间。村民居住条件向

---

[1]　王江红：《小事大事不出村、矛盾纠纷不上交　花园村：治村治出百姓幸福》，《花园报》2019年7月
23日第1版。

小康舒适型方向发展，展示了社会主义新农村的风采。

为加快花园奔小康步伐，加速社会和经济发展的速度，花园村在认真总结和分析"八五"规划期间实践和经验的基础上，制定了"九五"规划期间的发展计划和到 2010 年的长远发展规划。"九五"规划期间花园村的主要奋斗目标是：实施"116622"工程，即到 2000 年工农业总产值达到 10 亿元；建成年产值 2000 万元以上骨干企业 10 个，实现利税 1 亿元；外贸出口交货值达到 6 亿元，占总产值的 60%；高科技产品产值占总产值比例达到 60%；人均年收入达到 2 万元；科技人员占员工总数的 20%，并把花园集团公司推向国际市场。

花园村和花园集团正是在每五年制定长期发展规划、每年制定重点任务和工作目标的量化绩效战略的推动下，不断调整发展方向，明确组织定位，实现花园村产业发展与城镇化建设的持续进步。

在空间规划方面，2004 年花园村区域调整后，村党委、村委会研究并制订了花园村今后统筹发展规划，规划着眼于资源要素和管理要素的优化组合，描绘了全面建设和谐大花园的美好蓝图。经过有关部门论证，《花园村总体规划方案》将花园村总体划分为四个区：三产服务区、旅游休闲区、平安居住区和高科技工业区。具体规划是：

一是以南山、西田小区木线加工业基地为依托，建立三产服务区。在此区域内，创办多功能综合市场；与缙云田氏骨伤科医院合资创办花园医院；建设花园粮油农贸市场及东永一线、二线的商业街，原建在公路边的木线棚进行拆除整治，建成发展第三产业，形成商业一条街。

二是以方店水库水资源为依托，以小康新区、泰山农民公园等中的三个自然湖、一条溪为陪衬，发展旅游休闲产业。方店水库挖深，增加蓄水量，水库四周建护岸，建成宽 10 米、长 4000 米的道路。水库西边至小康新区建水上走廊。方店小区三个天然湖按旅游景点设计，建设成具有乡村特色、田园风光的旅游休闲胜地。

三是以马府小区、南山小区为重点进行村庄整治，创建平安居住区。马府小区旧村拆迁改造；下前蔡小区整体搬迁到上前蔡东永二线西边；河泉小区、卢头小区整体搬迁；九联、三余、南山、西田等四个小区进行村庄整治。

四是以东永二线为依托，进一步发展高科技产业。以现有的花园生物高科股份有限公司和浙江花园药业有限公司等高科技企业为依托，建设高科技工业区，把生产工艺具有国际领先水平的维生素 D3 产品基地做成世界上最大的生产和销售基地。

五是道路建设：建设连接 9 个小区的 9 条康庄大道。东永线至原南山东的村中道路被拆建拓宽，建成长 1200 米、宽 20 米的南山大道；南山小区至西田小区的大道长 500 米，宽 16 米；西田中心大道，长 1700 米，宽 22 米；方店小区到花园小区的两条大道宽 14 至 16 米，长 1500 米；方店小区至前蔡小区的道路长 1500 米，宽 16 米；东永二线至河泉小区的道路长 200 米，宽 16 米；花园—马府—三余道路长 900 米，宽 16 米；花园至卢头的道路宽 16 米，长 600 米；花园万福路至南山东至城头的大道长 2500 米，宽 28 米。各小区公共场所主要道路全部硬化。

六是建立高效农业区：以方店小区 350 亩土地整理为基础，建设无公害蔬菜大棚基地，保障全村及企业的蔬菜供应。首期投资 600 万元，建设 30 亩可供农业观光旅游的瓜果玻璃温室和塑料薄膜温室；完成方店小区至河泉小区长 4000 米、宽 16 米、深 3 米的罗溪改造，彻底解决方店、前蔡小区年年发洪水的历史问题；做好 8 个小区的土地延包工作，完善土地承包制。[①]

十多年后再重新审视当时的《花园村总体规划方案》，可以发现这份村庄总规不仅在产业布局上为花园村后来以高科技企业和专业红木市场"双轮驱动"提前谋划集聚空间，更是依托各个小区的产业基础与自然条件基础，将村庄总规与各小区分规进行有机融合。在保障各小区居民工作、生活品质提升的前提下，实现了村庄土地资源的有效盘活整合，为花园村实现产业、治理、生态、社会、文化等领域"五位一体"全面发展奠定了基础。

在经历了第二次"1＋9"的并村之后，花园村又集中力量，按照一产、二产、三产和村民住宅的划分区块，进行新的村庄总体规划的编制。2018 年 8 月 28 日，东阳市国土资源局在花园大厦组织召开了《东阳市南马镇花园村土地利用规划（2017—2020 年）》（以下简称《规划》）的听证及论证会。此次花园村《规划》编制的重点和主要目的是，在村域行政范围再扩并的背景下，促进红木特色小镇的打造，配合由村庄转向小城镇的发展趋势，让花园村再次站在"提质发展"的新起点上，打造一个具有鲜明产业特色、优美创业宜居环境、浓厚人文气息的"特色小镇"。[②]

① 佚名：《以区域调整为契机　加快花园村城乡一体化建设——记花园村行政区域调整一周年》，《花园报》2005 年 10 月 14 日第 2 版。
② 王江红：《全省试点单位　东阳首个论证　花园村率先编制土地利用总体规划》，《花园报》2018 年 9 月 6 日第 1 版。

此次花园村《规划》，以南马镇土地利用总体规划为框架，对花园村村域各类用地进行了重新梳理和空间布局的优化调整，以全域土地综合整治为实施手段，推动土地资源要素的流动和集约利用，形成农田集中连片、建设用地集中集聚、空间形态集约高效的村域格局；按照"重点培育优势产业、加快发展新兴产业、提升发展块状经济"的思路，引导花园村红木特色产业改造提升、集聚发展，鼓励生态旅游等资源环境友好型产业和高新技术产业发展，实现产业生态化、规模化、规范化、品牌化；制定农村土地管理的有效措施，切实提高村域土地利用水平，促进乡村振兴战略实施及美丽乡村建设，致力于早日把花园村建成"世界名村"和"世界强村"。

第二节　基础设施建设与升级

基础设施建设对区域经济社会发展起着至关重要的作用。但是花园村地处东阳市南部地区，周边没有人口特别聚集的城镇，难以由地方财政来主导区域内的城镇化建设。因此，从 20 世纪 80 年代起，花园村主要依靠花园集团和花园村集体的资源来进行基础设施建设，从而在近 40 年时间里实现了成功的经营性治理。

一、道路交通条件改善

改革开放以前，花园村内没有一条水泥路，除了红株山有一段 60 米左右的石子路，其余都是黄泥路，晴天尘土飞扬，雨天粘脚难行。1983 年，花园村开通了直通南马的机耕路，手扶拖拉机和摩托车可以自由进出花园村；1984 年至 1985 年间，机耕路加宽，汽车可以直接驶进花园村；1986 年，为了使建造花园影剧院的建筑材料能够方便运入花园村，花园村两委陆续改造大路和新建机耕路，并与方店等邻村的道路连接起来；1987 年农历八月中秋，花园村里浇筑了有史以来第一条水泥路。这条水泥路宽 5 米，长 80 米，是为一景。从 1988 年开始，伴随着花园旧村改造工程的逐步推进，至 1995 年花园村内所有道路全部实现硬化、绿化，村民住宅之间道路顺畅，雨天不再怕黄泥粘脚。在 1992 年，花园村党支部书记邵钦祥就提出：花园要继续发展，就必须做好迈向全国、走向世界的公路。为此，

1992 年至 2002 年间，花园村主要有以下这些公路修建完工。①

向南通向南马的公路。1992 年 9 月，时任村主任的邵钦木负责浇筑花园通向南马的水泥公路。公路全程长 1200 米，宽 7 米。从 2002 年上半年开始，这条路再次加宽，工程投资 200 万元，劈掉前山头，砍掉松树林，移走沿途全部坟墓，宽度增至 22 米，公路两边是林带，并更新路灯，工程于 2003 年 7 月竣工。

往东接通省道东永线的公路。1994 年 10 月开始挖掘花园村通往东永一线的公路，路基于翌年 10 月填平，11 月浇筑水泥。公路全程长 812 米，宽 9 米，2000 年建成木线一条街后，道路加宽为 13 米，两边绿化带多为 2 米，并延长 164 米至南田村界，与东永一线相接。2004 年花园村域调整以后，这条大路再次加宽至 20 米，两边是广场人行道，路面由沥青浇灌，建成柏油马路。

向西接通东永二线的公路。1997 年 10 月，东永二线通车以后，花园村开始浇筑从水洗厂通往东阳城区的公路，当时全程长 674 米，宽 13 米。2004 年，红株山化工医药工业区规模进一步扩大，来往客商增多，路面加宽至 16 米。

花园村环村公路。进入 21 世纪以后，花园村知名度不断提升，来花园村观光旅游、考察交流的客商快速增多。2002 年 10 月，花园村开始浇筑花园宾馆通至泰山公园两端的环村公路。环村公路宽 12 米，长 450 米。2003 年，新的花园幼儿园建成以后，其门口的瑞祥路得到加宽。目前，花园村内不仅各个小区内水泥路四通八达，路边绿树成荫，屋旁鲜花盛开，而且各主要道路都已经完成"白改黑"，铺上了沥青路面，花园村已经完全是繁荣现代城镇的风貌。

对于打造具有区域辐射力的村域小城镇来说，目前花园村的外部交通条件仍有提升改善的空间。在 2015 年 12 月举行的全省交通运输工作座谈会上，"义东永"高速公路已明确入编全省"十三五"规划重点交通项目。规划中的"义东永"高速公路全长 34 千米，总投资 58 亿。路线暂定北接义乌绕城东线（即疏港高速），经东阳市白云街道，穿西甄山过南市街道南溪村、南马镇花园村、千祥镇，和东永高速相接。"义东永"高速公路还实现了把义乌、东阳和永康三个金华地区最发达的全国百强县快速便捷地相连接，把金华地区最有经济特色的市场主体、金华唯一的国家 5A 级旅游景区及中国十大名村，即义乌小商品城、花园红木家具城、东阳中国木雕城、永康五金城、横店影视城、花园村有机连接，促进三地经济、商贸、旅游等产业共同发展。

---

① 浙江东阳市花园村村志编委会：《花园村志》，花园集团档案室藏，2014 年，第 130 页。

对于花园村来说，"义东永"高速公路的开通将可能带来三方面的积极影响。一是花园村民高速出行将享受极大便利。以前，要上任何一条高速公路，从花园村出发都要半小时车程，才能到达最近的高速公路入口，而且到萧山机场及杭州火车站都要两个小时以上车程，即便是到义乌机场和义乌火车站，在顺畅的前提下也得一个半小时左右。高速公路交通不便已对花园村经济发展形成一定制约。二是建设"义东永"高速公路可以极大促进花园旅游业发展，游客通过义乌火车站或者义乌机场经由杭金衢义乌互通，半小时就可以到达花园村景区各旅游景点。三是"义东永"高速公路还可以加快花园红木产业发展，依托花园村已经形成的红木全产业链，以及全球最大的红木家具专业市场，国内外客商到花园村洽谈业务也将更加便利。[①]

二、供水供电供气条件改善

花园村历史上饱受缺水之苦，直至改革开放以前，花园村民的日常生活用水仍主要依靠井水。1984 年，花园村两委集资 1.3 万元安装地下水抽取设备，并给村民每家每户安装自来水。1999 年 12 月，总投资 80 万元的下松树塘自来水厂工程上马。至 2000 年 6 月下旬开始供水时，经东阳市防疫站化验，下松树塘自来水在浓度、余氯、细菌、大肠杆菌等几个主要指标上都基本达到了国家卫生部门规定的饮用水标准。同年 7 月，花园集团又投资 100 多万元，建设可蓄水 1000 吨的下松树塘大型蓄水池，蓄水池内安装着与大城市自来水厂一样的净水设备，使花园的自来水进行第二次净化后达到一级饮用水的标准。[②]

随着花园村行政范围的扩大，原有的自来水供水能力已经难以适应村民生活与村域经济快速发展的需求。花园村里的日用水量从 20 世纪 80 年代初的七八十吨变成了七八千吨，整整增加了 100 倍。在参与"五水共治"活动中，花园村积极规划地下管道，实施自来水厂扩建工程，并开展科学合理用水等一系列活动。2015 年，花园村自来水厂 2000 立方清水蓄水池及供水设备系统工程建成投入使用。随着新一轮的并村，花园村用水紧张状况进一步加剧。花园村一方面积极向外引水，包括从紫溪水库引水，到南马自来水厂、横店自来水厂买水，建设福祥湖水库，并加高水库大坝，使该水库蓄水量达到 40 万立方米；另一方面持续推进

[①]　王江红：《"义东永"高速入编"十三五"规划》，《花园报》2016 年 1 月 21 日第 1 版。
[②]　浙江东阳市花园村村志编委会：《花园村志》，花园集团档案室藏，2014 年，第 216 页。

村域内自来水管网建设。到 2017 年，全村的自来水管网总长已经达到 20 千米，这几年还在以每年 1 千米左右的速度延伸。[①]

在做好引水工程的同时，花园村很早开始着手工业废水和生活污水处理工作。2001 年年底，花园村污水处理中心正式投入使用。排污管道接通村民居住小区和 3 个工业区，使花园村实现了工业、生活污水零污染排放，从根本上提升了村庄的环境质量。在旧村改造过程中，花园村也提前谋划，要求村民住宅必须修建化粪池，实行雨污分流，污水统一进入污水处理厂处理。这在当时还引来不少非议，被指责为"劳民伤财"，但花园村近十多年来常住人口快速增长，并未出现生态环境问题，这表明其在污水处理方面的基础设施投入的确有先见之明。2017 年，花园村投资 7000 万元，进一步做好花园村民生活污水处理及雨污分流管网建设工作。

花园村供电设施的改善过程同样映照着花园村发展的艰辛与不易。1977 年，花园村首次接上电，电网采用的是二相电，供电极不稳定，说停就停。1984 年 8 月，花园服装厂购置了 8 千瓦柴油发电机组，以备电网断电时应急使用。1988 年 5 月，又购置了 24 千瓦火力发电机，为了防止因电网拉闸停电而停工停产。1994 年，花园集团购置了 2000 千瓦发电机组。为保障工业园区内企业正常生产，花园村仍保留有功率 120 千瓦以上的火力发电机组 4 台。1985 年，花园村投资 18000 元改装全村用电线路。[②] 村民生活水平提高以后，电冰箱、空调、洗衣机、电视机等家用电器日渐增多，用电量不断增加。在 20 世纪 80 年代初期，大多数村民家中每月用电平均不到一度，而今每户每月用电基本在百度以上。

2007 年，东阳继农网改造工程后，大力实施新农村电气化建设。花园村借此机会实施新农村电气化建设。经过几个月的紧张施工，花园村相继建成 8 座美观大方的配电房，增加容量 645 千伏安，村民的生产生活供电得到了更有力的保障。早在几年前，东阳市供电公司考虑到花园村的用电实际，按照"布局合理、设备先进、适度超前"的原则加快农村低压电网工程的建设与改造，让花园村用上了"放心电、安全电、明白电"。近几年，又结合花园村产业特色，全面普查电网薄弱环节，补强区域电网。考虑到花园村工业园区即将上马年产 5 万吨的高性能铜

① 黄晓华、童闻韬：《先人一步做治水文章　快人一步谋绿色发展　花园村：跨越背后的治水之道》，《花园报》2017 年 9 月 6 日第 1 版。
② 浙江东阳市花园村村志编委会：《花园村志》，花园集团档案室藏，2014 年，第 165 页。

箔项目，东阳市供电公司投资 904 万元，新增架空线路 6.6 千米，电缆线路 4.13 千米，敷设电缆排管 5.92 千米，并通过 110 千伏变电所负荷转移，满足了花园新能源公司的用电需求。[①] 为了配合花园村特色红木产业发展的需要，供电公司将原来的单回路供电线路改成双回路，实施就近变电站的负荷转移；为了配合花园红木一条街的"靓化"工程，将 4 条架空线路改为地下线路。现在村民和游客能够沉醉在花园村绚烂靓丽的夜景中，离不开供电基础设施改善的功劳。

为让村民用上管道天然气，不必再依赖瓶装液化石油气燃料，花园村从 2018 年开始谋划，在 2019 年全面施工。由东阳市燃气公司施工人员负责在整个花园村里安装天然气管线。花园村是东阳市内第一批在农村推进天然气管网建设的村庄，通过深买总管、各小区空中架设分管的方式，至 2019 年年底，花园村各小区居民家中都已经用上环保、实惠、便捷的管道天然气。

三、乡村特色旅游基础设施建设

花园村发展乡村旅游不仅是为了增加旅游产业收入，更是树立村庄名村品牌、提升空间文化品位、改善村民生活品质的综合性战略决策。花园村从 2006 年开始发展乡村旅游，确立了"现代乡村风情游"的品牌定位，以新农村建设带动旅游发展，初步谋划花园村旅游总体设计方案的目标。为深化对做大做强旅游必要性的认识，花园村组织主要干部和旅游公司人员专程赴江苏华西村、奉化滕头村、磐安县百杖潭景区学习经验。通过召开座谈会、实地调查研究，花园村从党委书记到普通村民和员工，在思想理念上逐渐取得共识，确立了创建国家 4A 级旅游景区的目标，并制定了《创建国家 4A 级旅游景区具体分工与工作计划》，形成高效、有力的创建工作机制，确保各项创建工作落到实处。

为了打造一个没有围墙的旅游景区，花园村按照 4A 级旅游景区标准，对村域内旅游基础设施进行开发完善。2008 年，首先建成东阳市学生社会实践基地和花园南山寺两处旅游设施，在吉祥湖投资建设的音乐喷泉、水幕电影，并在东永一线、二线增设花园旅游指示牌，在诸永高速出口处设立花园广告牌等，营造了花园村旅游氛围。花园大厦于 2008 年建成开业，并荣膺四星级旅游饭店称号，为游客入住提供了品质保障。同时，花园村成为首批"浙江省特色旅游村"，并成功举办"花园村首届乡村风情文化旅游节"，极大提升了花园村旅游业的知名度和美誉度。

---

① 叶永永、王丛航：《东阳电力助花园村美丽蝶变》，《浙江日报》2018 年 11 月 17 日第 7 版。

为了创建 4A 级旅游景区，花园村投资 2.6 亿元，用于旅游基础设施建设。2011 年 8 月，花园村投资 1200 多万元重建旅游服务中心，建筑面积达 4000 平方米，设立了售票处、放映厅、医务室、导游室、游客休息室、贵宾室、投诉办公室等，添置了自行车、轮椅、拐杖、童车、担架、电脑触摸屏、邮政信箱等设施，可为游客提供综合性服务。同时投资 100 多万元，改造 4 个停车场，面积达 10000 平方米，极大地满足了各类旅游车辆停放的需要。先后投资 500 多万元，新建旅游厕所 6 座，并对原有厕所进行彻底改造，其中 6 个已被评定为三星级旅游厕所。按照中国名村考察游、红木家具采购游、生态休闲观光游三条特色旅游线路，投入 80 多万元，对村庄旅游标识标牌进行更新和规范，增设导游全景图、导览图、指示牌、景物介绍牌和各类公共信息图形符号牌 236 块。投资 200 多万元，新建垃圾收集房 75 个，新添垃圾箱 300 个。投资 200 多万元，在花园生态休闲园、百花园等多处新设特色游步道 800 多米。投资 800 万元，保留旧民居进行旅游产品升级，新辟了花园民俗馆，再现了 20 世纪 60 年代到 90 年代的农民生活场景。[①] 在旅游基础设施投入的带动下，花园村于 2012 年 10 月 3 日获批，12 月 19 日正式挂牌，成为浙江省首家单独以村为单位创建的国家 4A 级旅游景区。

2013 年，花园村以成功创建国家 4A 级旅游景区为契机，打造"中国名村考察游""红木家具采购游""生态休闲观光游"三大旅游主题，共接待中外游客 41 万人次。为了方便村民和游客在村内的交通，花园村于 2015 年在全村 10 个小区及各旅游景点设立公交车站，每 15—20 分钟一班，安排环线免费公共汽车巡回运行。

从 2016 年开始，花园村正式启动创建国家 5A 级景区的各项工作。为了争创 5A 景区，花园村不断完善旅游设施建设，对花园村旅游元素进行重新整合，对旅游景点进行全面改造和提升，建成了中国农村博物馆、花园游乐园、花园文化广场、花园剧院等一大批公共文化设施和旅游景点。随着花园村各项旅游基础设施的完善提升，来花园村旅游的游客数量逐年提升，2016 年花园村景区接待国内外游客 260 万人次，2017 年达 350 万人，2018 年达 460 万人次，2019 年达到 570 万人次。[②]

---

① 李民中：《完善设施　规范服务　提升素质　花园村昂首迈向 4A 景区》，《东阳日报》2012 年 9 月 4 日第 6 版。
② 许欣雅：《金华市旅行社协会一届四次代表大会在花园召开　花园旅游备受关注》，《花园报》2020 年 1 月 18 日第 2 版。

　　目前，花园村已经建成运营名村文化旅游区、天香湾农业旅游区、红木家居商贸旅游区、福山观光旅游区、高新科技工业旅游区等五大特色旅游区；开辟了党建名村考察游、职工休养度假游、中小学生研学游、乡村休闲观光游、红木家居赏购游、现代工业示范游等六大特色主题游。花园村十多年来在各项旅游基础设施上的投入，正源源不断地产生经济效益，也在为花园村打造"世界名村"提供助力。

生

活

篇

富而好礼　共享幸福

SHENGHUO PIAN
FUER HAOLI GONGXIANG XINGFU

中国
村庄
发展

花园村的经济发展成就有目共睹，花园人的生活品质提升同样令人艳羡。改革开放以来，花园村实现了富起来、强起来的伟大飞跃，花园人的家庭生活条件、文化教育资源、医疗健康服务、社会养老照护方面也获得了巨大提升。相对于不作为的"富而无骄"，花园村通过"富而好礼"的积极作为，塑造良好的社会生活环境，在村域城镇化过程中不断补齐公共服务短板。本篇第一章记述花园村村民的工作、居住、娱乐、消费等生活领域的变迁，以及吸引外来人才就业落户的独特生活魅力。第二章以尊师重教为线索，介绍花园村幼儿教育、职业教育和中小学教育的完善提升过程。第三章以医疗健康服务改善为线索，梳理花园田氏医院的创建壮大过程。第四章以尊老敬老为线索，介绍花园村老年组织、老年人福利、社会养老照护的发展变迁过程。

第一章　花园各群体居民的生活方式变迁

全面振兴的乡村必然是人民幸福的乡村。花园村通过走可持续工业化道路，在极大提升人民经济收入水平的同时，通过区域空间开发，不断提升群众的居住水平、文化生活水平和生活消费水平。而幸福和美的村庄也成为吸引外来人才成为"新花园人"的重要动因，让花园村在不断吸纳新业态、新思维、新创意的过程中，实现有生活品质和文化品位的城镇化。

第一节　村民幸福感与村庄发展同步提升

个人和家庭的幸福，一方面来自于对未来发展前途的光明期许，另一方面也来自于对周遭生活世界更加和谐正义、欣欣向荣的期待。对于花园村的村民来说，个人与家庭的幸福是与花园村的全面振兴之路联系在一起，同样也与国家富强、民族振兴的中国梦联系在一起。近 40 年来，花园村走出了一条"以工强村、以商兴村、以游美村"的乡村振兴之路。花园村民的就业、居住、消费和休闲品质也在从"两创"① 到"两富"② 再到"两美"③ 的时代进行曲中发生着巨大的变化。

一、"两创"时代以工强村打基础

20 世纪 80 年代初至 90 年代中后期，是花园村民在乡村工业化中初步创业的

---

① "两创"即"创业富民、创新强省"，其是浙江省第十二次党代会提出、省委十二届二次全会具体规划的落实科学发展观、全面建设小康社会的重大战略决策。
② "两富"即"物质富裕、精神富有"，其是浙江省第十三次党代会上提出的进一步落实现代化实践的方向、目标和结果。
③ "两美"即"建设美丽浙江、创造美好生活"，其是建设美丽中国、不断满足人民对美好生活的向往、实现人民幸福的中国梦的重大举措。（注：此节并非以"两创""两富""两美"的官方提出时间为断代标准。）

时代，也是开始走向以高科技、可持续为底色的新型工业化、城镇化创新的时代。

在花园服装厂和后来的花园集团的带领影响下，越来越多的花园村民摆脱世代劳作田间的农业生产，转而在初步工业化的历程中创业就业，逐渐实现了劳动就业的非农化。那时花园村的青壮年劳动力，除了在本地办厂经营，有一些还外出到省内其他城市，甚至凭借自己的本事手艺，出省打工就业。虽然在改革开放初期，外出打工就业的收入相对于本地务农来说比较不错，但是长期与家人两地分隔，也给外出打工者及其家人带来了许多不便。对于仍旧留在花园村的村民来说，至少在20世纪80年代仍是半工半农的劳动形式。许多村民会趁农闲时段投入更多时间参加工业生产。甚至连一些企业主在办厂初期，遇到农忙时节也会在白天从事农业生产。"脚沾泥土迈入车间"可能是乡村工业发展初期许多花园村民劳作不息的真实写照。进入20世纪90年代以后，随着农业经营收入在家庭收入中的占比进一步下降，花园村大部分村民成为全职的工商业经营者或产业工人，很少有青壮年村民从事农业生产。"集体富可以带动个人富"，村级经济的不断发展壮大，使花园实现了共同致富的目标，村民收入大幅度提高。1978年，人均收入仅87元，1980年也只有218元。经过十几年的发展，1994年人均收入已达5612元，1995年高达7114元，名列浙江省前茅。[1]

改革开放之初，花园村农户大多居住的是在村庄集体化时代建造的泥墙、木架瓦房，家中除了简单的家具，基本上没有电器，连拥有自行车的家庭也很少。在乡村工业初步获益后，花园村庄中第一批发家致富的村民建造起了用红砖砌的二层楼房。至20世纪80年代中期，全村集聚在一起大约有40间砖头墙的房子。但在邵钦祥担任村党支部书记以后，就开始考虑通过总体规划的方式对村民旧居进行改造，并从1988年开始实施第一期的旧村改造工程。在村集体的支持下，在20世纪90年代中期第二期旧村改造后，大多数花园村民就住进了统一规划的三层半砖砌楼房。95%以上家庭有彩电、空调、摩托车、热水器等高档商品，家中家具陈设和电器也越来越与城市接近。而且大多数村民家中已经购买了摩托车用于代步，全村有80多辆摩托车、2辆出租车。

改革开放之初，花园村只有几家由村民开的代销店，商品统一从集体商业供销合作社进货，按规定价格出售。由于商品类型有限，如果村民需要购置特殊商

---

[1] 封定一、陈至发、李致平等：《花园成功道路：从走过的道路去寻求未来发展的方向》，经济日报出版社，1997年，第18页。

品，仍需跑到南边南马镇的商店或集市上购买。随着花园村工业企业逐渐增多，进厂务工的外地工人也越来越多。除了工厂开办的小卖部和员工食堂，花园村的商店和饮食店也逐渐增多。1993 年，邵钦祥妻兄龚智贤与东湖人合伙在花园工业公司职工宿舍附近沿街铺面上开了一家小吃店。由于生意兴旺，来花园村开饮食店的人越来越多。1998 年，花园村村民邵永能也在集团公司大楼对面沿街开了一家饭店，同年，邵永仁在花园设立鲜肉供应点。从此，花园村开始天天有鲜肉供应，2000 年，邵利民代替邵永仁供应鲜肉。[①] 由此可见，花园村已经从一个自给自足、封闭的农业社区，向物流发达、商品丰富的城镇社区转变。

改革开放之初，花园村由于生活用电难以保障，村民娱乐生活极其缺乏。在花园村乡村企业的积极支持下，花园村的文化娱乐事业在 20 世纪 80 年代末以后快速发展。花园村内先后建起了影剧院、图书室、游泳池、卡拉 OK 舞厅、棋牌室、旱冰场等一批新奇有趣的文化娱乐设施。丰富的业余文化生活和村两委对精神文明建设的常抓不懈，也促使花园村民自觉远离封建迷信、赌博等不良活动。而且村民家中都已经接上了有线电视，在家也能得到消遣放松。

二、“两富”时代以商兴村奔小康

20 世纪 90 年代末至 21 世纪 10 年代初，是花园村民通过工商业全面发展，初步进入物质富裕的时代，也是花园村民以“中国名村”为共同体身份，初步进入精神富有的时代。

进入新世纪以来，花园村的新农村建设显著加速，尤其是在 2004 年第一次并村后，村庄各项事业按照整体规划有序推进，村域产业结构从以第二产业为主导转向二、三产业的融合发展。花园村以新型城镇化建设为平台，为数量几乎增长了 10 倍的村民提供创业就业机会，从根本上解决村民经济来源问题，提高花园村民的富裕程度。维生素 D3 等高科技产业落户花园村，极大提升了村域产值。但从提供就业机会和关联产业发展的角度来看，花园红木家具城、板材市场、原木市场等区域商贸中心的成长壮大，为更多花园本地及外来的创业者“立柱子、搭台子、建场子、赚票子”。花园村以木制品加工产业为核心的系列专业市场，以及具有周边辐射效应的专业街的建立，使得红木家具上下游产业链在当地高速成长，为村民及外来人员创业提供了便利。而且花园村高效的基层治理和法治秩序，提

---

① 浙江东阳市花园村村志编委会：《花园村志》，花园集团档案室藏，2014 年，第 169 页。

供了远超其他农村地区的营商环境，使得城镇化和大量人口流入成为推动区域经济发展的新动能。

　　至 2010 年左右，在花园村 1748 户农户中，创办企业的有 300 多户，经商开店的有 100 多户，租赁房屋的有 600 多户，更是有许多村民在家门口的企业上班。①与此同时，花园村也吸引了来自全国各地 16000 多名外来劳动者，自发形成了村级劳务市场，在"花园"这片富庶的土地上人们实现着自己的梦想。在花园村城镇化的带动下，绝大多数并入花园村的新村民也在各类工商业中创业就业，用自己的智慧创造着财富，形成了全民创业的良好局面。花园村民 2010 年的人均收入达到 51600 元。2010 年《浙江日报》的记者曾经采访过后来并入花园村的村民马藕菊一家。当时 62 岁的马藕菊，是花园村的一名保洁员，负责打扫从村影剧院到花园大厦的区域。马藕菊一家 5 口，丈夫楼正春是油漆师傅，年纪大了，在家带孙子，同时接些零星的油漆活；儿子和媳妇都在村里红木家具厂做油漆工。马藕菊除了在村里担任保洁员，还能够得到村里发放的养老金，家里不愁没钱花。她之所以还在村里上班，一是因为村庄面积变大后需要一批保洁员维护道路清洁，二是趁着身体好，找点活做做，让生活更充实。根据花园村的介绍，当时村里像马藕菊这样的保洁员就有 90 名，花木工 150 多人、保安员 120 人。只要村民愿意，人人都有活干。②

　　另一位接受采访的村民郭龙吉认为，并村后几年时间里，幸福指数快速提升，"房子变高了，路变宽了，就跟城里一样"③。村民郭龙吉同时享受着三种保险：失地农民保险、城乡居民养老保险和新型农村合作医疗保险，同时还享受花园村对新老村民一视同仁的村级福利。郭龙吉的儿子在村里的家具厂上班，儿媳在花园集团当仓库保管员，孙子在花园技校上学，可享受学费减半的待遇，毕业后可以优先安排在村办企业就业。

　　村民安居才能乐业，村庄规划才能发展。为了把花园村建成管理有序、服务完善、环境优美、生活便利、居住舒适的宜居之村，花园村两委制订了"合理布局、全面规划、整体拆建、分步实施"的村域城镇化战略，按照《花园村总体规划方案》，将全村划分为村民平安居住区、高效生态农业区、第三产业服务区、高科

---

①　王江红：《宜居　宜商　宜业　宜养　宜游　五宜之村花园村》，《花园报》2010 年 9 月 21 日第 1 版。
②　蒋蕴、陈一点、王江红：《花园村人的幸福方程式》，《浙江日报》2010 年 12 月 6 日第 1 版。
③　黄平：《花园村的幸福密码》，《经济日报》2011 年 12 月 5 日第 15 版。

技工业区等 4 个区块，原 10 个行政村改为 10 个小区，并采取整体拆建、异地搬迁、旧村改造等方式进行全面的新农村建设。[①]

对于大多数新并入花园村的村民来说，持续推进的旧房改造工程无疑极大改善了他们的居住生活条件。过去少部分村民由于经济原因，一直盖不起新房。在花园村的统一规划与整治下，盖起了一幢幢、一排排风格统一、布局合理的新农居。原先农村脏、乱、差的现象彻底消失了，道路硬化、路灯亮化、环境绿化、卫生洁化、饮水净化的"五化"工程，以及村内的供排管道、供电和通信线路的基础设施建设，让花园村民获得了超越普通城市居民的居住条件和基础设施条件。这种村庄整体居住品质的提升，绝非一家一户村民通过自建住房或改建旧居能够达到。2010 年《浙江日报》的记者曾经到马藕菊家现场采访了解村民的居住条件。马藕菊家坐落在村道边，3 层楼，相当于城市的排屋。在她家里，每层是一个完整的套房，有客厅、卧室、卫生间和厨房，一天 24 小时有热水。马藕菊带着记者一层层参观她家新楼房，乐得合不拢嘴。她说道："我们这房子同城里没两样，同 6 年前比，一个天上一个地下。"[②]

在长期的空间改造与土地开发中，花园村一致贯彻"绿色花园"的理念，坚持将村庄建设与生态环境建设有机结合。在这一时期先后建成了吉祥湖休闲区、文化体育广场、污水综合处理中心等配套设施，改善翻新了泰山农民乐园、花园自来水厂及游泳馆等原有场所。村域面积更大的花园村内绿树成荫、鸟语花香、池清水碧，造就了人与自然和谐共处的花园乐土。

在商贸消费服务方面，花园村从过去道路两边开店的线状商业带，向人流、物流、信息流高度集中的现代商业区块转型。花园粮油商贸城的建成使用，使其成为花园商贸区块的中心，不仅开出了分类齐全、商品丰富的农产品大厅，花园购物广场也让花园村民能够在本地买到绝大多数不同档次的日用消费品和家电产品。花园粮油商贸城、花园购物广场及沿街房等三部分，是金华地区规模最大、品位最高、功能最齐并具现代气息的新型"农加超"农村综合商贸市场之一，被评为"浙江省二星级市场"。此外，商贸城还设立农历逢三、八为花园集市日，每年举办农历二月十八、四月十八、八月初三、十二月初八等四场物资交流会，不仅繁荣了乡村市场，而且方便了村民日常生活，做到足不出村即可应有尽有。

① 王江红：《宜居　宜商　宜业　宜养　宜游　五宜之村花园村》，《花园报》2010 年 9 月 21 日第 1 版。
② 蒋蕴、陈一点、王江红：《花园村人的幸福方程式》，《浙江日报》2010 年 12 月 6 日第 1 版。

而各种专业市场和专业街的兴旺发展，更是为花园吸引了不同产业的商贸物流，使花园成为具有区域辐射力的商贸中心。花园村在这一时期开办的原木市场、板材市场、粮油商贸城、阳光路饮食一条街、花园大道建材一条街、万兴路红木家具一条街、南山大道工艺品一条街等专业市场和专业街，不仅满足了本地和周边村民的需要，更是把生意做向全国，吸引了来自各省（区、市）的客商。

在实现了物质生活富裕的同时，花园村在其"中国名村"影响力逐渐扩大后，形成了由内而外的道路自信与文化自信。早在 1999 年 9 月，花园村就被中央精神文明建设指导委员会评为"全国创建文明村工作先进单位"；2005 年 10 月，花园村获得"全国文明村"荣誉称号；2009 年 1 月，花园村再次荣获"全国文明村"称号；2011 年，花园村又通过"全国文明村"复评。

这一时期，花园村先后投入巨资，新建改建了科技馆、舞厅、游泳馆、图书馆、塑胶跑道体育场、大型音乐喷泉、新世纪广场等一系列文体设施，在 10 个小区内设立了文化娱乐休闲场所。花园村大力推进精神文化建设，在花园精神和花园形象的牵引下，制定村民守则和村民文明行为规范，促使道德规范、社会公德、职业道德和家庭美德在村民中形成、传播，帮助新老村民的行为规范从乡村农民转变为城市居民，以适应花园村快速城镇化的现实需要。花园村还成立了秧歌队、腰鼓队、柔力球队、扇子舞队、篮球队等群众性文化体育团体。每逢元旦、春节、劳动节、国庆节等节假日，花园人便会组织丰富多彩的文体活动。每两年举办一次的运动会更是展现了花园村民良好的精神面貌，比赛项目逐年增多，参赛人数逐年增长。[1] 尤其是成功举办 2006 年第六届全国"村长论坛"和 2009 年花园现代乡村风情文化旅游节，让花园村民在来自全国各地先进村庄的嘉宾面前，自豪展示花园村在各个领域中取得的巨大成就。以"中国名村"的自豪感，进一步坚定走花园成功道路的信心与决心。

三、"两美"时代以游美村谋大同

21 世纪 10 年代初至今，是花园村民建设美丽花园、拥抱美好生活的新时代，也是花园村民充满信心迈向"世界名村"新征程的起飞期。

近年来，随着基础材料、新材料等新型工业化产业落户花园，以及花园红木家具城一到五期工程建成并投入使用，花园村各项产业的快速发展让花园村的发

---

① 王江红：《数字诠释花园新农村》，《花园报》2011 年 9 月 26 日第 2 版。

展空间再度面临饱和。2016 年，全村实现营业收入 461 亿元，仅个私工商户就有 2800 多家，但区域狭小、土地稀缺等限制也日渐突显，村庄发展遇到瓶颈。为了使花园村各项产业拥有更大的发展空间，更好发挥花园村对周边村庄的辐射带动作用，2017 年花园村进行了第二次并村，又新并入周边 9 个村，使花园村面积达到 12 平方千米，常住人口逾 6.5 万人。新并入的 9 个村经济社会发展情况差异较大。有些村已然通过花园村 10 余年来的产业辐射作用，在经济发展方面与花园村形成了较强的联动作用；而有些位置相对偏远的村庄则已经出现了人口和产业空心化的问题。

第二轮并村启动以来，花园村又按照一二三产业和村民住宅划分区块，重新编制村庄总体规划。结合每个村庄的经济社会发展现有条件及资源环境存量，为每个村制定了独特的产业功能发展方向。例如新并入的南城小区人口较少、"赤膊房"遍地，就采用整村迁移的方式改造；溪陂下小区原本的农业基础较好，耕地资源丰富，花园村就将其定位为现代农业园区，目前溪陂下小区统一规划的古色古香浙派民居已经建成使用，天香湾景区也迎来了众多游客。

尽管在 2017 年，受到第二次并村的影响，花园村民的人均年收入从前一年的 16 万元下降到了 12 万元，但只经过一年就上升到了 12.6 万元。在中国经济社会发展进入新常态的大背景下，花园村的各项产业坚持走科技主导、高端制造、文化加成的高质量发展道路，村民各项收入能保持持续增长，生活越来越有奔头。

出生于 1971 年的花园村花园小区村民邵清君就是很典型的案例。邵清君年轻时曾南下广东打工。2008 年，原本在外地做木材生意的邵清君回到花园村，在路边租了个小店面开始了他的红木事业，但是当时生意并不好。2010 年花园红木家具城开业，他是第一批入驻的。他的事业与花园红木家具城共同发展，到现在不用出门就有生意找上门。他所开办的鸿丰红木家具厂的产品 100% 都是通过家具城两个门店卖掉的。花园红木家具城活力十足，除了花园的名气越来越响亮，最重要的还是以质量取胜。市场对入驻的商家管理十分严格，一旦发现有违反纪律的商家就进行严厉处分，还会在市场公示，价格透明公道，杜绝了恶性竞争。[①] 目前，邵清君的父亲和弟媳在花园集团就业，弟弟在他的家具厂上班，妻子在家具城经营店铺，一家人把土地全部流转给村集体，每年有稳定的收入。邵清君的大女儿在国外留学，

---

① 佚名：《红木家具城成就了我的事业》，《东阳日报》2017 年 10 月 16 日第 2 版。

小儿子在花园外国语学校上小学，全家过上了幸福美满的好生活。[①]

在居住条件方面，花园村民统一规划的民居仍在进一步完善。除了少数第二次并入的小区仍未完成旧村改造，花园村大部分村民都住在数户连成一排、数排连成一片的统一风格的民居之中。小区楼房红白相间，三到五层不等，就像城市中的高档排屋。而且不同于某些农村新建成的民居，花园村村民的住宅不仅外立面透着现代气派，房子内部的陈设和装修也典雅大气，体现出村民较高的审美品位与较强的经济实力。2019年，浙江在线的记者曾经实地走访过花园村村民邵清君和邵宏星的住宅。记者推开邵清君家的门扉，就被住宅内的雅致风格所惊讶，精致中透着花园人家特有的风格。一楼的小院中，置有假山、鱼池、迎客松，屋内的客厅中，沙发、茶几、长桌、靠椅皆用红木制成，连墙和天花板也有红木装饰。记者又走进63岁村民邵宏星的家，那是一栋三层高的独立小楼，楼下自带一个宽敞的院子，院中的青梅树已经挂上了青涩的果实，墙角的万年青长势旺盛，花坛里开着红艳艳的花。邵宏星介绍说，现在小楼只有夫妻俩住。儿子已成家，住在附近的一个别墅区，平时走动也方便。作为村民，夫妻俩享有建房补贴，数字电视收视费、电话月租费免除等30多项劳保福利，"每月还能免费领大米、猪肉、鸡蛋和食用油，日常生活根本吃不完"[②]。

除了村民的农居房，花园集团旗下的花园建达房地产开发有限公司从2010年起已经在花园村成功开发阳光城、湖景城、商业中心、中华城等多个高层住宅楼盘，为花园村迈向城镇化开发了现代化的高层商品房小区。不仅有不少花园村村民购买这些高层住宅小区，一些来到花园村投资创业的外来客商与创业者也看好这些商品房小区的独特优势，纷纷投资购买。

在消费服务领域，除了原有的各专业市场进一步做大做强，2017年10月，花园商业中心的建成开业使得花园村居民的消费品质迈上新台阶。花园商业中心位于花园村，是商贸中心区的核心地块，紧挨省道217，工程总投资15亿元，总建筑面积26万多平方米，由4幢21层高层和22幢多层建筑组成。其中，4幢21层高层从一楼到五楼依次形成名品汇、潮品汇、童乐汇、美食汇、享乐汇的商场格局，满足不同消费者的多种选择。此外，花园商业中心地下还设人车两用通道，

---

① 王庆丽、王江红：《花园人的美好生活——东阳花园村推进新农村建设纪事》，《浙江日报》2018年6月5日第1版。

② 曾杨希：《从草棚泥房到别墅排屋　探寻花园村村民的幸福密码》，《花园报》2019年6月24日第1版。

连通花园商业中心与花园红木家具城，形成全方位立体交通，还与花园购物广场、花园粮油商贸城遥相呼应，形成花园及周边村庄的核心商业集群。[①] 花园商业中心被打造成为集住宅、购物、餐饮、娱乐、健身、休闲于一体的综合性商业航母，吸引了各类品牌进驻农村。商业中心内还有按照全国一线影院五星级标准建设的花园国际影城，能够多厅同步放映国内外最新影片，实现了与北上广深等一线城市影片的同步上映。[②] 花园商业中心的投入使用，在对方便花园本地居民生活、辐射周边地区、引导消费潮流、完善城市功能、繁荣地方经济等方面发挥着不可替代的作用。

在文化生活领域，随着花园村一大批公共文化服务设施的投入使用，花园村的村庄外在美丽程度与内在城镇文化品位再上一个档次。2012 年，花园村成为浙江省首个单独以村为单位创建成功的国家 4A 级旅游景区。近年来，花园村通过整合村庄各类旅游资源，推出了"中国名村考察游""红木家具采购游""生态休闲观光游""特色工业示范游"等旅游主题，不仅为花园村聚拢了游客人气，也通过全域旅游景区的打造，让花园村民更明显地感受美丽花园的独特魅力。2017 年 12 月，国家旅游局公布了首批 10 家"中国优秀国际乡村旅游目的地"名单，东阳市南马镇花园村榜上有名，成为浙江省唯一获此殊荣的村庄。[③] 而对于工作生活在花园村中的村民和外来劳动者而言，美丽花园能够带给他们的不仅是美丽环境的享受，也是充满希望生活的自豪。

第二节　吸引优秀人才共享花园美好生活

栽好梧桐树，引得凤凰来。30 多年来，花园村的发展靠的是一大批人才做出的努力和贡献。为吸引和留住高级人才，最大限度激发人才创新、创造、创业活力，花园集团一直将吸引人才作为重要工作，为留住人才、用好人才进行大投入，肯出大手笔。在 2000 年后的几年间，花园集团大力发展以维生素 D3 为代表的高科技产品，建造了生物高科技研发大楼，筹建博士后工作站，吸引了一大批优秀

---

① 吴浩宇：《花园商业中心盛大开业 致力打造农村商业新典范》，《花园报》2017 年 10 月 16 日第 1 版。
② 王江红：《花园人乐享高质量幸福生活》，《花园报》2018 年 2 月 27 日第 2 版。
③ 王江红：《花园村荣膺首批"中国优秀国际乡村旅游目的地" 全国十家 浙江唯一》，《花园报》2017 年 12 月 26 日第 1 版。

人才投奔花园集团。他们之中既有留美博士，国家厅级干部，高职称、高学历、高素质的管理干部和技术骨干，也有刚刚走出校门的大学毕业生。相关数据统计，截至 2002 年末，花园集团及下属各企业中层以上骨干，80% 是从外地引进的人员。花园集团干部员工拥有大中专以上学历技术人员 650 多名，初步形成了素质较高的企业家及营销、管理、技术人才队伍。① 为此，花园集团还投入大量资金，建成了专家楼和员工公寓，给科技人才提供了良好的居住环境。

但进入 21 世纪以来，随着大中型城市的快速扩张，城市对乡村地区人才的虹吸效应更加明显。即便是花园村本村青年，在去外地上大学后，也有不少留在城市，没有返回花园就业创业。为了吸引本村青年回归，加快花园的发展，花园村两委决定，从 2014 年开始，凡是花园籍人员，回本村创业的博士生每年奖励 5 万元，研究生每年奖励 2 万元，重点大学本科生每年奖励 1 万元。而且随着花园村各项生活条件的日益改善，也有越来越多的花园村学子在大城市完成学业后，选择返回家乡发展。

在花园集团下属的生态农业发展公司工作的花园村青年邵菲菲就是其中一员。2010 年 6 月，她从杭州万向职业技术学院毕业，放弃留在杭州工作的机会，回到村里求职就业。在花园村工作同样有学习和提升的机会。花园村以发展现代生态高效农业为重点，与浙江省农科院、上海农科院合作，建立了 500 多亩现代高效农业园区。通过土地流转，花园村大部分耕地由花园生态农业公司耕种经营。像邵菲菲这样拥有生物技术的专业技术人才自然大受欢迎。邵菲菲进入公司后没多久，就接到了第一个研发项目，做兰花的组培实验。该项目的经费有 170 万元。

对邵菲菲而言，选择留在花园村发展，不仅能够与家人在一起，而且能够享受更加幸福的生活。邵菲菲的父亲邵宏盛在花园村美食一条街上开了家饭店，生意非常红火。当时邵菲菲自己也在筹建属于自己的房子，打算在花园村吉祥湖边建起一幢令城里人都羡慕的小别墅。夏天的时候，湖边的栈道可以跳舞、散步，还能练练瑜伽。对毕业后放弃城市生活的选择，邵菲菲毫不后悔，她觉得自己已经在花园村看到了一大片"幸福花园"。②

而对于外地的青年才俊来说，花园村美丽的生活环境和优渥的生活条件也是吸引他们落户花园的重要原因。曾在杭州做媒体工作的小黄，应聘到花园集团后，

---

① 王湘、楼震旦、孙顺其等：《花园新报告》，花园集团档案室藏，2003 年，第 58 页。
② 董碧水：《花园村：现代农民的"幸福样本"》，《中国青年报》2011 年 11 月 30 日第 4 版。

渐渐喜欢上了这里的生活。在他看来，城里有的各类公共服务设施，花园村都有，几乎没有什么分别。而且在接受采访时，小黄住的是公司免费提供的两室一厅居室，这为他省下一笔开支。他还期待开建的员工福利房，做好了长期扎根花园的准备。[①] 随着高新技术产业的发展，花园村引进了不少高层次人才，其中不乏硕士、博士，为此建造了一大批设施一流的人才公寓。

1993 年出生的张小琴也是从外地来花园村工作的人才中的一员。这位可爱姑娘的家乡在距离花园村 15 千米外的东阳市画水镇。2016 年她从杭州的大学毕业后，入职花园集团，从事文职工作，过着与城市小白领类似的朝九晚五的职场生活。在接受浙江在线记者采访时，她向记者述说着自己的幸福生活。与在城市中不时被焦虑缠身的年轻人相比，她在花园村的生活更加惬意自在。花园村中的日常消费不高，而且电影院、购物综合体能提供与大城市同等的生活品质。下班后，她会和朋友去花园村中的商业中心逛街、看电影、吃美食。而且因为离老家很近，有时候她会直接开车回家和父母吃晚饭，只需要 20 分钟就能到画水镇，完全没有大城市堵车的烦恼。2017 年，张小琴还在花园集团遇到了自己的另一半。2019 年初，双方已经领了结婚证。她告诉记者："未来，我们想把家安在花园村，在这里继续奋斗，享受甜蜜的生活。"[②]

为了进一步鼓励外地人才落户花园，就业创业，2018 年花园村发布《关于引进高级人才落户花园村相关政策的通知》。符合相关要求的人才可以落户，享受村民同等待遇，每年领取 1 万元至 6 万元不等的奖金，还能领到 30 万元至 60 万元不等的人才购房券，甚至安排 300 平方米以上的别墅一幢。仅 2018 年一年，花园村就对 80 多名各类高级人才进行奖励。

花园建设集团副总工程师兼技术中心副主任葛晓就是花园村人才新政的受益者。葛晓既是高级工程师也是高级经济师，作为副高级专业技术职称人才落户花园村时享受到了所有优惠政策。春节前，他和家人在花园中华城购买了一套商品房，享受到了花园集团发放的 50 万元人才购房券。他为自己成为一名新花园人感到倍加自豪。能够享受这么大的优惠，他表示今后会在自己的工作岗位上更加尽心尽责，为花园这个大家庭更美、更富、更强添砖加瓦。[③]

① 蒋蕴、陈一点、王江红：《花园村人的幸福方程式》，《浙江日报》2010 年 12 月 6 日第 1 版。
② 曾杨希：《从草棚泥房到别墅排屋　探寻花园村村民的幸福密码》，《花园报》2019 年 6 月 24 日第 1 版。
③ 王江红：《花园奖励高级人才并公布新村民名单　一个村的人才新政落地有声》，《花园报》2019 年 3 月 5 日第 1 版。

第二章　投资未来：让乡村拥有最好的教育资源

让孩子们在幸福的环境中享受到最优良的教育，是每个家庭的心愿，也是欲发展家乡、怀有深深责任感的杰出人物所思所虑的重要问题。花园村自走上工业化道路以来，一直秉持尊师重教、鼓励成才的理念，不断投资完善各阶段公共教育资源。从花园幼儿园，到花园职业技术学校，再到花园外国语学校，花园村始终踏着时代发展的步伐，为发展乡村教育做出全新开创性的探索。众多经验表明，唯有拥有高质量的教育资源，才能真正留住一流人才，让他们安心在此工作奉献。花园村以优质教育资源吸引人才、留住人才的做法，必然为村域城镇化的持续发展提供近期和远期的红利。

第一节　花园村尊师重教的优惠举措

一个国家的国力增长与人力资本积累和教育发展密切相关。而对于一个村域共同体而言，其人力资本存量的扩大主要取决于初等教育、中等教育，乃至高等教育的普及。一直以来，花园村就十分重视教育事业发展，并继承了尊师重教的优良传统，而今花园村域范围内花园幼儿园、花园中学、花园外国语学校三所学校逐渐驶入发展快车道，为不同年龄、不同阶层家庭的子女提供优质教育服务。但自改革开放以来，直至花园职业技术学校成立之前，花园村内只有规模较小的小学和幼儿园，需要就读的学生数量也比较有限，因此花园村集体对教育的投入主要体现在落实尊师重教的各项优惠举措上。

1983 年，花园村投资 2 万元创办花园幼儿园，改进小学校舍。1985 年，花园村党支部制定并实行"奖学金""奖教金"制度。《花园村志》中完整记录了当时这份文件的全文。

花园村关于设立"奖学金、奖教金"的决定 ①

为了促进我村教育事业健康发展和早出人才，村二委研究决定设立"奖学金""奖教金"制度，具体规定如下：

一、对考入大、中专的学生实行生活费补贴，大学生每月 10 元，中专生每月 10 元，于毕业时终止。

二、对考进高中的学生，实行一次性补助，金额 150 元，凭高中毕业证书到花园服装厂财务处领取。

三、在校初中学生，在期终考试中，名次在年级前五名的，可得奖金 30 元。期末被评为三好学生的，凭奖状可领奖金 10 元。

四、小学生在学期期末被评为三好学生的发奖金 5 元，在本学期的考试或比赛中，获得全校前三名的发奖金 20 元，全乡前三名的发奖金 40 元，全区前三名者发奖金 60 元。

五、凡在校的高中、初中、小学生，在学校进行的德、智、体各方面的比赛中，有单项获得第一名者发奖金 10 元，第二名者发奖金 5 元。

六、村校学生在校被评为三好学生者发奖金 2 元，在本学期考试中，第一名者发奖金 5 元，全乡前三名者发奖金 20 元，全区前三名者发奖金 30 元。

七、花园村校学生参加统一考试，在学习点范围内第一名的，任教老师奖励 100 元，第二名奖励 50 元。在全乡范围内第一名的任教老师奖励 300 元，第二名的奖励 200 元，第三名的奖励 100 元，在全区范围内获得第一名的任教老师奖励 500 元，第二名的奖励 400 元，第三名的奖励 300 元。

东阳市花园村党支部、村委会

1985 年 7 月 7 日

根据当时的统计，自 1985 年 7 月至 1990 年 7 月五年间，全村有 40 余人获得"奖学金"和"奖教金"，总奖励金额达 12000 元。在此期间，花园村全村有 2 人考入大学本科，3 人考入大学专科，4 人考入中等专业学校。村庄经济的发展不但没

---

① 浙江东阳市花园村村志编委会：《花园村志》，花园集团档案室藏，2014 年，第 196 页。

有让家长做出让孩子放弃学业，早日赚钱的决定，反而成为鼓励村庄后辈努力学习的外部因素。花园村应届考生投入学习的热情较以往更加高涨，成才比例和数量持续提升。截至1993年年底，获奖学金、奖教金，以及获生活补贴费的师生总计128人次，发放奖学金10760元，奖教金1600元。① 此后，花园村几次调整提高了奖学金、奖教金的标准，从未中断过对花园村学子们的关心与支持。

2003年，村里重新制定了奖学金政策。新的奖学金政策给予攻读博士的花园村学子，一次性奖励5万元；考上研究生的奖励2万元；考上重点大学的奖励1万元；考上普通大学和高中的分别给予6000元—3000元、1000元不等的奖学金。2004年，花园村行政区域进行了大幅度调整，周边的9个村并入花园村，奖学金范围一下扩大了数倍。在花园集团的支持下，花园村的奖学金政策仍与以往一样执行。2007年，花园村村民子女共有40人获奖，花园技校18名优秀学生获奖，奖励金额达21.05万元。据统计，从1985年至2008年的20余年来，花园集团用于发放奖学金、奖教金的总金额已有180多万元，花园村和花园技校共有400多名学生获奖。2003年，花园集团在南马镇设立"花园集团奖学奖教基金"，截至2008年，南马镇有221名考上东阳中学的优秀毕业生和200余人次教师获奖，奖励金额达15万元。②

2015年3月，花园村对本村学子的教育优惠政策再次升级，推出了"十六年免费义务教育制"。该政策规定，凡是花园村农业户口村民子女，在实行政府九年义务教育制的同时，向幼儿教育延伸4年，向高中教育延伸3年，即实行十六年教育免费制度，从幼儿园到高中的书学费全由村集体承担。③ 在推出这项政策时，花园村有农户1748户，本村户籍村民5000多人。出台这项政策，预期花园村每年要拿出100多万元资金用于教育费用支付。同时这项政策对接受者也有一定的限制：一是要拥有花园村农村户口；二是幼儿要在花园幼儿园就读；三是高中要正式录取就读于花园中学、南马一中、东阳中学、东阳二中、东阳外国语高中等五所学校之中的一所。

2018年8月，花园村对刚刚考上重点大学及研究生的25名优秀学子发放了

---

① 佚名：《东阳市南马镇花园村奔小康事迹》，花园集团档案室藏，1994年。
② 郭好进、王江红：《激励勤学苦读 照亮成长之路 花园集团奖学善举受益600余人》，载金光强主编《花园足迹30年》，中国美术学院出版社，2011年，第245页。
③ 王江红：《花园村实行十六年教育免费制 村民子女读书从幼儿园到高中书学费全免》，《花园报》2015年3月6日第1版。

奖学金。这群优秀学子中，有两位被浙江大学录取，两位被宁波大学录取，两位被杭州师范大学录取，两位被桂林电子科技大学录取。其他一些优秀学子，有被英国伯明翰大学录取，被美国印第安纳普渡大学、南京农业大学、北京林业大学、海南大学、东华大学、吉林大学、东北大学等世界知名高等学府及国内"985"、"211"和双一流重点大学录取。在他们即将动身前往新的学校之时，花园村领导给他们一一颁发了奖学金，并组织他们一起游览了花园村景区。邵钦祥书记勉励学子们持续追求远大理想，正确地对待人生；持续发扬花园精神，保持积极的心态；持续拥有感恩之情，培养好孝悌之心；持续谱写爱村情怀，学成后回报家乡，致力于早日把花园建成"世界名村"和"世界强村"。[①]

为了以制度化的形式保障各项尊师重教政策的落实，在新版的《花园村社会主义精神文明建设实施意见》中专门规定："贯彻九年制义务教育，办好花园技校职业高中，凡是初中毕业未能考上普通高中的本村村民，都要进入村办职高接受两年高中知识教育和职业技能培训。""继续对考上大专以上的村民子女实行奖学金制度，奖学金金额为 3000 元至 2 万元。"

每逢教师节，花园村党委书记邵钦祥都会尽可能抽出时间，带队前往花园村内的学校、幼儿园，向默默耕耘在教育工作一线上的教职员工表示崇高敬意，送去节日的祝福和慰问金，感谢并鼓励他们继续为花园教育事业全面进步再立新功。在其他一些场合中，花园村的领导们也对花园村各所学校、幼儿园的管理者和普通教职员工予以充分尊重，帮助他们解决各种问题，让尊师重教的风气内化为花园精神文明的底色。

第二节　打响花园幼儿教育的品牌

对于大多数农村而言，由于学前教育仍不属于义务教育范畴，很少村庄能够开设幼儿园。孩子在上学之前通常都是在家中由亲人负责照看。改革开放以前，花园村曾经短暂办过幼儿班。改革开放后，随着花园服装厂聘用的女工数量激增，1983 年花园村再次办起幼儿班，为本村村民和来花园村上班的女工的孩子提供照看。幼儿园地点设在祠堂仓库，聘请赵云芳当幼儿园教师。1987 年，因旧村改造

---

① 王江红：《花园村 25 名优秀学子欢聚一起》，《花园报》2018 年 8 月 15 日第 1 版。

祠堂被拆而停办。[①]

　　1990 年 7 月，花园村重新办起幼儿班，规模扩大后改称花园幼儿园，园址先设甜菊糖苷厂。先后由葛权芳、周艳媚任幼儿园教师，入园幼儿在 20 人左右。1999 年 7 月，幼儿园迁移到花园职业技术学校的校园内，作为技校附属幼儿园，分大、中、小三个班。入园幼儿有 80 多人，最多时达到 100 人。为了便利家长的工作和学习，幼儿每周上园 6 天。园方做到 24 小时服务，可全托、日托、假日托，极为方便。由幼儿园老师教幼儿唱歌、识字，还开设 EPS 英语、绘画入门等兴趣班。[②]李天生、吴梅娟先后担任园长。

　　2003 年，投资 500 万元建成占地面积 8320 平方米、建筑面积 3600 平方米、可接受容纳 400 名幼儿入园、内设 7 个配套班的花园式的现代化幼儿园。是年 7 月建成，9 月 1 日交付使用。花园幼儿园聘请原在金华市委市政府机关幼儿园执教的厉玲玲任园长，并引进先进、科学、完善的幼儿教育法——蒙台梭利教学法作为办园特色，可提供日托和全托服务。[③]

　　新园区设计新颖美观，环境优雅别致，设施齐全。园内教室宽敞明亮，有钢琴、彩电、VCD、空调等硬件设备；寝室设施完备，每人有独立的小床、棉被、毛毯、柜子；建有多功能音乐舞蹈厅、幼儿美术室、塑胶户外活动场、蒙台梭利花坛，为充分展现幼儿的天性，促进幼儿个性的发展提供了广阔的天地。

　　至 2004 年年底，花园幼儿园有 166 名入园幼儿，25 名教职工，其中大专学历 3 人，其余全部为幼师毕业生。经过金华市专家现场评估，花园幼儿园被评定为金华市 A 级示范性幼儿园。[④]2008 年 10 月，经由金华市教育局领导组成的省二级幼儿园评估小组，从教学设施、教学模式、管理理念、教师质量、活动环境、卫生保健等方面进行现场评估。花园幼儿园获得 116 分的高分（总分 120 分），后被评为省二级幼儿园。[⑤]至 2011 年，花园幼儿园有工作人员 27 人，老师 13 人。入园幼儿增加到 213 人，分 7 个班级：托班 1 个，小班 3 个，中班 2 个，大班 1 个。[⑥]

　　2012 年，为了解决花园村村民和外来务工人员子女入托日益紧张的问题，花

① 　浙江东阳市花园村村志编委会：《花园村志》，花园集团档案室藏，2014 年，第 193 页。
② 　花园集团公司幼儿园：《花园幼儿园招生公告》，《花园集团报》1999 年 8 月 16 日第 1 版。
③ 　佚名：《花园幼儿园 2003 年秋季隆重推出赢在终点的蒙台梭利教育法》，《花园集团报》2003 年 8 月 6 日第 4 版。
④ 　建有：《花园幼儿园被评定为金华市示范性幼儿园》，《花园集团报》2004 年 12 月 26 日第 1 版。
⑤ 　蔡蓉：《在省二级幼儿园评估中，花园幼儿园获得高分》，《花园报》2008 年 10 月 25 日第 1 版。
⑥ 　浙江东阳市花园村村志编委会：《花园村志》，花园集团档案室藏，2014 年，第 190 页。

园村又拓建了花园幼儿园南山分园和花园教育培训中心，于秋季开始招生。花园幼儿园逐步向教育集团化迈进。为了优化学前教育布局，满足村民和外来务工人员子女接受学前教育的需求，花园村异地重建了南山分园，并改名为花园南山幼儿园，于 2019 年秋季开始招生。该园设施齐全、环境优美，拥有良好的师资条件，能够就近保障村民及外来人员家庭获得安全、高质量的学前教育服务。①

2017 年，随着花园外国语学校的建成，花园外国语学校幼儿园也于 9 月 1 日全面开学。该幼儿园采取"小班化、寄宿制、双语教学"的办学形式，汇集了一批来自世界各地的优秀学前教育工作者，目标在于培养知识渊博、诚实守信、胸襟开阔、全面发展的世界公民。该幼儿园拥有类别丰富、空间巨大的活动场所，包括社会体验一条街、陶艺室、创意美术室、玩沙室、木工坊、生活操作室、迷宫、野战营等国内一流的设施设备。②

目前，花园村共开办三所幼儿园，分别为花园幼儿园、花园外国语学校幼儿园和花园南山幼儿园，基本满足村域内村民和外来务工人员子女的学前教育需求，并且在提供基本看护教育服务的基础上，还能提供蒙台梭利、国际化课程等优质的教育课程。

第三节　办好扎根乡土的高中教育

20 世纪 90 年代，一直热心教育事业的邵钦祥书记看到初中生升高中很难，感到很有必要办一所学校来回报社会，用于培养人才，造福子孙。③ 在他的动议下，花园集团于 1999 年创办了一所高中阶段的职业学校——花园职业技术学校（花园中学的前身）。花园技校首期投资 600 多万元，于 1999 年 7 月完成首期 12 间教室、20 套教工宿舍及教学办公用房 3200 平方米的建设任务。原《人民日报》报社社长邵华泽为学校题写校名和"勤奋、守纪、务实、创新"的校训。该校成立之初主要面向南马地区及周边乡镇的初中毕业生招生，学校 75% 以上的教师拥有本科学历。在学校落成典礼上，邵钦祥书记指出企业发展靠科技，科技进步靠人

---

① 许欣雅：《关注幼儿　情牵老人　邵钦祥周日走访系民生》，《花园报》2019 年 9 月 3 日第 1 版。
② 应展羽：《阐述学校内涵　传递教育理念　浙江师范大学附属东阳花园外国语学校举行宣讲会》，《花园报》2017 年 5 月 27 日第 2 版。
③ 东方涛：《邵钦祥传奇》，浙江人民出版社，2006 年，第 210 页。

才，人才培养靠教育，他希望花园职业技术学校能稳步实现"三年打基础，五年上台阶，十年创名校"的奋斗目标。①

在花园技校开办的前两年，虽然学校根据市场就业形势有针对性地开办了计算机、电脑文秘与驾驶、服装电脑美术设计三个方向的专业，而且毕业生可以优先进入花园集团工作，但招生情况并不理想，每年只招到学生 80 人左右。一方面是由于花园技校初创，在家长和社会中没有较高知名度；另一方面为了招到学生，招生过程不论学生中考成绩高低，不论行为习惯好坏，通通照单全收，导致部分学生学习动力较弱，行为习惯较差，各种违纪事件时有发生。但大多数就读花园技校的学生实际上是更需要关爱帮助的青年。例如，1999 年入学的小陆同学是画水镇黄田畈村人，父母都是老实的农民，家里还有一个弟弟，家境比较窘迫。初中毕业后，小陆没能考上普高，但她一心求学，想多学些知识，将来做对社会有用的人。一位邻居的孩子去花园技校报名上学，那位邻居告诉小陆，花园技校不错，离家近，环境好。小陆自己去花园技校考察后，也想报名入学，但家里没钱，只从姑姑那里借到 500 元钱。花园技校领导被她坚韧的求学精神所感动，减免了剩余部分的学杂费。在花园技校上学后的第一个暑假，她在花园服装厂打了一个多月的工，把挣来的钱全部用来交学费。面对求学路上的坎坷，她格外珍惜来之不易的求学机会，各方面都表现优秀，还当上了班级的团支部书记。②

为了扭转局面，实现教书育人的目标，2001 年，花园技校聘请原防军镇中学校长包岩春担任花园技校校长。在邵钦祥书记全力支持下，包岩春校长改革人事制度，创新招生方法，引进优秀教师，使办学规模跃上一个新台阶。花园技校不仅办学规模持续扩大，而且教学质量也获得社会的认可。花园技校坚持"以人为本、严字当头、爱在其中"的学生管理思想和"以管带教、管教结合"的工作策略，积极探索德育工作新路子，做到"天天有内容、月月有重点"，使学校的学风和校风得到明显改善。

花园技校从 2001 年开始创新"给你信任和荣誉"的"荣誉审核制"，变期末评比为期初申报，变终端的争取为过程的维护，变少数人获得荣誉为大多数人享受成功，变救火式管理为自主式管理，从而极大地激发了学生自主参与管理的积极

---

① 公木：《实施科技兴企战略　培育全面发展英才　我集团隆重举行花园技校落成暨开学典礼》，《花园集团报》1999 年 9 月 16 日第 1 版。
② 沈丹：《圆满心中"求学梦"》，《花园集团报》2001 年 3 月 6 日第 2 版。

性，增强了学生自我成功的意识。① 在包岩春撰写的《荣誉审核制——职校生重树自信的良方》一文中，他指出中考"落榜"的学生，由于学习成绩的欠佳和行为习惯上的缺陷，在初中阶段就已成为教师忽视的对象。他们得不到老师和家长应有的理解与尊重，潜能无从发挥，失去了许多表现其个性的机会，自身素质的全面发展受到了阻碍。加上个人成长的自我意识处于相对较低阶段，他们容易成为集体生活中的被冷落者、课堂上的陪读者，甚至产生严重的自卑心理。为了让学生重树信心，发展健康的人格，学校拟定各种荣誉称号评定的基本条件和要求，打破各种荣誉的名额限制，并制定了实施细则。所有集体和个人对照条件与要求，只要认为自己符合某项荣誉评定条件或有能力达到要求的，开学初就可以向学校提出申请，经学校评审小组审查即可获得相应的荣誉，并接受大家的监督。学校每月对获相应荣誉的集体和个人进行审查，若有违反学校规定行为的，按规定取消其获得的荣誉称号。但是，这并不意味着他们永远失去了这项荣誉，如果经过努力又达到相应的要求，被取消荣誉称号的集体和个人可以重新申请并获得。期末，学校对保持荣誉称号的集体和个人全部给予表彰与奖励。② 这项政策的制定与落实，重塑了花园技校学生的精神面貌，培养了学生的自制能力和良好的行为习惯，让学生在广泛培养个人特长的过程中树立自信，走上自强自立之路。花园技校的校风校纪、学风教风不断改善，各种学生违纪事件明显减少，校园环境整洁卫生，课堂纪律大有改观，无人监考考场应运而生，文体活动和各类兴趣小组活动蓬勃开展，学生的学习和生活充实积极，为学校赢得了良好的社会声誉。由花园技校创建的"荣誉审核制"职校生管理模式，受到各级教育行政部门的充分肯定，《东阳日报》《金华日报》《浙江教育信息报》《中国教育报》《中国职教论坛》等众多媒体都发表文章予以赞扬。《中国教育报》评价"这（荣誉审核制）就是花园技校育人的高招"。

　　花园技校创新办学理念和管理制度获得花园集团的充分支持。办学的前五年中，花园集团先后投资 3000 多万元用于学校建设，新增了设施完善的教职工宿舍大楼和学生寝室大楼。花园技校在董事会的领导下，实行校长负责制，采用设立教育专项基金、教育经费纳入集团预算等措施，使学校在较短的时间内达到了一定的办学水平，学校办学规模不断扩大，办学条件不断改善，教学质量得到快速

---

① 何文浩：《荣誉审核制——一种新颖有效的学生管理方法》，《职教论坛》2002 年第 15 期。
② 包岩春：《荣誉审核制——职校生重树自信的良方》，《花园集团报》2005 年 4 月 26 日第 2 版。

提高。学校 2002 年被评为"东阳市文明单位""浙江省优秀民办学校"，2004 年被评为"金华市先进民办学校""浙江省三级重点技术学校"，实现了"两年打基础、三年上台阶、五年创名校"的目标。

至 2004 年，花园技校拥有 22 个班级、68 位教职工和 1000 多名学生，在校学生数是办学初的 13 倍，学校建筑面积扩大了 6 倍，图书馆藏书量达 35000 册。全校 118 人参加升学考试，有 108 人上线，其中 88 人参加高职委考试，83 人上线；30 人参加普高类考试，25 人上线，高考成绩名列全市同类学校前茅。花园集团为了鼓励师生的教与学，制定了奖励政策，2004 年上学期全校获奖师生有 200 多人次，奖励金额近 10 万元。为了不让进花园技校就读的特困生辍学，花园集团领导与特困生进行了结对助学。2004 年全校有 20 多名学生拿到了每年不低于 1200 元的结对助学金。①

在培养方式上，花园技校探索普通高中教育与职业教育平行发展的模式。在职业教育方面，不断完善具有特色的职业教育专业。2008 年 11 月，花园集团投资 305 万元新建学校园艺和建筑专业实训基地。在普通高中教育方面，增加教授普通高中课程的方向，让学生通过三年学习有机会参加高考。从 2001 年开始，花园技校在招生培养方向上增设综合班（普通高中班），至 2008 年被上级部门叫停之前，毕业生在高考中始终保持较高的上线率。

2012 年，花园集团再次投资 2000 多万元，新建了建筑总面积为 7302 平方米的教学大楼和学生食堂。学校总占地面积达 36685 平方米，建筑面积为 19397 平方米。学校建有现代化的综合教学大楼一幢、办公大楼一幢、图书档案馆一幢、实验楼一幢、学生公寓一幢、教师公寓两幢，标准田径运动场、语音室、音乐舞蹈室、书画室、理化实验室、财会模拟室、多媒体电脑室等现代化教学设施一应俱全。根据东政办发〔2012〕84 号文件，花园技校于 2012 年下半年正式恢复普高班招生。学校开设普高班和计算机、财会、幼师、电子电工、医药化工、餐旅、建筑、园艺等 8 个专业，共 23 个班级，学生 1600 多人，教职员工 68 人，业已成为一所中等规模的职业技术学校。②

2013 年，花园职业技术学校更名为花园中学。花园中学以学生为核心开展教育教学改革，"让更多的学生成才"成了学校实施精品战略及打造精品学校的重要

---

① 金益红、金光强：《五年实现新跨越——花园技校特色办学纪事》，《花园集团报》2004 年 10 月 18 日第 2 版。
② 浙江东阳市花园村村志编委会：《花园村志》，花园集团档案室藏，2014 年，第 187 页。

标志。为了培养学生的自主学习能力，学校进行了多方面的改革，一是针对职高学生，增大阅读量，学校语文组自编校本教材，扩大学生的知识面，同时，增加实践课的时间，让学生到花园集团的企业去参观和实习，发展特长，补缺纠偏，全面发展。二是针对普高学生，提高其学习效率，培养认真学习的良好习惯。学科自习教师只能个别辅导，不允许讲课，不能以发卷子、放投影、对答案等形式变相占用自习时间。增加练习量，提高作业质量，各科教师针对学生的不同层次，精心设计、选择作业，不搞一刀切。不是让少数学生，而是让一批学生拔尖，具备在未知的领域自由驰骋、发展的能力，也让后进生有充裕的时间加强薄弱学科的学习，有针对性地查缺补漏，迎头赶上。[1]

近年来，花园中学教学成绩硕果累累，普高班与职高班高考成绩屡创新高。优异的教学表现、雄厚的师资力量和完善的教学软硬件，吸引越来越多的优秀学生报考花园中学。至 2019 年，花园中学共开设 24 个班级，其中普通高中 9 个班，职高部则开设有园艺、建筑、财会、幼师、计算机和旅游等 6 个专业。学校坚持"教好每一个学生"的办学理念，创建"立体无缝管理"的德育网络，努力探索适合综合高中的优质基础教学模式，办学水平得到不断提升和社会认可。[2]

回顾 20 年来花园中学的办学历程，花园中学师生始终尽心尽力地服务花园村和花园集团各项事业的发展。花园中学组织的学生铜管乐队和文艺表演队，经常在花园村的各项重大活动中演出；花园中学的教室和教学设备也经常用来给花园集团企业员工与花园村民组织各类成人教育培训；花园中学的毕业生有很大一部分留在花园集团下属各企业就职，最早一批毕业生有的已然成长为花园集团各企业的中坚力量；每年在花园中学举办的花园集团双向人才招聘会也为各家企业源源不断地输送高素质的技能人才。可以说，已然成长为东阳职业教育的一张金名片的花园中学，丝毫没有辜负邵钦祥书记当年投资办学的嘱托。

第四节　建设国内一流的国际化学校

20 世纪 90 年代以前，花园村只有一所初级小学，规模小到只有 20 名左右的

---

[1] 邓顺凯：《调结构　强管理　促发展　花园中学特色办学"三步棋"》，《花园报》2013 年 11 月 6 日第 2 版。
[2] 周振平：《花园中学新生报到家长开会》，《花园报》2019 年 7 月 5 日第 3 版。

低年级小学生。让花园村学子能够获得最优秀的教育机会，是邵钦祥书记的夙愿。多年以来，邵钦祥书记为了资助当地中小学的硬件设施建设，曾无偿资助给东阳中学、南马小学等学校 200 多万元。[1] 2006 年，邵钦祥书记和花园村各捐资 50 万元给新落成的南马实验小学。[2] 这些捐资助学的举动也让在这些学校中就读的花园村学子获得了教学硬件条件改善的实惠。

进入 21 世纪 10 年代以后，花园村常住人口数量激增，花园集团下属各企业发展高科技产业所需高端人才数量也不断增长，周边公办学校已难以满足花园村民和外来务工人员子女获得高水平基础教育的需求。因此，花园村和花园集团的领导开始谋划在花园村内建一所高水平学校，在提供与花园村城镇化发展程度相适应的优质教育资源的同时，也为吸引更多外来高端人才到花园村安家落户增添砝码。

经过前期筹建和规划，2013 年 9 月 10 日，花园集团与浙江师范大学正式签约创办花园外国语学校。2016 年 3 月 2 日，召开了花园外国语学校开工前的最后一次设计论证会。会上明确花园外国语学校将建成一所集幼儿园、小学、初中、高中为一体的民办学校，占地面积 341 亩，总投资近 7 亿元。学校将设立 110 个班级，采取"小班化、寄宿制、双语教学"的办学形式。[3] 从 2016 年 3 月 18 日学校开工奠基，至 2016 年 11 月 29 日工程结顶，在短短 8 个月的时间里，花园建工集团就完成了学校主体建筑、综合楼、体育馆、游泳馆及教师公寓的建设工程。而后紧接着开始内部装修和设备安装调试工作。2017 年 8 月 23 日，举行花园外国语学校落成典礼，由浙江师范大学党委书记蒋国俊与花园村党委书记、花园集团董事长兼总裁邵钦祥共同揭牌。[4]

花园外国语学校拥有国内外最先进的教学设备。在学校科技楼内，建有科学探究室、校园创客空间、机器人 / 建模室、数学创新实验室、VR 实验室、国学室、书法室、戏剧室、舞蹈室、现代美术功能室、木雕布艺室、陶艺室、烹饪室、器乐排练室等具有前沿性、研究性的特色教室。例如在数字化书法室内，教师可以使用投影书法临摹桌，通过临摹结合、精确对比、强化记忆等循序渐进的学习过程，打造不同于传统临摹的书法课程，激发学生学习书法的兴趣和信心。学校还

---

① 邵钦祥：《为花园集团全面协调可持续发展而努力奋斗——在中国共产党花园集团委员会第四次党员大会上的报告》，《花园集团报》2005 年 1 月 11 日第 3 版。
② 金光强：《南马实验小学落成　邵钦祥、花园村各捐资五十万元》，《花园报》2016 年 1 月 26 日第 1 版。
③ 王江红：《今年三月开建　明年秋季开学　浙江师范大学附属东阳花园外国语学校力争几十年不落后》，《花园报》2016 年 3 月 7 日第 1 版。
④ 王江红：《让农村享有优质教育资源　花园村里办起国际化学校》，《花园报》2017 年 8 月 26 日第 1 版。

基于物联网技术，依托智慧校园系统，打造资源共享、个性化自助式学习和教学的综合性平台，一开学就为每位学生配发了一台平板电脑，让学生能在智能平台的支持下进行高效学习。校园内体育馆、恒温游泳馆、高标准运动场一应俱全，学生公寓内的保姆式服务和科学规划的营养餐保证学生的生活得到最好的照料。①

花园外国语学校的师资队伍在同类学校中处于一流水平。学校贯彻高起点、高水平建设的原则，严格选拔标准及考核程序，重视名师队伍的领雁效应，打造有计划、成梯队的师资结构。截至 2018 年 4 月，花园外国语学校拥有教师 86 人，其中博士 1 人，硕士 12 人，浙师大教授专家 3 人、特级教师 5 人，县级优质课、教学能手占 40%，中学部有经验的骨干教师比例更是达到 80% 以上。此外，学校外籍教师有 10 名，全部来自英语为母语的国家，具有本科以上学历和教师资格证。②

花园外国语学校的各项活动也生动有趣。开学不到 3 个月，学校就举办了大胆创新的"疯狂发型日"活动、乐在其中的赏菊秋游活动、学以致用的游园闯关活动，不仅获得了家长和孩子们的一致好评，有趣的现场照片还频频刷爆了微信朋友圈。③ 而花园外国语学校幼儿园和小学部的学生在元旦会演上的双语表演节目，也向家长们展现了孩子们在此的快速成长与进步。

花园外国语学校还高度重视以多种形式与学生家长沟通。尽管学校采取寄宿制，但学生家长与孩子们的日常沟通却没有受到丝毫阻碍。除了定期举办家长开放日，学校还经常邀请国内知名的教育学专家、心理学专家和各校名师为家长举办各类专题讲座，以家长学校的形式使家长们掌握更多的家庭教育和亲子沟通技巧，促使学校教育成果向家庭教育延伸，获得了家长们的热情参与和高度好评。

花园外国语学校还成为展示花园村贯彻乡村振兴战略成果的对外窗口。开办第一年内，学校已接待各类游客 1200 多批，2 万多人次，其中国外团队 16 批，300 多人次。为了让每位教职员工都以更好的行为举止为学校代言，为花园代言，学校还组织了全员参与的校园英语 100 句培训、国际化礼仪培训。生活老师、食

---

① 黄晓华、杜寅舟、王江红：《国际名村里崛起国际化学校　花园村的教育梦》，《花园报》2017 年 8 月 15 日第 3 版。
② 胡光鸿：《强化精品意识　培育精英学子　浙江师范大学附属东阳花园外国语学校向区域一流名校不断迈进》，《花园报》2018 年 4 月 17 日第 2 版。
③ 吴浩宇：《浙江师范大学附属东阳花园外国语学校　不忘初衷办活动　全力以赴育精英》，《花园报》2017 年 11 月 25 日第 2 版。

堂服务员、清洁工和保安都要参加培训，并考核评级，发放等级证书。[①]

为了让学校毕业生进一步接受国际化教育，花园外国语学校与美国、加拿大等国的多家教育机构和教育部门签订了合作办学的框架协议，并派出考察团赴两国全面深入地了解两国从学前教育到高等教育的办学思路及办学模式，详细分析比较国外民办教育和公办教育的基本情况，并与 2 地教育局、3 家机构、14 所学校成为友好办学战略伙伴，拓宽学校国际化办学道路。[②]

2018 年秋季起，花园外国语学校开始招收初中、高中部学生。在学校一流教学设施和顶尖教师团队的正面影响下，周边地区的家长踊跃报名，希望为孩子争取精英教育的优质资源，特别是小学和初中部的招生出现了千人竞争的火爆场面。为了适应中学教育的需求，学校依托浙江师范大学的人才资源优势，充分利用花园村的影响力和人才引进优惠政策，吸引一批高标准、高素质、高水平的优秀教师。同时，初、高中部充分发挥小班化教学的优势，完善制度体系，优化管理机制，创新教学方式，采用寓教于乐的方式提高学生学习效率和学习动机。学校还邀请知名专家为学生开办讲座、答疑解惑。

仅经过半年时间的学习，花园外国语学校的初、高中部学生就展现出优秀的学业表现。在 2018 年第一学期首次参加东阳全市期末统考中，高中部各科平均分在东阳市除东阳中学外所有高级中学中的排名为，化学学科第一，历史学科第二，数学、英语、物理、政治等四门学科第三；初中部在东阳全市期末统考中成绩同样优秀。此外，在每个班配备的 3 名英语专职教师的带领下，高中部学生在 2018 年全国中学生英语能力竞赛（NEPCS）中，1 人荣获高中一年级组全国二等奖，4 人获得高中一年级组全国三等奖。[③]

2018 年 2 月，浙江省教育厅办公室根据《浙江省义务教育标准化学校基准标准》要求，公布了 2018 年第二批义务教育标准化学校名单，全省共有 114 所学校被认定，其中金华市有 8 所学校，而花园外国语学校是东阳市唯一一所进入名单的学校。[④] 花园外国语学校成立仅一年多就能获此荣誉，足以证明学校在教学设施设备和师资力量方面的优势。

① 周振平：《花园外国语学校党总支：开创民办学校党建工作新局面》，《花园报》2018 年 7 月 5 日第 2 版。
② 胡光鸿、张雯：《从花园走向了世界　花园外国语学校开启国际合作新征程》，2018 年 9 月 21 日第 2 版。
③ 吴浩宇、胡光鸿：《初、高中部教学成绩名列东阳前茅　花园外国语学校期末统考首战告捷》，《花园报》2019 年 2 月 22 日第 1 版。
④ 许欣雅：《省 2018 年第二批义务教育标准化学校名单出炉　花园外国语学校上榜》，《花园报》2019 年 2 月 22 日第 1 版。

为了让花园外国语学校的教学工作再迈上一个台阶，花园集团还聘请了曾任东阳市外国语学校党总支书记、执行校长，拥有丰富的学校管理经验的省特级教师韦红斌，出任学校校长。① 而且为了让花园外国语学校这样的民办学校能够招募到更多优秀的师资，也让民办学校的教师能安心授课，不必为个人保障担忧，东阳市对东阳市教师编制管理体制进行改革，推出报备员额制。根据 2019 年 7 月东阳市编办印发的《东阳市民办事业单位报备员额管理办法》的通知，民办事业单位报备员额人员实行公开招聘，具体办法参照《浙江省事业单位公开招聘人员暂行办法》规定执行。急需引进的高层次人才、紧缺专业人才，经民办事业单位考核、人力社保部门核准，可采取直接考核方式聘用为报备员额人员。进入员额制教师有 5 年的服务期，服务期满，可通过公开选聘方式进入同类公办事业单位。花园外国语学校 2019 年有两位教师通过报备员额制招聘，以人才引进方式顺利通过考核。②

为了激励优秀学生报考花园外国语学校，同时鼓励在校学生勤奋学习并成为德、智、体、美、劳全面发展的精英人才，花园集团于 2019 年 6 月出台了《花园外国语学校奖学金条例》。③ 在优惠政策鼓励下，学校高中部招生质量明显提升，2019 年中考录取成绩平均分为 524 分，最高分达到 568 分。而且高中部学生在 2018 级第二学期期末统考中，取得了优异的成绩，其中各科平均分在除东阳中学外的全市排名为，化学学科第一名，数学学科第二名，历史学科第三名，语文、数学、英语三门学科的总分平均分也位列全市第三。④

为了让花园村民子女在家门口就能享受优质高端教育，2019 年 6 月，花园村发出《关于花园村民子女就读花园外国语学校相关优惠政策的通知》，对此前推出的村民子女十六年义务教育制度进行补充和完善。新的优惠政策主要体现在三个方面：一是就读花园外国语学校幼儿园、小学、初中、高中，书学费报销比例由原来的 20% 增加到 50%；二是中考分数达到东阳中学、东阳外国语高中、东阳二中录取线的学生，到花园外国语高中就读，三年书学费全免，并每年奖励 10000元、5000 元、3000 元；三是小学升初中分数达到东阳外国语初中录取线的学生，

① 王江红：《邵钦祥看望新任花外校长韦红斌》，《花园报》2019 年 5 月 24 日第 1 版。
② 胡光鸿：《东阳市创新教师编制管理 首批员额制教师落户花外》，《花园报》2019 年 12 月 3 日第 1 版。
③ 许欣雅：《经济加码 最高奖励 50 万 〈花园外国语学校奖学金条例〉出台》，《花园报》2019 年 6 月 4 日第 2 版。
④ 吴浩宇：《花园外国语学校高中部统考成绩 名列东阳全市第三》，《花园报》2019 年 7 月 23 日第 2 版。

到花园外国语初中就读，三年书学费全免。[①]

随着花园外国语学校幼儿园、小学、初中、高中各阶段教学逐渐步入正轨，学校按照国际化办学方针政策，培养具有家国情怀、国际视野的优秀学生。让有教养（Gentle）、有志向（Ambitious）、有担当（Responsible）、有奉献（Dedicated）、有活力（Energetic）、有智慧（Nimble）的"六有"花园（GARDEN）学生为花园村迈向"国际名村"提供文化软实力支撑。

---

① 王江红：《今年有 3 人考上博士、3 人考上硕士、17 人考上一本　花园村重视教育结硕果》，《花园报》2019 年 8 月 15 日第 1 版。

第三章　共享健康：建在村民家门口的高水平医院

　　在生活水平提高之后，人民更加渴望获得健康的高质量生活。受到体制机制限制，由政府主导的基本卫生健康服务暂时难以满足花园村城镇化过程中人口快速集聚而产生的医疗卫生服务需求。花园村不等不靠，通过投资创办高水准的民营医院，实现了在家门口为群众提供寻医问药服务。花园田氏医院成立14年以来，坚持以非营利公益服务为导向，在为花园村居民和花园集团员工提供高水准卫生健康服务的同时，也为周边群众和外来务工人员提供了健康保障。花园田氏医院的成长历程，从一个侧面反映了花园村在城镇化建设过程中，补齐公共服务短板的先进探索。

第一节　大骨科、小综合：花园田氏医院的前期探索

　　改革开放后，随着赤脚医生体系的衰落，花园村村民大多数情况下都是去南马镇上的卫生院看病就诊。1993年7月，花园集团为方便村民和职工看病就医，在集团大楼对面临街的公房上办起医疗室。医疗室由花园集团进行管理，而经营则由具有个体行医执照的医生负责。至2000年左右，花园村内共开办两家医疗室，附近马府、前蔡村的村民群众也能享受就医便利。[①] 而且作为一项村民福利，花园村民到医院看病可以享受医疗费补助，在村里医疗室就诊基本不用花钱。

　　2004年第一次并村后，花园村有了更大的土地空间用于医疗卫生服务设施建设，在村庄整体规划中就预留了用作兴建医院的空间。通过与在骨伤科领域负有盛名的民营医院——丽水市缙云县田氏伤科医院合作，共同出资在花园村新建一

[①] 　浙江东阳市花园村村志编委会：《花园村志》，花园集团档案室藏，2014年，第213页。

所民营医院。花园田氏医院于 2006 年 2 月 6 日开始按照二级甲等医院标准动工建设。花园集团与缙云县田氏伤科医院合资，首期总投资 6000 万元，占地 78 亩，建筑面积 23000 平方米，设计床位 210 张。至 2006 年 12 月 30 日建成开业，初期投入使用床位 90 张。

在开业之初，花园田氏医院制定了"大专科、小综合"的办院方针。"大专科"即充分融合田氏祖传中医伤科与现代西医伤科的技术优势，打响伤科品牌；"小综合"即开设内科、外科、妇科等综合性科室，满足周边群众的就医需求。花园田氏医院的医疗用房超前设计，布局合理，病房按照现代宾馆式标准设置。医院配备 30 多种各类高性能仪器，以及百级层流现代化手术室。① 建院初期，骨伤科医疗骨干人才主要由缙云田氏伤科医院选派；护理人员则派往缙云田氏伤科医院、丽水市中心医院、金华市中心医院进修培训；医技科室初级人员队伍也经过了 6 个月培训。缙云田氏伤科医院的指导和医护人员支持培训，为花园田氏医院开业后快速走上正轨奠定了坚实基础。

2007 年，花园田氏医院坚持以"救死扶伤，防病治病，为公民的健康服务"为办院宗旨，坚持以病人为中心，以质量为核心，以社会效益为第一的办院方向，得到了社会各界的认可。医院以骨伤科为依托，全面发展综合科室，加强医疗质量监控，完善医疗工作制度，被东阳市政府确定为农村合作医疗费及公费医疗报销单位。医院还制定了一整套完善的管理规章，为医院的规范化管理打下基础，也为医生和护士履行工作职责提供依据，对医院各项工作的开展发挥指导作用。②

尽管花园田氏医院当时是一家新开设的民营医院，但在短时间内就与周边居民建立了和谐的医患关系，在群众有需要时尽最大可能予以救治，为缓解群众看病难、看病贵问题做出努力。2007 年，医院一开业就在花园集市上组织义诊，为群众免费提供寻医问药服务，紧接着又为永康一名患者成功实施了第一例断指再植手术。2008 年 2 月 27 日，南马镇新五联村下宅自然村发生重大客车交通事故，现场有大量伤员急需救治。花园田氏医院全体医护人员演绎了现实版《生死时速》，为抢救 30 名车祸伤员的生命付出了巨大努力，获得了群众的赞誉。

花园田氏医院以"一切以病人为中心"为办院宗旨，尽最大可能为患者提供

---

① 江风：《"百年田氏，扎根花园"——访花园田氏医院董事长、院长田纪青先生》，《花园报》2006 年 12 月 28 日第 2 版。
② 胡燕燕：《理清思路　夯实基础　打响品牌　再创佳绩——写在花园田氏医院开业一周年》，《花园报》2008 年 1 月 1 日第 1 版。

救治，以真心真情获得了周边居民的信任。作为服务于农村基层一线的医院，花园田氏医院不仅要为周边村镇因交通事故、意外工伤的群众和急诊群众提供第一时间的急诊服务，也必须帮助普通群众，尤其是底层群众在遭遇病魔或生活重压时化解困苦。过去由于经济条件有限，许多农村地区的老人一旦遇到较重的疾病，就会主动放弃治疗，为家中省下医药费开支。而当医院具备抢救危重病人的技术条件时，许多病人或家属仍然会主动要求出院，选择放弃治疗。遇到此类情况时，花园田氏医院的医护人员仍然会在尊重患者和家属意愿的前提下，向其完整清晰地说明医疗方案，以及可能结果。在遇到特殊困难患者时，也毫不犹豫地主动救治，尽到"医者仁心"的职业操守。

　　2008 年 7 月 5 日，花园田氏医院急诊接到 120 电话，出发到南马镇塔山村口抢救一名年仅 12 岁因服用农药自杀而神志不清的小女孩。经过一段时间的抢救才了解到，这位女孩与其母亲一起服用"敌敌畏"轻生。在医护人员的全力救治下，这位小女孩最终获救，但她的母亲被发现时已经毒发身亡。小女孩在东阳打工的大哥接到电话，赶到医院，了解情况后，却因无法接受残酷的事实不告而别。直至 9 天以后，小女孩在西安读大学的二哥闻讯从学校赶来医院。从这位 20 岁的小伙子那里了解到，这位来自贵州毕节的小女孩原本与其父母一起在东阳打工生活。2008 年 3 月，父亲因为一起交通事故涉嫌肇事逃逸而出逃他乡。生活的困境让小女孩的母亲选择放弃生的希望，带着小女孩到附近山坡上，先逼着女儿喝下"敌敌畏"，然后自己喝下剩余的农药自杀。这场人间惨剧让花园田氏医院的领导和医护人员对小女孩产生了深深的同情，不仅在生活上给予小女孩和她的二哥无微不至的照顾，还为小女孩折了许多千纸鹤，鼓励他们要对生活充满信心，相信生活总会一天比一天更好。经过 17 天的精心治疗，小女孩终于可以出院。花园田氏医院不仅为她免除了所有治疗费，支付了伙食费，还为她筹集了 2000 多元的生活费。带着真诚的祝愿，医护人员目送小女孩和她的二哥踏上新的路途。①

　　为了回馈花园村村民，花园村两委与花园田氏医院合作，推出"村民健康体检"工程。通过村集体出一半体检费、花园田氏医院出另一半的形式，每年为花园村 10 个小区的年满 40 岁以上的村民提供免费医疗体检，并建立村民健康档案，切实提高村民的健康水平和保健意识。在村民的健康档案上，除了记录了内外科

---

① 胡燕燕：《用爱托起别人的希望——服毒小女孩在花园田氏医院免费救治 17 天》，《花园报》2008 年 7 月 28 日第 2 版。

常规体检、肝功能检测、胸透、B超等体检项目外，还记录了颈椎病、腰椎间盘突出、关节炎等骨科疾病的体检项目，体现了花园田氏医院在骨伤治疗上的特色优势。[①] 2010年5月，花园集团也通过与花园田氏医院合作，为全体员工提供免费体检，受到员工们的一致好评。

2012年年底，医院通过二级乙等骨科专科医院等级评审。2013年11月，项目总投资8000多万元，占地22000平方米的二期病房大楼正式投入使用，使医院拥有的床位增加到520多个，缓解了住院难问题，进一步改善了就医环境。

第二节　精骨科、大综合：辐射南乡的区域医疗中心

2016年，花园田氏医院结合近10年的扎实耕耘，已成为一所集医疗、急救、康复、预防保健和公共卫生服务为一体的市属医院。医院董事会对医院定位进行调整，提出"精骨科、大综合"的发展方向。花园田氏医院通过与浙江省人民医院消化内科、血管外科建立长期协作关系，由浙江省人民医院派出专家到花园田氏医院坐诊，为花园及周边村镇消化道疾病和静脉曲张患者带来福音。

花园田氏医院医护人员还主动开展各类志愿服务活动。由医院护理人员组成的巾帼服务志愿队在花园田氏医院支委、护理部主任陈丽敏的组织下，于2017年7月与花园村环龙小区6户居民对接，利用平时休息时间，每个月上门服务1—2次，为对接户做生命体征监测、基础理疗、健康指导，送基本药物和慰问品等。志愿者和对接户不是亲人，胜似亲人，有时候路过谁家门口，也会临时上门看看。如果对接户到医院就诊，志愿者会全程陪同，医院还会为对接户减免医药费。2018年重阳节，巾帼服务志愿队又与前蔡小区2户家庭对接。[②] 2018年，医院护理部被授予"浙江省巾帼文明岗"荣誉称号。

花园田氏医院共有3支这样的志愿服务队，主要成员为党员、入党积极分子、骨干医护人员。他们以自己的职业专长为周边群众真诚服务，不仅对外扩大服务半径，把花园田氏的关爱传递给更多人，而且对内改进医疗服务，带动了医院员

[①]　佚名：《不仅能免费体检　还能拥有健康档案　健康体检让村民喜上眉梢》，《花园报》2009年12月25日第2版。

[②]　杜晓萍：《东阳市花园田氏医院以党建推进志愿服务常态化　把服务做到百姓心坎上》，《金华日报》2018年10月30日第18版。

工政治素养和医德医风的提高。

近年来，花园田氏医院始终将健康教育贯穿于预防、医疗、护理等工作中，在组织管理、制度完善、健康教育能力培训等方面开展各项健康促进活动，并与花园村 19 个小区村民建立了融洽和谐的健康服务关系。同时，针对颈椎病普遍化、低龄化问题改良了颈椎操。医院依托特色服务做到了"掌握健康信息、普及健康知识、形成健康行为、传播健康生活"，有效提高了群众的生活幸福感。2019年 10 月 30 日，浙江省健康促进医院评价组通过听取汇报、观看视频、查阅台账、实地核查等方式，对花园田氏医院创建工作进行全面考核评估。在实地核查环节结束后，评价组一行对花园田氏医院创建成果给予高度评价。[①] 2020 年 2 月 11日，浙江省爱卫办、省卫生健康委公布了评估与复评结果。花园田氏医院成功获评省健康促进医院，而东阳市总共只有三家医院获此荣誉。

目前，花园田氏医院设有骨科、内科、普外科、康复医学科、耳鼻喉科、眼科、中医科、口腔科、碎石科、健康体检科等临床及医技科室 20 余个，可开放床位 520 张；拥有进口 1.5T 超导磁共振、进口 40 排螺旋 CT 机、进口奥林巴斯胃镜和肠镜等诊疗设备 200 多套（台），为骨科和综合科的医疗业务开展提供了充分可靠的技术支撑。

2020 年春节期间，当新冠肺炎疫情对人民群众生命产生严重威胁时，花园田氏医院不仅有内科主任楼小英医生这样的医护人员驻守医院，坚守花园村防疫一线，核查每一个发热患者，还派出内科副主任张科社、内科医生何婷斐、护理组长金莺莺、副护士长陈小红等四名医护人员分别支援东阳市第二医疗救治点和东阳市人民医院发热门诊。他们以自己的使命、责任在抗击疫情一线做出不平凡的贡献。[②] 这些医护人员的无私付出真正践行了花园田氏医院的办院宗旨，再次证明花园田氏医院是让群众放心、满意的健康捍卫者。

---

① 吴浩宇：《花园田氏医院迎来省级评价　创建成果备受肯定》，《花园报》2019 年 11 月 5 日第 2 版。
② 许欣雅：《以最坚定的信念打赢战"疫"——花园田氏医院医务人员支援疫情一线个人体会》，《花园报》2020 年 3 月 4 日第 3 版。

第四章　金色晚年：养老尊老幸福指数高

　　尊老爱老是中华文明的传统美德。花园村在城镇化过程中，在发挥好老年协会等传统乡村老年互助组织功能的基础上，以雄厚的村庄集体经济为后盾，发展较为完善的养老照护网络。即便在城市中也未完善的社区居家养老和机构养老服务体系，在花园村已然基本成型，为老年人带来幸福温馨的老年生活。

第一节　老年协会发挥自组织力量

　　夕阳无限好，人间重晚晴。花园村老年协会在村两委的支持下，一直在改善老年人生活、促进村庄代际和谐等方面发挥着不可替代的作用。1990 年年底，花园村老年协会正式成立。按照入会要求，男性满 60 虚岁，女性满 55 虚岁村民皆可入会。

　　花园老年协会的活动场地最初设在旧厅，翌年移到服装厂附近的村委办公室近旁公房里。村委将占地约 400 平方米的公房辟为老年活动室。1997 年村综合楼建成后，则迁到综合楼底层。老年协会的活动经费主要由村集体供给，邵钦木任村主任期间，将下松树塘 1000 元的承包款拨给老年协会专用。此外，村集体的一些零星收入也归老年协会。例如，按照东阳风俗，接新娘及行嫁妆、抬礼品时，需要用到"便笼轿"，即一种比较精致高级的轿子，木结构雕花，朱漆贴金，顶盖细篾编织，漆成紫红色，由两个男性壮劳力抬轿，连桥桁重 30—40 千克。1995 年，邵钦祥书记批准老年协会一次性置办了六乘便笼轿，每乘 900 元，从横店花厅购入。1996 年，老书记邵福星当老年协会会长时，邵钦祥书记又批准村里出资 3800 元，置办了一乘更精致高级的四人抬"喜轿"。每当村里或外村人中有新人办喜事，租用"便笼轿"时，花园村老年协会就从中收取少量租金，作为老年协会的一项资金来源。

老年协会是老年人老有所乐的组织，协会订有《金华日报》《东阳日报》《浙江老年报》《金华广播电视周报》等7种报纸，供识字会员阅读，还配有彩电，供会员收看节目，并有象棋、扑克、麻将等娱乐器具。老年人各取所需，各随所好。每天定值班会员负责启关门户，打扫卫生，保证活动室内卫生整洁。1997年邵福星任老年协会会长时，组织身体较为健康的老年人外出旅游，游览包括横店清明上河图、卢宅肃雍堂、白云山庄及永康方岩等景点。每逢节日，邵钦祥书记非常支持老年协会开展各种活动，温暖村中老人家的心。如大年初一，老年协会会员欢聚一堂，喝茶、吃瓜果点心；中秋节，给每个会员分发月饼；重阳节，村两委给逢十的男女会员送寿面、鸡蛋，并请大家到集团公司的食堂或者宾馆会餐，饭菜丰盛，尽欢而散。

老年协会重视保护老年人权益。有媳妇不孝顺善待老人，协会理事要上门批评教育，并汇报村两委；个别会员患病，儿子不尽心照顾料理的，协会就派德高望重的会员去耐心劝说，做思想转化工作。所以在花园村尊老敬老蔚然成风，虐待老人的事几近绝迹。有会员去世的，协会必定送花圈以示悼念；出殡时，组织所有会员送到村口，有的一直送到墓地。

在2004年花园村合并以前，花园村老年协会共有五任会长，分别是邵宏本、邵钦昌、邵福星、邵宏有、邵江生。他们基本都担任过村庄老干部或老教师等德高望重的职业。[①] 2004年后，经过旧村改造，花园各小区皆建有老年活动室，并设置老年协会分会。并村后，花园老年协会第一届会长为方士干，此后第二至四届会长皆为郭鸣鹿。

第二节　村庄老年人福利

截至2009年10月，花园村男60周岁、女55周岁以上老年人共计870名，占总人口的20%。其中70岁以上的老年人278名，80岁以上的老年人92名，90岁以上的老年人15名。花园村执行计划生育政策一向非常严格，几乎没有超生现

---

① 浙江东阳市花园村村志编委会：《花园村志》，花园集团档案室藏，2014年，第126页。

象，故而花园村至今的老龄化比例进一步提升。

在加快新农村建设的同时，花园村党委、村委会一直十分重视老年人工作，早在 20 世纪 90 年代中期，村中老年人每年享受生活费补贴 600 元，口粮 700 斤。特别是并村以来，出台了一系列关于老年人生活补助和福利政策：医疗保险、养老保险、电视收视费、电话月租费等都由村里支付，并且每月给老年人发放生活费；每年九九重阳节，村里宴请老年人，发放慰问品，集体过生日并请剧团演戏给老年人看；老年人生病期间，由各小区老年活动中心负责人上门看望；老年人凭老年优待证可全年免费游览花园村各景点等。2008 年花园村老年人基本每人每月都能领到 200 元补贴。从 2014 年起，给已领取失地养老保险的老年人发放与其他村民同样的口粮款，同时增加高龄补贴，100 岁以上老人每年高龄补贴 1 万元；90—99 岁老人每年高龄补贴 5000 元；80—89 岁老人每年高龄补贴 2000 元；其他入老年协会的老人则每年发几百元慰问金。

2004 年并村至 2011 年，花园村为符合条件的老年人发放生活费达 207 万元，规划建设了 6 幢老年活动楼，除花园小区外，投入资金 300 多万元新建南山、西田、方店、前蔡、三余 5 幢活动楼。2008 年 7 月，投资 500 多万，占地 8000 平方米的花园老年公寓一期正式启用，为花园村本村孤寡贫困老人及周边外村老年人提供了理想的养老场所。①

村两委关心老年人生活，除了在重大节假日对老年人进行走访、慰问外，开设法律知识讲座，保障老年人权益，调解老年人家庭矛盾；举办尊老爱亲活动，弘扬为老助老的时代风尚，切实维护老年人合法权益不受侵犯；开展老年人文化娱乐活动，开设了老年大学，组织老年人学习知识；组织了太极拳队、管乐队、秧歌队、扇舞队等文体队伍，开展节日期间的表演，丰富老年人的生活。花园村通过种种努力逐步达到了老有所养、老有所乐、老有所学、老有所为的老年工作目标。

2019 年 10 月 7 日，恰逢农历九月初九重阳节，花园村为全村 19 个小区的 1889 名老人发放慰问金 93.9 万元，其中 80 岁以上老人更是领到了 2000 元至 10000 元不等的高龄补贴，以此祝愿老人长寿安康、生活幸福、乐享晚年。

慰问金由花园村各小区相关负责人及老年协会负责人从村庄财务室统一领取，清点数额，核实人数，大家各司其职。随后，赶往各自小区，第一时间将满满的

---

① 浙江东阳市花园村村志编委会：《花园村志》，花园集团档案室藏，2014 年，第 228 页。

节日祝福送到老人手中。花园村 19 个小区中，夫妻双双领取重阳节高龄补贴的不在少数。例如，花园村方店小区的方允献与方松花就是其中一对。方允献老人时年 84 岁，方松花老人时年 82 岁，花园村方店小区网格员方玲玲与方店小区老年协会会长葛金芳来到他们家送高龄补贴时，两位老人正在赶制手工活，手脚麻利，丝毫不输年轻人。方松花老人表示："家里生活越来越好，村里福利越来越多，生活真跟白砂糖一样甜。儿子儿媳让我们不要干了，可我们就是闲不住，感觉能动动手动动脑挺好的。"她的老伴方允献非常自豪自己的孙子方冠宇那一年考取了博士，邵书记还亲自给他发了奖学金。他表示将用这份高龄补贴过年时给曾孙们包个大红包。

　　99 周岁的张银菊老人是花园村目前最年长的老人，她住在花园老年公寓已经 10 多年了。她干净清爽、精神矍铄、逢人就笑，给人留下深刻的印象。面对花园村西田小区网格员厉佳俊送去的 5000 元高龄补贴，张银菊老人几番推托说："你们人来看我就很好了，我在这儿住得很好，钱就拿回去吧。"厉佳俊俯身对张银菊老人解释道，这是花园村尊老爱老的心意，请她一定收下，并祝她重阳节快乐。"邵书记对我们老人真挂念，花园村真好！"张银菊动容地对身边人说。[1]

　　尊老爱老，国昌万年。尊老、爱老、敬老、助老不仅是中华民族的传统美德，也是花园村宝贵的精神财富。花园村提升养老服务质量的实招、硬招不断落地，为花园村老年人带来了实实在在的获得感。敬老福利只是冰山一角，经过 30 多年的创业创新，花园村在名列中国十大国际名村前三甲的同时，全村建立和健全了医保、社保和养老等保障体系，村民拥有失地农民养老保险、新农合医疗保险、城乡居民养老保险等 3 项保险待遇，并享有 30 多项劳保福利，花园村的老年人都过着比城里老年人还幸福的生活。

第三节　社区养老与机构养老

　　2017 年年底，东阳 60 周岁以上老人已占总人口的 21.43%。城镇老人大多有养老保险，故养老问题不是很突出，而大部分农村老人，则因受养儿防老传统观点、自身经济保障能力不足及子女就业创业无暇顾及等影响，出现了社会养老服

---

[1]　许欣雅：《花园村的"尊老"情　重阳节发放慰问金近百万元》，《花园报》2019 年 10 月 16 日第 1 版。

务供给不足的困局，甚至产生了家庭矛盾。为此，花园村依托村庄集体福利，投资完善硬件设施，聘用相应养老服务人员，妥善解决农村养老困局。村庄老年人可以根据家庭实际情况，选择机构养老模式或者社区养老模式。

在机构养老方面，花园村原先是只有493人的小山村，2004年实施行政村区域第一次调整后，成了具有4393人的大村子。为了实现"老有所养、老有所乐"，花园村于2008年7月16日建成并开业花园村老年公寓。花园老年公寓规划面积35000多平方米，整个投资1000多万元。第一期工程投资500万元，占地8000平方米，建筑面积2750平方米。[1] 根据当时测算，全村有846名老人，按照民政部"十二五"规划目标，每千名老人配备30个养老床位；但花园村提前规划，高标准布局，花园老年公寓一期建成了68个床位。在一期工程落成投入使用后，花园村紧接着开始老年公寓二期工程的建设，设施更加先进，至2012年3月底竣工投入使用，床位增加到250多张。[2]

花园老年公寓按照宾馆客房标准建设，房间内电灯、电话、电视机、空调器、卫生间、坐便器、淋浴、冷热自流水等设备一应俱全。有了这些设备，入住老人哪怕是深更半夜身体稍有不适，只要一个电话打到值班室，马上就会有人前去护理。[3] 必要时在第一时间就可叫救护车送到花园田氏医院就医。花园老年公寓的护理员，一早起来，首先给需要护理的老人洗脸，老人哪怕是躺在床上也能享受到这项服务；接着是量血压，让每位入住老人都能清楚自己的血压健康状况；然后是送餐饭，凡是需要护理的老人一日三餐都送到床前；再次是送药品；最后是卫生护理，不仅要打扫环境卫生，还需清洁人体卫生。

老年公寓食堂每餐供应两种以上主食。馒头、包子、索粉、面条、肉饼、粥、饭、玉米羹等，轮流上餐，并且餐餐有荤菜、有素菜；特别是糖尿病病人，还特意为他们常年提供病号餐。若遇民俗节日，伙食有改善：端午节有粽子、中秋节有月饼、重阳节有长寿面、春节有饺子、清明节有清明粿。

据2011年5月统计，花园老年公寓现住有花园村籍的老人33名，其中残疾特困人员5名，五保户19名。70多名养老人员来自外村，还有个别入住老人来自永康市和磐安县。

① 王江红：《花园老年人享受"宾馆式新家"》，《花园报》2008年7月28日第2版。
② 王江红：《"这里是我们温暖的家"——探访花园老年公寓老年人的生活》，《花园报》2012年3月7日第1版。
③ 王江红：《宜居 宜商 宜业 宜养 宜游 五宜之村花园村》，《花园报》2010年9月21日第1版。

老年公寓第一批入住的老人中有一位时年 92 岁的李桂妹老人，她是花园村南山小区的长寿星之一，有幸成为花园老年公寓的第一批入住者。当记者走进李桂妹老人的房间时，只见她的女儿和四位儿媳正在陪老人聊天看电视，有说有笑，气氛和睦。在接受采访时，李桂妹老人说："我很幸福，赶上了花园村的好时光，让老年人也住这么好的地方，高兴啊！"老人有四个儿子一个女儿，虽然儿子女儿对她不错，但住村里的老年公寓却是老人盼望了很久的事。

南马镇南马村时年 85 岁的胡秀玉老人，也是在儿子和孙女的陪同下，一早就住进了花园老年公寓。她说她不是花园人，但早就听说花园村在造老年公寓。等老年公寓一开业，她就住进来。一直以来照顾老人的孙女也认为老年公寓设施齐全，环境又好，老人们也相互有个伴，而且公寓离家也不远，方便经常来看望奶奶。

时年 70 岁的楼正天老人是南马镇桥头村人，他 1995 年曾患中风病，导致右半身僵直，行动不便。他也是第一批入住花园老年公寓的老人。他说自己右手右脚不便，而老伴在三年前过世，儿子又在湖北经商，平时洗衣做饭是个难题。如今住进老年公寓，既舒服，又省事。

花园老年公寓制定严格的岗位工作制度，加强员工教育、管理、培训，以"诚心、善心、耐心"为服务老人的最基本要求，不断激励、督促员工提高服务水平，以"亲，亲敬亲为亲老人；全，全心全力全护理；善，善始善终善美真"的工作理念和精神，打造"让入住老人安心、让老人家属放心"的养老乐园。此外，花园老年公寓不定期邀请戏迷群体、民间乐队及艺术团给老人送去文化"大餐"，以丰富老人的精神文化生活，还会邀请花园田氏医院医护人员来公寓免费为老人检查身体。

近年来，随着花园村常住居民中老年人数量不断增多，对机构养老的需求也有所增长。原来的老年公寓已经难以满足村庄老人的入住需求。除了扩建花园老年公寓、新建 4 幢宾馆式公寓外，花园集团计划投资 15 亿规划建设具有 2000 张床位的养老中心，不仅服务花园本村老人，还可以产生辐射效应，为东阳市南部地区，以及永康、磐安等周边区县老年人提供高品质的"医养结合"服务。

在社区养老服务方面，主要是以老年人居家养老，辅助满足老年人普遍性需要的社区服务为主。在大多数农村地区普遍以行政村为主体，修建老年食堂，老人统一就餐，费用由政府、村补贴一部分，老人自付一部分。而花园村面积比较大，居住空间分布比较零散，因此，花园村社区老年餐食服务，从以食堂堂食为主，转变为以专人派送为主。从 2011 年开展餐食服务以来，相关工作人员每天风雨无阻地准时将饭菜送到老人家里，特别是给村里失智和失能老人带去实实在在的便利。90 岁以上每人每餐自付 1 元，90 岁以下每人每餐自付 2 元，每餐伙食荤素搭配、营养均衡。与此同时，花园老年公寓食堂菜品由专门公司统一配送，肉品有检验合格证，蔬菜也有农残检测报告，并且食堂也按"阳光餐房"标准建设运行，食品卫生安全得到很好的保障。[①]

---

① 张德松：《妥善解决农村养老困局》，《花园报》2018 年 10 月 16 日第 2 版。

文

化

篇

凝心铸魂

共建文明

WENHUA PIAN
NINGXIN ZHUHUN GONGJIAN WENMING

中国
村庄
发展

村　域　城　市

精神是发展先进生产力的必要条件；文明是共建品质生活方式的价值归依。花园村 40 年来始终将精神文明建设放在突出地位，培养村庄持续发展、干事创业的感召力和向心力，使精神文明建设有效服务于村庄生产力发展与村民生活品质提升。本篇第一章从村庄文化、企业文化和集体精神出发，探究花园村如何在共同体精神层面，逐步塑造积极向上、和谐向善的共享价值，为花园村各项事业发展凝聚人心、树立信念。第二章从公共文化服务层面，介绍花园村如何通过举办各类重大公共文化活动，建设升级公共文化服务设施，创办《花园报》和花园艺术团等公共文化服务平台，不断提升农村公共文化服务水平，塑造花园人对共同体的身份认同。第三章从礼俗信仰层面，介绍花园村历史上的民间礼俗习惯，以及近年来的发展演变，以此分析贯穿于生活领域的礼俗细节如何服务于花园村民对美好生活的共同向往与价值归依。

第一章　花园村村庄文化建设

从 20 世纪 80 年代以来，花园村高度重视精神文明建设，倡导"求实、创新、求强、共富"的花园精神，树立"科技花园、绿色花园、活力花园、和谐花园"的花园形象；积极培育先进企业文化，编制《花园村民读本》《员工手册》和《花园之歌》，编辑出版《花园报》，成立了花园党校和外来人员服务站；大力投资兴建公共文化服务设施，村庄内建有博物馆、剧院、图书馆、村史馆、民俗馆，文化广场；村里有成果斐然的专业文艺团队——花园艺术团，也有村民自发组织的秧歌队、腰鼓队、篮球队、文艺宣传队。丰富多彩的乡村文化活动，不仅陶冶了花园村人的思想情操，也让所有来到花园村的人感受到乡风文明的精彩魅力。

第一节　村庄文化溯源

花园村过去长期受到经济贫困的限制，很少有文化活动，但村民对文化生活的渴求却非常强烈。在改革开放以前，由于花园村不通电，村民的文化娱乐生活主要依靠农村电影流动放映队和有线广播。根据《花园村志》记载，花园村第一次放电影是在 1960 年 5 月，由东阳第七电影放映队使用 16 毫米的放映设备在红株山山背放映电影《苦菜花》。1970 年，南马公社办起 8.7 毫米电影放映队，到花园村放电影场次逐渐增多。[1] 即便如此，年轻村民一旦听说周边村庄有放映队放电影，就算是已经看过很多次的电影，也会不辞路途辛苦跑去观看。

花园村在改革开放前主要依靠有线广播接收外界信息。1960 年，村庄安装了

---

[1]　浙江东阳市花园村村志编委会：《花园村志》，花园集团档案室藏，2014 年，第 202 页。

一只舌簧喇叭，是用电话线将电流信号接到村里的，功率很小。可只要喇叭声一响，总能聚集很多村民静听，他们颇感新奇。1965年，县里架起水泥方杆的广播专线并接到村里。1969年，南马公社建立广播放大站，并配备专职播音员和线务员，能够播放当地信息，广播入户率逐年提高。1978年，花园村90%的农户装了有线广播喇叭，村民可以在家中收听天气预报、农事指导、中央和东阳新闻，以及文艺节目。当时有线广播中播放的婺剧和越剧等戏曲节目最受村民们的欢迎。到20世纪90年代初，随着村民家中电视机日益普及，村民听广播的兴趣大不如前。只是偶尔从广播中听到镇里、村里的通知，招标广告，购物信息及镇卫生院关于儿童体检、打防疫针等通知信息，广播已基本无文娱功能。

改革开放以后，随着花园村民生活富裕起来，收录机和电视机逐渐成为花园村民最主要的文化娱乐媒介。20世纪80年代初，村中青年们开始购买单卡、双卡的收录机，此后日渐流行，农户家中几乎都有。20世纪90年代初，先富起来的村民家中开始添置组合音响，为图吉祥热闹，经常在家中播放《花头台》《百寿图》《八仙》等戏曲磁带。

花园村第一台电视机是在1982年邵钦祥家中新房落成时，由邵钦木、邵钦培、金顺立合资购买的14寸金星牌黑白电视机，可用天线收看中央一台和浙江电视台的节目。当时左邻右舍每晚都会挤到邵钦祥家里看电视，甚感稀奇。1988年，花园村老年活动室购置了一台福日牌彩电，专门为老年人播放节目消遣。20世纪90年代，花园村民家中已普及彩色电视机，入夜以后收看电视节目成为村民业余的主要文化消遣。但受到接收条件和地形限制，当时大多数农户家中只能收看四五个电视台的节目，只有安装上卫星电视接收天线的住户，才能收看比较多的频道。1997年，花园村在南马镇率先接通了有线电视，可以收看国内30多个电视台的节目。至20世纪90年代中期，随着影碟机及家用电脑开始流行，年轻人又有了新的娱乐手段。

为了丰富花园村民的文化生活，也是为花园村提供举办村庄集体活动的场地，邵钦祥动员花园服装厂的另外两位合伙人，共同捐资18万元，为花园村建造了一座占地面积1191平方米，有754个座位的影剧院，取名花园影剧院。花园影剧院从1987年4月开始动工，大批村民也义务参加建造工作，其成为花园村庄文化中的一件大事。① 影剧院建成后，剧场除了偶尔安排剧团演出，平时每周都会放映几

---

① 浙江东阳市花园村村志编委会：《花园村志》，花园集团档案室藏，2014年，第201页。

部宽银幕新片，放映员是文化站的蔡拱星父子。影剧院的门楼取名"繁花楼"，上下三层辟有图书室、阅览室、展览厅、棋牌室等房间，供村民娱乐和学习。20 世纪 90 年代后，随着电视普及，加上受到农民群众喜爱的新片不多，电影院只在有村民祝寿或庆祝孩子考进大学时才放映一两场，影片以武打片居多，后来逐渐荒废，直到 2017 年花园国际影城落户花园商业中心后，花园村才重新有了电影放映场所。

在花园集团成立之后，为了丰富花园村民的精神文化生活，花园村又陆续开办了卡拉 OK 舞厅、棋牌室、老年活动室、溜冰场等娱乐设施。1996 年，村里还为每家每户订阅了《金华日报》《东阳报》，并定期出版黑板报介绍党的方针政策、法律知识，表扬好人好事，宣传社会主义精神文明，还举办各种文体活动，提振村庄集体文化生活气氛。如"三八"妇女节举行拔河、乒乓球比赛；国庆节举行文娱会演，邀请外村单位举行篮球友谊赛。健康、文明向上的文化生活，使村民告别落后的消遣方式，享受有意义的文化娱乐活动。1996 年 5 月 22 日晚，《浙江科技报》记者夜访花园村时来到村民邵有福家，家中成员看书、看报、看电视，互不打扰。当记者询问其二十多岁的儿子："业余时间赌博吗？"他爽快地回答："没兴趣，那太低级趣味了。"在花园村打工的外来务工人员也说，业余时间或去舞厅玩玩，或去溜冰场乐乐，与村民和睦相处，逍遥自在。[①]

花园村良好的村庄文化氛围，以及坚持不懈的精神文明建设，也让花园村在20 世纪 90 年代前后接连获得各种"文明单位"荣誉称号：

1989 年被浙江省城乡建设厅评为"村镇建设文明村"。

1990 年被浙江省政府评为"文明村"。

1994 年被国务院评为"中国名村"。

1995 年被浙江省政府评为"小康示范村"；同年又被国家民政部评为"全国模范村"。

1999 年被中央精神文明指导委员会评为"全国创建文明村先进单位"。

2001 年被浙江省委评为"省级文明村镇"。[②]

---

① 封定一、陈至发、李致平等：《花园成功道路：从走过的道路去寻求未来发展的方向》，经济日报出版社，1997 年，第 21 页。

② 王湘、楼震旦、孙顺其等：《花园新报告》，花园集团档案室藏，2003 年，第 54 页。

第二节　花园集团企业文化建设

一、把企业文化建设作为系统工程

20世纪90年代初，刚成立的花园集团根据外地青年职工较多的特点，精心组织形式多样的文化娱乐活动，以健康向上的文化，引领青年职工成长成才。花园集团每年中秋、国庆、元旦、春节等节日都会组织文艺联欢晚会。平时每周六在花园影剧院开设职工电影专场，每周一、周五举办职工卡拉OK舞会，1000对卫星接收闭路电视免费向员工开放，还定期、不定期组织篮球、乒乓球、象棋、台球等体育比赛。作为开办在花园村中的企业集团，花园集团员工丰富的业余文化生活，也深刻感染了花园村民，共享精神文明建设的成果。

进入21世纪以后，随着花园集团的主营业务逐渐向高科技领域转型，花园集团更加重视企业文化建设。随着花园集团在成立后的10年中综合经济实力不断提高，企业利润连年超千万，花园集团的管理者们更加深刻认识到，现代企业的竞争，不仅是资本的竞争、人才的竞争，更是文化的竞争。一个出色的企业，不仅要给社会提供高质量的物质产品，而且要向社会展示自己崭新的精神风貌，要形成自己独具特色的企业文化。[①]为此，花园集团将加强企业文化建设作为企业发展战略的一项系统工程，常抓不懈。

第一，以企业精神感召职工，梳理共同信念。花园集团将企业精神看作企业文化的灵魂、核心和精髓。1995年花园集团就开始推动将企业形象设计、策划贯穿于企业商业活动和文化活动的各个层面。花园集团在全公司开展"企业精神""司徽""花园之歌""企业宗旨"的征集活动，经过公司全体干部职工的讨论与专家的反复论证，决定将"团结、拼搏、务实、创新"作为企业精神，激励员工敬业爱岗、努力工作、团结互助、奋发进取。通过多种手段的宣传教育，"抓住今天的机遇，创造明天的辉煌"已成为全体员工的共同信念。

第二，以各种生动活泼的形式教育引导职工。为了让企业精神深入人心，使企业文化建设变成看得见、摸得着，无处不在、无时不有的精神财富，每年青年节、儿童节、母亲节、国庆节、老年节，花园集团都要开展主题活动，还会择时举办员工书画展览、文艺演出和"赈灾献爱心"活动，定期举办职工运动会，使广

---

① 邵钦祥：《培育花园特色的企业文化》，《花园集团报》2000年11月16日第2版。

大员工受到"爱国家、爱人民、爱社会主义"的思想熏陶。

第三，以各类学习评比活动增强职工道德和文化素养。花园集团在企业内部开办干部学校，聘请有关的领导、专家、教授进行专业知识、企业管理、市场营销等方面的培训授课；花园集团还组织干部职工外出参观学习，开阔视野；每年年末，集团都要评出公司的"优秀党员""优秀干部""优秀职工"，由总经理亲自为他们披红戴花，授予奖品。通过这些活动，员工的思想行为在潜移默化中受到感染触动，全体员工的思想道德和技术文化素质持续提升。

第四，以不断完善的制度规范促进科学选人、用人。早在1995年，花园集团就编制了"团结拼搏、务实创新"的花园集团员工读本。此后，集团每年会修订、印发《花园工贸集团有限公司管理章程》（以下简称《管理章程》）和《员工手册》，《管理章程》清晰展示包括花园集团的组织形式、发展目标、管理方针信条、组织结构、职责范围等内容。《员工手册》则比较详细地规定了员工道德规范、行为准则。依规管理，促进了企业的科学管理，奠定了企业文化基础。

第五，以优美的环境和完善的文体设施陶冶员工情操。花园集团在20世纪90年代末就投资300万元对厂区进行高标准的绿化、硬化改造。厂区内有写着"全年奋斗目标"和"员工文明守则"的巨大标牌。集团下属各企业、车间内有"抓管理、争一流、创优质、夺高效""企业在我心中，质量在我手中""在岗一分钟，尽职六十秒"等固定横标，有的班组挂着流动竞赛红旗，旨在激发职工的集体荣誉感和主人翁意识。集团还建成了"职工之家""青年活动中心"，设台球室、乒乓球室、棋牌室、图书阅览室、电教室、舞厅、阶梯会堂等活动场所，集学习、教育、休息、娱乐、体育于一体，以丰富职工业余文化生活，满足职工精神文化的需要。

第六，以企业品牌形象塑造、提升企业知名度和认同度。花园集团在努力提高产品科技含量，严把产品质量关的同时，高度重视品牌效应，探索出一条以质量创名牌，并以名牌创效益，经济文化互为促进的品牌建设之路。花园集团先后投资7000多万元研发维生素D3工业化生产项目，对集团下属企业全面推行国际公认的ISO9002质量体系。通过在产品包装、设计等方面导入花园集团的企业标识，塑造企业系列产品的整体形象，并通过报刊、电视、广播等新闻媒介广泛传播，办好集体企业报《花园报》来宣传花园集团和花园村取得的最新成绩。

于细微处见精神，于烦琐中纳精华。20多年坚持不懈的投入让花园集团形成了独特的企业文化，成为花园集团各项事业发展的重要精神财富。花园集团在发展的最初 10 年间就荣获"中国乡镇明星企业""浙江省百佳企业""省级文明单位""全国文明乡镇企业"等荣誉称号，最近数年间又荣获"全国新型城镇化突出贡献企业""全省民营企业参与新农村建设贡献奖""全省百家转型升级引领示范企业"等诸多荣誉，这些荣誉体现了对花园集团于乡村、于社会勤勉贡献的肯定。

二、花园特色的主题大讨论

1995 年，花园集团在企业文化建设上做出一系列新举措、新安排。其中一项年度固定活动是每年年中举行上半年年度工作会议，由集团下属各企业经理、处室负责人汇报本年度生产经营及工作情况。汇报结束后，集团总裁邵庆祥会根据汇报的情况，总结和分析全集团上半年的生产经营情况，部署下半年的主要工作任务。也是从 1995 年开始，在每年的半年工作会上会由邵钦祥宣布全集团干部员工在 7、8 月间共同参与的主题大讨论题目。

这些讨论学习的主题通常是花园集团领导层根据近期国内外重大形势，结合集团当前紧迫发展任务，经过深思熟虑反复推敲后提出的。25 年来，主题大讨论成为花园集团各企业和机构每年夏天必然经历的主题教育与思想洗礼活动，也被证明是促使花园集团始终保持高度清醒，居安思危，不断谋求创新发展的企业重要文化战略。

通过查阅资料，以下梳理了从 1995 年至 2020 年 26 年间，花园集团每年组织的大讨论的主题。

1995 年：奋力拼搏、负重进取、自加压力、齐抓效益

1996 年：忠心、同心、信心

1997 年：理想信念、主人翁精神、遵守《总纲》规定、做好本职工作

1998 年：摆正事业与家庭、公与私之间关系

1999 年：发扬主人翁精神，为集团经济发展做贡献

2000 年：用心做事、追求价值

2001 年：解放思想、大胆创新、实事求是、勤奋工作

2002 年：与时俱进、奋发有为，把花园事业推上新台阶

2003 年：拓展市场求发展，强化管理增效益，求实创新创业绩，再造花园新辉煌

2004 年：求真务实再发展，做大做强创佳绩

2005 年：弘扬花园精神，树立花园形象

2006 年：提高责任意识，增强团队精神

2007 年：讲奉献、比业绩、促发展

2008 年：认清形势，加强企业风险意识；创新实干，促进花园稳步发展

2009 年：适应新形势，树立新观念，做出新贡献

2010 年：花园大发展，我该怎么办

2011 年：敬业才能有事业

2012 年：态度决定一切，细节决定成败

2013 年：增强责任意识，实现花园梦想

2014 年：没有执行力就没有竞争力

2015 年：提高职业素养，建设一流企业

2016 年：学先进、找差距、补短板、促发展

2017 年：弘扬花园精神，打造花园铁军

2018 年：攻坚克难、提质增效、干在实处、走在前列

2019 年：勤奋工作、敢于担当、追求完美

2020 年：高质量发展，我该怎么做

花园集团组织的这些主题大讨论，总是能切中企业发展和宏观经济形势变化的要害，为企业干部职工团结一心，不断战胜困难，争取更大成功扎牢了信念之墙、理想之盾。

1997 年的《花园集团报》对"理想信念、主人翁精神"主题评论道："为什么花园人能在短短十五年间，创造出令平庸者瞠目结舌、使勇者动容气壮的人间奇迹？其根本的一点就是花园人相信自己是生活的战胜者，相信自己所做的一切，都是为人民大众谋福利的，是正义的，所以必定成功，必定胜利。当年花园人穷得连点灯的油也买不起，今天花园富得成为浙江省小康示范村、全国模范村。当年谁能想得到，花园的公司能办到杭州、北京；谁又能想得到，花园人能与中国科学院、浙江大学结对攀亲。"[①] 这种敢战敢胜的气概正是花园集团从花园村人在一穷二白基础上靠双手打拼致富获取的精神财富，也激励着当时花园集团的干部员工在研发维生素 D3 的第二次创业过程中克服困难，毅勇向前。

---

① 本报评论员：《献身事业的动力和源泉》，《花园集团报》1997 年 7 月 16 日第 1 版。

2005 年"弘扬花园精神，树立花园形象"的大讨论，是在 2004 年花园村刚刚完成第一次并村的背景下展开的。通过重新总结、提炼花园精神，以花园形象指明未来村庄发展方向，有效凝聚、团结了刚刚并村后各个小区村民的思想与人心，增强了大多数新村民对花园村这个新集体的融入感。在集团员工和花园村民对花园新精神和花园新形象的热烈讨论中，大家集思广益、踊跃发言，进一步鼓舞了员工和村民为花园事业努力奋斗的信心与决心。

2008 年，在发生全球性金融危机的背景下，花园集团选择了"认清形势，加强企业风险意识；创新实干，促进花园稳步发展"的主题，让花园集团各企业不仅对当时严峻的经济形势有了较为全面和清醒的认识，更通过这样的学习讨论让集团干部员工开阔视野，坚定信心，坚信只要继续沿着以科技引领为优先的发展战略，必然能在大风大浪中稳定前行。每一位花园人都以主人翁的心态，进一步提高工作能力，坚持创新的思维和理念、实干的精神和作风，居安思危，全力以赴，创造更加美好的花园。这一年，花园人在全球前所未有的"经济寒冬"中寻找到"春天般的温暖"，同时在整装前行、蓄势待发中逆水行舟舟自稳。①

2010 年"花园大发展，我该怎么办"的主题大讨论，让花园集团干部员工认识到自己应该在大投入、大发展的机遇中实现价值，应该以花园为家，以花园事业为重，让高科技产业突飞猛进，传统产业奋力追赶，新兴产业茁壮成长，齐心协力为花园大发展添砖加瓦。也在同一年，花园红木家具城市场开始扬帆起航，花园人在庆祝丰收的过程中实现了税收超亿元。

2014 年"没有执行力就没有竞争力"的讨论，让承载着花园人科技兴业希望的花园生物登上了股票市场，花园村在"中国名村影响力排行榜"上一举跃升到第三位，这更加增强了花园村人的自豪感与使命感。

2019 年的主题讨论是花园集团非常不平凡的一次主题大讨论。在上半年工作会议召开前 3 天，邵钦祥书记带领的由花园集团部分中高层干部及部分企业相关人员等 70 人组成的考察团刚刚结束对深圳华为公司的考察。通过"勤奋工作、敢于担当、追求完美"的主题讨论，集团全体干部员工对标深圳华为公司优秀的管理理念、企业文化及奋斗精神，统一思想，更新观念，敬业奉献，铸就团队。在向华为这样世界一流的公司的学习中，找差距，抓落实，制订切实可行的方案，

① 王江红：《筑起思想堡垒　聆听花园声音　主题大讨论引领花园大发展》，《花园报》2015 年 8 月 7 日第 1 版。

为早日实现"世界名村"和"世界强村"的伟大目标不懈努力。①

花园集团每年的主题大讨论，都产生了统一思想、凝聚力量、激发灵感、增强信心的精神力量。用伟大的梦想成就伟大的事业，让百年花园梦想在每个花园人和花园集团员工的心中点燃奋斗不息的旺盛动力，在每一次攀登中开拓新视野，展望新高峰，取得新成果，让企业文化成为花园事业不断发展的指南针与定盘星。

第三节　花园精神的现实应用

一个企业的成长、发展和壮大需要一种精神，并且要有为之不懈奋斗的目标。企业精神是支撑着全体干部和员工按照共同的目标、信仰和理念去进行实践的无形的力量。1995年花园集团在拟定企业各项新制度、新规章的时候，决策者们也考虑总结属于花园集团，同时也是属于花园村的干事创业精神。通过集体讨论和专家论证，最终用"团结、拼搏、务实、创新"八个字来概括花园集团从一家乡村小厂，靠着旺盛的生命力和时不我待的创业劲头，抓住机遇，开拓进取，搏击市场，艰苦创业，走出一条兴工扶农、多业并举、村企合一、共有共富的花园成功之路。②

"团结"代表着坦诚对人，以事业为重，大局为重。

"拼搏"代表着敢冒敢闯，勇攀高峰，不断进取。

"务实"代表着心底无私，朴素务实，脚踏实地，苦干实干。

"创新"代表着勇于探索，敢于突破，永不满足地向未知领域进取。

在成功面前，花园人并没有小富即安，而是站在历史起点上，以维生素D3研发为契机，实施二次创业。花园精神激励着花园人挺过了中试研发迟迟未能成功、企业投入不断加码的困境，最终迎来了花园集团产业结构实现转型升级的春天。

经过20多年的发展，花园人在创业发展中形成的"团结、拼搏、务实、创新"的强大精神力量使花园人战胜各种困难，取得了辉煌业绩，这是花园人在创

① 本报评论员：《勤奋工作　敢于担当　追求完美》，《花园报》2019年7月23日第1版。
② 封定一、陈至发、李致平等：《花园成功道路：从走过的道路去寻求未来发展的方向》，经济日报出版社，1997年，第19页。

业实践中形成的宝贵精神财富。2005年是花园村行政区域调整后的头一年,合并后的花园村迎来了事业发展的更大契机,也面临着一村并九村的人心不稳。未来的花园村将往何处走?未来的花园村会是什么样?这是当时众多村民和集团员工心中真实的疑虑。

面对这一系列的新形势和新课题,花园村和花园集团的领导班子在充分调查研究的基础上,决定将过去已经提了10年的"团结、拼搏、务实、创新"的花园精神提升为"求实、创新、求强、共富"的新花园精神,并在新的征途中大力弘扬花园精神,努力建设具有国际竞争力的花园企业和花园村庄。

"求实"代表着从实际出发,出实招、办实事、求实效。

"创新"代表着理念创新、机制创新、科技创新、管理创新。

"求强"代表着做强企业、做强花园、齐心协力、争创一流。

"共富"代表着村富、民富、员工富。

通过对比原来的花园精神,可以发现新的花园精神在站位上同时代表了花园集团和花园村两个共同体。"求强"比"拼搏"更能反映花园人在新的阶段争创一流的信心,"共富"也比"团结"更能体现花园村带领全体村民和员工共同创造美好未来的承诺。

同时,为了进一步描绘未来的发展方向和奋斗目标,花园确立了"科技花园""绿色花园""活力花园""和谐花园"的企业与村庄形象。

"科技花园":科技化企业、知识化员工、现代化村庄。

"绿色花园":村庄绿化、企业洁化、环境优雅、生态平衡。

"活力花园":经济发达、文化繁荣、蓬勃向上、充满生机。

"和谐花园":安居乐业、诚信友爱、人与自然和谐相处。

新的花园精神和花园形象一经提出,便在花园村民和花园集团员工之中引发了强烈反响。2005年7月20日,花园集团党委下发了《关于开展学习宣传花园精神和花园形象的通知》文件。文件指出,花园精神和花园形象是激励广大干部员工和花园村民奋发向上、奉献花园的精神动力。为了在新的发展时期进一步弘扬花园精神,树立花园形象,促进花园经济和社会的持续快速发展,集团党委决定在花园范围内广泛开展学习宣传花园新精神和花园形象的活动。

文件还对学习宣传活动的主要内容提出了要求:(1)各党支部、企业、单位、处室要把学习宣传花园精神、花园形象作为一项政治任务,精心组织,周密安排,确保实效。（2）广泛开展以弘扬花园精神、树立花园形象为主题的大讨论。要围绕花园精神和花园形象，联系思想和工作实际，肯定成绩，总结经验，分析差距，进一步理清工作思路，以花园精神和花园形象为动力，圆满完成各项工作任务。（3）营造学习宣传花园精神和花园形象的氛围。集团党委要开展弘扬花园精神、树立花园形象的教育活动；《花园报》要加大宣传力度，开辟专栏，要充分利用网站、黑板报、宣传栏、标语和广告牌等多种形式做好宣传。（4）在学习讨论的基础上，1—7级职员人人撰写心得体会，企业、单位、处室领导的心得体会，要求在当月底前交集团办公室，其他人员的心得体会交本企业、单位、处室的负责人。①

在"花园精神"和"花园形象"的学习讨论中，花园村民和花园集团员工对并村前老花园村和集团的奋斗历史，有了更加深入的了解，对并村之后的发展目标和方向，也有了更加明确的认识。村民和员工普遍感受到，"花园形象"是对花园发展道路的准确定位。科技花园是对企业科技化、员工知识化、村庄现代化的形象概括。回首花园近十年的征程，花园以科学发展观统领全局，大力发展高科技产业，调整优化产业结构，转变经济增长方式，走出了一条科技含量高、经济效益好、人力资源优势得到充分发挥的新型工业化路子，使花园经济社会发展实现良性循环，坚持做到以发展促和谐，使花园真正走上了依靠科技进步和提高员工素质的轨道，培养和造就了一大批高技术和高素质的人才，企业的发展也极大促进了花园的新农村建设，一个更加现代化的和谐花园已经跃然眼前。绿色花园就是村庄绿化、企业洁化、环境优雅、生态平衡的真实写照。花园村在经济发展过程中始终重视生态环境保护，坚持不上高污染项目，并建成花园废水处理中心，对村庄和企业污水废渣统一处理。为美化、绿化花园环境，专门成立的园林管理处，营造了一个人与人、人与自然和谐共生的环境。活力花园是经济发达、文化繁荣、蓬勃向上、充满生机的真实写照，也体现了花园人参与公共事务的活力、积极创业致富的活力、热衷文化生活的活力。和谐花园意味着发展的经济、良好的社会风气、温馨的人际关系、优美的生态环境之间的协调发展。通过富裕的物质基础和充分的思想准备，花园村的未来发展将会结出物质文明、精神文明、政治文明、生态文明的丰硕成果。

---

① 金光强：《集团党委发文要求在花园全面开展学习宣传花园精神和花园形象》，《花园报》2005年7月26日第2版。

为了使村民和员工深入感受"花园精神"和"花园形象"，除了进一步完善影剧院、歌舞厅、图书馆、电子阅览室、老年活动室、青少年健身场地、休闲广场和农民公园等硬件设施，花园村还定期举行升旗仪式，《花园之歌》演唱比赛，各类党、团、妇、工会活动，定期组织文艺会演，每年举办体育运动会。以丰富多样的活动陶冶村民和员工情操，丰富村庄文化生活，培育造就新一代高素质的村民和企业职工。通过编制和修订花园集团《员工读本》和《花园村民读本》，用生动的故事和浅显的道理对村民和职工进行传统美德和世界观、人生观、道德观的教育。花园村和花园集团每年都开展"先进工作者""先进单位""五好家庭"的评选，树立标兵，激励村民和职工对文明生活方式的追求，以及增强对花园美好未来的信心。

第二章　花园村公共文化活动

　　花园村在从"中国名村"向"世界名村"迈进的过程中，在弘扬发展优秀传统文化要素的同时，充分发挥公共文化服务设施、全国性乡村发展会议、特色节庆文艺演出活动等的社会影响力和精神文明建设感染力，打造了《花园报》、花园艺术团等一批高水平、专业化的宣传平台。在欢喜热闹、健康向上的公共文化氛围中，花园村拥有毫不亚于城镇地区精神文明建设和公共文化服务的水平。

第一节　重大公共文化事件

一、屡创纪录的花园板凳龙

　　我国各地都有舞龙的习俗，龙象征着自强不息、延绵不绝的民族精神，正月元宵舞龙灯也成为一项群众喜闻乐见的节日民俗文化活动。板凳龙作为舞龙的一种特殊形式，在我国南方地区有着广泛的分布。浙江、福建、安徽、湖北、湖南、四川都有地方仍然保留着板凳龙的表演仪式。浙江中部和西南地区农村仍然保留着元宵舞板凳龙的习俗。

　　农历正月十五为元宵节，又称上元节，东阳本地称为"灯节"，素有"闹灯"的习俗。其中迎龙灯是灯节中最热闹的习俗活动，相传始于唐代贞观年间名相魏征梦斩泾河老龙的故事。迎龙灯历史悠久，唐代初步孕育，宋元逐渐成熟，明清为其鼎盛。东阳的板凳龙由"龙头"和"桥灯"两部分组成。"龙头"下托以木板，上建有支架，以竹篾扎于板架，呈神龙形状，然后外裱绵纸，描上彩色龙鳞、云彩，腮挑龙须，嘴衔龙珠，四肢擎有各种彩灯，背上插有旌旗数面，上建"天灯"，下建"地灯"，制作极为精巧。过去"龙头"的制作多以宗族为单位，由家族中轮值房头负责监制和保管维护。龙身由长短、数量不一的"桥灯"组成。"桥灯"下托一板，俗称"桥灯板"，板两头各设一孔，用于接灯。板上设有灯架，每板两支，用于装套笼罩。[①]

新中国成立前，"迎龙灯"活动的开展，通常以村庄宗族为单位，一村一条板凳龙，一节龙身一个壮丁。板凳龙身节数越多，代表该村同一宗族的壮丁越多，村庄也自然更加兴旺。通常在正月十五前后数天，家家户户搬出自家的桥灯聚集到村口空旷处，节节相连，形成一条长龙，并在各龙节上点燃蜡烛，从祠堂出发，按照既定线路蜿蜒前行到村中各家各户，用舞板凳龙祈求来年风调雨顺、五谷丰登。开展一次板凳龙活动需要调动整村人的力量，从板凳龙的制作、加工，到操演、协调，都需要整合村庄众人的智慧和力量。因此板凳龙既展现了人们凝聚力量、祈求丰收的愿望，也反映了村庄的凝聚力和团结性。

花园村因为地势高低不平，不易蓄水灌溉，农业生产易受旱害。因为旧事俗传龙行雨，虎生风，为祈求风调雨顺、五谷丰登，花园村人非常热衷于迎龙灯的活动，几乎每年都要迎灯，敬神娱人。花园村板凳龙的"龙头"简称"灯头"，用一段杂木支撑龙灯。龙头长唇、宽口、隆鼻、圆突眼，中间安一盏烛灯。龙灯头高2米，迎出时要6个身高力壮的男子，前面3个，中间2个，尾部1个。杂木后孔用"灯柱"接后面的桥灯板。桥灯板长约2米，厚为4厘米，多为松木，上置两盏灯笼。一块灯板接上"灯头"，称为"一桥"。龙灯头扎好后，择日"开眼"，即把龙灯头抬到水井边，把张贴在龙眼珠上的一张纸剥掉。龙灯头开过眼，就算龙神附在灯头上了，可享村民香火，接受拜祭，也就可以出灯了。

迎灯仪式通常是由一长列执堂灯、旗灯、棒棒，锣鼓班，吹喇叭、唢呐，放铳，持香灯导迎的执事在前开道，引导"灯头"。村里和沿途都有人焚香礼拜，路过门前时，户主或场所要放爆仗欢迎。如果门前场地允许，还要进行"围灯"，有"打半月""开双门"等花样。如果不"开双门"与其他村迎灯队伍绞在一起，就容易退不出来。迎到比较长的直道还要"揪灯"，这是一种类似拔河比赛的游戏活动，有助于热闹气氛，但如果把握不好度，就容易变成恶作剧，甚至引发斗殴。

新中国成立前，花园龙灯迎出时间和路线通常是：正月十三夜，将龙灯头迎到本保殿和米头殿；十四夜，在村子迎灯，挂泰山，朝拜加朗塘太公，在村子中

---

① 周耀民等：《东阳风俗志》，金华市图书馆藏，1984年，第97页。

绕几周；十五夜是最热闹的一夜，差不多家家都给龙灯头摆斋上供，祈求龙王时降甘霖，年岁丰稔，然后出迎到白殿、卢头、后山等村，1949 年以前，紫溪、渼陂下很少去，改革开放后邵姓同族互相迎灯来往多了起来；十六夜朝胡公殿，当夜闹得最久。①

新中国成立后，党和政府提倡科学，反对迷信，禁止迎灯。人民公社时期，尽管也有村民私下扎制龙灯，想在正月偷偷迎龙灯，无奈驻队干部管得很严，没人敢公开带头迎灯。据说有一年，龙灯已经扎好了，只是龙头、龙身、龙尾还没有着色，被驻队干部发觉，汇报到公社党委。村民怕公社派人来砸掉龙头，就白天抬着未上色的龙灯在村周围绕了几圈，聊以自慰。

1977 年春，在"四人帮"倒台的第二年元宵节，东阳各地就三三两两地搞龙灯活动。当时东阳县委、县政府的主要领导起先担心龙灯活动容易引发不同村庄之间的纠纷冲突，禁止举行；但在文化部门干部的倡议下，改成不提倡、不反对。眼见周边村庄元宵迎灯活动热热闹闹，1979 年农历正月十三，在邵钦祥的带头组织下，花园村 180 多桥龙灯也出灯了，先去了胡公殿，再绕到方店、紫溪，最后去了前蔡。②

此后每隔几年，花园村都会在元宵节举办迎龙灯的活动，而且规模越来越大。2000 年农历正月十七夜，花园板凳龙在"国泰民安""风调雨顺"大红灯笼的指引下，从花南一路出发，浩浩荡荡地进入南马镇。龙灯有 500 多节，长达 1000 米。③

2003 年农历正月十八，花园村组织了全长 3500 米的迎龙灯队伍。其中，板凳龙灯长度 279678 米，桥灯共计 1788 桥，龙头灯、花灯、香灯共计 4269 盏，总计有 2589 人参加。花园村村委会还邀请东阳市公证处进行现场公证，准备申报"世界上最长的板凳龙"的吉尼斯纪录。

2009 年农历正月十八，为了庆祝花园第一次并村五周年，展现并村后新老村民团结一心的精神，花园村组织了一条有 3500 余桥灯桥、长达 5500 米的龙灯队伍，再次刷新纪录。包括替补队员，共有 5000 多位村民合力扛起这条巨龙。龙头从新建成的花园粮油商贸城广场出发，缓缓地绕着花园村的 10 个小区穿行，最后

① 浙江东阳市花园村村志编委会：《花园村志》，花园集团档案室藏，2014 年，第 200 页。
② 东方涛：《邵钦祥传奇》，浙江人民出版社，2006 年，第 113 页。
③ 方龙飞：《花园千米长灯舞龙年》，《花园集团报》2000 年 3 月 1 日第 1 版。

在村中心的市民广场盘成一条巨龙。看着并村后的花园村民不分彼此，齐心合力组织起这么一条长龙，家住南山小区的村民掩饰不住内心的喜悦，回忆说："没有并到花园村以前，我们南山分东庄和西庄，虽然每年也都要迎龙灯，但由于东西庄村民历来存在着分歧，迎龙灯从来就没有合并过。现在好了，花园村的10个小区同迎一条龙灯，我心里头那个高兴啊！"一位西田小区的村民也说，70年前，原来的西田村70多户人家曾迎起过300多桥龙灯，并入花园村后，村庄建设越来越好，村民福利越来越多，居住环境和生活水平都有大幅度提升，作为花园人真幸福。此次村里能迎起3000多桥的龙灯，是大家对村里干部办实事、办好事最大的肯定。①

为体现"并村并心、同心同德"的理念，花园村事先对迎龙灯活动做了详细的组织安排，不仅仅把迎龙灯当作普通的民俗活动，或者是旅游宣传活动，而是有意识地通过古老的节庆民俗活动，展现新老村民团结协作、共创美好前程的崭新精神面貌。迎龙灯活动得到了村民的热烈响应，尽管此次迎龙灯原则上重在参与，要求全村人能做到每户一桥。但许多村民却主动担当起一户数桥的任务。花园小区的邵君伟一户就迎了160桥，南山小区的郭永兴原计划想迎88桥，但亲戚朋友们觉得不过瘾，帮他凑成了94桥。②

这次迎龙灯活动也产生了巨大的社会影响。据估计，观看活动的观众有近20万人，迎龙灯总路程达20千米，历时10小时。当日，花园大厦入住率都比平常同期高出一倍多，花园村几乎所有的宾馆酒店都爆满。浙江电视台《经视新闻》、金华电视台《小马开讲》、东阳电视台《民生660》、《都市快报》、《金华日报》、《金华晚报》、《浙中新报》及《东阳日报》等各新闻媒体对活动予以关注，新浪网、腾讯网、人民网、中新网、网易等网络媒体也做了相关报道。③

2013年农历正月十六，花园又一次开展迎超长板凳龙活动。考虑到安全问题，桥数控制在1000桥，长约1600米，扛龙灯的村民包括替补人员有2000多人。活动从2月25日下午5点开始接龙，一直持续到26日凌晨零点半结束，历时近8小时。板凳龙队伍途经南马镇机械工业园区及花园村10个小区，然后在花园村人民广场进行第一次盘龙。板凳龙缓缓地沿着300米的田径场，绕了一圈

① 王江红：《同迎十里长龙　共叙锦绣花园》，《花园报》2009年2月24日第1版。
② 王晓明：《龙的花园——邵钦祥和他的百年梦想》，中国市场出版社，2018年，第82页。
③ 王江红：《视觉盛宴彰显和谐盛世》，《花园报》2009年2月24日第2版。

又一圈，形成了一个由龙灯组成的跑道。走出田径场，随即又绕到花园阳光路和花园大道，直至花园粮油商贸城广场，进行第二次盘龙，此时已是接近凌晨。又经过近半个小时的盘龙，超长板凳龙绕了 5 圈。最后在和谐安全的氛围里进行了"抢灯"活动。按照旧事风俗，谁能最先将板凳龙的龙灯抢到自家，谁就能得到一年的风调雨顺。[①]

2014 年农历正月十六，为庆祝花园村并村 10 周年，花园村又迎起了板凳龙。考虑到安全因素，把桥数控制在 1600 多桥。初步统计，扛这条龙的村民包括替补队员有 3000 多人，观看的则有 20 多万人。"巨龙"经南马村、泉府村、葛府村、南新村，途经南马镇机械工业园区及花园村 10 个小区，在花园村人民广场进行第一次盘龙。[②]

二、举办全国性乡村发展主题会议

进入 21 世纪以后，花园村除了在本村的经济社会发展方面做好内功外，也开始主动参加一些具有知名度、公认度的全国性乡村建设主题论坛，并且以东道主身份在花园村举办了 2006 年第六届全国"村长"论坛、2014 年第八届全国大学生"村官"论坛等会议。花园村以这些重大文化活动为契机，进一步改善村庄各项文化软硬件设施，扩大自身在全国乡村建设领域的知名度。

2006 年 10 月 14—16 日，第六届全国"村长"论坛在花园村隆重举行。来自全国各地近千名"村官"与全国"三农"工作的领导、专家一道围绕"当好带头人、建设新农村"的主题，交流成功经验，共同探讨建设新农村的新路子。

论坛内容丰富，安排紧凑，开幕式结束后，立即开始了各项论坛议程。主论坛包括社会主义新农村建设报告会、"当好带头人、建设新农村"报告会和新农村建设中名村"村官"报告会等；分论坛包括新农村建设规划暨联众发展模式论坛、农村特色产业发展论坛暨"滕头杯"大学生服务新农村辩论赛、花园现象研讨会等。会议期间，表彰了功勋"村官"和十大杰出"村官"，开展了"中国百村图"纪念碑揭碑仪式、"村官"林种植、东阳名特优新农产品展示展销、新农村建设摄影展览、支持西部新农村建设"助跑"行动仪式、文艺晚会、闭幕式及花园村参观等活动。

---

① 王江红：《花园村喜迎千桥板凳龙》，《花园报》2013 年 3 月 8 日第 3 版。
② 王江红：《花园村 1600 多桥板凳龙美轮美奂》，《花园报》2014 年 2 月 22 日第 3 版。

第六届全国"村长"论坛由中国村社发展促进会、浙江省农业和农村工作办公室、金华市委市政府、东阳市委市政府主办，花园村承办。参加论坛的还有来自全国31个省区市、55个少数民族380多个村的"村官"代表，50多家新闻媒体的记者，总人数1200人左右，参会人数和规模为此前历届之最。[①]

2014年6月28日至7月1日，为期四天的第八届全国大学生"村官"论坛暨全国"村长"论坛第十次执委会议在花园村隆重举行，来自全国各地的有关领导、专家学者、新晋"村官"及媒体记者近500人，共谈中国"村官"经验与做法，共话中国村社合作与进步，共商中国农村改革与发展。

全国大学生"村官"论坛由中国村社发展促进会、中国农业大学、中国农业出版社、农民日报社主办。本届论坛以"当好大学生'村官'，建设美丽新农村"为主题，通过深入学习和贯彻落实党的十八届三中全会与《习近平总书记给大学生"村官"张广秀复信》的精神，进一步促进大学生"村官"早日成长、成才、成功，并推动大学生村官扎根农村，助推"三农"、服务群众等青春事业的发展。

论坛期间，大学生"村官"代表们参加了专家学者研讨会，聆听了著名"村官"报告会，对便民服务、创业富民、村庄治理、服务于美丽新农村建设及践行中国梦等问题进行了广泛交流和探讨。同时，大家还切身感受了花园村新农村建设、城镇化建设及美丽乡村建设所取得的巨大成就，在认真学习花园村成功发展经验的基础上，通过举行"美丽花园 中国典范"演讲比赛、学习《习近平总书记给大学生"村官"张广秀复信》及举行"中国梦 我的梦"联谊晚会等形式，结合大学生"村官"自身实际，探讨如何在基层一线历练、成长和合作发展的好做法与好经验，进而更好地为服务和发展农村做出新的成绩及贡献。此外，论坛还发布了《2014年中国大学生"村官"发展报告》，发起了响应习近平总书记号召当好大学生"村官"行动的倡议书，表彰了大学生"村官"中的"2014年十佳村民贴心人"和"优秀大学生'村官'"，并聘请邵钦祥等5名全国著名"村长"为大学生"村官"导师。[②]

为了配合这两项重要文化活动的举办，2014年，花园文化广场、中国农村博物馆、花园剧院、花园游乐园、花园图书馆等一批现代化的文化娱乐设施纷纷建成投入使用，成为花园村文化事业发展新的里程碑。

① 金光强：《第六届全国"村长"论坛在花园村隆重举行》，《花园报》2006年10月18日第1版。
② 王江红：《第八届全国大学生村官论坛暨全国"村长"论坛第十次执委会议举行 全国知名新老村官齐聚花园村》，《花园报》2014年7月9日第1版。

三、花园村节庆文艺演出

自花园影剧院建成以后，除了不定期邀请周边婺剧、越剧专业团体来演出，花园村还经常在国庆、元旦等节日组织文艺演出。通常是由花园村民间文艺爱好者、花园集团企业员工和花园职业技术学校在校学生共同自编自导自演的群众性文化表演。2003年9月16日，为庆祝花园集团成立10周年，花园村组织了名为"金色花园"的大型文艺晚会，邀请到包括倪萍、宋祖英、冯巩、潘长江等国内著名表演艺术家，以及苏州歌舞团和沈阳杂技团在花园村登台献艺。

花园村的春节联欢晚会，既是乡情的黏着剂、文明的催化剂，也是邻里关系的润滑剂。通过筹备、参与及观看"村晚"，花园人的归属感、使命感、责任感和认同感得到了巩固与交融，花园村各个群体之间的关系更加融洽和谐，为花园村保持全方位的快速健康成长提供了文明引擎。从2013年起，花园村连续7年在农历春节之际举办"村晚"演出。"村晚"中既有花园艺术团专业艺术家们高水准的表演，更多的是花园村民、花园集团员工及外来创业务工人员的参与。例如，2017年花园"村晚"以"更美、更富、更强"为主题，节目包括由花园幼儿园带来的情景剧《快乐学堂》，表现花园学子的活泼可爱，他们琅琅的读书声是花园人民幸福指数极高的体现，令人叹为观止的成语接龙更是展现了花园人自小就有的聪明才智。花园田氏医院自己设计的时装秀《浪漫情怀》，向观众展示了"科技花园、绿色花园、活力花园、和谐花园"的花园形象：着装上巨大的"天下花园""强"等字样代表着科技花园；报纸构成的唯美裙摆、外套代表着"绿色花园"；蓝色飘逸的衣着象征着广阔的天空，彰显"活力花园"；情侣之间相互依偎，幸福美满，展现"和谐花园"。花园村外来创业务工人员也带来了舞蹈串烧《华丽出场》，拉丁舞、跆拳道及排舞等串联起一幅在花园安居乐业的美丽画面。① 2019年的"村晚"以"我们的新时代"为主题，通过歌唱、舞蹈、口技、讲述、戏曲、魔术、杂技、小品、广场舞及情景表演等艺术形式，讴歌了花园人自强不息、开拓进取的新思想、新风貌、新作为，展现了花园人生产生活的新姿态、新气象，颂扬了国家改革开放40年来花园人所取得的巨大成就与丰硕成果。演出人员由花园艺术团艺术家、花园村村民、花园集团员工、外来创业和务工者，以及花园外国语学校、花园中学、花园幼儿园的师生总计230人组成。而且这场花园"村晚"还首次采用网

---

① 陈德鹏：《更美　更富　更强　2017花园村春节联欢晚会侧记》，《花园报》2017年1月23日第3版。

络视频直播技术，让无法回到家乡的花园人，以及关心花园事业的人能够在手机上同步观看，将花园文化元素传递到全球各地。据不完全统计，有30万人次通过网络直播或录播观看了2019年花园村春节联欢晚会。①

花园红木家具展销会上的文艺会演也成为花园村向世界展现花园形象、介绍红木文化、弘扬工匠精神的年度文化盛典。为使花园红木产业聚集人气、提升市场知名度，从2016年开始，花园红木家具城每年上半年都会举办盛大的红木家具展销会，同时组织规模庞大、艺术水准颇高的文艺演出，向世界展示花园红木文化、工匠精神、大师作品。2016年4月26日，在花园红木家具城广场上，3000木工、刮磨工、雕刻工，在由2000人组成的特色表演队配合下，向世界发出"工匠精神 花园传承"的中国工匠之铿锵声音，来自全国各地的红木家具生产商、经销商及消费者等数万人一起见证了这一盛大场面。2017年4月9日，花园红木家具城创新主题，集世界名贵木材于花园村，向世界展示"木"；创神州"十里红"红木艺术精品家具，向世界展示"艺"；汇万名中华工匠于花园村，向世界展示"匠"。通过万人工匠风采展示及木艺神韵震撼巡展，向世人彰显花园"红木天下第一村"的形象。2018年的4月20日，花园红木家具广场上演了一场"万人工匠弘扬鲁班精神"的特色盛典，活动以"鲁班祖师，花园敬仰；鲁班技艺，花园弘扬；鲁班精神，花园唱响"为主题，通过传统祭祀鲁班祖师及万人齐唱中华大工匠之歌等活动再次彰显"工匠精神 花园传承"的形象，为东阳木雕技艺摇旗呐喊，为数以万计具有榫卯、雕刻及刮磨等工艺特色的工匠鸣锣开道。②2019年4月11日，在花园红木家具城广场上举行了由万人工匠演绎的以"刀木春秋、花园铸就"为主题的文化表演。伴随着《木工扬》《刮磨号》《雕花颂》的音乐篇章，万人工匠整齐划一地挥动强劲有力的臂膀，一锤一凿一刨尽显花园工匠本色，场面气势磅礴，蔚为壮观。数以万计来自全国各地的红木家具生产商、经销商及消费者等共同见证盛况。③浙江新闻客户端、无限金华客户端、东阳电视台、歌画东阳客户端及"东阳花园村"微信公众平台等纷纷开设直播频道和专栏，通过全媒体技术进行全球网络直播，将现场盛况第一时间传递到世界各地。④

① 吴浩宇：《我们的"村晚"不一般》，《花园报》2019年2月1日第1版。
② 张帅、王江红：《经典向时尚转型 特点与特色融合 花园村借力红木打造特色小镇新标杆》，《花园报》2019年4月4日第3版。
③ 王江红：《花园万人工匠铸就刀木春秋》，《花园报》2019年4月16日第1版。
④ 许欣雅：《吸引国家、省、市100多家主流媒体直接参与报道 花园红木"红"遍大江南北》，《花园报》2019年4月25日第2版。

第二节　公共文化设施建设

在 40 年发展中，花园村始终将建设高水平的公共文化服务设施作为丰富村民和其他常住人口文化生活，高标准推动城镇化的重要工作。早在 20 世纪 90 年代初，花园村就建起了花园影剧院、游泳池、文化娱乐中心等文化体育设施，让花园村民和花园集团员工能够在业余时间获得有文化品位的休闲娱乐生活。

在世纪之交，花园村为进一步拓展花园村的公共文化空间，陆续兴建了文化广场、新世纪广场、泰山公园、娱乐文化中心大楼等规模体量更大的公共文化设施，初步达到了与城镇化花园公共文化硬件相匹配的水平。其中，泰山公园是花园集团投资 800 多万元开发的，占地 120 多亩，是集观光、娱乐、健身、休闲功能为一体的综合性公园。泰山公园经过数期建设，于 2000 年 2 月 7 日落成开园。[①] 园内林木葱郁，鸟语花香，接近自然，充满野趣，园内有科学趣味馆、跳舞机房、动物长廊、戏水池、游泳馆、棋牌室、儿童乐园。儿童乐园内设置电动玩具、电动汽车、碰碰车、电动马车、小火车等儿童游乐设施。园内青石牌坊由原全国人大副委员长费孝通题字"农民乐园"。花园集团不断对泰山公园进行改造提升。公园前边有一广场，既可停车，又可聚会，中间有一天女散花石膏雕像。广场西边为戏水池，原为外塘，人们在这里划船击水取乐，成为泰山公园的一个景点。每年春秋两季，南马镇的小学生都喜欢到泰山公园游玩，泰山公园成了整个南马镇青少年和农民的休闲场所。

在花园村第一次并村后对原来各村农居房实施旧村改造的过程中，为了保留乡村历史文脉，花园村有意识地筛选各小区中有价值的古建筑，由村里出资进行易地保护。经过实地走访、与相关农户沟通，在 10 个小区的建筑中优中选优，决定将 4 幢保存较为完整、构造较为精致、基本都有接近百年历史的古建筑整体迁移至花园泰山公园内，辟为花园民俗馆。[②] 除了村庄古建筑，馆内还展示了许多东阳本地非物质文化遗产项目，共有 9 个展厅，如打草席、织土布、抽索粉等都是省级或市级非物质文化遗产，陈列有许多反映东阳本地特色民俗文化的各种婚庆祭祀用具、农耕农具、家具、器具器皿等。以下简要介绍花园民俗馆内 4 幢古

---

① 金光强：《花园农村城市化的鼎力之作　大年初三泰山公园掀开"红盖头"》，《花园集团报》2000 年 2 月 16 日第 1 版。

② 吴旭华、吕丽赟：《古建筑"标本化"的花园模式》，《东阳日报》2012 年 6 月 13 日第 6 版。

建筑的建筑风格特征。①

第一幢建筑是原址西田小区，建造于清末民初的古建筑民居，户主为厉开琴。建筑形式为前后二层二进，三合院式。前庭十三间，后院十一间，俗称"廿四间头"，前后平面布局都为"凹"字形，走廊相连，洞门相通，纵横两条轴线，组合成"井"字弄堂，可开可合，可封可分。前庭正厅三开间，为全屋共享，空间宽畅，做婚事、寿宴、待客、议事之用，年节在梁上悬挂宫灯，富有喜庆气氛。厅堂边间为"大房"，偏间为"洞厦"，设楼梯，做厨房使用。东西厢房各三间，做房间使用。后院十一间，正中一间为"堂屋"，祭祖先，设书塾，供公共使用，其余功能与前庭相同。后进高于前进，加强建筑物气势，俗称"步步高"。院墙开大门，门顶设额匾。边门通走廊，门顶设陪匾。东西走廊开洞门，俗称"龙虎门"，取"左青龙，右白虎"之义。前庭后院采光科学，结构合理。正厅明间抬梁式，次间穿斗与抬梁相结合。明间檐柱设牛腿，深圆雕，"渔、樵、耕、读"以山水做背景，人物栩栩如生；边间牛腿雕"山水花卉"，镂空精致。隔门隔窗皆饰雕刻，门窗绦环板浅浮雕，动物与花卉相杂，梅竹与博古结合，富有书卷气。后院正堂牛腿雕"天官赐福"，也富有底气。正屋上下双檐，厢房单檐，粉墙黛瓦，五叠马头，于宁静中见动感。一幢大院住一个家族，父母住大房，儿媳住厢房，孙辈僮仆住后院，上下有序，尊卑有分，内外有别，充分体现儒家的正统观念。

第二幢建筑建造于20世纪40年代，原址在西田小区，建筑形式为十三间二层三合院，户主为厉震华。门额原题"三余堂"，取兄弟三人之义，现题"都督正堂"，史出东阳厉代始祖厉文才，其于唐贞观二年（628年）功擢容州刺史兼岭南都督，功成身退。全屋为穿斗抬梁混合构架，正厅东西两榀各增二柱，加强房屋稳定性。走廊小架梁前置牛腿，中榀刻蝙蝠麋鹿，谐音"福禄"；边榀刻牡丹，寓意"富贵"；厢房刻花卉，寓意"繁华"。牛腿琴枋，镂刻人物花鸟；枋顶置花斗，象鼻昂剳牵，镂空雀替，加强视觉审美。全屋木雕最大特色是于梁架两侧做传统龙须雕刻之外，阴刻文字和深雕山水卷轴，笔法简洁，刀功遒劲，突为鲜见。厢房边梁左刻"行仁趋义"，右刻"履道蹈德"；中梁阴刻"本斋主人"亲书之《劳得言》，可谓自撰之《家训》。厢房正门楣枋，左刻"勤创业"，右刻"俭守成"，字体娟秀；正屋大房东西，圆刻"礼义廉耻""孝悌忠信"，是谓"八德"。全屋木雕有

---

① 佚名：《魅力花园——民俗馆》，花园旅游网，https://www.chinahuayuancun.com/Colorful/Show-243.html，访问日期：2019年10月15日。

字有画，相得益彰，传递文化信息，延承儒家理念。户主厉震华，生于1877年，靠经营火腿发家，建房时年届60余岁；弟震声，小兄长三岁；小弟震欧，清华大学毕业，曾任江浙盐务总督，终居杭州。目前这里主要设有“农村婚俗馆”和“家庭手工坊”。

第三幢建筑建造于清代末年，原址在南山小区，户主为郭廷考。建筑格局为十三间二层三合院。两条纵轴，一条横轴，组成“廿”字弄堂。正厅两榀栋柱与前后大步间增添金柱，穿斗与方架梁混合结构。横轴边弄各设楼梯，利用了空间，却阻碍了通风，带来行走的不便。民居建筑的前廊部分，木构件相对集中，又是人的视线的集中点，成了木雕装饰的重心部位。牛腿位于檐柱外侧突出部分，成了外装饰的画龙点睛之处。此屋正厅两榀牛腿为狮子，左雄右雌，雄戏球，雌戏子，圆雕与镂空雕相结合。狮子鬃毛高扬，瞪眼竖尾，气势威武。狮子脚下垂挂的“宣统通宝”铜钱，透露了建筑物的年代。次榀及厢房牛腿为深浮雕武将，盔头甲胄，风度儒雅。厢房边榀牛腿为深圆雕凤凰，有凤来仪，为之瑞兆。正屋牛腿顶的琴枋，深雕人物花卉，琴枋前端八角形花斗，立短柱承接檐口桁；方架梁前端花篮形坐斗，承接金桁；桁两端雀替出挑，刻花草瑞鸟。前大步至琴枋三角形空间，镂刻象鼻昂劄牵。正间檐口桁下端刻“八鱼戏草”，金桁下端刻“两龙抢珠”；左右边间檐口桁刻“六鱼戏水”，金桁刻“凤凰展翅”。“八”为“发”的谐音，“鱼”为“余”的谐音。前廊部分的东阳木雕装饰，将工艺之美饱满地融和于建筑物中，富有感染力。户主郭廷考膝下三子，靠腌制火腿发家。目前这里主要设有“农耕馆”“生活器具馆”及“家庭手工坊”。

第四幢建筑建造于20世纪40年代，原址在南山小区，户主为郭茂武。房屋格局为十一间二层三合院，正屋重檐，厢房单檐，穿斗抬梁，混合构架。正厅一间，檐柱牛腿为人物深浮雕，左寿翁，右寿媪，慈眉善目，躬身可亲，表现的是“孝道”主题，切合民居人情味，但作为正间牛腿部位装饰，实属罕见。厢房牛腿，是一樘，表现“渔、樵、耕、读”的题材，是传统的“耕读传家”理念在建筑物上的延续。人物经过圆雕、深浮雕处理，精致部分须眉毕现，山水衬托更是东阳木雕的特长。门窗装饰也颇见功底。至20世纪中期，东阳木雕已臻成熟完善，门槅窗槅花样繁多，六角形、八角形、冰梅形、风车形、花篮形，既具审美意味而又实用。特别是门的绦环板部位，是人的视线集中点，使用的是浅浮雕、薄浮雕手法，一花一叶、一草一木，水的波纹、鸟的毛羽，无不毫纤毕现，本屋的门窗棂扇，可见东阳木雕的精致。户主郭茂武系郭廷考的次子，仅读过三年书，以收购贩卖中药材和腌制火腿发家。

在 2014 年前后，花园村再次启动公共文化服务设施升级项目，先后新建改造了花园文化广场、花园游乐园、花园剧院、中国农村博物馆、花园图书馆、花园村史馆等一系列气派现代的公共文化场馆。其中，花园游乐园项目主要利用泰山公园原有的地理绿化及设施，开辟陆上大型游乐设施及水上大型游乐设施两部分。陆上大型游乐设施包括摩天轮、太空梭、旋转飞碟及旋转木马等；水上大型游乐设施则包括海浪池、水疗 SPA、水上迪吧、雪橇炮筒、彩虹滑梯、大喇叭、儿童戏水池及标准游泳池等。摩天轮高度达到 88 米，海浪池里冲浪高度在 1.5 米，大喇叭最大直径口是 18 米。[①]花园剧院是在拆除花园影剧院后重新建设的大型剧场，拥有先进的舞台设备和音响系统，成为花园村举办各种大型文化演出活动和会议的不二场所。花园剧院还是花园艺术团的驻场地，作为花园文化旅游的一部分，常年为游客演出形式多样、内容丰富、思想健康的节目。

第三节　《花园报》深耕公共文化交流空间

随着花园集团各项事业的铺开做大，为了增进花园集团下属各企业及花园村民对花园各项事业发展动态的了解，也为了进一步扩大花园村和花园集团的社会影响力，花园集团于 1997 年创办了《花园集团报》（《花园报》的前身）。在 20 多年的发展过程中，《花园报》编辑部始终全面翔实地记录着花园村和花园集团在每个发展阶段奋斗前进、不断创造花园奇迹的各项重大事件。同时，编辑部也承担了花园村和花园集团绝大多数对外宣传的职责，由编辑部记者和采编人员撰写及提供素材的大量稿件在《人民日报》《光明日报》《浙江日报》等重要刊物上发表，进一步扩大了花园经验的影响力，引发社会各界对花园村和花园集团各项发展的密切关注。

1997 年 5 月 26 日，《花园集团报》创刊。报纸为四开半月黑白小报，旨在提升花园文化及品牌形象，着力发掘文化资源，发展花园文化，创新经营理念，提高花园人民素质，增强花园核心竞争力。作为内部交流资料，向相关单位与群众

---

① 蔡一平：《花园村旅游将呈现新亮点》，《花园报》2014 年 3 月 22 日第 2 版。

免费赠阅。邵钦祥董事长在创刊号上撰写了题为《高举精神文明旗帜，迎接跨世纪辉煌》的代发刊词。报纸由六石国芳印刷厂印刷，首期印刷 1200 份。编辑部只有 2 名工作人员。1998 年 9 月 16 日，《花园集团报》获得了"浙内部资料准印证"，每月两期，逢 6 日、21 日出版，编辑部工作人员增至 3 人。《花园集团报》虽然是张小报，但编辑人员精品意识较强，报纸办得新鲜活泼，除了报道记录花园各项新鲜事，还在三版转载各种对企业发展、村庄建设、家庭生活有价值的中央政策文件和科普文章，在四版刊登由花园村民、花园集团员工，以及各地投稿人创作的短文、诗歌、小小说。报纸可读性较强，颇得读者好评。2001 年 7 月 21 日，在《花园集团报》创刊百期纪念座谈会上，《东阳日报》总编辑赵志强在发言中盛赞《花园集团报》。据称，国家新闻出版总署的领导在读到这份企业报后给予高度评价，认为其办报水平超过了一般的地市级报纸。[①]

　　2005 年 6 月 6 日，在刊发第 200 期时，《花园集团报》更名为《花园报》，升级为对开半月彩色大报，编辑部工作人员增至 5 人，发行量为 8000 多份。6 月 11 日上午，《花园集团报》在花园宾馆 2 楼会议厅举行了创刊八周年暨出版 200 期座谈会。会上，邵钦祥董事长肯定了《花园集团报》在"塑造花园精神，加强信息交流，建设企业文化"方面的积极作用，并且要求报社以更名为《花园报》为契机，始终坚持正确的舆论导向，为花园的发展服务；保持应有的企业报特性，突出服务性，创办出自己的名牌栏目，办出特色，办出水平；不仅要有思想性、政治性和理论性，而且要有可读性、针对性和实效性；不断适应花园发展的新形势，紧紧抓住花园经济蓬勃发展的大好时机，把提升花园文化这篇文章做得更加精彩。[②]经过数年积淀，《花园报》办出了自己的风格，其版面设置基本是：一版要闻，记录花园最新、最热及重大的事件，体现集团的权威意识；二版综合新闻，展示花园形象，分享花园喜悦；三版前沿或关注，吸引读者了解管理、经济、科技及生活的前沿；四版艺苑，就是文艺副刊版，为花园人和来稿读者提供艺文诗歌、生活照片的交流分享空间。栏目也根据需要而定，因时而变，因事而异，做到观点到位、个性鲜明、好看耐看。

　　在新的发展征程上，《花园报》忠实记录了花园发生的大小事件，见证着花园人艰苦奋斗，向着梦想前行的足迹，成为花园精神传承的有力载体，展现了花园

---

① 浙江东阳市花园村村志编委会：《花园村志》，花园集团档案室藏，2014 年，第 202 页。
② 江风：《本报召开创刊八周年出版二百期座谈会》，《花园报》2005 年 6 月 22 日第 1 版。

蓬勃发展、欣欣向荣、全面进步的形象，成为宣传花园文化的重要窗口。近年来，《花园报》坚持"面向员工、服务花园"的办报宗旨，在题材选择上力求亲民，在写作风格上锐意创新，在文字校对上精益求精，结合时代的发展，努力塑造整张报纸的鲜明特色，为读者奉献源源不断的富有可读性的好新闻、好文章。2016年3月，《花园报》调整为旬报，每月出版三期。20年的时间里，《花园报》曾多次荣获全国最佳企业报刊奖，获得浙江省优秀企业报及金华市优秀企业报等诸多荣誉称号。

进入21世纪10年代以来，随着微信、微博等新媒体平台在公众日常信息获取中的作用不断提升，《花园报》编辑部也主动向全媒体中心方向转型。2013年12月，花园媒体中心就捕捉到新兴媒体所蕴含的传播能量，与时俱进，适应形势，开通了"东阳花园村（dyhycun）"微信公众平台，微信用户关注后就可及时了解花园村企发展动态，在解决《花园报》传统纸媒时效性不足问题的同时，吸引数以万计粉丝关注，并带来数百万之多的年阅读量。2016年10月，花园媒体中心又开始运营"东阳花园村"头条号并正式入驻今日头条，通过联合互联网移动客户端平台扩充花园村新闻受众。[①] 目前，以编辑部为主体的媒体负责东阳花园村微信公众号和今日头条号的日常更新，借助新媒体平台向更广大媒体用户发布花园村和花园集团的最新信息。而且通过新媒体平台留言反馈功能，更加便捷地与读者进行信息交流，为读者提供时效性更强、形式更为灵活的信息服务。编辑部还在向短视频等更多元化的媒体平台进军，依托微信公众号、今日头条、抖音短视频等平台，同步运营西瓜视频、快手平台及微博等新兴媒体，形成全媒体矩阵，宣传花园新面貌，推介花园新成就。

第四节　花园艺术团屡创基层文艺新高度

进入21世纪第二个10年，随着花园各项事业欣欣向荣，尤其是花园文化旅游业已经逐步打开局面，迫切需要有一支全职的专业艺术团队来承担专业文艺演出创作任务，并指导花园村和花园集团企业的文化艺术活动。

2012年，花园艺术团经过前期筹备和演员招募，于10月5日在花园会展中

---

① 许赛枭：《拥抱互联网　建设全媒体　花园入驻抖音等短视频平台》，《花园报》2020年4月23日第2版。

心举行了名为"走进十月阳光"的首场演出，同时宣告花园艺术团正式成立。多年来，花园艺术团作为花园村重要的文化窗口，始终以宣传党的方针政策、展示花园良好形象、推动花园文化繁荣、促进花园旅游发展为宗旨，承担着对内丰富村民和员工文化生活、提升文化品位、加深旅游文化内涵，对外塑造花园村和花园集团良好形象、增强综合影响力和竞争力的重要任务。

花园艺术团是一支富有朝气和充满活力的年轻队伍，也是一支扎根于现代化新农村的村级专业文艺团体。艺术团拥有歌唱队、舞蹈队、民乐队、曲艺队、杂技队、魔术队等多支专业艺术团队，引进了先进齐全的灯光音响设备和专业技术人员，以及经验丰富的专业编导与创作团队。不同于某些服务于旅游景区的艺术团，演出节目几年不换，花园艺术团具有极强的节目创作能力和极高的艺术表演水平。其演出内容贴近实际、贴近生活、贴近群众，能够在较短的时间内根据演出需要，创作出形式多样、内容丰富、立意高远的节目，在花园村各项重要节庆文化活动和商业会演中奉献出一场场高水平、高规格、高档次的演出，满足不同层次观众的文化需求，彰显艺术团高超的专业技术。[1]

在当前文化体制改革的背景下，许多具有悠久历史的公办艺术团由于体制机制问题，容易陷入产量低、观众少、自我造血能力差的困境。而花园艺术团则通过扎根基层，从花园村和花园集团的辉煌发展历程中不断汲取创作养料，通过多种形式独立承担或参与各种文艺演出，形成了作品有深度、题材对胃口、艺术水平高的多赢态势。繁忙却有意义的演出活动，也让花园艺术团的全体演职员能全心投入艺术创作，不断自我提升，成长为能够独当一面的优秀艺术工作者。

自 2012 年成立以来，花园艺术团独立承担和参与完成了多场国家级、省级、市级大型文艺演出，在文化走亲、文化下乡、游客接待、景区表演等演出活动中，用最具时代感和最有文化底蕴的文艺作品来提升百姓生活品质，得到了各界领导和各地观众的高度评价。

例如，2019 年花园艺术团根据金华市金东区庆祝新中国成立 70 周年"人文富区乡村乐"活动安排，先后用 13 天时间走进该区 12 个乡镇（街道），连续展演 24 场，为当地群众献上了一场又一场文化盛宴。演出节目包括歌舞《在希望的田野上》、女声独唱《诗歌故乡》、歌伴舞《坡阳老街》、魔术《放飞梦想》、小组唱《爱

---

① 吴浩宇：《花园艺术团在不断成长中走过五周年　以艺术之名 演绎花园梦》，《花园报》2017 年 10 月 8 日第 2 版。

你金东》、越剧唱段《穆桂英挂帅》、男女二重唱《不忘初心》、杂技《力量》等。演出时虽然天气炎热，却阻挡不了当地村民的热情，闻讯而来的村民总是把舞台围得水泄不通，悦耳动听的歌声、婀娜多姿的舞蹈、神奇梦幻的魔术、惊心动魄的杂技赢得台下观众接连不断的掌声和喝彩声。在服务基层、服务群众的演出中，花园艺术团的演员们感到了莫大的欣慰，也更加认同艺术团在艺术创作上"深入生活、扎根村民"的理念。①

除了用心、用情、用功的演员，花园艺术团能够长期保持创作活力与艺术水准，也离不开编导的辛勤付出。2012 年，刚要退伍转业的石家庄籍导演、词曲家刘武接到了花园村的邀请，来担当艺术团的总导演。当时的花园已然有一种小城市的气象，高层住宅、会展中心、等级医院、生态公园、大型商场、高端学校、专业市场、金融机构、设施农业、四星酒店、体育广场、文化广场等现代设施一应俱全。但最终让刘武决定接受邀约，从大城市来到花园村的，却是一本记录花园村成功道路的《邵钦祥传奇》。花园村的传奇故事和花园村领导的诚意让刘武导演感到能够在花园艺术团找到实现艺术理想的动力。在刘武导演的编排指导下，花园艺术团从小做大，扎实推进，努力开拓市场，塑造花园艺术团品牌，为花园快速发展贡献力量。同时，刘武导演还利用空闲时间，时常奔走于花园村各个角落，寻找、挖掘、整理花园村的故事，作为持续创作的养料。在接受采访时，刘导演提到："我在采访中得知，尽管花园人当时很穷苦，但在邻村的池塘田里抓泥鳅时，从来只捉泥鳅不抓鱼。"花园人这种优良传统，至今还在激励着花园村的发展。他从中获得灵感，谱写了一首名为《祖辈传承的秉性》的曲子。② 在他的创作支撑下，花园艺术团先后演出了《花园，我们的骄傲》《永不停息的花园梦》等一系列具有独创性、"花园味"的高质量作品。

数年时光里，花园艺术团同心协力、砥砺前行，获得了多项荣誉。2013 年，花园艺术团在浙江省社会艺术团体舞蹈类大赛中荣获金奖；2015 年，花园艺术团的舞蹈节目登上央视三套的《星光大道》，获得一致好评；2016 年，花园艺术团在全省近 1000 家民营文艺表演团体中脱颖而出，被评为年度民营文艺表演团体"优秀剧团"。

---

① 吴浩宇：《花园艺术团 13 天连续演出 24 场》，《花园报》2019 年 8 月 6 日第 2 版。
② 邓国芳、王江红：《花园工匠　雕琢梦想——夜色中，触摸浙江美丽乡村的灵魂》，《浙江日报》2016 年 5 月 3 日第 9 版。

花园艺术团迄今为止最为"高光"的时刻是在 2019 年 10 月 1 日庆祝中华人民共和国成立 70 周年庆祝大会群众游行活动中,代表浙江的彩车"潮涌之江"号上 8 名展演人员全部来自花园艺术团。

花园艺术团参演人员在展演前的 20 多天就早早来到北京进行紧张的训练,成为浙江彩车上的一道鲜亮色彩。其中,活泼可爱的机器人"西子",为杭州西湖代言;两名阳光帅气的"快递小哥",抒发了"中国快递之乡"的自豪;演员们摇动着拨浪鼓,是在向"鸡毛换糖"的义乌商人等改革开放先行者致敬;两名杂技演员则做出勇立潮头造型,与彩车上的红船浪花相呼应,展现了浙江人奋力拼搏、不畏艰苦的精神。[①]浙江的彩车和车上代表浙江人民"求真务实、诚信和谐、开放图强"精神的演员们赢得了中央、省委领导的充分肯定与彩车部专家、广大干部群众的一致好评。

为此,2020 年春节前夕,浙江省庆祝中华人民共和国成立 70 周年群众游行彩车设计制作工作专项小组办公室专门发来感谢信,感谢花园艺术团演员出色完成庆祝中华人民共和国成立 70 周年大会群众游行浙江彩车主题为"弄潮"的演出任务,对花园艺术团团长朱华萍及演员朱登胜、刘康康、姚云飞、赵傲帅、都一凡、董利君、吴诗琪、戴泽峰等同志表示衷心感谢,并致以崇高敬意。[②]

国庆 70 周年庆典,当来自花园艺术团的 8 位演员在代表浙江的彩车上展示前行时,邵钦祥书记作为全国先进基层党组织代表,受到中组部邀请,也正在天安门旁的观礼台上全程现场观看国庆大阅兵和群众游行活动。在这个特殊的历史时刻,9 位花园人在天安门广场上的特殊"相逢",为花园传奇又增添了一抹绚烂。

---

① 翁浩浩:《"潮涌之江"号诞生记　揭秘亮相群众游行活动的浙江彩车》,《浙江日报》2019 年 10 月 2 日第 6 版。
② 周振平:《花园艺术团出色完成彩车展演　省里发来了感谢信》,《花园报》2020 年 3 月 4 日第 2 版。

第三章　花园村礼俗信仰

花园村在城镇化进程中，仍然保留了许多过去乡村田园时代的文化元素与礼俗传统。通过对村庄文化传承的纵深观察，在婚礼、丧葬、寿诞等礼俗仪式中，旧的礼仪形式与社会道德基础被纳入了时代的新元素，形成兼具文化传承与开放包容的乡风文明新风尚。在以中国农村博物馆为代表的新文化图腾引领下，各种礼俗信仰将对花园村乡风文明的成熟发展提供新时代的价值内涵。

第一节　婚丧节庆礼俗

一、婚姻礼俗

旧式婚姻，讲究门当户对，俗话说"穷人难好配高亲，矮人不可坐高凳"，同姓不婚，讲究辈分、年龄、属相、生辰八字，有"鸡兔不合笼""龙虎斗""双狗咬骨头"和"只可男大七，不可女大一""三、六、九不能相配"等说。青年男女完全遵循"父母之命，媒妁之言"，直到"五四"运动以后，先进的知识分子提倡女性解放，情况才稍有改变，但在农村却仍然是包办婚姻。

旧时代婚俗有一整套繁文缛节，还有不少带有性别歧视的规矩，一对青年男女结成夫妇是"明媒正娶"的，一般要经历托媒、相亲、行聘、约娶、送嫁、囡酒席、迎亲、洞房、谢贺、看女儿、谢媒人整个过程。

花园村的婚姻礼俗与东阳和金华地区大致相近，区别仅体现在所用具体器物和食物方面。花园村的独特风俗是新郎的后生伙伴"逗新孺人"，就是待新郎新娘进入洞房后，新郎的后生伙伴伺机偷偷进入新房，拿出新娘一样东西后走出新房，放鞭炮告知。第二天，新郎新娘扛着装着香烟、糖果、花生的小方篮"讨取"，后生们则敲锣打鼓庆贺"逗新孺人"成功。①

根据本地风俗，在结婚喜宴中还有"拜郎舅"这一喜剧性节目，早年是拜丈人的，20世纪70年代以后全改为"拜郎舅"（除非郎舅年龄太小，才由岳父代）。开宴半小时后，喜欢看热闹的年轻人按着新郎的头向"郎舅"跪地三拜，有的郎舅年纪比新郎小，觉得姐夫行这样的大礼不好意思，坚决不让拜。这样就非常热闹了。郎舅接受大礼后，要分"红包"，红包一般都很丰厚。

1950年8月，《中华人民共和国婚姻法》颁布后，花园村有好几对青年男女破除同姓不婚的旧伦理观点，自由恋爱结婚。过去那种三聘六礼、坐花轿、拜天地的繁文缛节及论辈分、分尊卑的封建礼教等被革故鼎新。20世纪50年代初期，有敲锣打鼓扭秧歌迎亲的，也有由几个新娘伙伴陪同新娘出行到男家结婚的，既不请客，又无妆奁，一切从简。在农业合作化时期，新郎新娘今天结婚，第二天一起下地劳动，新事新办，比比皆是。

改革开放以后，花园村婚姻礼俗逐渐与城市接近。过去基本都是在村民家中举办婚宴，20世纪90年代以后，人们生活条件大大改善，婚嫁讲排场的日益增多，接新娘用小轿车，运妆奁用大汽车。妆奁中高档家具、家用电器一应俱全，甚至有小轿车陪嫁的。还有家境富足、又有标新立异癖好的殷实农户，动用"驷轿"接新娘，一路吹吹打打。随着花园宾馆等拥有气派大厅的餐饮场所建成，越来越多的年轻男女选择在酒店举办婚宴。而且花园集团一直将关心企业员工婚礼作为重要工作，除了送上礼金，主要领导一般也会到场祝贺。

2018年8月17—19日，花园村举办了为期三天的花园首届婚博会。婚博会在花园商业中心举行，品牌婚庆商家齐聚，举办了十里红妆街头快闪、主题婚礼婚纱秀美、相亲大会节目互动等主题活动。婚博会旨在积极推广"文明婚礼、文明婚宴"的婚俗文化新风，倡导全社会进行"婚事新办、婚礼创新"。同时，婚博会以新婚消费为导向，创新产业营销模式，横向结合结婚产业链上的婚纱生产、婚纱摄影、婚礼策划服务、婚宴服务、新婚服务和产品服务，纵向集聚各行业中最具影响力的强势品牌企业，致力打造一站式婚庆资讯平台。②

---

① 浙江东阳市花园村村志编委会：《花园村志》，花园集团档案室藏，2014年，第246页。
② 陈晓：《十里红妆倾城为你　花园首届婚博会盛大举行》，《花园报》2018年8月24日第2版。

二、丧葬习俗

新中国成立前，东阳农村地区的丧葬仪式相当繁杂，而且皆带迷信色彩，长辈过世，礼仪尤其讲究。整个葬礼仪式要经历送终、送活无常、下地、超度、成殓、出殡、驱煞、领神主牌、谢客、送火种、祭七等步骤，有相当严格的仪式要求。

花园村过去有一个约定俗成的规矩，就是人死了以后，亲房中的尊长会不邀自来，会集在死者家中，商量如何办理后事，把讣告报丧、记账、采购、厨房执炊、抬棺、做坟等各种执事都安排得井井有条。本家众人皆义务帮忙，谁也不会推辞。亲房一般不送吊仪，亲戚按惯例担豆腐一担（10斤以上），因而办丧事户不必做豆腐，也不用买豆腐。

在出丧队伍起行前，花园村有"送灯"习俗，即点燃一对大红烛，将置放在棺材头前边的"材头饭"分送到各个儿子房内。送丧队伍有一定的次序，走在最前边的是分路纸人，其次是执旗幡、敲大锣和小钹的人，再就是直系亲属妇女、本家同房妇女和亲戚中妇女以哭相接。然后是亲属、亲戚、朋友头戴头缚、身穿白长衫的队伍。孝子则身着麻衣，手提香碗篮、哭丧棒走在灵柩前边。灵柩一到坟地，送丧人手接手在新坟前绕三匝，边哭边拾土块掷向柩边，然后解去头缚，脱却素衣，将事先备着的"长命线"吊在胸前的纽扣里，长子捧遗像（旧时为木主）置放回灵堂。①

新中国成立以后，破除迷信，丧事从简办理，既不讲排场，又不讲迷信，送礼烧香，大多不苛求，和尚道士基本绝迹，只有亲戚担豆腐及自家同房同族义务做坟、抬棺材的风气仍在。改革开放后，遇有丧事，至亲好友送花圈、戴黑纱表示哀悼，丧仪稍有变化。20世纪90年代以后旧俗复萌，办丧事相当隆重，道士重操旧业，丧事办得同喜事一样有排场。但花园村办丧事比较文明，去世的老人都由老年协会会员护送骨灰盒到公墓上。花园村《村规民约》提倡勤俭节约，反对婚嫁、丧葬大操大办。

花园村过去一直通行土葬。1949年以前，土地私有，各家各户墓地很分散，有的葬在田头中间，有的葬在地塔坎或矮山坡上。1958年，花园村结合农田水利建设，有过一次移坟上山运动，但没有集中在一块山头上。1995年，花园村两委

---

① 浙江东阳市花园村村志编委会：《花园村志》，花园集团档案室藏，2014年，第251页。

会决定在加朗塘建设公墓，将散落在各处的坟大多移到公墓。1997 年，东阳市人民政府颁布《推行火葬废除土葬》通告，并在后岭山建成火葬场。此后，花园村有死亡者都由运尸车送到后岭山火化，骨灰安葬在公墓。2002 年，车屋的坟也全部移到公墓上。2017 年第二次并村之后，通过统一规划，在青龙、溪陂下小区建设能容纳 5000 个墓位的 2 座生态公墓，逐步将 9 个新并村区域内的零散墓穴迁移入内。①

三、生日寿诞

花园村人生日这一天要吃面条，俗称"长寿面"，在碗底埋鸡蛋两个。逢十称大生日，30 岁前不能称寿。送贺礼俗为"十岁廿岁外婆担，三十四十丈母担，五十六十女婿担"。50 岁以前不尚贺寿，古人以干支纪年，60 年为一甲子，年届六十满花甲，所以才能做寿贺寿。本地风俗是 40 岁不能做生日，有句俗语说"贺三不贺四，贺四要淘气"。其原因是"四"与"死"谐音。60 岁以上贺生日，称为贺大寿，亲戚、本家、朋友都要送贺礼，女婿除担生日粽、送衣料之外，还应担生日酒，送寿对寿轴。②

花园村人不热衷于做寿，尤其是年纪大的老人不喜欢贺寿，有种迷信说法，贺寿排排场场，让阎王知道了，要请他回去。此外还有一个规矩，做寿的日期可按出生的月、日举行，但绝对不能提前，提前就是"抢寿月"；而延迟就是延寿，是吉利，所以一般做大寿在生日以后举行。

在旧社会，花园村民生活普遍贫穷，几乎没有人家做得起寿。改革开放后，花园村民生活水平有很大提高，操办寿宴、聊表孝心成为越来越多人家的做法。2000 年农历正月，花园村中邵宏星、邵宏弟、邵宏乐、邵宏相、邵满红兄弟五人为母亲施三莲贺七十大寿，在正月初八、初九、初十三天，请浦江婺剧团来演三天三夜戏。此外，还给花园老年协会的每一位会员赠送蛋糕。"五子拜寿不设宴，请来剧团演戏文"成为花园村的一段佳话，也让花园村尊老、敬老、爱老、养老的风气得以弘扬。③

如今不仅花园村老年协会会每月为老年人举办集体生日，在老年人过七十、

---

① 朱榕贵、孙新萍、王江红：《新"1+9"，凝聚打造世界名村的强大力量》，《花园报》2017 年 8 月 26 日第 1 版。
② 浙江东阳市花园村村志编委会：《花园村志》，花园集团档案室藏，2014 年，第 249 页。
③ 公木：《邵家玉兄弟文明贺寿　增辉乡里》，《花园集团报》2000 年 3 月 1 日第 2 版。

八十、九十大寿时，村集体还会送上慰问金。花园集团各下属企业也时常为员工组织集体生日，除了送上生日蛋糕，一碗在碗底埋了两个鸡蛋的长寿面也成为生日仪式中的固定项目。

第二节　新精神图腾：中国农村博物馆

2013 年 10 月，花园村为了提升村庄整体文化软硬件设施，利用花园小区旧村改造契机，投资 1.2 亿元建设花园文化广场，其中包括中国农村博物馆、花园剧院、花园图书馆等以繁荣村庄公共文化服务为目标的建筑群。其中，中国农村博物馆是花园文化广场的核心部分，共有三层，布展面积达 3200 平方米。博物馆设有前言序幕馆、政策制度馆、农村变迁馆、农村民俗馆、中国名村馆、中国江河源头馆、百村名印馆、领导关怀馆、村长论坛馆及花园村馆等分馆，以理论实践、制度发展、实物影像等形式，展现自新中国成立以来不同时期党和国家农村政策制度的变化，突出以名村为代表的中国现代农村的发展历程和发展成就。花园村以一村之力建设运营这样一座全国性的农村博物馆：一是记录中国农村的发展历程，保护和利用好农村文化资源；二是推进花园村的文化建设，将名村的发展经验和成果转化为村庄持续发展的智慧财富；三是提升花园村的整体文化品位，为花园旅游产业提质增量提供具有文化内涵的参观点。[①]

中国农村博物馆的馆名由"中国农村改革之父"杜润生先生题写。前言序幕馆内左边有孙中山、毛泽东、邓小平三位伟人的铜像，基座上分别刻有"天下为公""为人民服务""发展才是硬道理"等经典名言；中间 56 个民族图腾被雕刻成两圈，寓意民族大团结；右边习近平总书记"中国要强，农业必须强；中国要富，农民必须富；中国要美，农村必须美"的指示被鲜明标出；四周以青铜浮雕展现各种"三农"故事。

政策制度馆内陈列中央一号文件复印件、农村改革发展功勋人物资料及部分见证农村发展的历史实物。农村变迁馆主要展示民国时期流通货币、一至五套人民币、全国流通粮票及各省地方粮票等实物，着重介绍改革开放使农村发生的巨

[①] 严红枫、严蓓蓓、王江红：《见证农村现代化进程——访中国农村博物馆》，《光明日报》2014 年 7 月 21 日第 7 版。

大变化，还用各种历史文物展示华夏文明的发展历史。农村民俗馆陈列着各种农民生活器具及农村农家物件等，还原了旧时江南农村百姓生活场景。中国名村馆展示 35 个中国名村的发展成就，特别是中国十大名村及中国功勋"村官"形象，创新应用景德镇瓷器描绘这些名村的风貌，对联书法展示这些名村的内涵。中国江河源头馆，陈列根据全国 33 个知名江河源村庄的美景、人文、风情创作而成的陶艺作品。百村名印馆陈列全国 108 个村庄的文化名片及具有各自特色的印章，同时用 16 个字浓缩出各自村庄的优势和特色。领导关怀馆完整呈现历届党代会的文献资料，展示各级领导对中国农村、农业、农民的重要批示，以及新中国成立以来历任农业部部长的相关资料。"村长"论坛馆以实物和资料展示全国"村长"论坛发展历程及历届盛况。花园村馆以花园村大规模旧村改造为切入点，呈现花园村 30 多年来社会主义新农村建设、美丽乡村建设及农村城镇化建设的伟大功勋和历史印记，还展出了 56 个民族村庄代表留给花园村的祝福。此外，还介绍邵氏祖先邵雍、新闻先驱邵飘萍的生平事迹，以及花园村工业化起步时花园服装厂所用的缝纫机实物。①

2017 年中国农村博物馆被浙江省社会科学界联合会确认为第七批"浙江省社会科学普及基地"。同年，中国农村博物馆增设了中国十大国际名村展区，用图腾和木雕相结合的方式展现花园村发展理念和建设成果；增加了广东十二生肖陶瓷制品、河南汝瓷国家级大师作品及海南村庄地方性特色藏品等；重新规划设计少数民族馆，搜集收藏了各少数民族非物质文化遗产物品或者特色手工艺品等；在名村馆和少数民族馆增设了动态展示区域，丰富了展览内容。②

第三节　民间信仰与宗教活动

新中国成立前，花园村本地的神祇主要有城隍老爷、灶君菩萨、关公、胡相公（胡则）、朱相公等，还有本保神。本保神俗谓大上选派的专管本村事务的神。本保神都有名有姓，一般不列入宗教经书，系民间自造而成。花园村庙本保殿塑

---

① 王江红：《走访中国农村博物馆　见证农村现代化进程》，《花园报》2014 年 9 月 22 日第 2 版。
② 吴浩宇：《乡村振兴　文化先行　第四届中国农村博物馆年会暨乡村振兴（花园）论坛举行》，《花园报》2018 年 1 月 24 日第 1 版。

着关公，周边本保殿塑土地公、朱相公、王罗庆等神像。新中国成立以后，本保殿的神像全部被推倒，民间宗教活动基本被废除。改革开放以后，宗教政策逐步放宽，周边许多村庄重建本保殿，重塑本保神。一些村民恢复了拜观音、拜胡公的民间信仰。

还有少数村民从事拜七佛、拜星等民间宗教活动。拜星要做斗，相传有助于元辰焕采、祛灾趋福、祈求平安、延年益寿，但花费很大，动辄上万元，即便简单一些也要数千元。[1]

自 2004 年并村以来，为了整合原来各村小庙，顺应花园村民意愿，弘扬中华佛教文化，花园村于 2007 年 10 月在花园迎灯山兴建南山寺。南山寺于 2009 年 1 月 9 日建成开光，占地面积 100 多亩，主要建筑有大雄宝殿、天王殿、山门殿、药师殿、伽蓝殿、三圣殿、地藏殿、万佛殿、五百罗汉堂、钟楼、鼓楼，主体以木结构传统建造工艺建造，梁柱全部采用进口的大型优质木材，精雕细绘，光彩夺目，气势宏伟，蔚为壮观。寺内最高的金身释迦牟尼佛像高达 9.88 米，还有数十尊高度均在 2.88 米以上的佛像，神态各异，各具特色，此外还建有牌坊、亭阁、放生池、僧房、设备齐全的居士楼等。

南山寺致力于为广大信徒及社会大众举办各种法事活动和佛法讲座、佛学研究，提供急难救助、老年关怀、济助贫困信众服务，每月举行两次共修法、新年三千佛祈福平安法会等。[2]同时南山寺也成为并村后，花园村各小区居民共同进行佛教仪式的场所，有利于新老花园村民形成共同体认同。同时，花园南山寺作为花园村 4A 级旅游景区的一部分，既成为广大游客游览的好去处，同时也为弘扬宗教文化发挥了积极作用。

---

[1]　浙江东阳市花园村村志编委会：《花园村志》，花园集团档案室藏，2014 年，第 252 页。
[2]　应展羽：《花园南山寺万福塔、财神殿落成开光　赏花园风光又有新去处》，《花园报》2017 年 1 月 17 日第 2 版。

专

题

一

篇

众心成城

共谋未来

村　域　　城　市

村与城的鸿沟并非不可逾越，两者之间的差别主要体现在产业就业、基础设施与公共服务上。本篇围绕"由村庄主导的就地城镇化何以可能"的问题展开。第一章结合对宏观背景、产业基础和发展短板的分析，提出各类"超级村庄"只有在满足特定空间条件下，持续优化产业结构、提升治理能力、完善公共服务、美化生态环境，方能实现高质量的内源性就地城镇化。第二章通过梳理花园村在产业结构、基层党建、社会治理、生活宜居、生态建设方面的经验，分析花园村能够收获村域城镇化骄人成果的内在原因，并从融入周边城市群、发展战略性新产业、提升城镇治理能力、吸引外来人才流入等角度为花园村高质量实施村域城镇化提供相关建议。

第一章　超级村庄的产业基础与发展选择

　　周虽旧邦，其命维新。改革开放的历史机遇让古老中华大地崛起了众多力争实现现代化的村庄。从人口流动的角度来看，中国的工业化、城镇化进程不可阻挡地将农村人口吸引集聚到城市地区，从而造成大量村庄出现人口"空心化"危机，甚至有可能使村庄在未来消失于历史长河之中；也有一些村庄曾经抓住过机遇，通过新办乡村工业、发展乡村旅游业、经营特色农业等途径在短时期内实现了快速发展，可最终因为无法在既有发展基础上寻找到产业升级路径而停滞不前。只有很少一部分村庄能够在"内源性发展"路径上主动探索，进行持续的经济发展与产业升级，进而实现内源性的"就地城镇化"。为了对这类村庄进行类型化分析，在此引用超级村庄的概念进行初步概括。[①]

第一节　从超级村庄到村域小城市

　　超级村庄虽然在行政区划上仍属于一个村级建制组织，其户籍人口数量通常不会超过 1 万人，辖区范围通常不会超过 10 平方千米。但改革开放 40 年来的实践，使得一些经济总量、常住人口规模已经超过普通乡镇体量的超级村庄在各地发展起来。通过有限的归纳总结，超级村庄一般具有以下三点特征：一是主导产业非农化；二是空间开发城镇化；三是人口净流入。如果将这三个标准进一步操作化，可以表现为单位空间上生产总值、固定资产投资强度、常住人口数量接近乃至超越同一地区城镇平均数值。

---

① 折晓叶、陈婴婴：《社区的实践："超级村庄"的发展历程》，浙江人民出版社，2000 年，第 5—10 页。

而空间产值、固定资产和常住人口这三个标准也是超级村庄发生内源性"自然城镇化"的重要前提。2020年，浙江省发展改革委启动第四批省级小城市培育试点申报工作，在全国率先面向"特大村"开放小城市培育试点资格。其申报要求村庄距县城10千米以上，特色产业、历史文化、旅游开发、生态文明等若干方面在全国具有重要影响力，并且明确要求"常住人口3万人左右且近3年为净流入"，综合发展实力超过一般中心镇。① 这也是通过政策创新的努力，为超级村庄的"自然城镇化"提供政策支持，通过政府相关部门与村庄治理主体之间的协作，为村域产业持续发展、村域配套基础设施建设、村域公共服务条件改善、村域治理能力提升进行创新探索。

培育有条件的超级村庄成长为村域小城市，其根本原因在于我国存在"工业化超前，城市化滞后"的现象。以2015年GDP中第二产业所占比重来看，中国是40.9%，世界平均是27.1%，而发达国家七国集团（美、英、德、法、日、意、加）是23.7%，中国的工业产值占比远高于其他国家；而2015年以常住人口测算的城市化率，中国是55.6%，世界平均是53.8%，七国集团的平均值在80%左右。更严重的是，如果仅以户籍人口计算，2015年中国的城市化率只有41%。这说明近年来加快推进城市群和都市圈建设，推动城镇落户，完成"1亿人口"落户目标是基于宏观特征的科学判断。相对于在没有产业基础的情况下，单纯依靠政府规划、财政投资或房地产开发，很容易出现决策失误，人为制造出"鬼城"。众多或成功或失败的经验表明，城镇化不是简单的复制过程，而是一个需要不断生长完善的复杂生态系统。而基于超级村庄加以政策引导，使之凭借既有的产业优势，进一步发展完善城镇化建设所必须有的交通、住房、公共服务、社会治理和生态环境条件，则能够培育出更具"内源性发展"动力的新城镇。

第二节　超级村庄城镇化的产业基础

村庄是社会生产力发展到一定阶段产生的以农业生产为主要功能，相对独立的，具有特定经济、社会和自然景观特点的居民聚落居住状态和社会分工单元。从人类社会进入工业化以来的发展规律看，发达国家绝大部分的劳动人口和产出

---

① 符静、马华芳：《省级小城市培育试点又"招生"了》，《嘉兴日报》2020年4月14日第2版。

集中在城市，发展中国家的人口主要集中在农村。由此大致可以得出结论，经济发展过程的一个显著特征是城镇化，既包含原有的城市规模进一步扩大，也包含一些农村受各种因素影响而成长为城镇。城镇化的特征之一是人口的迁徙，而能够吸引人口迁徙的主要原因来源于产业的发展，尤其是非农产业的发展。在现代社会以前，除了国家强制的行政安排和军事防御的考虑，城镇化的动力主要来自于新开采矿藏或贸易集市的扩大；而到了近代，促成城镇化的主要力量则来自于工业化和大规模货物贸易的发展。

从产业基础的角度分析超级村庄出现的原因，主要是很长一段时间内在城镇化发展的思想与实践上犹疑不决。新中国成立之初，为了在极端落后的基础上建设一个基本完整的工业体系，我国选择的是优先发展重工业企业，发展生产型的工业城市，对农村人口迁向城市并没有做出禁止性规定。但随着粮食统购统销中的失误，以及受到"大跃进"、浮夸风等一系列"左"的错误思想的影响，城市粮食供给多次发生紧张，城乡人口流动机制逐渐被城乡分割的户籍制度所取代。因而"大跃进"后直至改革开放的20年时间里，除了少数地方因三线建设需要而组建了新的城市，广大农村地区是按照人民公社体制，在保持农业生产为主体的结构下，适当增加小钢铁、小煤矿、小机械、小水泥、小化肥等"五小工业"。但由于缺乏资金进行基础设施建设，劳动力基本仍然依据各生产队而分散居住，人民公社并没有成为推动农村地区城镇化的力量，反而使城乡差距进一步拉大，二元经济结构加深。

改革开放之后，乡镇企业的快速发展为解决农村富余劳动力就业问题提供了就地实现工业化的方案，由此派生出限制大城市规模、重点发展小城镇的城镇化理论观点。这种观点与沿海地区，尤其是长江三角洲、珠江三角洲农村地区工业规模迅速扩张的分散式城市化特征比较吻合。但是低成本工业化后来也被众多实践证明，难以成为促进城镇化的有效动力。比如以单一资源集聚为特征的"块状经济"，产业链条偏短、分工程度低，并不利于形成第二、三产业协调发展的外部环境。随着20世纪90年代大多数乡镇企业或是解散，或是搬入工业园区，原本支撑乡村各项事业的经济力量出现了很大衰落。进入21世纪以后，除了部分处于城市近郊的村庄依靠集体土地经营获得高昂租金收入，相对独立于都市圈或城市群之外，拥有相对发达的产业基础的乡村已经非常稀少。

随着空间集聚进程的演进，中国经济增长对土地、能源、环境产生的压力越来越大。在发挥城镇化对经济拉动作用的同时，合理布局大中小城市共同发展，使新型工业化、信息化、城镇化共同成为推动经济可持续增长的力量已经成为共识。党的十八届三中全会提出，推进农业转移人口市民化，逐步把符合条件的农业转移人口转为城镇居民。创新人口管理，加快户籍制度改革，全面放开建制镇和小城市落户限制，有序放开中等城市落户限制，合理确定大城市落户条件，严格控制特大城市人口规模，预示着农村地区人口迁移将迎来新一轮热潮。

从目前的政策实践来看，虽然已经有浙江温州龙港撤镇设市的前例，但超级村庄是否具有就地城镇化的条件还需要从其产业基础加以分析。从经济学上分析，人口和资本向城市集中，是由于生产要素在空间上的聚集所产生的外部效益，以及城市的先进文化、生活方式等所产生的城市引力。超级村庄是否具备城镇化的条件，不仅取决于其产业基础非农化的程度，还要看其生产要素的空间集聚是否能产生足以抵消人口迁移成本的外部效益。

为此，在这里选取 2016 年的中国名村影响力评价中排名前 10 位的村庄进行定性分析（表 6-1）。2016 年的中国名村影响力评价是由中国村社发展促进会特色村工作委员会、同济大学现代村镇发展研究中心、亚太农村社区发展促进会（APCRD）中国委员会和中华口碑中心（CPPC）共同推出的村庄发展评价指标体系。该指标体系从村庄发展指数、民生指数、管理指数、魅力指数、绿色指数和口碑指数的综合因子展开评价，其评价不简单取决于人均 GDP 或人均收入，也不仅取决于经济总量和人均经济量，而取决于这个地方的自然环境、居住条件、安全状况、人际关系，以及村民气质、精神状态、主人翁感等。[①]

表 6-1　2016 中国名村影响力排行榜（前 10 名）

排行	村名	CVI 指数
1	江苏省江阴市华士镇华西新市村	93.63
2	山东省龙口市东江镇南山村	92.07
3	浙江省东阳市南马镇花园村	91.88
4	山西省昔阳县大寨镇大寨村	91.86
5	浙江奉化区萧王庙街道滕头村	91.66
6	上海市闵行区七宝镇九星村	91.63
7	陕西省宝鸡市金台区东岭村	91.35

---

① 王江红：《2016 中国名村影响力排行榜（300 佳）发布　花园村稳居全国第三位》，《花园报》2016 年 12 月 16 日第 1 版。

续表

排行	村名	CVI 指数
8	浙江省杭州市萧山区瓜沥镇航民村	91.33
9	山西省阳城县北留镇皇城村	91.28
10	江苏省张家港市南丰镇永联村（社区）	91.17

　　在排名前 10 的中国名村中，大部分村庄的产业结构都经历了从劳动密集型、高污染工业向技术密集型、生态友好工业的产业升级，以及从以第二产业为主导向一二三产业协调发展的产业结构调整。进一步来看，上海闵行九星村、陕西宝鸡东岭村、浙江杭州航民村都处于城市边缘地带，周边基本已经被城市商业建筑包围；浙江宁波滕头村距离奉化城区边缘地带也不到 1 千米。而山西昔阳县大寨村和山西阳城县皇城村地处山区，很难进一步拓展城镇化发展空间。只有江苏江阴华西新市村、山东龙口南山村、浙江东阳花园村、江苏张家港永联村具备辐射周边区域、吸引人口迁入、具有稳定产业增长的内源性城镇化条件。

第三节　村域小城市建设需要补齐短板

　　从目前来看，超级村庄无法完全等同于小城镇。超级村庄除了行政架构上是由村两委在村民自治的框架下履行村域治理与公共服务职能，在产业结构和公共服务水平上仍然具有需要进一步发展完善的内容。超级村庄能够吸引大量外来人口前来就业创业，其根本原因还是在于村域主导产业能够提供大量的生产性岗位，而且其创新驱动发展能力和公共资源配置效率也能基本满足大量非户籍人口的日常生活需要，但仅限于基本满足日常生活需要，并不足以让村庄居民和外来人口获得幸福满意的生活。举例来看，在改革开放前 20 年中，珠三角、长三角地区以外向型经济为主导的劳动密集型产业，也使得部分村庄曾经吸引了数以万计的外来务工人员在当地工作、生活。但缺乏科学统一的规划，缺少教育、医疗、文化等基本公共服务设施，村两委的治理体制和治理能力与大规模外来人口管理的现实要求相脱节，导致部分村庄成为"工厂 + 宿舍"的非常规状态。在区域产业结构上，第二产业一直占据主导地位，而第三产业却因缺乏必要的场地设施、交通条件和消费人群，始终在低发展水平上徘徊。在区域空间结构上，在空间人口密度因外来产业工人涌入而大大增加的情况下，原有的道路，供水、供电、供气等基础设施，以及医疗、教育、治安、消防等基本公共服务如不按照城镇的标准予以提升，势必导致区域居民和外来人员生活品质降低，安全难以得到保障。在部分超级村庄中甚至出现大量村民搬离社区，去城市定居的现象，其背后的机理仍然是"工业化超前，城市化滞后"。

如何让城镇化接续工业化，成为经济社会发展的新动能，是村域小城市建设力图破解的发展瓶颈。从实现包容性可持续增长的角度分析，超级村庄要实现高质量的城镇化发展至少需要在优化产业结构、提升治理能力、完善公共服务、美化生态环境上取得突破。

在产业结构上，需要依托技术进步和发展第三产业来提高超级村庄单位空间的产值。发展经济学的索洛模型将经济增长分解为"要素投入增长"和"技术进步"两部分。过去一些经济学家认为，超级村庄中的工业产值提升，主要来源于要素投入增长，而非技术进步。但事实上，大多数超级村庄在实践中通过引进成套设备、完善基础设施、增加配套生产要素投入，其劳动生产率也在不断提升。而一些超级村庄的当家人也开始认识到，通过对"自然城镇化"过程进行规划和投资，有助于促使村域第三产业快速发展，为经济结构优化提供新动能。这两点因素共同作用的结果就是超级村庄中单位空间产值提升仍然具有较大潜力。概括来说，就是从生产空间的非农化，进一步向高技术、高附加值产业升级，并逐步增加第三产业所占比例。

在治理能力上，需要改变传统村庄"无为而治"的治理思路，在强化党建引领的基础上，引入网格化管理，不让一片空间成为治理的"法外之域"。通过学习借鉴城市管理经验，结合法治、德治和自治"三治融合"的治理结构，积极引进高科技指挥监控平台，提升预防和处置社会稳定风险及突发公共安全事故的能力。在不增加地方政府执法力量的背景下，通过提升网格员专业素养，做到巡查全覆盖、问题早发现；并组织治安、联防、民兵等辅助力量，通过规范化训练提升业务能力，达到小灾小险能自我处置，中灾中险能初步控制的应急保障水平。同时在外来人口集聚区域，以培育行业自律组织，制定章程和规范做到自我管理、自我监督，充实基层治理的主体。概括来说，就是从无为而治转向以法治村，从重点防控转向全面监控，从事后处置转向事前预防，从临时动员转向日常预案，以应对从邻里相识、守望相助的熟人社区向互不相识、依法办事的陌生人社会的转变。

在公共服务上，以人民福祉和人民需要为优先，投入财政或集体资金，按照常住人口聚集空间分布，新建、改造教育、医疗、文化等公共服务设施。同时在各项政策上分别给予民办教育和医疗机构同等的办学、办医条件，并对在农村地区投资兴办医疗卫生和教育机构的项目予以经费补贴及从业人员奖励，促使民办机构能够弥补公办机构的不足，为农村居民和外来人口提供必要的医疗及教育服务。积极探索户籍制度改革，将村民享受村集体经济福利的资格与户籍身份脱钩，让外来人口能够在超级村庄中落户，并享受由政府财政经费所保障的基本公共服务。在保证空间规模优势的前提下，不断提升教育、医疗、养老等公共领域的服务质量，使村庄居民与外来人口均能享受高品质的公共服务，在一定程度上缓解优质公共服务资源被城市所垄断的发展不均衡现象。概括来说，通过努力打造不亚于城镇的公共服务品质，吸引更多人才在村庄中就业创业、安家落户。

在环境美化上，以区域功能规划为先导，结合特殊地形地貌特征，以及历史要素，合理规划各功能区用途。通过土地集中开发，节约土地资源，优化道路交通、供电供水的基础设施条件，在有条件的地方实现"上改下""白改黑"，安排专业队伍负责环境清洁和绿化维护。实施区域统一环境影响评价机制，合理规划环保处理设施，集中处理村庄工业园区产生的废水、废气、废渣等环境污染物，尽可能将对环境的不利影响降到最低。通过营造人工自然景观，提升村庄绿化水平。以花园型城镇为目标，结合自然景观打造风景区和日常休憩公园，使得空间的生产功能逐渐与生活生态功能相协调统一。同时结合空间开发与利用的实际，对传统独门独户的农居住宅进行改造，适度引入多层公寓和商品住宅，为村域城镇化建设提供多样化的居住安排。概括来说，立足生态规划理念，保护和建立多样化的乡土生态环境系统，充分利用生态技术建设小城镇经济、适用、高效的基础设施，适度打造生态旅游和与主导产业相适应的生态建设特色。

乡村振兴归根到底是人的振兴。村域小城市建设是指在产业非农化的既有基础上，通过协调推进空间城镇化、治理城镇化和人的城镇化，在积蓄内生性的可持续发展动能的同时，保留和创新乡村文脉中具有传承价值与共同体象征的符号元素，为打造村域小城市的独特魅力提供别样的外在形象与内在精神支撑。

第二章　花园村域城镇化道路的特征优势

如前所述，花园村能够成为村域城镇化的先锋与典范，是建立在空间生产方式转变的基础上的，是可持续工业化与新型城镇化共同作用的结果。花园道路的基本特征，体现在产业结构、空间规划、党建引领、基层治理、文化自信等"五位一体"全面振兴的各个方面。在持续推进村域城镇化的建设过程中，花园村的探索经验必将为同类型村庄走出共同富裕、全面振兴的道路，全面展示中国特色社会主义制度优越性的重要窗口特色，提供更多治理经验。

第一节　村域小城市试点的既有优势

花园村隶属东阳市南马镇，位于浙中城市群金义（金华义乌）都市区中南部版块，靠近东永线，距离东阳市区16千米，距离永康市区34千米。花园村处于东阳市南部地区丘陵盆地，周边辐射近100平方千米已开发土地，东临横店镇。在经济社会影响力上具有成长为与横店镇并列的东阳南乡地区副中心的基础条件。

改革开放前，花园村没有公路，没有电，用水困难。以邵钦祥为代表的花园村两委干部40年深耕乡土，走出了一条"以工富农、以商兴村、共同富裕、全面小康"的"花园道路"，实现了"村民比市民富、村容比城市美、生活品质比城市高、田园风光和城市文明高度融合"的"花园梦"。通过综合分析，花园村在产业结构、基层党建、社会治理、生活宜居、生态建设等维度上已经基本具备了村域小城市建设的条件。

一、以市场机制引领产业升级，优化生产要素配置

花园村近 40 年来坚持工业化发展道路，依靠科技创新，成功实现从劳动力密集型产业向技术密集型产业的转型升级。当前花园村形成了"生物医药、新型材料、基础材料、新能源、建筑房产、包装彩印、红木家具、电子科技、旅游商贸、教育卫生、火腿食品、现代农业"等一二三产业融合发展的产业格局。2020 年，全村实现营业收入 610 亿元，村集体收入 1.77 亿元，完成项目总投资 18.6 亿元，花园个私工商户有 2949 家，村民人均年收入达到 14.2 万元，分别是全省同期城镇和农村居民收入水平的 2.3 倍和 4.4 倍，上交东阳税收 2.07 亿元。花园村有国家高新技术企业 5 家，上市公司 1 家，完成股份制改造企业 3 家；有全球最大维生素 D3 生产企业、亚洲最大宽幅铜板带生产企业、全国领先新型墙体材料生产企业及填补浙江空白的高性能铜箔生产企业。

在工业经济的带动下，花园第三产业全面繁荣，通过搭建平台、整合资源，形成了从原木、板材、锯板、烘房、雕刻、油漆到专业市场的红木全产业链。打造了总面积 40 万平方米的全球最大的红木家具专业市场和占地 350 亩的全国最大的名贵红木原木交易市场；建成 3.5 千米的花园红木长廊；基本建成占地 3000 亩的全省农村综合改革集成示范区；花园红木家居小镇已成为浙江省第四批省级特色小镇。花园村解决了几万人的就业问题，不仅带动全村人致富，增加村集体收入，还辐射周边乡镇、农村，吸引了全国各地的人员来花园工作和创业。

二、以整体规划引领功能集聚，提升土地空间价值

花园村通过旧村改造和土地整理盘活了土地资源。2004 年 10 月，花园村第一次一村并九村，根据"合理布局、统一规划、整体拆建、分步实施"的原则分步推进旧村改造和土地整理工作，将全村划分成一产、二产、三产和村民住宅区，整体搬迁 4 个村，整体拆建 4 个村，旧村改造 2 个村。2017 年 3 月，第二次一村并九村后，再次整体规划村民平安居住区、高效生态农业区、高科技工业园区、第三产业服务区等功能区块，已完成整体搬迁 5 个村、整体拆建 3 个村的工作，做到了"一年大变样、三年全变样"。2018 年，加快新并入 9 个村的旧村改造工作，创造了 2004 年并村以来拆建速度最快的成绩，尽早让新并入的村民安居乐业。全年共完成房屋拆迁农户 1619 户、3723.5 间，建筑面积 13.4 万平方米，新安排房屋 3717 间，建筑面积 23 万平方米。

为了节约、集约利用土地，花园村实施空中换地政策。村域范围内21层以上高楼建成并投入使用的有15幢。总投资15亿元、总建筑面积26万平方米的花园商业中心成为周边乡镇的核心商业集群，现在是周边地区环境最好、设施最齐、档次最高，集住宅、购物、餐饮、娱乐、健身、休闲于一体的综合性商业航母，国内外知名品牌苏宁易购、肯德基等首次入驻农村。总投资7亿元的浙师大附属花园外国语学校建成开学，共设110个班级，实现了十六年一贯制教育。浙江农村第一高楼五星级酒店花园雷迪森大世界已于2019年年底建成开业。

三、以基层党建引领全面振兴，促成干群团结一心

花园村始终突出基层党组织的领导核心地位，充分发挥农村基层党组织的战斗堡垒作用和党员的先锋模范作用。第一，高度重视党的组织体系建设，重组党支部，确保组织全覆盖。2004年并村后，花园村党支部升格为党委，下设4个党支部，把原来10个村的党员全部打乱分散到4个党支部。2017年第二次并村以后，新成立2个党支部，并将全村529名党员打乱分散到6个党支部，实行"以旧带新"制，杜绝党组织内部徇私舞弊和拉帮结派现象，促进了各小区党员之间的相互了解、互帮互助，巩固了党组织的领导核心地位。第二，严格执行党组织各项制度，不断提升党组织和党员的能力水平。花园村党委严格督促各支部执行"三会一课"制度、推进"6+1"标准化建设、深化五星积分制度、建设党群服务中心、规范党建宣传栏、设立党员志愿服务站、建立党员联系群众制度、建立党建目标责任制、实行星级支部评定，使党建工作机制落到实处，夯实党建阵地，避免虚化惰化，让党员在农村基层治理和公共事务中发挥先锋模范作用，切实提升党员在群众中的威望。第三，健全村党组织领导下的村民自治机制，全面杜绝贿选、拉票现象。花园村委多数干部由具备企业家精神、有战略眼光、有社会威望的"能人"兼任，少数干部由具备专业知识、年富力强、有服务意识的"管理者"专任。村组织一线工作人员实行全员聘任制，达成决策、管理与服务的优势互补和职责明确。

四、以开放创新引领村域治理，打造平安和谐环境

为了促进并村后各小区村民的人心融合，花园村设计了"一分五统六融合"体制，在明确村集体资产与企业资产产权边界的前提下，对新老小区实行财务统一

管理、干部统一使用、劳动力在同等条件下统一安排、福利统一政策发放、村庄统一规划与建设，保障村集体资源有效整合与新老村民权利平等，促进干部群众团结一心，共同实现花园村发展的远大目标。平等对待户籍人口与外来常住人口，允许外来个体工商户购买旧村改造整理出来的部分宅基地建房，鼓励本村村民将自有住房出租给外来人口，共同居住。花园村成立了纪委、政法办、保卫部、法律事务部、调解委员会、市政管理委员会、花园村治安联防总队、花园社区救援队，及时调处纠纷矛盾，处理各类安全风险隐患，实现了"矛盾不上交，纠纷不出村，村民零上访"。花园村率先在村级实现 95% 的事项"最多跑一次"，显著提升了政务服务办事效率和群众满意度。

五、以勤劳创业引领精神文明，激励共创美好生活

花园村将美丽乡村建设与精神文明建设相结合，以昂扬斗志建设优美环境，丰富精神文化生活。花园村充分利用并村和旧村改造的契机，将道路设施、水电管网、山坡河道、绿化工程、垃圾处理、生态农业一体纳入美丽乡村建设，创建了国家 4A 级旅游景区。在不断提升村民福利的同时，弘扬"勤劳致富、劳动光荣"的创业精神。花园村利用集体资产为村民提供 31 项福利待遇，如村民子女上学实行 16 年免费教育，回村创业的博士生每年奖励 5 万元、研究生每年奖励 2 万元、重点大学本科生每年奖励 1 万元，村民每年享受免费体检等。2018 年花园村制定出台了引进高级人才落户花园村的相关政策，为不同层次的人才设置补贴，为大学生设置回乡创业奖励，建设专家别墅和人才公寓。开办高水平的外国语学校和二级乙等医院，建设运营图书馆、博物馆、游乐园、商业中心等文化娱乐设施。以不亚于城镇的生活品质和优渥的薪资福利，吸引、留住、培育更多高级人才，为花园村经济社会发展和转型升级提供有力的人才支撑。

花园村以搭建平台促进村民创业致富，以集体福利保障村民基本生活的模式，让村民形成了"生活靠集体，致富靠自己"的自觉意识，更多激发村民通过个人努力创造、获取更好生活的干劲和冲劲。

花园村的村域城镇化道路是一条在社会主义市场经济条件下，通过现代企业制度和基层自治机制相结合，走向乡村全面振兴之路；是一条发挥农村基层党组织战斗堡垒作用和党员先锋模范作用，推进法治、德治和自治"三治融合"，促成高效村域治理之路；是一条全面深化改革背景下，"强弱联带、共同富裕"，实现

共富共享之路；是一条在就地城镇化过程中产城联动、融合发展，完善区域城市集群的城乡一体化之路。"花园道路"是中国特色社会主义新时代背景下，实践"创新、协调、绿色、开放、共享"五大发展理念，实现"五位一体"全面振兴的农村现代化的康庄大道。

第二节　花园村域小城市建设的建议

花园村在常住人口规模、区域经济总量、社会治理实践、公共服务和基础设施建设等方面的前期发展，以及花园村作为"中国名村"的知名度和影响力，已经使其具备创建村域小城市的前期条件。但受制于城乡二分的管理体制，以及客观上发展空间的限制，花园村"村域小城市"试点培育工作还面临许多具体而复杂的困难和挑战。勇立潮头，方显担当。在省委、省政府主要领导的关心支持下，在省级相关部门的政策协力下，在金华和东阳两级地方政府的全力统筹下，花园村必然能够在城市定位、产业谋划、规划布局、管理升级等方面做深做细方案，完善顶层设计，打造一座以行政村为基础，在村域范围内建设以村民自治为主的"小而精、小而美、小而富"的村域小城市，为全省乃至全国其他农村地区实现高质量发展提供经验与做法。

一、融入区域城市群，发挥多元辐射力

在高质量发展战略的指引下，城镇化的动力从改革开放初期由低成本工业化驱动的、以单一资源集聚为特征的"块状经济"，逐渐转化为将不同层次的人力资源、消费群体整合在一起的多元化经济。花园村作为新兴的村域小城市，其城市定位不仅是单一产业的资源集中地，也是村域之外更大空间中的经济、社会、文化的空间集聚地。早在 2006 年国家"十一五"规划纲要中就明确，未来推进城镇化的主体形态是发展城市群。要在继续坚持大中小城市和小城镇协调发展的基础上，以城市群来形成高效、协调、可持续的城镇化空间格局。因此，需要跳出一村一域的空间限制，从浙中城市群、金义都市区的宏观空间格局，实事求是地谋划花园村小城市的独特定位。不走功能定位模糊、样貌千篇一律的老路，不走贪大求全、盲目发展的绝路，而是充分考虑周边东阳市南部地区，乃至东阳—永康

城市群副中心区域中的产业结构和新兴产业趋势、常住人口变化和人口流动趋势、消费流向和消费层级趋势、公共服务和文化娱乐方式趋势，从而为花园村域小城市寻找有特色、差异化的城市功能定位。

在周边交通基础设施不断改善的背景下，花园村域小城市在多元功能定位上的影响力和辐射力是反映城市在空间集聚和创新集聚维度上动力与活力的重要标志。世界银行的研究报告（2009）提出"密度、距离和分割"是影响城镇化促进经济增长效果的内在联系"三维角度"。[①] 在城镇化过程中，空间人口密度上升，不仅缩短了信息知识传播的地理距离，提高了城市公共设施及公共服务的利用效率，而且消除了经济联系的地理分割障碍，从而节约了交易成本，提高了生产效率，增加了收入公平的机会。从共享经济的理念看，花园村域小城市不一定要成为常住人口工作、消费、社交、居住、文娱、公共服务等复合功能完全叠加集聚的空间，而可以借助线下实体或线上虚拟的途径，为周边、全国，乃至全球居民分享特定层面功能集聚产生的红利。尤其是在创新在经济发展和社会进步中扮演着越来越重要角色的背景下，花园村域小城市应努力担当创新集聚的使命，在区域范围内借由创新扩散和知识传播，促进区域产业集群结构的升级，最终促进创新集群产生。

二、完善空间大规划，打造六美小城镇

花园村域小城市建设既不是从零起步，也不能零敲碎打，必须在充分研究花园村产业、生态、文化、社会结构特征的前提下，做好顶层设计，整体制定产业发展规划、城市空间规划、社会发展规划、生态环境规划，对村域小城市建设中的城乡建设空间、产业功能空间、公共服务空间、生态环境空间做出合理的布局。可以预期，在未来很长一段时期内，国家对新增建设用地指标的管控必然非常严格。在小城市建设中，花园村必须贯彻节约用地理念，通过全域土地综合整理，盘活现有土地，提升土地使用效率，并且在相关部门的支持配合下，完善宅基地改革、集体经营性用地出让的具体实施细则，为城镇化建设预留一定空间，避免出现土地价值的空间洼地。

在基础设施建设上，花园村已经形成了居住、工业、农业、商贸服务业等若干个功能片区，也初配了水、电、路、气、环保等基础设施，学校、医院、银行、

---

① 世界银行：《2009 年世界发展报告：重塑世界经济地理》，胡光宇译，清华大学出版社，2009 年，第 1—3 页。

图书馆等公共服务设施也相对齐全，具备了小城市培育的基础。接下来，在进一步弥补基础设施和公共服务短板的基础上，对照全国生态环境保护大会及《中共中央国务院关于全面加强生态环境保护　坚决打好污染防治攻坚战的意见》提出的"三线一单"管理要求，配合衔接生态保护红线、环境质量底线、资源利用上线，制定生态环境准入清单的要求，细化对各类空间开发建设活动的限制性要求，从而引导区域和产业的健康发展。参照"百镇示范、千镇美丽"工程的要求，在环境整治的基础上，系统提升城镇产业发展、环境质量和管理服务水平，打造环境美、功能美、生活美、产业美、人文美和治理美的六美"大花园"。

三、合理规划未来产业，发挥规模集聚效应

根据花园村的初步规划，未来 5 年内为了配合村域小城市建设，将计划实施近 50 个项目，投资总计约 230 亿元，其中用于民生和公共设施建设的资金预期也将达到 70 亿元。如此庞大规模的投资，主要由民营企业和村集体资产负担，必须充分考虑未来的投资回报，以及对生态环境可能造成的影响。花园集团需要在维生素 D3 全产业链产品开发、宽幅铜板带、高性能铜箔等高科技核心产业的带动下，围绕国家实施工业"千百亿工程"中的重点高端制造业项目，进行项目可行性分析。充分发挥花园集团产业的行业领域产业链优势，在生物医药、新型材料等领域纵深突破，避免发展大规模消耗原材料、能源、水资源的产业，避免发展高排放、治理难度大的产业，使花园村域小城市的产业结构保持包容性、可持续的健康发展特征，让更多群体能够分享高质量发展带来的就业创业机会。

尽管关于城市最优规模，国内一直未有定论，但不可否认，无论是产业集聚，还是公共服务品质提升都存在规模效应。德国、意大利等欧洲国家通常把 20 万—50 万人口作为城镇的理想规模。因此，花园村域小城市的产业结构必须以服务更大规模的常住人口和流动人口为定位，这样才能发挥城镇化的规模效益。根据金华市统计局发布的 2019 年金华各区县人口统计数据，东阳市和永康市 2019 年年末常住人口分别为 85.04 万人和 76.53 万人，且人口增长速度分别为 0.77% 和 0.34%，仍处于人口净流入状态。但未来花园村域小城市的产业和服务范围，仍然需要大规模辐射东阳市南部和永康市东北部各个乡镇地区。为实现这一发展目标，不仅要打破基层政府基于行政边界各自为政的地方主义陋习，也要各层级政府部门统一认识。浙江省委改革办安排省农业农村厅负责村域小城市试点改革的牵头单位，促进各相关部门携手解决村域小城市建设发展中的现实难题，为这项改革获得成功奠定了政策组织基础。同时，花园村也需要抓紧调查研究，明确哪些具体细节的政策不利于乡村城镇化的发展实践。例如，田氏花园医院在医保报销经费总额、医护人员职称评定等问题上就遇到政策瓶颈，花园外国语学校在学生跨区招生等政策上难以与公办学校公平竞争。这些问题是困扰花园村域小城市高质量发展的现实问题，相关改革探索将为中国乡村就地城镇化提供宝贵经验。

四、促成城镇管理升级，吸引外来人才落户

尽管花园村在村域治理上已经积累了大量先进经验，但从村域治理向城镇管理升级的角度来看，花园村还需要探索三方面的治理能力升级。一是在道路交通管理、行政执法管理、市场监督管理等需要具备特定执法资格的城镇管理场景中，如何通过与地方政府的密切合作，破除体制弊端，增强专业执法力量。二是在户籍管理政策上，如何协调衔接城镇与乡村两种户籍管理政策，寻找更有利于花园村吸引人才落户的政策执行方案。三是在常住人口规模可能进一步扩大、外来人口占比进一步提高的背景下，如何保障村民福利待遇与外来人口基本公共服务权利同步提升，实现村民福利待遇与户籍剥离。

花园村针对城镇治理，已然开始专业化的探索。2020 年 6 月 28 日，花园村正式成立市政管理委员会，下设办公室、规划建设管理处、电气管理处、供水管理处、绿化管理处、环境卫生管理处、督查处等 7 个部门，涉及的都是与城镇精细化管理和群众生产生活息息相关的工作。这意味着花园村乡村振兴综合改革试点工作和村域城镇化进程向前迈进一大步。①

未来花园村域小城市的基本社会治理模式仍将以村民自治为主体，以依法治理为准绳，实现社会治理的权责统一，促进社会公平正义。事实上，以居民自治和专业治理相结合对大型城市社区进行综合治理，已有相当多的成功经验。花园村可以通过完善民主程序，探索与行业协会、个体工商户代表、外来人口代表的民主协商环节，增强各类群体参与公共事务的代表性及积极性。同时，在党建引领的基础上，充分运用科技手段，完善专业治理队伍，提升治理执行力，重点攻关小城市建设过程中可能出现的人口快速流动新形势、"黄赌毒盗犯罪"抬头、黑

---

① 杜羽丰、杜倩倩、王江红：《东阳花园村城市化进程迈出一大步　村里有了市政管委会》，《浙江日报》2020 年 6 月 29 日第 4 版。

恶势力渗透等新问题。探索类似医生"多点执业"模式的人才引进方式，以访学、驻站、客座等多种形式吸引海内外高层次人才来到花园工作交流，逆转特大型城市对高端人才的单向虹吸效应。

2021年，既是中国共产党成立100周年，也是"十四五"规划开局之年，还是全面建成小康社会向全面建成社会主义现代化强国迈进的起航之年；2021年，既是花园村创业40周年，也是花园村小城市培育试点承上启下之年，还是花园村完成乡村振兴综合改革试点工作后的丰收之年。在关键的历史节点上，花园村将进一步解放思想、实事求是、与时俱进、勇于创新，以小城市培育试点为契机，继续深入推进乡村振兴综合改革，持续探索建立联合体模式，更好推动与周边村的联动发展、共同致富，争当美丽乡村先锋、乡村振兴典范。[1] 勤思考、敢担当、乐奉献的花园人共同奋斗，必将实现花园村挺进"世界名村""世界强村"和"中国农村第一城"行列的伟大梦想。

---

① 邵钦祥：《花园城市高质量　世界名村续辉煌》，《花园报》2021年1月5日第1版。

访

谈

篇

信而有征　增益补缺

FANGTAN PIAN
XINER YOUZHENG ZENGYI BUQUE

村 域 　 城 市

花园道路是靠一代代花园人在不断探索奋进中闯出来的。花园村各项事业的全面发展离不开各行各业花园人的聪明才智与艰辛汗水。本篇第一章结合花园村各公共服务机构和特色产业企业主要负责人的访谈，横向延展对花园村各领域发展现状与未来动向的信息。第二章结合老花园村民、并村后花园村民、花园村外来人才、花园村红木产业商户等四类具有特殊身份的新老花园人的访谈，纵向延伸花园村经济社会发展的历史脉络。由于篇幅所限，访谈内容有一定删减，但基本保留了各具特色的信息介绍，与其他各篇相关论述内容形成印证。

第一章　花园村相关机构访谈

一、办好服务群众的基层民营医院：访花园田氏医院院长邵燕芳

编者按：医疗公共服务是影响居民幸福感、安全感的重要方面。由政府投资、建设、运营的乡村医疗卫生服务体系主要由县级公立医院、乡镇卫生院和村卫生室三级组成。花园村作为村域城镇化的先行者，通过引入建设非营利性民营市属的花园田氏医院来解决乡村公共医疗健康服务供给不足与村域城镇化后居民职工医疗卫生服务需求增长之间的矛盾。尽管自 2006 年开始营业以来，花园田氏医院在办医规模和办医水平方面均取得了长足进步，让花园村及周边居民，能够在家门口享受到高质量的医疗卫生服务。然而，当前医疗卫生领域人才培养、医保报销和公共卫生服务等方面的一些政策设计并没有切实考虑基层民营医院的发展需要，影响了基层民营医院服务群众生命健康作用的发挥。这里记录的是对花园田氏医院院长邵燕芳的访谈过程。她从基层民营医院领军人的视角介绍了花园田氏医院开展服务的现状、遇到的政策瓶颈，以及近期发展规划。

- -

受访人：花园田氏医院院长邵燕芳

访谈时间：2019 年 8 月 8 日下午　　　**访谈地点：**院长办公室

访谈人：王平　　　**录音整理：**魏一单

- -

访谈人：邵院长，您好。我想就田氏医院当前的管理运营，以及未来如何更好地服务花园村和花园集团的发展设想，向您请教几个问题。

邵燕芳：我会就我所知道的回答，有些可能不是很全面。

访谈人：请问目前花园田氏医院医护人员规模大概是多少？

邵燕芳：目前医护人员总共有 320 名左右。

访谈人：其中医生和护士的数量结构大概是怎么样的？

邵燕芳：护士大致有 100 人，临床医生将近 90 人，医技人员约 70 人，此外还有行政后勤人员。每个月我们都会将人员变动的数量进行统计，这是一个大致的数量。

访谈人：那么从医院发展和医生队伍建设角度来看，请问目前主任医师和副主任医师的比例大概是多少呢？

邵燕芳：我们虽然是家基层医院，却始终高度重视人才引进工作，也积极鼓励在职医生参加职称考试。但民营市属医院的身份对人才培养还是存在一定桎梏。去年我们医院一共约 10 位医生通过了副高考试，但最后评出来的只有 4 位副高。在实践操作中，现在有许多政策不利于我们民营医院。我们做的是实实在在的工作。例如，我们医院每月都会组织公益服务活动，在附近南马镇、千祥镇，还有周边的永康市等一些村镇开展义诊活动。

访谈人：活动范围不仅限于花园村吗？

邵燕芳：对的，上半年我们共开展了 9 次公益活动，并加入了千祥镇的义工组织。以前是每月服务 2 次，现在逐渐改成每月 1 次。花园村结对的 6 户困难户，基本上是年纪较大、身体不好、子女负担较重的。我们护理部的护士长也参与了结对，每个月都会去看望他们。

访谈人：这的确特别能体现出花园田氏医院的特色。

邵燕芳：对，这块内容《花园报》上具体报道过。我们是在干实事，但在医生参加高级职称评定方面，医院优势的确不大。基层人员投身科研相对来说难度较大。我们现在的科室带头人在基层已经待了几十年，内科的楼小英主任原先是在卫生院工作的，周边民众对她的评价很高，来找她看病的病人很多。她中午、晚上也很晚下班，加班更是经常。她是实实在在做事情的人，我认为科研这块对评正高、副高等职称并不应该是必须的条件。

访谈人：我们的评价体系的确存在问题，尤其是对经验比较丰富、年资比较强的基层医院医疗工作者来说。

邵燕芳：如果她仍在卫生院，这可能就不是必备条件了，但她在市属医院，科研就是必备条件，幸好今年 5 月份她的论文成功在两个杂志中刊登了。

访谈人：除了这方面之外，您作为花园田氏医院的领头人，在招聘人才方面，对于不同类型的医学毕业生及已经从业的医疗工作者，在具体操作上您认为有哪些需要改进的地方吗?

邵燕芳: 前期集团出台了许多好政策,比如副高人才来我们医院就有购房券,这些政策的出台对稳定现有人才队伍发挥了巨大的作用。但是能否真正吸引人才与我们的地理位置因素有密切关联。毕竟我们是在基层,前期招聘过程中我们也与许多人进行了沟通。我们之前招了一个东阳横店的人,他的老婆孩子都在杭州,之前来的时候非常确定,因为我们觉得老家是东阳的,应该是很稳定的。但后来他老婆觉得长期分居不太好,所以他今年还是选择回去。目前面临的最大问题是信息化的发展。

访谈人: 信息化是指哪方面? 是对病人管理的信息化还是指其他方面?

邵燕芳: 指整个医院的信息化。信息化是非常关键和重要的,如目前的智慧医院和远程会诊,如果信息化水平有所提升,病人的体验感也会越来越好,对我们的管理也会有一定的促进作用。

访谈人: 所以这是一个大环境的问题。

邵燕芳: 其他方面也是一样,我们一直想引进骨科、内科、外科等相关的科室带头人,去年确实引进了一部分。一是融入花园集团整个大企业,二是持续寻找优秀的人才。在洽谈过程中,他们反映的第一个阻碍因素是地理位置,第二个则是学术平台。如果我们二级医院在省城的话就会很不一样。所以当前的主要做法还是采取专家合作的模式,引进浙江省人民医院、浙大邵逸夫医院、金华相关医院的专家来看诊。

访谈人: 相对来说,目前推出的多点执业 ① 模式可能会在一定程度上缓解引进人才方面面临的困境。

邵燕芳: 其实多点执业在很多医院的落实仍存在阻碍。如果院长不完全同意,专家们只能利用休息时间来看诊。有些专家他本人是东阳人,也确实有为家乡做贡献的情结,所以他愿意回来,顺便可以看望父母。我们已经与省级医院合作了几年,一开始还比较顺利,如今一些院长就明确反对医生在工作时间到我们医院来看诊。

---

① "多点执业"是指符合条件的执业医师经卫生行政部门注册后,在 2 个以上医疗机构从事执业活动的行为。参考浙江省卫生计生委 2014 年发布的《浙江省医师多点执业实施办法》(征求意见稿)。

访谈人：这也包括前两年省里在推动的"双下沉、两提升"工作①，省级医院和县级医院合作也不一定会将人才派到你这边。

邵燕芳：对的，现在基本上都是公立医院与公立医院之间的人才流动。

访谈人：现有体制对基层民营医院的发展的确有很大限制。另外，我了解到花园村这边正在计划开设大型养老机构，很大程度上会需要我们医院与之进行合作。目前来说，是计划以何种形式去推进医养结合的试点？是由养老机构单独设置医疗服务部，还是直接跟医院进行深度合作，由医院方为养老机构提供医疗服务？

邵燕芳：这块内容主要由金华市的领导来决策，我只是参加过两次会议。前期是由他们与杭州的一家运营机构具体商谈。据说医院会设置一部分的床位供康复养老使用，部分针对失能、半失能老人的服务则可能会由医院提供。

访谈人：您作为花园田氏医院的掌舵人，从服务社区的角度来说，田氏医院未来还有哪些发展规划，可以提高整个花园村居民包括花园集团员工的健康卫生水平呢？

邵燕芳：今年我们主抓创建浙江省健康促进医院项目。现在我们在社区大力宣传"治未病"的理念，前段时间我们经常去社区宣教。比如每个季节的注意事项，夏天老年人需要注意心脏、冬天注意骨头等等。集团与花园中学也进行过合作，比如在中学开展预防中学生颈椎病的宣教活动。目前我们医院还没有开设眼科和口腔科，一旦开设起来，未来也可以参与关于学生的眼部、口腔保健知识宣教。

访谈人：从直接经济效益角度分析，这些服务基本是属于纯公益的性质。对您所在的这样一个自负盈亏的民营医院来说，更多是在承担企业的社会责任，很难转化为直接的经济效益。况且在国家仍以公办体系为基层公共卫生服务主力军的大背景下，也存在一定矛盾。比如花园村的基本疫苗注射还是要由南马镇卫生院来负责。这可能也是我们进一步讨论村域小城镇建设的关键点，怎样更好地处理基本公共健康服务的服务供给。

邵燕芳：对，我们以前也一直在与卫监局沟通，希望由我们医院来负责花园

---

① "双下沉、两提升"工作是浙江省委、省政府为深化医改、推进公立医院综合改革、优化城乡医疗资源配置做出的重大决策，即通过"城市医院下沉、医学人才下沉"，达到县域医疗卫生"服务能力提升、群众满意度提升"的目的。参考浙江省卫生计生委 2017 年发布的《"双下沉、两提升"工作指南（试行）》。

村的基本卫生健康服务。他们强调乡镇区域必须要由公立的卫生院来负责。原先我们还想尝试以某种合作形式参与，但他们认为这毕竟属于公共卫生领域，还是应该由国家来做。由于政策的限制，目前涉及卫生防疫和公共健康的工作仍然以公立的乡镇卫生院为主。

访谈人：如果以专项经费划拨或者政府购买服务的方式，还可能有灵活操作的空间。但现有政策在这方面还是有待完善。

邵燕芳：地方政府对60岁以上老年人有每年一次的免费体检服务。而花园村则为50岁以上花园村居民和花园集团员工提供免费体检服务。我们医院现在也承担了关于他们的健康体检服务职责。

访谈人：针对花园村居民的常见病、多发病，请问这方面我们医院有哪些服务？

邵燕芳：针对多发病，现在我们引进了胃肠镜，设备也是最先进的。我们还邀请专家合作治疗静脉曲张。现在大多数人都处于亚健康状态，所以我们从南京引进了一名中医，在中医调理、肿瘤、妇科、风湿等很多方面都开展了针对性服务。

访谈人：最后一个问题，为了更好地服务花园村和花园集团，花园田氏医院在近期会推出哪些项目或者工程？

邵燕芳：近期我们在建设省健康促进医院，并积极创建二甲医院。此外一直在推进信息化建设的进程，信息化将对医院未来发展发挥非常关键的作用。

访谈人：现在有些公司可以提供医院信息化服务的整体解决方案，例如前台导医、后台病人病例无纸化管理、对医生的业绩考评等，有些医院是以套餐形式购买这些信息服务的。

邵燕芳：我认为信息化建设要结合实际情况。前几年我们医院对信息化的重视程度不高，因此累积了一些问题。昨天我们与银行进行对接，希望通过信息化改造节省人力成本，例如通过手机查询医疗检查报告等。此类服务在大医院的运用可能已经比较成熟，但是像我们基层医院在这方面就比较薄弱。

访谈人：其他还有哪些项目呢？

邵燕芳：在基建方面，我们已经建成了新食堂，一楼是对外的病人家属餐厅，二楼是员工餐厅，三楼是员工之家，有健身房、阅览室和党员之家等。我们也会慢慢对南楼进行改造，例如改进门诊的叫号系统。

二、专科有优势、综合有品质：访花园田氏医院副院长郭黎明

编者按：一家民营医院如何实现从无到有、由小到大，关键在于对医院的办医方针有精准的定位和清晰的理念。在这方面，花园田氏医院通过十余年来的发展历程无疑是找到了一条有别于公立医疗机构的"错位"发展道路，不仅特色医科有优势，而且综合服务能力不断增强，为满足周边居民高品质、多样化的医疗卫生需求发挥了重要作用。这里记录的是花园田氏医院副院长郭黎明从业务带头人的角度介绍的花园田氏医院从"大骨科、小综合"向"精骨科、大综合"的转变过程。

受访人：花园田氏医院副院长郭黎明

访谈时间：2019 年 8 月 5 日下午　　　　**访谈地点**：副院长办公室

访谈人：王平　　　　　　　　　　　　　**录音整理**：漆凤岚

访谈人：想请郭院长简单介绍一下花园田氏医院成立的过程，以及当初为什么会考虑与缙云田氏医院合作开办这家医院。

郭黎明：因为我当时就在隔壁南马镇卫生院当院长，也比较了解邵钦祥书记的初衷。邵书记的初衷主要是心系百姓疾苦。当时南马卫生院属于一般的乡镇卫生院，就医条件比较差，难以为周边居民提供较高水平的医疗服务。再加上从发展的眼光来看，当时整个东阳没有一家专科的骨科医院，所以我们最开始以骨科为主开办医院也能弥补这块空白。而现在随着花园村两次并村，村庄越来越大，老百姓对很多小病诊治的需求也不断扩大。还好邵书记眼光独到，他提前考虑到医院需要加强综合医疗服务这块力量，特别是我们开设了内科和耳鼻喉科等普通科室，极大地满足了老百姓的需求。

我们花园村在医疗方面制定了一条优惠政策，就是由花园集团承担花园村居民医保之外 50% 的医药费支出。受到这一政策的激励，许多老百姓都喜欢到我们医院来求医问诊。这也迫使我们把原有的专业骨科做精，把内科等综合服务做大。我们骨科这一块是在区域内，特别是在东阳乃至金华市内都有相当优势。在这几年并村以后，花园村常住人口数量越来越大，居住、工作越来越密集，流动人口也越来越多，这就特别需要加快发展内科等综合服务。所以我们医院的发展理念，

从以前的"大骨科、小综合"转变为现在的"精骨科、大综合"。总的来说，我们这些年就是在践行办院初衷，也就是邵书记心系老百姓的宗旨。比方说，我们医院在均次费用控制方面是做得最好的。省里的要求是均次费用增长控制在 5% 以内，而我们基本上都能控制在百分之一点几，不到 2%。

访谈人：这个政策我不是特别了解，请问您讲的均次费用是如何计算的？

郭黎明： 就是所有在我们医院看病的病人，无论门诊还是住院，全部加起来的费用除以人次，就是均次费用。均次费用很反映一家医院的成本控制能力，有些医院是靠拉高均次费用来发展的，而我们则是通过形成良性循环来实现发展的。我们医院最近几年的业务增长比较快，主要靠服务人次的增长。我是 2016 年起开始当执行院长的，我们 2018 年的服务人次相较 2016 年已经实现了翻番。现在我们医院一年服务人次达到 22 万左右。邵书记做的好事让我们获得了群众的信任，老百姓信任我们，服务人次自然也大大增加了。

访谈人：郭院长，您前面也提到，当时开设花园田氏医院的初衷还是考虑到南马镇原有的卫生院难以满足整个南马镇，尤其是花园村居民和外来人口的医疗卫生服务需求，且公共卫生服务条件和能力也非常有限。那在我们花园田氏医院还没开设之前，周边除了南马镇卫生院，还有没有其他的诊所或者村医来提供医疗服务呢？

郭黎明： 那时是有几家诊所，主要看看伤风感冒这些小病小痛，如果病情稍微重一些就解决不了了。这些诊所也没有一些稍复杂的检查设备，其诊断能力也是非常有限。

访谈人：相当于说，一两个医生自己就可以开个诊所？

郭黎明： 一般都只有一个医生，既干医生的工作，也干护士的工作。所以刚刚开始发展时，南马镇周边农村的医疗环境还是比较差，尤其跟不上我们花园村这块发展的需要。所以邵书记当初想办这么一家医院，主要是服务我们当地的老百姓。所以我们医院从技术能力上，也是由邵书记高薪聘请一些主任专家来医院看诊，就是希望能实现"小病不出村，常见病、多发病尽量能在村里解决"。这与我们邵书记的治理理念是一样的，他就是希望群众什么小事大事都尽量能不出村就办好。他也很希望我们医院做到这一点，让花园村老百姓的小病小痛包括常见病都能在这里解决，真正给老百姓带来方便。现在医疗改革实施这么多年，看病难、看病贵的问题还是没从根本上解决。我们花园村解决看病难的问题就是办好我们这家医院，解决看病贵的问题就是控制好均次费用增长，切实减轻老百姓负担。

访谈人：郭院长，我们这边骨科一直是非常强，您刚才也提到，近些年有一个从小综合向大综合的转变过程。实现这一转变的契机，大概是怎样形成的？

郭黎明：小综合这里一直在做，包括内科、耳鼻喉科、妇科、普通外科过去一直都有，但没有做大。但到了2015、2016年，尤其是花园村第二次并村后的2017年，当地居民对综合诊疗服务的需求量快速增长。毕竟在老百姓家门口就有我们这样一个二级规模的医院在这里，再加上前面提到的优惠政策，群众肯定愿意到我们医院来看病。邵书记也注意到群众对综合诊疗服务的需求，就给了我们很多支持，让我们从周边引进了许多医学人才。比方说我们医院的内科楼小英主任在周边是相当有名的。有这么多知名医生在这里看诊，老百姓也纷纷慕名来我们医院求诊。2016年我当上执行院长以后提出了"精骨科、大综合"的理念，并向邵书记进行了汇报。邵书记非常同意这个理念，支持我们把综合诊疗服务做大、做好、做强。我们医院的内科在2016年之前，住院病人一般不超过15个，而现在内科基本上每天都有近百名住院病人，所以这几年内科综合这一块发展相当大。

访谈人：目前花园田氏医院的住院床位总数大概有多少？

郭黎明：我们医院总的床位可以达到520张，现在我们开放的是320张床位。目前病床入住率在90%以上，一般住院病人有290人左右。我们医院综合诊疗服务一方面技术跟上去了，聘请了许多周边的知名医生，另一方面诊疗设备也非常先进，所以整个综合科就做大起来，满足了周边老百姓的医疗需求。

访谈人：郭院长，我有一个问题，也没有特别深入的了解，就是我们民营医院在发展过程中，很多在职医生如果想在技术职称上有所进步，是不是相对来说会有一定的难度？

郭黎明：在职称评定上，我们与其他公立医院是一样的，需要医生参加全国考试。至于公立医院与民营医院的差异，待遇肯定是民营医院会好一点，社保方面可能公立医院高一点，这是企业和事业单位性质上存在区别。特别是邵书记非常重视人才培养，非常重视医生的职称晋升。比如说我们医院副主任医师这一级如果顺利通过评审，花园村就会给予优惠政策，花园购房房券一次性奖励50万。此外医生还可以每年到花园村领2万元的奖金。所以我们医院的医生现在都非常自觉、踊跃地参加职称考试，我们医院也已经有好几位医生享受到了这一块福利。

而且作为花园村的引进人才，还可以享受与花园村村民同等的福利待遇，包括医疗教育方面的优惠都是统一享受的。

访谈人：这与花园村两次并村可能也相关，尤其是 2017 年第二次并村以后，多了这么多新村民，他们是不是也同样享受医保后报销 50% 的福利？这会不会对我们医院的经营产生一定的影响？毕竟基数有了很大扩大。

郭黎明：村民的基数扩大，我们这里医疗技术人员队伍和医院规模也都在扩大。之前我们的病房大楼还有很多病房没有投入使用，在去年和前年装修完成后开始投入使用。为了给更多病人提供服务，我们的医护人员和技术人员都在增加。接下去我们要对南楼进行扩大改进，使我们的医院不管从硬件上，还是软件上，都要达到三级医院水平。我们有一个宗旨，就是骨科要达到三甲医院的诊疗水平，做到二甲医院的收费和民营医院的服务。

访谈人：花园村周边地区有没有哪些常见病、多发病？花园田氏医院除了骨科特色以外，还有没有开展一些诸如疾病预防方面的公共卫生服务？

郭黎明：按照国家相关政策，基层公共卫生服务是放到公立医院提供的。在南马这边就是由南马镇卫生院承担公共卫生工作，我们花园村村民的公共卫生和预防保健、给儿童注射疫苗都是由卫生院负责。

访谈人：那花园村这么大的人口规模，把公共卫生服务全都交给南马镇卫生院，其会不会应接不暇？

郭黎明：重大的公共卫生事件，我们都是共同参与的，包括全市的一些重大急救任务，我们与其他公立医院一样都是参与的。公共卫生是国家对乡镇卫生院提供的专门政策支持。特别最近一年，我们也在与市卫生局沟通，商讨是不是能把花园村的公共卫生服务放到我们医院来。但这是政策规划的问题，不是我们能突破的。我们医院目前并不承担公共卫生服务，这是由于政策规定了公共卫生服务的提供主体必须是公立医院。而公立医院开展这项服务也可以得到财政的补助，这还涉及人均经费的划拨问题，今年几个相关部门也在协调沟通。但从老百姓就医方便的角度来说，把这项服务放在我们医院会更方便。因为附近大多数居民看病都在我们医院，他们是不愿意跑去乡镇卫生院的。例如最简单的签约服务、量个血压，跑到乡镇卫生院去，而最后看病还是要回到我们这边来。这对病人的健康档案管理也可能造成不利的影响。卫监局也看到了这方面的问题，所以在着手协调。

访谈人：那现在花园田氏医院有没有给花园村的居民建一个相对完整的个人健康档案呢？

郭黎明：这块基本上都是有的。因为现在是双重服务，乡镇卫生院的公共卫生服务，也要到花园村来做。我们为了更好地响应邵书记为民办医的精神，服务好老百姓，也分派了不少医生和护士下到基层，下到农村。虽然花园村没有什么贫困户，但对于病情较重的病人，我们还是会每个月都去看望。特别是住在环龙小区的，我们每个月都会去。还会在节假日，去看看病人家里情况，并给病人做一下一些必要的护理工作，帮他测测血压、血糖这些常规生理指标。

访谈人：未来花园田氏医院还有哪些发展计划呢？

郭黎明：至于医院的未来发展，我们肯定是要继续做精骨科这块。我们医院的骨科现在分科越来越细。前面提到分了四个科室，每个科室又将医生细分为专门做诊疗的某一段。我们医院在骨科上就是培养这样有特别专精技能的医生。专门做这一段诊疗的医生就要把这块做得很精。所以对骨科这一块，我们医院以后还要保持在区域内的优势。而综合服务这一块我们医院也要越做越广，越做越大。但在实践中，现在医生多点执业政策在东阳范围基本不具有操作空间，大医院基本上不允许医生出来多点执业。那么我们就从杭州聘请一些专家来支持我们，特别是耳鼻喉科这块。在综合服务里面，为什么我们医院要重点去做耳鼻喉科？因为我们周边红木产业很发达，周边居民和产业工人的咽喉炎发病率就会相对高一点。所以我们医院需要重点拓展耳鼻喉科这一块诊疗服务。民营医院要进行错位发展。目前整个东阳的口腔诊疗服务都不是很发达，未来我们医院也想把口腔医学放在综合服务里面，将它做成区域性具有比较优势的科室。特别是习近平总书记非常重视传承传统国粹，对于发展中医药服务这块，我们也要用好国家优惠政策。而且现在老百姓也越来越能接受中医调理。

访谈人：我记得《花园报》报道过，去年冬天的时候，你们医院就搞过一个中医慢性调理的特色服务。

郭黎明：对，我们现在请了南京那边一个很知名的中医专家到医院来坐诊。这些都是我们医院现在在做的，以及未来想做的一些综合服务工作。我们就是要把综合服务这块做得更大、更强，把骨科这块继续做精。这就是我们医院总的发展思路理念。医院要实现可持续发展，在诊疗技术方面要愈加优化、愈加先进，在服务方面要让整个医院的全体员工切实贯彻邵书记为民办医的理念，努力打造让病人有最好体验的民营医院服务。

三、让乡村也有优质教育资源：访花园外国语学校校长韦红斌

编者按：优质教育资源匮乏是乡村人才振兴面临的重要短板。花园村要吸引各领域人才共谋发展，必须想方设法引进优质教育资源，提升村域内教育服务水平。花园外国语学校作为浙江省内绝无仅有的一所办在"村里"的国际化学校，不仅为花园村居民和外来人才解决了子女教育的后顾之忧，还进一步扩大了花园村对周边区域的辐射力和吸引力。十年树木，百年树人。要办好一所民办新校，必须在办学理念、师资队伍和评价标准等方面树立牢固的基础。这里记录的是韦红斌校长这位叱咤教坛数十年的"老将"对于如何为花园外国语学校培土固基的思考。

受访人：花园外国语学校校长韦红斌

访谈时间：2019 年 8 月 6 日下午　　　　**访谈地点：**校长办公室

访谈人：王平　　　　　　　　　　　　**录音整理：**漆凤岚

访谈人：韦校长，您好。首先想请您介绍一下花园外国语学校的成立背景是怎么样的。为什么会在花园村里办起这样一所国际化学校呢？

韦红斌：我所理解的主要有这样两个出发点，一个是邵钦祥书记对教育有情怀，第二个是在我们整个东阳市的南乡片区①存在比较大的教育资源短板。东阳市范围内优质的学校主要集中在城区，再加上巍山镇那一带的学校也很不错，造成东阳的好学校基本都在北边。而整个南乡这一带，高质量、高品质的学校是没有的，再加上整个东阳市内也没有一座国际化的学校。所以说我们在这里办花园外国语学校是实现区位的交叉发展，既弥补了东阳南乡片区优质教育资源的空白，也填补了整个东阳市国际化教育资源的空白。

访谈人：就是把优质教育资源引进花园村？

韦红斌：对，就是用优质教育填补这样两个空白。邵书记用自己的教育情怀来做这样一件事情。所以由他创办的这所学校能够成为浙江省的重点工程，获得省里的肯定与支持。否则的话也无法获得这么多土地来建设这么大规模的学校。

———————————

① 南乡泛指东阳市的南部地区。

访谈人：建学校在土地性质上来说，就是要把农村土地转变成公共事业用地，政策难度是挺大的。尤其现在为了保护18亿亩农业用地红线，转变土地性质的指标其实非常稀缺。

韦红斌： 既然是办学校，这个土地就是属于教育性质的用地。邵书记投资7个亿把这所学校办起来，他也不可能把这块土地转做其他用途，因为土地性质一旦确定了是教育用地，那么以后这块土地永远只能用来开办学校。

访谈人：我来之前查阅了花园外国语学校的官方网站，包括此前《花园报》对你们学校的宣传报道，大概了解到目前花园外国语学校应该已经有两届学生了，对吧？

韦红斌： 学校是从2017年开始招生的，但是当时是幼儿园和小学开始招生。2018年初中部和高中部开始招生。

访谈人：所以如果算上今年中考后的这批学生，才是第二期的初中和高中的学生进来？

韦红斌： 2019年是中学部第二年招生。

访谈人：像现在整个外国语学校设置的目标是让学生从幼儿园入学开始直到高中毕业一直在本校就读，在内部有没有再进一步细分？可能有些学生学习到一定程度以后，他也不一定想走国际化的发展方向，可能还是想转向普通高中。

韦红斌： 我们学校的办学目标可以用这样一句话来概括，就是说能够考上国内大学的考大学，能够顺利出国的留学读名校。定位就是两条腿走路，培养理念就是基于传统的中国式教育，增加精英化教育内容。我们的目标是让学生能够在国内考上好大学、重点大学；学生如果选择国际化教育，也能够顺利地考上国外的名校。所以定位是比较清晰的。

访谈人：按我所理解的，韦校长您的意思就是说在初中和高中，毕竟有像雅思、托福或者小托福这种客观标准，能从分数上对教学绩效有所反映。但在小学教育阶段，因为不可能让学生去考那种学术化的语言能力测试，所以就用自己定考核标准的方法去衡量每一位老师的教学表现，或者学生的进步情况？

韦红斌： 我们学校整个办学历史比较短，教师师资引进这一块，我们还是花大力气的。另外，我们在整个学科的建设这一块也下了很大功夫。基本上小学英语的教学体系今年已经搞好了，今年下半年就会按照我们自己的授课标准和要求开展教学。在初中、高中我们就直接参照雅思考试的内容，让外教进行授课。

访谈人：相对来说，我们学校应该 100% 的学生都是住校的？

韦红斌： 的确是 100%。

访谈人：那住校的话，学生们的日常生活，尤其是年龄太小的学生，有没有人专门照料呢？

韦红斌： 有专门负责的阿姨。我们所有的宿舍，比方说小学里面的宿舍，在硬件设施的设计中就已经很科学了。一般是一个小套间，基本上是由一个阿姨照料 16 个小朋友。阿姨的床就放在中间的客厅，边上分别有四个小房间。孩子就住在小房间里。每个小房间里面还配有盥洗室，设施齐全。所以小朋友晚上完全可以敞开着门睡觉，反正房间里整个配有中央空调。阿姨们睡在客厅，都能够照顾：第一能随时发现孩子们的情况；第二能给排好队的孩子们轮流洗脚；第三能清洗小朋友们的衣服，确保孩子及时换上干净衣服。小朋友们的安全和卫生都受到阿姨的精好照料。现在学生基本上都是不肯回家，在学校里有小伙伴一起玩，很开心。

访谈人：而且可能有些学生的家长工作很忙，即便是周末回去，也不一定有很多时间来照顾他们。我所了解到，杭州有些国际学校也是采取类似的生活照料方式。另一个问题是，由于目前学校这边初中部还没招满学生，那么目前初中部的学生，未来是否需要经历初中到高中的中考呢？

韦红斌： 需要，但我们是将选择权交给学生自己。比如说如果学生现在在东阳参加中考，那最好的高中肯定是东阳中学，对不对？学生如果能通过中考考到东阳中学，我们是很支持的。能让培养的学生升入好学校，这是我们教育的根本目标。所以不是说我们培养的学生将来就必须要升入我们自己的高中部，这样就没有教育情怀了，对不对？我们的教育情怀就是要让学生能够到他最喜欢、最合适的地方，接受更高层次的教育。但这个是有门槛的。当然我们不能去回避，东阳很多家长的首选肯定是东阳中学。如果学生想在国内上好大学，那么我们希望能有更多初中毕业生能够上东阳中学读高中。如果学生愿意留在花园外国语学校，那我们学校的高中部也会把他教得非常好。现在我们的目标是要争取东阳前二，也就是学校能够排到全市第二名左右。慢慢来，毕竟东阳中学下面还有一个东阳市外国语学校，所以我们对自己的定位还是比较清晰的。我们所培育的学生，就是说我们所说的 15 年一贯制，肯定有我们整个连贯、前后衔接的培养模式。当然如果我们的学生有本事考到外面去，我们也予以充分支持。只有这样开放的态度，才能让家长放心地把学生送进来上学。如果幼儿园在这里读，我们有自信接下去他们的首选还是这里的小学，但我们并不反对学生去其他学校上小学。如果我们的学生小学毕业了，我们有这样的自信，他们还是会选择花园外国语学校的初中部。但办教育我们还是要有情怀，不能说像做生意那样，非得在这里读15年。那样的话，学校的定位就存在问题。

访谈人：现在来看，由于人口流动比较频繁，可能学生家长今年在东阳或者在金华工作，明年就要去外地发展，那么孩子可能也要带去其他城市。我觉得正如韦校长所讲的，不可能在学生迈进幼儿园那天就说要一直读到高中毕业。

韦红斌：我们的教育跟外面是衔接的。我们的初中部招生不可能只招本校小学部的毕业生，也要把外面的学生招进来；我们的高中部也不可能只招本校初中部的毕业生，也要把外面的初中毕业生招进来。

访谈人：《花园报》今年报道过，说花园外国语学校高中部今年招了好几个中考500多分的高分学生。

韦红斌：所以办教育就是这样，肯定要有流动。我们初中部肯定要招一部分外面学生进来，不可能只让小学部毕业生升学，这也不符合我们整个学校的办学定位。为了避免学生来源太窄，我们学校初中部肯定要向全市招生，高中部肯定要向全省招生。因为我们属于民办学校，初中部也可以全省招生，如果有省内其他县、市的学生来上初中，我们也招收。当然高中的话，外面来得更多一点，毕竟高中生的自理能力更强一点，家长也更放心一点。目前为止，初中从外面来的学生还不是很多，但慢慢会多起来的。

访谈人：我觉得目前中考，从它的选拔作用或者进行教育分流的角度来讲，其严苛程度正越来越高。而且在某种程度上形成了一种内卷化的过程，就是逼迫学生反复不断地去刷题。那种为了提高几分而让学生反复做无用功的方式，其实与素质教育或者与让学生真正学到东西的理念之间可能存在较大的分歧。在您这边，如果既要鼓励学生去参加中考，又要在课堂上增加很大一部分公办或者普通初中不会教授的国际化课程，会不会挤占学生反复刷题的时间精力？学校是如何处理这个矛盾的呢？

韦红斌：我们还是要从教育教学来讲，因为如果连正常的教学任务也无法完成的话，是一定完成不了中考任务的。要完成中考这样一个任务，必须要去做的就是提高我们的教学效率，这就有四个方面的工作需要完成。第一块是在教师队伍建设上，我花了很大力气。为了充实学校的教师队伍，我这几天一直在尽力谋划。我今年 7 月份就全力在做这个事情，把东阳市最好的老师招聘到我们学校来。到目前为止，通过我不停地做工作，我想聘请的老师基本都愿意来了。个别有问题的，是因为老师原来所在学校校长的阻拦。所以要提高教学效率，我首先想做的就是完善师资配备，或者说加强师资队伍建设，花园外国语学校的师资力量就是要比其他学校强。既要把优秀的人才挖进来，也要把优秀大学毕业生招进来自己培养。好的老师可以提高课堂教学的效率，让学生在学习过程中更有针对性，也就是提倡精准教学、精准课堂。让我们的学生在学习过程中，能够学得更有针对性，更轻松地完成课堂教学任务。第二块我们在推行的是小班化教学模式，这也能够让我们学校的教学效率更高。

访谈人： 小班化教学大概是多少人？

韦红斌： 我们一个班就 30 个学生，公办学校一般一个班就要 45 个学生以上。这一块就是从教学的组织模式上，支撑我们的教学效率更高。第三块就是我们的生源优势。这块是公办学校达不到的条件，我们真正按照自己的办学理念选拔初中学生。这样我们就可以把能力相近的学生安排在一个教室里上学，老师的教学效果当然更好。而公办学校由于学生能力参差不齐，教学效率自然会打折扣。譬如我们的国际班学生，英语水平自然比其他学校学生更高一些。我们是按照我们的办学理念，对照我们的培养目标，有意识地把与发展方向适合的学生挑选进来。第四块是贯彻落实我们整个培养的目标，就是在学校加强对学生意志品质的培养。对学生的实践管理等方面都是有意识地加以引导。再有你讲到的问题就是我们的在校学生与外面的学生所拥有的时间是一样多的，而我们学生要学的东西更多，是不是会影响到学校中考的质量。我们需要在教学实践中加以平衡。譬如说我们对学生的培养走国际化模式，外语课肯定会开多一些。其他学校的学生就没有那种雅思课，而我们每个星期需要安排 3 节雅思课。既然学生的上学时间是一样的，那我们就思考如何在这个过程中更好地平衡学习时间。我们有意识地调整了课堂教学时间，把一堂课的时间从原来的 45 分钟压缩到 40 分钟。一天 8 节课下来，我们就利用挤出来的每个 5 分钟，让学生去做他喜欢做的事情，比如提高他自己的兴趣特长。这就要求我们在课堂教学里，充分利用好 40 分钟一节的课时，提高教学效率。

访谈人： 从花园外国语学校的培养计划来讲，您所预期的高中部学生未来的升学路径大概有几成可能是出国，有几成可能选择在国内参加高考？毕竟现在第一批高中部的学生也马上升高二了。

韦红斌：学校对学生的培养定位虽然是国际化培养，但是东阳家长们可能还是会以在国内读本科为优先选择。毕竟出国留学，费用这一块就会产生很沉重的负担。如果学生去美国上大学，即便少一点也要三十几万一年。如果从本科起就到国外去读，等研究生毕业基本上要 7 年时间，对很多家庭来说都吃不消。所以我们的培养目标是如果学生选择国内读大学，本科是必须要 100% 考得上的。这是我们的底线。这样家长可能会选择在读研究生的时候再让孩子出国，这种倾向会比较多。当然肯定有一部分学生是要直接出国的，但现在我也不确定有多大比例。当前的培养方式里，文化课这一块我们还是非常重视的。我刚才也讲到雅思课程是安排的每星期 3 节课，让学生能在高中期间参加雅思考试。我们提供条件让学生自己选择，既能出国留学，也能在国内参加高考。反正最低目标是一定要考取国内本科院校。

访谈人：那在高中这个阶段的课程中有没有加入 A-Level 的课程？有些英联邦国家的大学相对来说会比较看重学生这方面的成绩。

韦红斌：我们目前还没有开设这方面的课程。因为我们高中部的学生规模还很小，只有 2 个班六十几个学生，还没有开出高中阶段的国际班。初中部国际班已经有了，高中部也想搞。但要等到我们初中部学生毕业，看看国际班的那些学生想不想走国际化培养的道路，然后根据需求开设课程。目前我们与加拿大那边的一所公办学校有合作项目，学生可以在我们学校读一年，高二就可以到加拿大去读，是这样的"1+2"模式。

访谈人：这样的话，如果学生未来要申请国外的学校，也会相对来说更有优势一些。

韦红斌：对，高中部的这个项目，能够让学生直接拿到加拿大学校的学籍。在国内读一年高中以后，高二就出国到那边去读高中了。所以如果我们初中部的一些学生喜欢这种培养方式，我们就会采取这种合作办学模式，让学生高二就出去。

访谈人：关于花园外国语学校的教学理念和培养，我大致就想了解这些问题。此外，我还想了解一下花园外国语学校的师资人才问题。一个新办起来的学校不可能所有教师都是新毕业学生。学校的师资力量中必须要有有经验的教师，形成梯队化的师资力量。请您大致介绍一下目前这边师资力量的设置情况，包括教师年龄梯队的问题，也包括中外老师配备的情况。

韦红斌：师资这一块要求还是比较高的。像高中部，现在因为我们是新高考改革，要在考试科目中实施 7 选 3，那 3 门课都要开出来。现在我们每门课的老师都配备好了，学生可以实现自由选择。但这样师生比就很浪费，比如物理课在 60 个学生里面只有十几个人选，那十几个人也得开课。

目前我们主要通过这样几个途径解决师资来源问题。一是向全国招聘优秀的教师，给予非常高的待遇。基本上要求教师获得过市级以上综合荣誉，例如教坛新秀、教学能手。二是从东阳本地和周边地区的公办学校里面引进顶尖的人才。政策上允许我们每一所学校至多可以引进一位教师。为了引进人才，花园集团给予了学校比较大的自主权。比照花园集团的人才引进政策，只要在这里工作十年，就能在中华城等本地商品住房购置中享受专项补贴。拥有正高职称人才可以享受 60 万补贴，副高职称享受 50 万补贴，研究生学历享受 40 万补贴。在收入待遇上，我们也给予了很高的薪酬标准，让骨干人才能获得与其能力相匹配的收入。三是学校自己培育年轻教师。新入职的大学毕业生教师都经过严格筛选，让他们通过努力学习实践，真正成长为花园外国语学校未来的主人，成为学校的核心力量。花园集团还为我们学校争取了员额制的优惠政策。公办学校教师拥有事业编制，而我们学校实施员额制以后，老师全部可以像公办学校老师那样交五险一金，完全打消了老师们的后顾之忧。

访谈人：像花园外国语学校的优秀师资，一般来讲可能不会特别年轻，基本都是成家立业、拖家带口的，学校能够提供什么样的设施和优惠，让他们都安心到这里任教？

韦红斌：大致有这么几点：一是我们学校的员工住宿条件很好；二是学校的薪资收入肯定比其他学校高；三是提供了五险一金等与公办学校相当的福利保障及职称晋升通道，评优、评先、评职称都没问题；四是学校是 15 年一贯制，老师未成年的子女从幼儿园到小学、初中、高中，无论大小都能在这里就读，让孩子在这里享受优质教育，而且花园集团员工与村民一样享受 5 折优惠待遇；五是学校为老师提供了能干事、干成事的高平台，让老师更容易取得事业上的成功，获得成就感，真正形成事业留人、情感留人、待遇留人。

访谈人：以我个人当老师的体验来说，老师和学生之间更多的是相互学习、互相切磋的过程。

韦红斌：到底是名师出高徒，还是高徒出名师，这里面不能割裂开来，肯定是相辅相成的。如果学生很厉害，普通的老师教不好，也吃不消教；反过来如果老师很厉害，优秀的学生肯定也能够让他发挥出更好的教学状态。所以我跟老师们讲清楚这几点，让很多老师动心，最终来我们学校。

访谈人：那么从服务花园村发展的角度来讲，花园外国语学校有哪些具体的考虑和设想？毕竟邵书记花了那么大的力气，在花园村引进这么好的一个教育资源，肯定是想服务花园村的未来发展。

韦红斌：邵书记在为花园集团做人才引进的时候，有一部分人才就考虑小孩未来学习读书的问题。如果我们能帮他解决，他到花园村来就没有后顾之忧了。人才引进中的子女教育问题对于地方政府来说也是一样的。像东阳市要引进人才的话，人才来了首先也会考虑他孩子上学的问题。所以花园外国语学校毫无疑问是为花园集团未来人才引进服务的。

花园村引进这样一所优质的学校会产生三方面的积极影响：一是弥补了东阳市南部地区缺乏高品质教育资源的短板，也提升了花园村的文化品位，促进了花园集团的人才引进工作；二是学校引进了很多海内外优秀教师人才，对花园村产生了积极的宣传效果；三是引进的人才在花园村立业安家，对花园的村域小城镇建设也会产生积极影响，提升了花园村居民的整体文化素养。

访谈人：现在人口跨区域流动比较频繁，很多人都会选择去更好的地方工作定居。通常都是村里往乡镇走，乡镇往县里走，县里往市里走。

韦红斌：就像我们这所学校建成以后，南马镇这一带的家长就不一定要把孩子送到东阳城区去上学。那么他们就可以安心在这里上班，不必为了孩子的教育而到城区里定居，或者是来回两地奔波。

访谈人：其实建成高水平的学校除了解决人才引进的后顾之忧，很大程度上可能也是辐射周边，扩大花园村的公共服务影响力。可能周边居民本人不一定来花园村就业，但是可以送孩子来这里上学，未来也会向花园村集聚。

韦红斌：现在周边很多居民为了孩子读书，都选择到城区去买学区房。但如果这里有一所优质的学校，他就不一定要搬走，无形之中可能就在这边创业了。所以引进优质教育资源的影响是无法用数字衡量的。

四、为乡村孩子谋求更好发展出路：访花园中学校长申屠继法

编者按： 花园中学原名花园职业技术学校，是由花园集团投资兴办的兼具中等职业教育和普通高中教育功能的一所民办学校。在 20 年的办学历程中，学校不仅为东阳和周边地区的本地学生提供了升学机会，也为许多非浙江户籍的流动人口家庭子女解决了高中阶段的学位问题，实现了邵钦祥书记在创办学校时"培养全面发展英才"的初衷。从生源角度来说，花园中学在整个初升高教育分流体系中并不占优势，但在历任学校领导和教职员工的努力下，花园中学的教学质量和学生表现一直名列前茅。在当前高等教育充分发展、家长和学生对高中阶段教育含金量更加重视的当下，申屠校长对学校的培养目标和教育理念进行了与时俱进的调整，以学生未来发展为考量，办出了一所校风纯正、学风浓厚的特色学校。

受访人： 花园中学校长申屠继法
访谈时间： 2019 年 8 月 7 日上午   **访谈地点：** 校长办公室
访谈人： 王平   **录音整理：** 魏一单

访谈人： 申屠校长，据我了解，花园中学以前叫作花园技校，已经有 20 年历史了。我想向您请教这近 20 年来花园中学的发展情况，包括生源、课程设置和专业的变化，以及未来的发展规划。首先，能请您介绍一下花园中学的成立背景和早期发展历程吗？

申屠继法： 花园中学原来是花园职业技术学校。20 世纪 90 年代的时候，国家开办了民办教育，邵钦祥书记属于思想比较先进的那部分人，他以报效社会、培养人才、造福家乡为出发点，在 1999 年上半年决定创办东阳市花园职业技术学校。在得到教育部门的批示后，我们当年秋季就开始招生了。那时招生人数还不到一个班，老师人数也很少。我们原先的校长是李校长，他之前在南马镇初级中学工作。走过将近 20 年的历程，与其他行业、企业一样，学校经历了风风雨雨。起初我们建立的是职业技术学校，依据当时的政策，职业技术学校也可以开办普通高中，我们以招收普通高中学生为主，即能够参加高考的学生。再后来，职业技术学校不能开办普高了，于是就在 2005、2006 年停办了普高。

当时的主要任务是招收职高学生。学校根据职业教育需要，结合花园村的实际情况，创办了一个园艺、农林类省级示范专业。我们是省级示范学校，在2008、2009年成功申请成为浙江省三级重点职业技术学校。后来温家宝总理提出所有的职业学校要免学费教学，公办学校和民办学校都是一样。原先学校自主收费时，学费是每学期2000元左右，实施免费教学之后，东阳财政就规定每学期只能收1300元。一名学生一年学费只有2600元，也没有其他收费，在这样的情况下学校很难维持下去。举个例子，假如一个班有50名学生和2名老师，学费总额大约10万，还要支付老师的工资，况且2名老师明显是不够的。作为邵书记来说，所有投资都在这里，每年还要支付大额补贴去提高老师的待遇，发展壮大学校教学力量。之后他继续投资了几千万建造新的教学楼。虽然一路发展并不容易，但是邵书记的眼光的确是非常超前的。所以我秉持着一个理念：职业技术学校应该与义务教育一样，国家应该承担义务教育的责任，包括老师的工资等。如果国家不承担，学校由于每年巨大的亏损会很难办下去。在仅仅依靠学生每年2600元学费的情况下，招生难、运营难、教师待遇低等问题会接踵而来。

于是我们在2012年就有一个想法：像我们这样的职业技术学校是否能向普高学习。社会氛围比较重视学生的学历，普高对于读大学来说是一种途径，那时从职业高中考上大学的人极少，更别说本科了。那么能不能给予我们100个名额去招收农民工子女？因为东阳横店的农民工很多，花园也有几万的农民工。农民工子女的教育问题应该如何解决呢？

访谈人：而且在教育政策设置上，这也是存在断层的。即使他们在当地的公办初中就读，高中从理论上来讲仍然只能去读三校，也就是职高、技校和中专。他们是没有机会被普高所录取的，何况他们的成绩也往往达不到普通高中的录取标准。那在这样的情况下，对他们的录取分数是否能降低一些？

申屠继法：教育局经过调研之后批准了这件事情。2012年给予我们100个名额，分为2个班，均是普通高中学习的农民工子弟学生，其他班级学生还是实施职业技术教育。这种做法解决了许多农民工子女的教育问题。去年有一个陈同学，父母都在横店打工，初中是在专门招收农民工子弟的横店四海学校就读，去年高考成绩为582分，与一本线仅相差6分。她是全东阳市进步最大的学生。刚入学的时候在全东阳排名5000名左右，经过三年学习排名上升到了1500名。

访谈人：这样的进步非常令人震惊。

申屠继法：我们今年也有 12 名学生考上本科学校，这非常不容易，毕竟学生都是来自于相对来说很差的生源。

访谈人：三四年前，我也去杭州中策职高调研过。现在相对来说大家意识上都有所变化，包括课程内容的设置、校企合作等方面。在培养学生的文化基础知识方面，学校也很重视。他们也注意到大多数学生，尤其是杭州本地的学生从职高或者技校毕业之后，更多的还是会选择专升本、成人高考等途径去获取大学教育机会，很少会直接参加工作。

申屠继法：学生还是要以读书为主。所以文化课程我强调"读、说、写"的课堂教学模式。要摒弃基础差的学生就没办法教的错误观念，应该引导学生读书，读了之后可以运用自己的语言表达，而且要会写，因此我们专门增加了书法教育这门课程。虽然教学大纲是没有规定的，但是这是每个学生必学的一门选修课。我们的学生大部分是从来没有参加过书法培训的，如今学校通过聘请专业的书法教师，每星期为学生上两次课的免费教学方式，极大地提升了学生"写"的水平，同时也强化了文化课教学力量。此外，我们自己也编写了一本名为《花之语》的书供学生们阅读，目前仍是初稿，待正式印刷后我可以送一本给你。

花园中学始终秉持一个理念：支持学生，为了学生，成就学生。为什么非常重视文化和技能的教学呢？因为学生要上大学，从全省角度来看，花园中学的学生上大学的比例是比较高的。全省参加单考单招的学生比例只有不到 25%，但是我们有 40% 的学生参加单考单招。

访谈人：2019 年花园中学有多少学生参加了高考？

申屠继法：今年普高和职高加起来总共是 196 个人。普高方面，分数最高的学生和一本线差一点，最低的比最低录取控制分数线多 39 分。

访谈人：过二档线的大概有多少人？

申屠继法：12 个。我们已经实现人人上大学目标好几年了，我们学校的教育质量在金华的职业高中里是比较好的。学考成绩都是数一数二，职高教学质量显著提升。为什么要重视这部分学生的教育？因为我们的学生是生源里的弱势群体，家长的教育方式大部分都不恰当，所以我们要真正关心教育这些学生，坚持教好每一个学生的理念。有些家长没有能力、时间去教育，那么学校应该承担起这个责任，关心、帮助每一名学生。

学校的第一个特色是实施一体化无缝管理，建立让学生学会做人的德育网络。

无缝管理指的是人人参加管理，德育网络是指在空间和时间上我们能够及时管理。我们学校现在几乎不会发生学生打架、晚上出校泡网吧这类事情，他们都很有礼貌和纪律。

第二个特色是培养学生和老师的劳动能力。我们学校没有一名清洁工，没有一名寝室管理员，这在浙江省内可能也找不到第二所。我们所有的老师、学生共同参与公共卫生的维护。比如今天早上我到办公室的时候，由于最近学校在维修，于是就和其他几名老师一起打扫了卫生。我们在教学上坚持"准、精、实"的三字方针。首先，老师要教得"准"，不能把错误的知识传授给学生；其次，"实"讲究的是一步一脚印，让学生脚踏实地地吸收学习一个一个知识点；最后，在后勤保障方面提出"精打细算"，民办学校的每分钱都不能乱用。现在在很多公办学校在教育经费紧缺的情况下仍要大肆铺张，比如举办成人礼，邀请婚庆团队、广告团队协助举办，花销几万元。其实自己的学生和老师同样也可以做这个事情。我一直非常反对这种教育形式。我们不但要教育学生艰苦奋斗，整个学校或者企业更要以身作则，艰苦奋斗，像华为公司宣传的"长期艰苦奋斗"，"长期"是定语，这样我们的教育才更加有价值。

教育要发挥老师和学生共同的智慧，将两者结合起来。我们开设了五十几门选修课，非普高的学生也可以选择。无论什么专业都能选，以兴趣为主，以走班教学形式开展。有的学生在一年之内就将专业课学完了，那么他就可以选择第二专业进行学习，如有一个郭同学，一开始也没有选修专业，她原先是幼师专业的，后来转到了财会。12 月份参加技能考试，4 月参加理论考试，专业课考了 280 分，不到 8 个月的时间就通过了。她这样相当于转专业，从幼师转到财会，她大学也是考这个专业，也考了 547 分，数学 140 分，语文 124 分，相当不错了。

访谈人：申屠校长，谢谢您刚才详细的介绍。我还有三个问题想继续向您请教。第一个问题是关于花园中学的学生培养与花园集团业务发展之间的联系。除了相关专业学生会到花园集团对应的企业去实习以外，那学生毕业以后直接去到这些企业就职的人数多吗？

申屠继法：根据集团向我们反馈的情况，以及我们自己统计的学生分流情况，60% 的毕业生是在花园集团就业的，40% 是在外面自己择业。而且我们的学生在大学毕业以后，有很多也选择在花园集团工作。花园集团总部从 3 层到 16 层，有很多我们学校的优秀毕业生在工作，包括花园大厦里好几个高管都是我们的毕业生。

访谈人：这一定程度上也实现了邵书记在 1999 年创办这所学校时的初衷。花园中学培养出的一波一波人才源源不断地在为花园集团的发展服务。

申屠继法： 是这样的。

访谈人：第二个问题是花园中学在招生方面有没有什么自己的一些做法和特色？因为相对来说，从整个教育分流角度看，职业教育还不是那么受到重视。包括学生本身学习能力不是很强，学生家庭的经济收入状况也不是很好，在这种整体弱势的情况下，你们怎么样去传播学校的教育理念，让学生知晓学校、认识学校，最终选择到花园中学来就读？

申屠继法： 对于招生我始终这样想，因为我们花园中学是个技术学校，属于民办，还在农村地区，所以我们的方法与理念要结合学校的实际情况。我经常跟人家讲，毛主席为什么能够建立新中国，就是把马克思主义与中国实际相结合了。我们学校底子薄，起点又低，又在农村里面，又是职业教育，在招生上就提早谋划，人人参与招生。只要有需要读书的学生，我们就都接受。

从实际生源角度来讲，学生的构成一个是中考落榜的学生，以东阳为主，也有永康、磐安的学生，还有农民工子弟。除了落榜生以外，我们还招收没有参加过中考或者是没有上过高中的往届学生，只要他愿意来，我们就收。有些学生当时没有报名参加中考，后来到社会上 2 个月之后，还是想要读书。这种情况一般是没有学校愿意接收的，他们不可能到东阳技术学校这种相对较好的学校去。我们就把这些学生吸收进来。有的学生是去年参加了中考后，自己不想读，到社会上去打工，打工了之后感觉到还应该读高中，又回来读，还是由我们学校来接收。所以我不管学生来自哪里，只要愿意到花园中学来读的，我们都会接收下来。这就是我们的理念。

我们这种学校不容易的，可以说是最差的生源。其他学校都有录取分数线，而我们是没有分数线的。学校办起来干什么？就是为学生。特别像我们这样的学校更加要重视学生，这些学生需要我们去教育，需要我们去帮助。

访谈人：那我想学校教育质量提高与我们的师资力量应该有很大关系。最后想向您了解一下，学校的这些教职员工，您通过什么样的方法去吸引他们加入到花园中学来，以及如何鼓励他们更好地发挥特长，尽心尽力履行教学岗位职责呢？

申屠继法： 我经常和我们老师讲，找工作，第一，要看这个机构一把手，他个人的理念是怎么样的，对人做事是怎么样的；第二，要看机构氛围，这个单位的氛围是怎么样的；第三，问薪水是多少，年薪要放在第三个看。这是一个理念，我自己也这样做。我年纪这么大，已经退休了，公办学校校长干了这么多年。我到这里来继续工作，不只是为钱而来，更是为了把每个学生教育好才来的。

第二个就是要把学校办好。把学校办好既需要这些老师，也为了这些老师，而且成就这些老师。学校培养出来的这些老师，我鼓励他们去考公办。去年一年，我们学校6个老师考到公办高中去了。考不上去的，继续在这里做事。因为他去考，他就是要学习，不但对他自己有帮助，对我们工作也有帮助。老师以身作则，一有空就是读书，那对学习氛围培养是有很大好处的。

第三个，邵书记给我们每年加1万年薪，这幅度很大的。他老跟我说老师的工资待遇要加上去。我们每年加1万，现在老师的工资待遇在本地来说也算不错了。

所以我们要把学校打造成为一个有追求的地方，让老师们感觉到在这个地方自己还可以有所成就；而且我们的薪水也在持续提高；另外就是我作为校长，带头跟老师打成一片，跟学生打成一片。

所以我经常干什么？我不上课，早餐吃好就给学生打打米饭。哪个学生饭吃得多一点，哪个学生习惯吃两碗，我都知道。看着学生一个个吃完，我才回到办公室里。在校园里我看有什么事情，当场就把这个学生叫下来，跟他在那个地方聊聊天、谈谈话。我跟老师也是这样子，老师有什么问题，我作为校长肯定要给他解决。

访谈人：申屠校长，您自己为什么会到花园中学来工作？

申屠继法：我是公办学校退居二线了，退休了就在家里没事情干。邵书记知道我在南马镇高中当了12年校长，也找不到合适的人嘛。他动员我说："虽然你年纪大了，也来帮助我一下吧。"那我就来了。实际上我也不应该在这个位置上干，应该让年轻人来干了，对不对？我跟邵书记提过这个想法，他现在还没有同意。我已经63岁了，1957年生的。让给年轻人来干，我应该回家养老了。我家里面有父母、岳父母四个老人要照顾，负担很重的，他们都快90岁了。我在这里工作并不在乎能多挣多少钱。我要钱干什么，自己退休工资九千块一个月，夫妻俩一万八一个月了。但是我觉得既然干了就要干到最后一天，邵书记一天没有决定让我卸任，我就一天认真把事情干完。我这人就这个样子。

五、二十三载记录乡村新风貌：访《花园报》主编王红江

编者按：《花园报》作为一家由花园集团创办的企业报，自创刊以来的 20 多年间，一直承担着宣传花园集团企业发展创新，以及反映花园村经济、社会、生活进步的"双重"职能。作为一份有质量、有内容的报纸，《花园报》不仅凝结着编辑部一代代报人的良苦用心，也成为忠实记录花园村 20 多年发展变迁不可多得的文献史料。从一份四开小报，到全彩印刷大开版，再到纸质媒体与新媒体平台融合的媒体中心，《花园报》编辑部紧跟时代要求，努力实现对外宣传、对内通信、凝聚人心、承载文化的多重使命。在编辑部的努力下，来自花园村、花园集团的发展动态、建设成就通过新闻通信网络，源源不断地向省内外知名媒体供稿，使越来越多的读者能在《浙江日报》《钱江晚报》、"浙江在线"等媒体平台上看到来自花园的讯息，使其成为认识花园、了解花园的重要"窗口"。

受访人：《花园报》主编王红江

访谈时间：2019 年 8 月 7 日下午　　　　**访谈地点**：主编办公室

访谈人：王平　　　　　　　　　　　　**录音整理**：漆凤岚

访谈人：王主编，您作为我们《花园报》发展历程的见证者，请您介绍一下《花园报》的成立背景和发展过程中几个阶段的特点。

王红江：《花园报》是 1997 年 5 月份创刊的，当时邵书记出于对企业文化的重视，创刊成立了《花园报》。《花园报》最初的定位是企业内刊，主要服务企业持续发展的文化需要。浙江省新闻出版局正式批准应该是 1998 年，算起来我是《花园报》的第三任主编。第一任主编是郭春松，他是第一次并村并进来的南山村人，以前可能是一个老师，这个金书记可能比我更加了解，因为他参与了整个创刊过程。第二任主编就是我们现在的党委副书记金光强。在刚开始创刊的时候，《花园报》只是一个小报，四开的小报，有彩色，也有黑白，相对来说也没有特别固定的形式。

访谈人：您是从什么时候开始担任第三任主编的呢？

王红江：2008 年 7 月份左右，那个时候开始主持工作，主编还是我们金书记挂着，但当时他去当办公室主任了，就由我来主持报纸编辑部工作，一直到 2009

年 3 月份集团才下发了正式任命文件。

总的来说，《花园报》20 多年的发展，是一个循序渐进、不断上升的过程。紧跟着时代的进步，《花园报》也在不断成长。比如说现在的采编印刷技术有些改进，《花园报》的内容质量也在提升。我们的《花园报》在 2013 年时成为浙江省企业报协会副会长单位，当时企业报协会的会长是浙江省新闻出版局退休的老领导，而所有副会长单位都是国有企业，只有我们是民营企业。这也代表了协会对我们报纸的认可。省企业报协会成立也有 30 年，具有很高的业界威望。概括来说《花园报》的几点变化：一是在形式上，从小四开到对开，从彩色和黑白间隔到全彩；二是在出版期数上，以前一直都是每个月两期，从 2016 年 3 月份开始改成一个月三期，相当于从半月报变为旬报。邵书记觉得《花园报》对企业和村庄文化建设发挥的作用是比较大的，所以对我们编辑部提出新要求。

访谈人：您觉得在《花园报》20 多年发展历史中，它整个的办报宗旨是怎么样的呢？或者说，《花园报》比较鲜明的主题，或者主要服务的内容板块，有没有发生什么变化呢？

王红江：作为一份由企业创办的报纸，我们的办报宗旨肯定是立足于花园集团的企业。但是花园集团又带有其特殊性，因为它背后还有花园村这么一个小社会。按道理说，其实由企业来办社会的报纸是不合适的，但它又存在其特殊性。相对来说，《花园报》既要满足花园集团企业员工的文化需求，也要满足花园村村民老百姓的文化需求，所以就把两者合二为一了。对于一个农村来说，能有这样一份报纸其实是很稀奇的事情，而且是从 1997 年开始就一直办着这样一份有历史积淀的报纸。所以很多时候我们在与其他名村交流时，比方像萧山航民村，他们看到我们有这样的报纸之后，都有想法是不是也可以去搞一份这样的报纸。

访谈人：那萧山航民村后来有没有办类似的报纸呢？

王红江：我没有去了解过，但是台州的方林村的确是从无到有创办了村报，宁波的滕头村也办了一份报纸。它们都是铜版纸四开的这种报纸。所以村庄办报还是有它的特殊价值的，能够成为村里老百姓文化交流和信息传递的重要媒介。从内容上来说，《花园报》主要是介绍企业和村庄的新闻。尤其是头版和二版的内容，是企业和村庄在经济社会层面近期发生的重要事件，我们将其采编为新闻的形式呈现出来。当然《花园报》也承担着倡导企业文化和村庄文化，拓展员工和村民信息来源的作用。报纸中也会转载一些国家政策文件，传递一些医疗卫生知识，以前的信息传播没有像现在这么通畅，通过我们的报道介绍，老百姓也能了解许多有用的知识，起到上传下达的作用。而且从创刊以来，《花园报》副刊版一直是刊登一些散文、诗歌、小说等文艺作品。其中有些还是我们本地一些老百姓和员工参与创作的。当然我们也有很多稿件是从全国各地投递过来的，这个占比也非常高，主要是一些纯文字作品。后来我们还开设了艺苑版面，为了加强读者的参与度，我们开辟了随手拍栏目，刊登由读者自己拍摄的照片。随着智能手机时代的到来，老百姓拍照越来越方便，他们随手就能用手机拍下一些或是感人、或是有趣的图像。这也构成了我们与读者的一种互动。报纸的内容和形式都是紧跟着时代的发展，随着社会的发展进步而有所变化的。

访谈人：我在读《花园报》的时候，有非常强烈的感受，那就是邵钦祥书记可能很早以前就有培育和传承企业文化的想法。其中最突出的例子就是，几乎每年都有一个关于花园集团和花园村发展的主题大讨论，然后《花园报》就会围绕主题大讨论连续几期做重点报道，包括刊登各个主要部门领导就主题讨论撰写的文章和体会，而《花园报》也成为主题大讨论的一个重要展示平台。

王红江： 在 2005 年以前，花园集团历年会就特定主题举行企业内部大讨论，但主题讨论真正成为一个连续性的传统应该是从 2005 年开始的。2005 年组织了关于花园精神的主题大讨论，之后每一年都会有一个相应的主题，到现在一直没有间断过。之前也有主题讨论，但是可能并没有形成这样的传统，有些年有，有些年没有。所以我们邵书记对文化工作一直是相当重视的。《花园报》成立的时间是 1997 年，其实在某种意义上来说，邵书记在 1997 年之前就已经对文化和宣传工作非常重视了，否则他不会在 1997 年的时候提出办报纸的设想。根据我的了解，在全省范围内，最早的企业报可能是 1955 年就有了，但那些都是国有企业的自办报纸。而民营企业里办报纸的，可能最早也要到 20 世纪 90 年代初。所以我们 1997 年创办《花园报》也算是比较早的。

访谈人：从我写书的角度来讲，在看《花园报》的时候也是收获良多。《花园报》里面如实地记录了许多重要的历史性事件。比方说，2003 年 6 月时任浙江省委书记的习近平来花园村考察调研，当时《花园报》第一时间就报道了。《花园报》里的一些新闻报道也为研究花园村的发展道路提供了非常可靠的历史证据。《花园报》真的是一个非常好的编年史资料，真实完整地记录了花园村的发展历程与重大事件。

王红江：所以我们现在也在探讨这样一份企业报究竟还有多大的存在价值。现在新媒体如此发达，有很多企业觉得已经没有必要再投资搞这样一份实体性的报纸了。而我们也在思考到底还需不需要花这么大精力定期出版报纸。但正如你所说的，不管如何发展，新媒体至少在这一点上是无法替代传统报纸的：报纸具有独特的史料性价值。每一期报纸编辑印刷出来，其作为实体产物就留存在这个世界上了。你也许可能去伪造一两篇文章，但你不可能同时删改成千上万份报纸。这些存留下来的报纸就成为记录发展历史最可靠的证据。而新媒体基于电子存储平台，就没有这种史料性价值，你不可能去翻，不可能去查。其实正如你所说的情况，新媒体还可能删改和伪造。所以应该说，报纸是真实客观地反映企业在每个阶段的发展状态，并且如实地呈现发展轨迹的。

访谈人：我在搜集花园村的文献资料时，非常认真地阅读了每一期的《花园报》。它真的是一份非常宝贵的财富，凝结了一代代《花园报》办报人的心血。从最早的郭主编，到金书记，再到您，这么一代代下来，能够在报纸里看到编辑们字里行间的心意。即便是1997、1998年《花园报》刚刚草创时的几十期，它的头版和二版也基本上都是对花园集团和花园村新闻事件的报道，以及对发展道路方向的概括总结，也包括邵书记自己写的一些文章，对了解当时的情况有非常重要的价值。而第三版、第四版的文章即便不是编辑部成员自己写的，或者是从其他出版物中摘录的，也非常有时代特色。而且看得出编辑收录这些文章的人也花了很多心思，不是说随便就找一篇小文章放在那，而是尽可能传递一些在那个时代对读者来说有价值的信息。

王红江：实际上，即便现在我们在编辑每一期《花园报》时，还是存在类似的情况。因为现在《花园报》是一个月出三期报纸，而且又是大版面，相对来说更有可能遭遇到稿源不足的情况。所以我们现在第三版还是采用"关注"这样一个版面定位。但目前花园集团在搞一年一度的主题讨论，所以最近这一段时间的版面会用来介绍主题讨论的内容。过了这个阶段，我们在"关注"这个版块主要是刊登一些与企业发展有关的国家政策或者先进案例做法，乃至一些对农村经济社会发展产生有利引导的内容。其中一些与我们企业的产业发展相关的，比方说红木家具产业的发展态势之类的信息，我们也会去进行选择刊登。因为完全靠我们自己来撰写稿件有的时候是不够的，所以我们在"关注"版面选择内容的时候，像你说的，就是想传递一些有价值的信息。比方说像发展"特色小镇"的问题，2015年，当时的李强省长刚刚提出这个概念，我们《花园报》就第一时间开始转载相关内容，而这些信息后来慢慢反馈到我们整个集团，大家也对"特色小镇"这个概念很受启发。所以在第三版上即使不是与花园村或者花园集团直接相关的内容，我们也是会精心编辑，传递一些对近期或未来有用的信息。而副刊相对来说就是在第四版上面。

访谈人：第三版在我印象里面也觉得比较有意思。我记得在 2005 年有一期第三版上转载了《环球时报》的文章，主要介绍未来手机可能有哪些新功能。其中就提到未来人们会用手机看电视，当时看了就会心一笑。可以说十四五年前《花园报》的编辑转载的一篇小文章，很有预见性地把现在我们几乎每个人每天都在做的事情说出来，有种预言实现的惊喜感。所以我单纯从一个读者的角度来看，《花园报》这样一份报纸的编辑质量真的很高，而且也达到了支持整个花园村、花园集团精神文明建设，服务经济社会良好发展，为读者提供有价值的生产生活信息等功能目标。当然我并不是专业的办报人，这样说也不一定准确，但有时候我们在省内省外调研，也会看到一些企业办的报纸，印象里面这些报纸更像是宣传广告，介绍这个集团有哪些特色产品，或者有哪些最新发明成果，或者是又获得了哪些奖项，或者又有哪些领导前来考察调研、指导工作，没有形成一种连续性、整体性的信息呈现方式。换句话说，虽然办的这个报纸是个企业报，但是编辑报纸的人至少要让读者感到内容上的可读性，或者说是一种办报的诚意。在这方面，还就只有我们《花园报》是能体现出来这种办报人对读者的诚意的，而不是单纯在实现自我宣传的目标。这就是我作为一个普通读者的感受。但是这对于您和您的编辑部来说都是有巨大的工作量，其实到目前为止，我觉得编辑部里的人手也不是特别多，我想可能最早郭主编那个时代编辑部的人员是不是会更少一点。

王红江：是这样的，我们《花园报》编辑部这么多年下来，包括我来之后，人员起起伏伏，最多的时候达到 9 个人，当然少的时候有一段时间我们只有三四个人。但是编辑部的人员数量其实并不是重要的，重要的是团队的整体质量。假如这个团队质量高、能力强，办报纸就可以得心应手、水到渠成。而如果编辑部的人员水平都只一般般，那再来办这份报纸，质量就很难提升，作为主编也会累很多。

访谈人：包括金光强书记，在很早以前的《花园报》上就看到他写的文章，那时还叫《花园集团报》，在副刊上他发表过他自己写的一些诗歌。

王红江：因为他参与了《花园报》整个的创刊及前期发展过程。其实前期《花园报》编辑部的人员数量并不多，可能只有两三个人。因为当时是一个小报，而且是半月一发，这样的话工作量相对来说较少，而且那时候花园集团的企业也没有这么多，所以他们几个人就可以把报纸办得比较有声有色，而且那时几个编辑也挺有水平。

访谈人：但现在来说，一是集团变大了，另一方面就是外勤采编的任务要求也挺多。我看到现在"东阳花园村"的微信公众号也是由你们编辑部在运营，所以现在的工作任务更多，也更全面了。而且现在花园村和花园集团发展得更快了，采编任务也随之加重，可能你们编辑部需要经常派出一线记者去报道拍照，所以整个工作量也有所上升。

王红江：这种工作量是在加大。其实是这样的，因为这个报纸要出来，每个月三期的量是固定的，没办法随便凑一下，还得按照报纸该有的内容量来准备素材。但现在还有一个比以前更有压力的因素，那就是速度。以前的话，这个报纸反正半个月一期，也没有即时性新闻媒体那种要求，我只要在排版之前定好稿件就好了，版面上确定要发什么稿子，哪怕过个 10 天再写出来也没事。但现在不一样，现在的话有微信公众号这样一个新载体，许多重要的事情当天就得发布出来。所以在时间上的要求其实是与以前有很大不同。当然我是这么认为的，新媒体这一块必须要有，必须去涉足。因为时代进步之后，媒体必须及时跟进，但这并不意味着要完全依赖新媒体，而是应把它作为必须加以认识利用的新形式、新方式、新渠道。这样《花园报》的读者受众无疑比以前要扩大很多。过去企业报的一个劣势就是时效性不强，而新媒体元素的加入让报纸更具时效性。

访谈人：我还想向您请教一个问题，这也是与《花园报》的发展定位非常有关系的。就是《花园报》作为一个媒体，除了发表自己采编的内容，它也承担着与整个思想文化与新闻宣传系统的媒介作用。比方说通过与相关新闻媒体的合作，向他们推介一些关于花园村、花园集团最新信息的新闻素材，请他们代为刊登报道。从这个角度来说，您能大致介绍一下《花园报》编辑部是如何与其他媒体合作，更好地提高花园村、花园集团的媒体曝光度和社会知名度的呢？具体有哪些途径渠道或者合作模式？

王红江：其实一直以来，我们邵钦祥书记对借助媒体宣传报道，扩大村庄和企业的知名度都比较重视，理念形成得非常早。你可以看到最早 1982 年就可能有相关的新闻报道，在 1985 年的《浙江日报》上已经有相关的报道。当然在 20 世纪 80 年代的时候我们不会有这么多、这么详细的资料，有可能在 1981、1982 年会有相关的报道。但是即便你之后花费力气去找，估计也很困难。因为花园集团的档案室是到 20 世纪 90 年代初才建立，很多之前的资料收集得不完整是非常有可能的。去考证《东阳日报》的副刊，或许可以找到这方面的史料记载。但能够肯定的是，在 20 世纪 80 年代初期，邵钦祥书记可能已经有这方面的宣传意识了，而且一直延续到现在。所以邵书记有一种想法，就是光做广告他是不太愿意去做的，他更喜欢用新闻报道的方式呈现花园村的发展成就，反映花园集团的发展动态。所以一直以来，他对这种宣传的要求是非常高的。当然我们《花园报》这么多年办下来也是有不少积累。整体来说，就是从最初的陌生青涩，到慢慢摸索熟悉的发展过程。到现在我觉得我们《花园报》要把稿子写好，能够切实反映花园村、花园集团真实的发展样貌，然后打开一个对外宣传的口子。宣传其实只是一种形式，是对我们媒体传播渠道的拓宽。以前我们的理念是，我们报纸的定位只要满足企业内部宣传需要就可以了，但事实上花园村、花园集团这么多年来的发展经验通过更多渠道的媒体网络推送出去，不仅是在扩大花园村和花园集团的社会影响力，也是让这些好的经验、好的做法得到更多人的知晓和认同。虽然可能存在刊登在《花园报》上的内容，再次被其他媒体刊登，产生一稿多投的问题，但在目前采编渠道通畅的情况下，这更多的是一种信息的分享。

　　访谈人：这么多年以来您写了非常多记录花园村新变化、新发展的新闻和书评，从您所观察到的角度来看，您觉得花园村之所以能够不断做大做强，甚至要成为一个国际名村，最大的成功经验是源自哪方面？就是说，从您的观点来看，花园成功道路最重要的基础是什么？

　　王红江：花园的发展有其内在原因。首先是要有优秀的带头人，这种带头人要有一心为村里做实事，实现村庄发展的念头。其实比邵钦祥书记有钱的人还有很多，对吧？但当时很多有钱的人他们只是做自己的企业，做自己领域中赚钱的事情，而不会让更多人来共享他们奋斗的成果。在花园村这个地方，邵钦祥书记把共享理念具体化为村庄发展与村民幸福的事业。所以我觉得邵书记的思想和奉献精神是第一位的。邵书记关于村庄发展的理念，他的思路是通过工业化、城市化这种区域的大进步，打造具有潜力的产业平台，让老百姓有自己"造血"的功能，而不像其他一些农村，一味通过集体化来给老百姓"输血"。

访谈人：除此以外，花园作为一种发展模式，您觉得还有哪些独特的经验价值，是您在平时工作中有比较深刻体会的？

王红江：首先是带头人的问题，其次我觉得产业发展还是要因地制宜。一个地方要实现产业发展，必须要有相关产业资质，结合这个地方的特色来设定产业方向。一个山清水秀的地方，要搞大工业是不现实的，必须因地制宜，因势利导。有一定的基础后才能推动相关产业发展。比如就花园生物医药这个产业来说，其实它也还是有一点基础。为什么？当时中科院院长路甬祥和邵书记认识后，向他推荐来一批当时的高科技项目。再比如花园的红木家具产业发展，也有历史渊源和发展基础在这里，不是说凭空捏造。在我们这边，木材产业从20世纪90年代初到21世纪初一直比较发达。再加上20世纪八九十年代初，东阳南乡这边不少人到广东深圳打工，很多在红木家具工厂里工作。这些人大多来自南马、千祥、画水这一带，基本就是说花园村周边，包括花园村的这些人。在2006、2007年前后，这些人回到家乡发展红木家具产业，都成为了中坚力量，很快红木产业形成完整的上下游产业链。东阳是木雕之乡，木头的雕刻加工工艺都是要有技术基础的。很多徽派建筑都是东阳的木匠去做，是不是？所以总的来说，它也还是有基础的，不是无中生有。只要能有良好的规划，乘势而上，很有可能会发展出一个新的产业集群。像现在很多村庄发展乡村旅游业，也必须要有独特的基础。

当然第三个要素就是不断创新。无论企业还是团体，一旦丧失创新的动力活力，就不可能实现可持续发展。在有了一定的基础之后，必须谋求可持续发展，而不是小富即安。花园村从创办蜡烛厂、服装厂到现在各种产业项目，一直在不断地创新。

六、走出民营艺术团的发展新路：访花园艺术团总导演刘武

编者按：在文化体制改革的大背景下，文艺团体如何在新形势下寻找自身定位，实现表演的艺术性与社会需要相统一，是近十余年来许多曾拥有辉煌历史的专业团体苦苦寻觅而不得的路径。花园艺术团虽然成立不过7年，而且是一家落户农村的民间艺术团，但却通过"广开途径、扎根群众、保持创新、事业育人"的特有方式，探索出了一条兼顾专业水准、创作活力和社会效益的活路、新路。不同于"高高在上、难以落地"的省级专业团体，也不同于旅游景区"一场戏演几年"的功能性团队，花园艺术团通过服务花园企业、花园村民，送戏下乡，参与

各类公共文化服务活动，在时代的勃勃生机中汲取创作灵感，在不断编排创新中提升专业实力，用文艺的方式将花园的故事传播得更远、更广，更得人心。

受访人： 花园艺术团总导演刘武

访谈时间： 2019 年 8 月 6 日上午　　　　**访谈地点：** 导演办公室

访谈人： 王平　　　　　　　　　　　　**录音整理：** 魏一单

访谈人： 刘导演，能请您简要介绍一下花园艺术团的创立过程吗？

刘武： 从严格意义上讲，花园艺术团是 2012 年 9 月 9 日成立，10 月 5 日进行首场演出的，这标志着花园艺术团的正式成立。花园艺术团的成立初衷是为了村里的文化建设、精神文明建设，丰富村民或花园集团员工的文化生活，提高他们的文化层次，然后通过文化艺术的表现形式整体提高村民的素质文明。花园艺术团成立以后，也有一定的打算和目标，因为当时从全国层面来看，华西村有个艺术团，所以我们成立艺术团后也去华西村进行过一次学习交流。当时我看了他们的表演，不谦虚地讲，当时就说 3 年以后让他们来学我们艺术团，后来他们来了以后认为学习我们是有难度的，因为这是两个不同的运作模式。

花园艺术团是一个高起点的艺术团体，在人员吸收方面，每个舞蹈演员，包括一些嘉宾，都是按照高起点、高层次标准吸收的，比方说我们所有的舞蹈演员都是全国大专院校的艺术类学生。首先，我们的演员是专业的，与村民自发组织团体不同，所以花园艺术团的起点很高，采取了这种高起点的模式。经过这几年的打磨，花园艺术团目前在整个浙江省的艺术圈是有一席之地的，在金华东阳绝对是屈指可数的。

访谈人： 我在《花园报》《东阳日报》上都可以经常看到我们花园艺术团的一些报道，而且花园艺术团还获得了各种荣誉。

刘武： 对。所以花园艺术团成立之后，通过两个方面，一方面丰富了村民的文化生活，另一方面对外也发挥了宣传花园村的作用，让更多人能够了解花园艺术团，能够了解花园村的建设和发展。从这几年的建设来看，花园艺术团已经走遍了整个浙江省，至少是每个地级市甚至是县，所以整体来看，对花园村的宣传发挥了极大的作用。现在省文化系统，包括宣传部、文化馆，以及很多地级市文化系统，如衢州文化馆、温州文化馆、宁波文化馆等，都对我们有了全新的了解，而且很愿意与我们花园艺术团合作，打造一些节目或演出，我们都很欢迎。花园艺术团已经达到了一定的水准，以后就想推动艺术团向更深、更高层次的方向发展。

到现在为止，艺术团由最先开始的 40 多人发展到现在的 60 多人，在不断地发展和进步，我们与全国许多的大专院校都建立了良好关系。他们对我们基本上都是另眼相看，一开始人家对村里的艺术团不当回事，后来看到实力之后也就转变了态度。这个转变是凭借我们的实力实现的，没有实力什么也打破不了，是吧？ 通过这几年的打磨之后，无论是舞蹈还是其他，艺术团在全省取得了许多好名次。我们参加了两次浙江省的社会团体舞蹈大赛，都获得了金奖；我们的歌手参赛也基本上都获得了省里的兰花奖。我们参赛的目的始终不变，就是宣传花园，让别人更多地了解花园，在宣传艺术团的同时也是在不断锻炼、磨合我们的队伍，提高我们的水平。2016、2017 年的时候，在全省将近一千个民营文艺团体中，一共评选了四个优秀乐团，三个都是戏曲优秀乐团，而唯独一个综合乐团是我们花园艺术团，这个荣誉也不小。今年我们又在申请优秀乐团，从昨天了解的情况来看，目前我们送去的三个节目全部入选。

此外，我们艺术团还演剧，2016 年成功地排演了儿童剧《灰姑娘》，并获得了很大成功，孩子们来的目的就是看儿童剧。花园也在做旅游建设，大家来旅游的时候，能够看到一台高水平的文艺演出，心里也是非常开心的。很多人都表示，他们来旅游必须要看演出，不演出就不去了，他们非常期待花园艺术团的演出。另外，花园艺术团成立以后，由于自身的不断提升，包括名气越来越大，承接了许多政府职能部门的一些大型演出，比如宁波国际海洋艺术节、国际微电影节、市运动会和浙江杭州的一些重大演出，还有衢州、温州等的演出，基本上我们都会去参与，金华就不用说了，东阳更是一样。这不仅活跃了我们花园村的一个文化艺术氛围，而且也让花园艺术团在全省的艺术界占据了一席之地，我们凭借的是本身的实力。有了实力，各政府职能部门愿意与我们合作，很多时候我们基本上都接不完演出，像今年是国庆 70 周年，有的部门在 5 月份就来预定 9 月底的演出时间，提前四个多月预定我们的演出。除此之外，花园艺术团也响应国家号召，响应省里的送文化下乡号召，积极去农村的基层演出。

每年的文化下乡演出有一二十场，今年就更多了，因为今年文化下乡我们进行一次性演出，6 月份的演出就有 24 场，覆盖整个金东区下面的所有村庄，6 月份我们连续出去了 13 天，演出了 24 场，到每一个村庄进行演出。村庄里的大部分年轻人都出去打工了，留下来的老人小孩都是基层最弱势的群体，让他们能够看到一些高质量的晚会，也是村里或者集团领导的要求。我们也尽可能地带动周边的文化发展，送戏下乡，有的老人会坐着轮椅或被搀扶着过来看演出，我们的演员也很受感动，深刻感受到了老百姓的淳朴和善良，激励着我们更好地进行演出，这也是一种相互的给予。

我们花园艺术团成立之后，主要是这三块内容：一是丰富我们花园村的文化生活；二是完成政府职能部门的演出任务；三是文艺下乡、文艺交流，让更多人能感受到我们的文化艺术魅力。此外，还会接待旅游团队。每年的 3 月到 5 月、9 月到 11 月是旅游高峰期，也是演出高峰期，平均每年大概有 100 场面对旅游团队的演出，算上其他那就有 100 多场。去年从 8 月份开始，基本上每个月 15 号到月底的演出全部排满，演出的容量也很大。

访谈人：我之前在看花园村的一些史料时，了解到花园村最早在 20 世纪 80 年代中期就开始建造剧场了，应该是个老剧场。

刘武： 花园人很重视文化建设，原来花园村看电影只能去邻村看露天电影，我们的邵总就下决心要赚钱，要让所有的村民今后能够在剧院里面看电影。所以在 1982 年到 1984 年他们捞到第一桶金之后，首先就建造了花园剧院，花园村民从此能够在剧院里看电影、演出，整体条件得到了很大改善。所以花园在文化艺术建设方面，确确实实投入了很多。从前一个礼拜甚至一个月艺术团都不一定能来花园村放一场电影，我们邵总首先想到这一点，今后不仅要请他们来演，还要使村民能够坐在剧院里观看，所以就建造了第一个剧院，当时很多村甚至镇里都是没有剧院的。

随着花园的不断发展和整个规划的推进，在举行 2014 年的第八届全国大学生"村官"论坛之后，又盖了现在的剧院，所有条件设施全部齐全，如灯光音响、空调等，至少是与整个时代发展接轨了。剧院的运用非常广泛，在会展中心也盖了一个更大的剧院，主要承担　些大型的演出，这个地方设施最齐全，包括我们艺术团的工作地点也在这里，整体提高了一个层次。2014 年举行全国大学生"村官"论坛的时候，同时在建的还有中国农村博物馆、花园广场、人民广场、花园剧院和游乐场，5 个项目同时建成。艺术团目前的结构主要是 1 名团长、2 名副团长分别管理行政和业务方面，其他还有团长助理、艺术总监、总导演和编导老师，形成与专业乐团一样的编制系列，编制人数方面会比省级团或者大的地级市团稍少一些，但整体编制是完整的。这些从事业务的人员，都是正规院校毕业的，并具有一定的实践经验和业务能力，目前形成了一个有机结构。艺术团目前有包括歌曲、舞蹈、魔术杂技等多支队伍，是一个综合性的艺术团，原先我们还有乐队，后来由于市场环境选择就去掉了乐队，此外还有专业的创作团队、一些非常顶级的嘉宾演员。现在艺术团独立完成一场大型晚会是完全没有问题的，我们完全有能力独立承接一场大型晚会，

访谈人：比方说一两个小时？

刘武：一点问题都没有，我们拥有实力和团队。

访谈人：您的起点就是20多个人的舞蹈团队，在专业化水平方面就有保障。艺术团我接触的也比较有限，比方说像横店，或者杭州宋城的艺术团，它的演员本身也不一定是科班出身，大多数是业余演员，不像花园艺术团这么纯粹，一开始的起点就是一个经过大专院校培养的专业演职员班底。

刘武：对的。在以前举行村春节联欢晚会时，村里的文艺骨干也会参与进来，但仍是以花园艺术团为主。

访谈人：相当于您这边是八路军，他们是民兵。

刘武：对，但是大型的村民联欢晚会，他们就都来参与了。我们活跃了村民的文化生活，同时也提升了他们整体的艺术水平。近些年我们成功举办了四届红木家具展会，都是几千人、上万人的演出，那是非常震撼的，在浙江乃至全国的影响都非常之大。

访谈人：是的，我看过这个视频，包括今年网上有实时视频的直播，虽然很多演员本身是业余的村民，但是能够看得出来是经过导演专业安排的。

刘武：我们是由专业的导演统一培训的，尽管有些业余的群众演员不是很专业，但是气势是有的，主要还是以艺术团为主，需要的时候群众也会一起上。2017年花园村运动会的整个开幕式，从入场式到整个团体表演，全是我们导演的，除了浙江省的运动会之外，其他地级市的所有运动会开幕式都达不到花园村的运动会开幕式水平。

访谈人：所以花园艺术团所承担的职能其实远远超过了艺术团本身，它对整个的文艺事业产生了很大的影响。

刘武：因为艺术是相通的，很多东西不仅局限于演出，比如地方的开业和庆

典，花园村在不断发展项目，所以都会需要一些演出。像运动会和艺术团在本质上没有太大的区别，那么作为搞艺术的人员来说，通过专业的导演对运动会的表演形式进行指导，层次水平就会比原来高很多，由原来的自发活动逐渐向国家的一些规范化形式靠拢。运动会拥有了好的器材设施、场地设施之后，在组织方面至少与省市的运动会水平基本上是一样的。

访谈人：刘导，有一个方面的问题，可能我自己接触的也比较少，平时接触的都是杭州的一些省级，或者是专业化的团体。最近几年省里的文艺体制改革，导致他们从铁饭碗变成了靠市场去经营，同时也遇到了很多的困难，包括人才流失等，基本的自负盈亏也很难做到一个平衡点。请问您对这个问题或者关于整个团体的运行和市场适应方面，是否有一些经验呢？

刘武：我是从其他省城过来的，之前也带过几个大团，所以比较了解市场。随着国家经济大环境的变化，在演艺方面采取的是财政逐渐紧缩的政策，例如浙江省歌舞团等这些政府职能化大团参与大型演出的机会变少，小型演出又不太愿意承接，整体的灵活性相较于花园艺术团明显较差。首先我们在灵活性方面就占据了优势。第二则是老百姓目前的欣赏水平层次问题。作为省级艺术团，水平虽说比我们艺术团略高，但是从老百姓的欣赏水平来看，我们艺术团的水平已经绰绰有余，在两者水平相当而价格相差较大的情况下，他们更愿意为我们的演出买单，购买价廉物美的服务。第三，我们艺术团的机动性强。在得到集团批准后，我们可以说走就走，去任何地方演出，作为民营乐团来说，管理体制的束缚比一些政府职能化大团要小得多。机动性得到保证之后，我们在整个市场环境中就能分得一杯羹。

访谈人：刘导，我对演出行业的了解程度不是很深，但以前通过阅读日本的一些文章，研究过企业创办自己的体育球队比如棒球队、橄榄球队的案例，大企业在培养球队的时候非常强调一点：球队除了发挥宣传企业的作用，还要具备服务当地社区的能力。那种运动队与艺术团不同，艺术团可以直接服务，提供演出，从这点上来说，请问除了送文艺，花园艺术团与社区是否还有其他形式的互动？比如组织一些青少年的短期课程培训、开展村里文艺骨干的艺术培训。这方面能具体介绍一下吗？

刘武：现在孩子们的各类培训非常多，我们主要将村民的培训分为两块内容：一是有组织的培训，比如村民在编排一些大型文艺演出节目时，艺术团会组织我们的演员对他们进行指导，在指导的过程中培养他们的舞蹈意识；二是村民自发的参与，原先村民基本上很少让孩子学习艺术，艺术团的出现改变了村里许多人的传统观念，本身的师资力量吸引了很多村民，他们愿意将孩子送到这儿来学习，我们的演员也可以直接担任教师给孩子培训，我们也创办了许多培训班，如舞蹈、声乐、相声、播音主持等。

访谈人：那具体是由艺术团负责承办，还是只派遣人才？

刘武：我们目前只派人过去，主要是由于我们现在的演员数量还不多，此外没有充足的精力直接办班也是原因之一。

访谈人：比如可以开展一些针对小学或者中学的孩子为期一至两天的培训，主要是为了拓展他们的眼界。除了您刚才说的提高村民的素质之外，着力促进与社区的融入沟通可能是我们艺术团与其他剧团的不同之处。花园集团作为主要的出资方，活动范围又扎根在花园村，这种社区融入的渠道或许是社区和乐团之间的一种常态化合作途径。

刘武：是这样的，我们艺术团的领导机构可以说是花园村，也可以说是集团，花园艺术团在活跃花园村村民和企业职工群体的文化生活两方面都承担了一定的责任。在节日或者假日里，我们团会组织一些小型的培训，以演出的形式将培训融入进来。

访谈人：比如一些比赛或者大型的表演活动？

刘武：我们艺术团会派演员去现场指导编排或进行授课，这样的形式是比较多的。

访谈人：刘导，我觉得向您请教比我自己看一些书面资料学到的更多，我也真正了解到花园艺术团的特色，以前觉得艺术团只是企业集团宣传自身文化的一个工具，与您谈论之后才明白艺术团不仅是为服务企业，也服务了社区与政府，更重要的是为这些有志于投身艺术工作的年轻人提供了一个广阔的发展平台。

刘武：这个平台不仅是他们的平台，对我们导演来说也是一个平台。我们之所以愿意待在这个地方，很重要的原因之一就是它拥有一个很好的平台。不论有什么设想，你都可以直接在这里实践，如果是在省里的话，实践的机会就很渺茫。

访谈人：一个好的指挥领导对艺术团和演员的发展也有重要作用。

刘武：我们特别注重培养自己的人才，只要演员愿意从事这份工作，而且在舞蹈上已经具有一定的基础，我们就会鼓励支持演员去创作实践，并且还会请专业老师进行指导。对演员来说，他们学到了新的东西；对我们自身来说，又培养了一批优质人才，为团队的发展夯实了基础，比如我们目前的编舞老师就是经由花园艺术团培养出来的，现在的能力水平非常高。一个团队要发展，必须要拥有自己的人才，这样才能源源不断为团队的发展注入动力。艺术团以后的发展空间是非常广阔的，因为一个集团的发展是需要一定的精神文化水平作为基础的，随着花园村各方面的改革越来越深入，经济水平日益提高，精神文化水平也要与物质文化水平相匹配。

访谈人：您通过文艺下乡、培养文艺骨干等方式，一定程度上加强了花园村一些新进小区村民的凝聚力和向心力，让他们也感受到一种新的共同体的身份，让他们觉得自己是花园村里的个体。如果只是形式上的合并，行政区划上成为一个整体，但是没有人心的归属感，是不行的。

刘武： 原先称之为合编、合心、合力，否则"合"就没有任何意义。我们会通过一些活动，鼓励大家参与融合，比如组织一个活动，将各村的村民打乱分成几组，大家慢慢就会交流熟悉起来，以此来促进整体的融合。我有时候和村民们聊天，他们也认为生活在花园村幸福感很高，一个村的发展建设与村民是息息相关的。每次演出结束后，场上的村民会响起热烈的鼓掌声，我们能看到村民眼中透露出的渴望之情、对文化演出的期盼与对演员们的感激。这也是影响村民幸福程度的一个指数。而且我们的作品都是高水平、高质量的，每次我们春晚的点击量都在三四十万，红木家具展销会上的表演是一百多万的点击量。

访谈人：现在媒体融合之后，传统的舞台艺术，其实也可以多借助各种各样的新的艺术形式去表现出来。

刘武： 花园集团成立不到7年，很多东西还在不断完善，作为一个农村团体，而且又是一个高水平的专业团队，我们已经摸索出了一些开拓市场的经验。第一台晚会是一次不成功的尝试，按照人家大城市人的文化层次水平来举办晚会，由于不接地气，吸引到的村民寥寥无几，后来我们就开始进行改进，即每一台晚会既有高水平的节目，让观众从艺术的角度去欣赏它，同时也有一些很接地气的、直接反映村民生活和火热情怀的节目。

访谈人：今天向您请教之后，才知道看起来特别有表现力、冲击力的演出，其实背后是有我们艺术团的倾情指导和支持的。

刘武： 作为一个现代化的村、现代化建设的榜样，一定要有自己的东西，不然就没有宣传的核心，而且广告等宣传方式没有寓教于乐达到的效果好。

访谈人：我在做乡村研究的时候，其实也提出一个概念：我们要从文化自觉转变提升到文化自信。很重要的一点就是说，挖掘属于自己特色的乡村文化，而不是雷同的事物。在这点上考虑，艺术团有没有具体考虑过怎样挖掘我们花园村的文化？就最简单一个例子说，像邵总的经历本身也是非常具有传奇性，而且非常具有感染力，我之前在余村做调研的时候，好像是杭州文艺团体就包装了余村故事，加了一些其他的元素进行演出。

刘武：习近平总书记说过，要"弄清楚我们从哪儿来，往哪儿去"，我们也要知道花园村发展的来源及之后的发展方向。我们现在的演出还是歌舞类这种大众化的文艺表演形式多一些，真正的传统文化的东西研究相对而言比较少。比方说许多少数民族有自己的歌舞元素，有自己的一种表演形式，那么我们也会考虑到这个问题，今后这也是我们的借鉴之处。

七、以产业融合带动乡村旅游业：访花园旅游公司总经理汪建森

编者按：不同于其他以自然风景为主要卖点的乡村旅游目的地，已经实现工业化城市化的花园村，充分利用自身产业的特色、村庄整体景观美化突出的特点，"以花为媒，以文会友，以木迎客"，通过与各类游客需求进行对接，开发了乡村振兴考察游、传统红木文化游、中小学生乡村研学游、职工疗休养游等特色旅游主题。花园村通过产业融合，深度挖掘文化旅游资源，使乡村旅游的内核从过去"住农家屋、吃农家饭"提升为乡村全面振兴条件下，产业兴旺、生态宜居、乡风文明、治理有效、生活富裕的全域乡村旅游新景观。尽管旅游产业在花园村产业结构中仅占很小的一部分，但由旅游业所引来的人气，不仅在向更多亲身体验花园成就的游客传递花园村的全面振兴经验，更是让花园村居民形成由衷的文化自信与文化自豪。

受访人：花园旅游公司总经理汪建森

访谈时间：2019 年 8 月 8 日上午　　　**访谈地点**：总经理办公室

访谈人：王平　　　　　　　　　　　**录音整理**：楼怡

访谈人：汪经理，请问我们花园村旅游事业发展起点从何时开始？

汪建森：发展起点是 2004 年第一次村庄合并之后。因为村庄规模变大，势必要发展。作为一种黏合剂，合并成花园村之后，村庄的工业和商贸业、服务业的发展思想已经初步形成。到后来借助于 2006 年中国的十大农村会议在我们这里召开的契机，我们的知名度一下子提高，也就是旅游业的真正发展是从 2006 年开始的。经过这么久的发展以后，花园村已经成为一个了不起的村，了不起体现在工业板块、商贸服务业及旅游产业。按照旅游业在整个发展过程中起到的重要作用，我们花大力气，建设一些景区，因为花园村的原居民并不算多。很多都是新的花园居民，为花园村做着贡献，他们也同样应该享受花园村发展带来的成果。我们的商贸旅游业给他们提供了就业机会，让他们在这里工作。有的客人来这边觉得花园村有吃的、玩的、喝的，十分丰富。所以我们当时是以景区标准来建设我们的乡村。特别是党的十九大召开后乡村振兴战略提出，我们花园村的发展更加如火如荼，处处都是景，处处都是美。现在有游览观光景观等，还在建设休闲景观，争取把花园村做成一个文化休闲旅游目的地，像红木家具第一村及高科技企业，包括高科技农业采摘和观光。

访谈人：就是包括一二三产业？

汪建森：一二三产业的融合性发展是乡村振兴发展一个很重要的载体。

访谈人：之后村庄是不是经过了一个大的改造，比如村民广场和游乐园的建设？当时的契机是不是全国大学生"村官"论坛？

汪建森：全国大学生"村官"论坛是在 2014 年举办的，我是 2015 年才到这儿的，有些不清楚。旅游发展肯定是需要契机的，既有一些由大自然赋予的景观，也包括人文沉淀而成的景观。花园村就是一个新的景观。但是我们的内容包含了农业特色，也包括红木家具。有了资源以后，加上黏合剂来整合资源，形成花园的特色旅游业。花园村旅游业发展到现阶段，取得明显成就：我们村是全国的先进党组织，由此开发特色党建农村考察游；前年刚评了浙江省职工特色疗休养培训地、浙江省中小学研学基地，开发了传统文化和红木家具相结合的榫卯结构研学游、美丽乡村游、高科技工业发展基地游等特色项目。所以花园村处处都是景，处处都是美。来花园村休闲旅游，是一种新的旅游类型，即美丽乡村游。不同于其他地方仅仅只有几幢房子的乡村游，我们花园村通过不同题材的组合，让游客能够深刻地体会乡村振兴的蓬勃生命，例如通过党建农村考察，展现我们村庄在党的领导下的发展，创建村域小城市的面貌。

访谈人：那在 2006 年之前，花园村是如何构思布局特色旅游项目与旅游产品开发的呢？

汪建森：在 2006 年以前，只是刚刚有这种思想，就是旅游业要成为花园村一个很重要的服务产业。有这种想法才能去主导我们的规划和建设。2006 年开始，正式把旅游业作为花园的一个发展产业。在发展的过程中按照社会的发展需求和花园本身的特色，以主客共享的理念来打造我们的旅游景观。所以旅游景观并不是一蹴而就的，是在发展中逐步建设和完善的。

访谈人：如果从景点的开发建设角度来看，这些景点兴建的时间都不是很长，比如福山景区、花园游乐园、南山寺都是近年来陆续开发建设的。

汪建森：嗯，我们是在后面需要的时候陆续加进去的。毕竟这个地方生活几万人，有休闲旅游的愿望，所以我们按照这种方式逐步建设。但是并不是说集中某一年统一建设，而是看具体的发展阶段。比如说我们当前在建设的农业型景区天香湾景区，主要在落地建设阶段，可能几年之后，会无限发展。未来我们村还会配置一些新的旅游资源。

访谈人：据您所了解，是什么时候开始启动景区联动售票的？

汪建森：是从 2015 年开始的，我们做了一些资源整合，比如把农村博物馆和花园艺术团整合到旅游公司来，作为一盘棋来运作。包括天香湾景区，我们都把它转化为旅游资源来整合。

访谈人：从人才引进的角度来看，旅游开发需要负责整体策划、项目运营、游客服务等多方面的专业人才。我听小吴介绍，您也是作为专业旅游人才被引进到花园村的。请问在这个方面，我们有什么政策和思路去提升花园旅游的品质呢？

汪建森：一个事业要发展肯定需要人才来支撑，我们现在对一些重要岗位的人才都实行对外招聘制。但是总体上还是在本地招募人才来发展我们的旅游事业。我们主要是在营销、经营、导游、旅游安全这几个比较核心的领域引进人才。我们艺术团的表演人才大多引进自一些北方院校，专业功底和表演能力都非常好。

访谈人：我也认为花园艺术团的演出水平比其他景区艺术团要高很多。这是非常值得骄傲的。

汪建森：是的，所以我们整体管理是外聘专业人才加培养本地人才。在营销、导游、策划、安全及有些核心管理等方面实施人才组合，通过引进专业人才带来发展的新思想。但是在人才引进上，我们也有所考量，就是必须以奋斗者的姿态到花园村来工作，而不是来混日子。我们花园的工作节奏是非常快的，需要人才为事业去打拼，要有把花园村建设得更好的共同价值观。

访谈人：我们花园近期的旅游业规划除了天香园还会投入其他项目吗？从大的旅游概念来讲，一般是讲吃、住、行、游、购、娱，有没有计划在区域内与横店景区合作，发展更大体量的旅游项目？

汪建森：这个有，我们花园村先要把产品整合好，整合好之后跟周边的这些景区优势互补，通过资源的整合联动成为旅游目的产地。花园村相当于一个旅游目的地，但是我们跟周边东阳、金华、永康这些地方的旅游资源和互补性强的资源做一些整合联动，使花园村成为一个旅游目的产地，包括以地区为单位的旅游机制，因为花园村可以一二三日游。但是在更远的未来应该怎么去做，怎么迎合未来的休闲市场发展需要再思考。

访谈人：最后一个问题，从旅游的未来发展来看，发展全域旅游跟我们花园大规划是紧密结合在一起的。就是说要把全域旅游的思路、想法和规划渗透到整个村庄的空间规划之中，融入旅游元素。在景区之外的空间设施布置上，也体现更多旅游的细节性要素。在这方面我们旅游公司有什么考虑？

汪建森：我们所理解的全域旅游，其实就是按照景区的标准来建设美丽乡村。发展全域旅游从整体上提升环境，以及游客所接受的服务感受是非常好的。应该说，我们最初设计打造的 5 平方千米空间规划，其实就是典型的全域旅游设计。现在我们要按照 12 平方千米再做一个整村规划，规划将按照全域旅游的标准，融入一些要素和标准。

访谈人：我记得在旅游官方网站上，有一张花园景区导游图。是不是之后还会根据花园村旅游开发的新进展，增加一些新的细节，比如融入地面导游牌、小的开放性景区？

汪建森：这些花园村肯定会开展的。因为旅游业是我们花园村发展的重要产业，即便在原有 5 平方千米的范围内，我们也将继续建设完善景区道路，完善全域旅游。在全域旅游概念引领下，我们这么多年的发展已经产生了巨大的社会效益，包括提升了村庄整体环境质量等。可以期待，随着花园村各项事业继续蒸蒸日上，全域旅游肯定会发展得更好，能把花园村真正打造成一座美丽大花园。

八、公司化运作现代农业：访花园农发公司总经理吕健

编者按：花园农发公司是一家以促进农业高新技术产业化、农业现代化建设为目标，以开发农业科技成果和技术产品为主体，集新品种引进，农产品加工、销售及开发休闲观光景点为一体的农业科技型企业。通过两轮并村，对村庄土地功能进行规划调整，花园农发公司不仅建起了智能化玻璃温室大棚、钢架连栋大棚及单体大棚，更是在原渼陂下村区块建设了集农田、茶园、果园、花海、牧场为一体的省级"最美田园"。通过近 20 年的不懈努力，农发公司不仅为花园村民和花园集团员工持续提供了高品质、安全的农业产品，更是在花园村"金贵"、有限的土地上续写了花园村祖祖辈辈通过辛勤劳作播种的富裕之梦。

受访人：花园农发公司总经理吕健

访谈时间：2019 年 8 月 8 日上午　　　　**访谈地点**：总经理办公室

访谈人：王平　　　　　　　　　　　　　**录音整理**：楼怡

访谈人：今天主要是想向吕总了解一下我们花园农发公司的成立背景和发展状况，您刚才也提到在我们农发公司正式成立之前，花园村在一些集中的农业、农地的开发上做了一些尝试，这些能先介绍一下吗？

吕健：根据我的一些了解，一开始这些地也不是全部都有人种植的，有些地也是荒废在那里的。村里对土地进行了统一流转，一方面有利于我们花园村的发展形象，另一方面也可以充分利用这些土地资源。

访谈人：相当于进行一个公司化的运作，然后集中人力去进行种植？

吕健：对的，像我们农发公司成立的话是在 2002 年左右，但是这个市场 2002 年之前已经存在了，2002 年后成立农发公司就是统一规划三个企业，一起去发展。农发公司下面有三个企业：生态农业公司、土建园林公司（以前叫园艺公司）、粮油农贸产业公司。这相当于把种植、农贸、商贸这一块全部都合到一起去了。

访谈人：今天主要想要了解花园村集约农业的发展，请大概介绍一下 2002 年实施统一种植之后有哪些具体的经营举措和经营内容？

吕健：前期先整合资源，农发公司成立以后就开始企业化管理，使其成为浙江省级农业龙头企业。我们很早开始布局农业科技研发，2006 年就建设省内基本上算是最早的一个全自动控制的玻璃温室。

访谈人：2006 年就造了全自动控制的玻璃温室？相当于走设施农业的道路？

吕健：对，2006 年开始就走设施农业的道路。

访谈人：当时做示范农业的时候，基本经营方式除了玻璃大棚还有些什么？

吕健：除了玻璃大棚、联动大棚、单体大棚，还有露天栽培。

访谈人：当时除了花卉苗木，其他农产品有哪些？

吕健：农产品有各类的四季蔬菜、水果。

访谈人：当时种出来的这些水果蔬菜主要是做内部消化，还是出售到花园村附近？

吕健：基本上是内销以后有多的全部出售到外面，因为我们花园村本身的消耗量也是比较大的。

访谈人：当时有没有自己做一个品牌？

吕健：有的，健园牌，是浙江省的名牌农产品。

访谈人：当时这个健园牌的农产品主要是以何种方式去销售的？就比方说卖到外面去是否有一个专门的供销渠道？

吕健：我们这里主要是以批发为主。因为有些老的客户本身就认识，加上我们内部销售也很多，剩下来的不会太多。

访谈人：当时你大概估计一下内销和外售的比例是多少？

吕健：7 比 3 左右，7 成吃掉，3 成对外销售。

访谈人：健园牌主要是以生鲜状态卖出去而不是经过加工再卖？

吕健：对的，直接农产品销售。

访谈人：那大概估计一下，到最后 2016 年搬迁的时候，农发公司经营产值是多少？

吕健：农发公司 2016 年的时候产值是 1.3 个亿吧。

访谈人：那其中生态农业这一块产值大概占多少？

吕健：主要是农贸和园林花卉，生态产业也有一部分，但是占比不是很大，占 10% ～ 20%。

访谈人：那从整个种植效益来看，每亩的产值大概有多少呢？

吕健：这个亩产的计算比较复杂，比方说有将道路、设施这些面积全部算进去的，只是配套设施不能算在产值里面，有些旅游业也算进产值了。从产值角度来说，亩产农业收入有一万到两万就已经很好了。

访谈人：一般种粮食的话，每亩产值有个一两千元就不错了？

吕健：对，每亩产值有几千就不错了，有一万就很好了。

访谈人：当时搞农业科技示范基地的时候，您大概还记得与我们合作的机构吗？

吕健：有浙江省农科院、浙江省科技学院、浙江农林学院，基本上都是以杭州的机构为主。

访谈人：主要的合作形式是不是他们派相关专家来指导或者有学生来实习？

吕健：专家指导、学生实习，然后有共同合作项目，都有。

访谈人：在您这边有没有做过一些比较有名的特殊农业新产品开发？

吕健：新产品开发方面，红心火龙果我们这里应该算是比较早的。在2006年公司成立起来的时候，那些设备就开始建设了。2006年、2007年就开始种红心火龙果了，后来延伸到整个东阳周边都开始种这个红心火龙果。我们江浙一带，气候条件不适合种火龙果。

访谈人：火龙果主要是以大棚种植为主？

吕健：对，必须要设施农养。

访谈人：那我们这边除了火龙果以外，其他还有没有什么名特农产品？

吕健：现在有了，比方说柑橘类比较好的品种有红美人、沃柑，我们枇杷也有种，现在我们还在试种车厘子。

访谈人：这个主要是我们2017年搬过来以后，在新地方开始种的？

吕健：对。现在主要以桃、梨为主。

访谈人：桃、梨从种树苗到成果是不是要好几年？

吕健：那是看情况的，有些第一年就长果，但是不多，比方今年种下去，明年就能结果，后年就能生产。

访谈人：就是树苗来的时候已经有点大了？

吕健：那没有。因为桃树、梨树长得都比较快，今年种下去，明年就能结果，后年就能生产。

访谈人：那我们中间从旧的拆掉到新的建起来大概隔了多久？

吕健：从拆过来到现在，新建得很快。我们大概2017年下半年开始的，因为那时候来不及做。不过2018年3月基本上这些果树就全部种进去了。差不多2018年一年时间所有该种植的果树、该建设的大棚都弄好了。

访谈人：所以这个速度也很快，中间基本上没有断档？

吕健： 基本上一年时间没有断档，在这里就可以看得到，所有的果树都已经种满了。

访谈人：种这些水果类的植物日常看管的要求相对来说没有像种蔬菜那么高吧？

吕健： 对，其实种蔬菜的话成本会比较高，因为每天要打理。但是种水果的话，只有这些病虫防治好、草药处理好，基本上这个成本还是挺省的。

访谈人：那我们现在在规划的这个 3000 亩种植用地，按照现在已有的项目，主要还是以果木为主？

吕健： 现在分三块。一块是果园区，就是那边山上露天全部种的都是果树。另有一块花卉区全部都是种花卉的。现在这边有 200 亩可能会再打算种中药材花卉，观赏价值比较高的那种。我们也是中小学科普实践基地，以后也可以开展这种培训活动。第三块就是我们这个科技农业示范区。

访谈人：科技农业示范区主要种的是哪些作物？

吕健： 主要种的就是各类水果，还有各类蔬菜。基本上全部都是设施农业，种的都是当下最先进的品种。

访谈人：那现在正在做的科技示范农业园里面，水果蔬菜是可以做到反季节的？

吕健： 对，基本上一年四季都有的。像我们这边一年四季有花、有果。

访谈人：那我想请教一下，在这个高科技示范园里面种植瓜果蔬菜，除了大棚设施农业以外，还有哪些高科技手段？有没有无土栽培？

吕健： 有呀，像玻璃温室全部都是无土栽培，温度、空气、水分含量都是全自动控制的。不管什么作物，在一个密闭的环境里，只要病虫害控制好，在一个可控的情况下就会得到更好品质的水果蔬菜。

访谈人：刚才问的这些主要是从纯种植的角度展开的。也请你介绍一下我们花园村生态农业和农旅结合的大致发展过程。

吕健： 最开始，我们还是以最原始的种植为主，那时候三产还不发达，二产就是做火腿的。

访谈人：二产是做火腿，但你们又不养猪，这个猪腿要收进来？

吕健： 对，那个时候是收进来的，主要是以种植、直接收卖为主。到后来就越来越注重农旅结合这一块了。现在我们不是有旅游公司嘛，结合起来要统一搞旅游开发。

访谈人：那我们最早是什么时候开始做这个尝试的？是搬迁过来之前就做了吗？

吕健：搬迁过来之前就有尝试了。但是因为当时场地有限，且分散，不利于旅游发展，那时候做是在做，但是还没成规模。现在就不一样了，有规模、有种植地块，到时候一些配套的游乐设施都可以全部做起来。

访谈人：关于这方面，我在余姚那边也调研过当地的示范农场。当地一些农业大户，也不是说很大，有二三百亩地，也会去做一些简单农旅项目。从经营模式来讲，以我看到的，还是以散户经营观光和有限的采摘为主。我们这边现在在做，包括近期要发展的是怎么样的一种经营形式？

吕健：我们主要是以科研教学、中小学生实践基地为主。采摘的话基本不管什么农场，都会有活动策划。现场榨汁、农业体验活动等也都会策划。

访谈人：这些客源都是由旅游公司来保障，然后你们是对活动内容和形式进行深度的合作？

吕健：我们是提供农业地块的一些服务，主要就是配合，主要的活动是要旅游公司去策划的。

访谈人：这样也是术业有专攻。像我刚才提到的单纯自己搞的一些大户，他们的游客来源是很少的，也没有品牌和宣传效果。

吕健：因为我们花园集团有专门的旅游公司、广告公司，宣传团队自己有媒体中心。宣传啊，策划啊自己都会有的。

访谈人：那我们现在种植业这一块，未来是否会发展一些更有高端特色的产品呢？

吕健：新品种种植加工我们现在已经在考虑当中，有些新品种也在试种当中。比方车厘子在省内基本上都很少，目前省内只有浦江一个地方试种成功了，我们现在跟他们合作，他们也在我们这里开发建设车厘子生产基地。

访谈人：除此之外就是您提到的，这个药用花卉以后也会成为高速生长的农产品？

吕健：对。

访谈人：我们传统种植的空间肯定不会像现在工业和服务业增加这么快，因为地毕竟在那里，再怎么去经营，空间也有限。

吕健：对，基本上新种起来的树长大也要好几年，农业其实就是这样的。因为一开始发展的话要经过几年的沉淀的，启动没有这么快。

访谈人：我想从经营和管理方面请教一些问题，我们现在主要负责农业生产的雇工和管理人员整个规模大概有多少人？

吕健：工作人员更多是在生态农业上。比如把农发公司分开来，种植花卉水果的有五六十个人，园林的有一百多人，农贸城的有二十几人，加起来两百人左右。

访谈人：我们这边的工作人员主要以本地的为主？

吕健：本地跟周边的，基本上以老年人为主。因为年纪大了工厂不收了，在家闲着没事干。

访谈人：我们这边有没有专门的农技员？

吕健：有的，技术人员有三四个，但我们现在还在招，像这个种植的技术人员还是比较缺的。

访谈人：我之前了解山东培养的技术人员很抢手的？

吕健：山东培养的技术人员价格也高，而且他们还是流动的。比方说你这里待一年就去别的地方了。像这种集中培训的农技人员可能也不适用于本地的。他们的知识结构都很有针对性，和我们这边不一样。我们需要综合性的专业种植人员，比方说桃、梨、柑橘的种植都要懂一点。

访谈人：只是精通某种特殊农产品的种植，可能并不适合我们？

吕健：对，你比方说我是种桃特别好的，那我不可能用种桃的技术去种梨吧。基本上有点理论知识，但实际经验要足一点的，这种专业技术人员最好。因为有些病虫害都是共同的。其实做农业方面，你理论知识特别足，但实际经验不足还是没用的。关键还是靠实践经验。天时地利变化，人力根本是不可控的，我们农业要做标准化很难。不管你设施农业做得再好，还是要靠天吃饭。像今年连续两个多月的阴雨天气使得这边的农产品产值都不好。这是没办法的事情，天气影响还是很严重的。

访谈人：在土地政策上，我们现在经营的土地是属于经过长期流转的集体农业用地，对吧？然后可以放心地在这块土地上进行设施农业投资？

吕健：对，土地都是从农户手里流转过来的，都有流转程序。

访谈人：流转合同大概签了几年？

吕健：基本上是 10 年左右，反正是根据土地流转的规定签的。

访谈人：我们现在有没有购买农业保险？

吕健：有的，像大棚都有农业保险的，国家也有政策，有优惠。

访谈人：这边遭遇到冰雹这些极端灾害的可能性不大吧？

吕健：对，台风可能会有一点，但是我们为了以防万一，还是会买保险的，主要是农业设施这一块。

第二章　花园村各类人群访谈

一、见证花园村四十载发展历程：访花园小区居民邵宏高

编者按：邵宏高是土生土长的老花园人。聪明好学的他就像花园村许多同龄人那样很早就放弃了读书求学的念想，漂泊外地，靠自己勤劳的双手积攒下最初的财富。在 20 世纪 90 年代中期他返回花园村工作创业时，花园村已经因为花园集团的发展发生了巨大的改变。他也看准时机，自己开厂当老板。从最初生产木线条，到后来生产红木家具半成品，他的生意在花园红木产业的带动下日渐红火。其间，邵宏高还曾担任过一届村主任，对花园村的发展历程可谓如数家珍。在对他的访谈中，能够部分了解花园村民教育、就业、家庭生活的变迁。如今，邵宏高的一双儿女也都在花园村成家立业，继续书写着花园人追求梦想、热爱生活的新篇章。

受访人：花园村花园小区居民邵宏高

访谈时间：2019 年 8 月 9 日上午　　　访谈地点：邵宏高家中

访谈人：王平　　　录音整理：楼怡

访谈人：想了解一下您的出生年份及以前的从业、教育经历。

邵宏高：1962 年生，上了小学。我们花园都只有一个小学，好几个年级并在一起，因为人少，村庄也比较小，好几个年级合在一起办的，只有两个老师，在一个食堂里，这样子学习的。

访谈人：那时候我们花园小学是一个完整的小学的话，从一年级到六年级都有呢，还是只有一年级到四年级？

邵宏高：那个时候只有一年级到三年级，小学高年级就要到南马镇上去。

访谈人：小学四年级就要到南马镇上去上了？

邵宏高：对，那个时候是这样的。

访谈人：那时候整个花园小学只有两个老师，那学生大概有多少个？

邵宏高：那时候我们隔壁一个村，马府村，现在是马府小区了，他们呢也跟我们一起，两个小村的学生一起学习。

访谈人：那您的印象里加起来一共有多少学生呢？

邵宏高：加起来是二十几个。

访谈人：那的确是人很少了。

邵宏高：二十几个还是好几个年级并在一起的，可能一、二年级是并在一起的。

访谈人：那时候花园村大概是只有一百户人的样子吧。

邵宏高：那个时候只有一百多一点。

访谈人：所以说只有三个年级的人在一起的？如果您还记得的话，您说教室是放在食堂，那个食堂位置在哪里的？

邵宏高：食堂现在是拆掉了，以前是在大会堂的那个位置。大会堂现在也已经拆掉了，是在花园村和马府小区交接的地方。

访谈人：您上小学的时候应该已经是 20 世纪 60 年代末了吧。

邵宏高：1970 年左右了。

访谈人：那您四年级以后就是到南马小学去上了，去的时候一般是走过去，那时候也没有住校？

邵宏高：对，那时候没有住校，早饭吃掉就走过去了，不像现在还可以小车带过去。

访谈人：走过去要多久？

邵宏高：半小时左右。

访谈人：我们现在看看，开车也好，骑车也好，也就一点点路。

邵宏高：那时候的路没这么好，像我们这里上坡的位置，自行车也骑不上来的，坡度很大的，没有改造之前都是小土坡，路也很少，弯弯曲曲的。走过去起码要半小时，早上走过去，放学了又走回来。

访谈人：那时候南马小学的规模是怎么样的呢？

邵宏高：南马小学那时候是一个年级两个班，那个时候有很多村庄，隔壁村庄学生都去那里的，可能有十来个班。

访谈人：那你后来有没有上初中呢？

邵宏高：初中有，是在我们南马初中上的，就是现在的南马高中。

访谈人：我去过那里，那个更远了，要翻过一个桥，相差一半的路程。南马中学比南马镇好像还要再偏西一点，那您这样走不是更远了？

邵宏高：是的，但是到初中的时候就住校了。

访谈人：那时候您住校是每个星期都回来吗？吃饭的话也是自己带米和菜吗？

邵宏高：米和菜都是自己带去，统一蒸饭的。

访谈人：那就都不能带新鲜的菜了？

邵宏高：没有新鲜菜的，都是些梅干菜，而且油都很少。基本上是盐分多一点，因为这样省一点。

访谈人：那您初中以后有继续读书吗？

邵宏高：高中也是在那里读的。

访谈人：那邵叔叔您还是非常优秀的，那时候基本上是读到初中。

邵宏高：我高中读了两个学期，两个学期之后也没有继续读了，就去打工了，做木工的学徒。

访谈人：从时间上说就是1978、1979年。那您就是读了一年就没有继续了？

邵宏高：是的，那时候也还没有恢复高考，都是要去打工的，我就提前去做学徒了。

访谈人：您后来回到村里，在花园建筑公司上班后主要是从事什么工作？

邵宏高：当时我是做副经理了，工程技术方面的东西我管一下，是后面那些老别墅，现在已经拆掉一点了。

访谈人：花园村的老剧场、大会堂建设，您有参与吗？

邵宏高：那时候我正在磐安，我们邵书记出资建的大会堂，那个图纸还是我帮他画的。那时候挺早，都还没结婚了。那个时候还是我比较懂图纸，我们年轻人学得快，然后最后问邵总行不行。

访谈人：我印象中，这个礼堂应该是比较好的。

邵宏高：是的，邻近几个村里算大的。

访谈人：那大概有多少人可以坐？

邵宏高：700不到一点，那算好的了。像南马镇开会都到我们这来的。

访谈人：那您当初在花园建筑公司当经理的时候就已经是1996年了，因为我知道花园集团改制，是从20世纪90年代开始改的，从以前的那个村办企业到工贸公司，再到有限公司。

邵宏高：当时的建工集团是国贸公司下属的一个科室，后来才成为一个建筑公司。

访谈人：在建筑公司干了多少年？

邵宏高：干了一年半，对的，是香港回归的那年，那个时候我还当村主任了。

访谈人：您当村主任是什么时候的事情？

邵宏高：我记得是1997年我37岁的时候。

访谈人：您当村主任几年？

邵宏高：一届村主任，两届副书记，3年一届，一共9年。

访谈人：这么说的话是1998年到2001年是当村主任，2001年到2007年是当副书记？

邵宏高：对的。当村主任的时候我就去开厂了，做线条厂，就在这里。

访谈人：那您这边开线条厂的厂房是怎么来的？

邵宏高：地基是向村里租的，多少钱一个平方，厂房很简单的，用砖一盖，400多平方，一亩地不到。

访谈人：造这个厂房主要是为了造这个木线，就是把这个木头加工成条状？那主要是什么木头？

邵宏高：白木，进口的印尼白木。海啸之后就不能用了。

访谈人：这个木头加工之后主要是卖给谁呢？

邵宏高：批发商、建材市、店面之类的，主要是房子装修这类的。现在做线条的很少了，以前很多，基本上都是用木线条的。现在都是石膏。

访谈人：这个生意大概做了多久呢？

邵宏高：我一直在做，直到去年才不做了，从1998年一直到2018年。

访谈人：那您这个厂房有搬过吗？

邵宏高：搬过好几次。

访谈人：主要是生意做大了还是其他什么原因？

邵宏高：主要是我们村里整体规划，全部拆掉，要造小康新区。最早是小康新区这个位置，后来搬到保安大楼前面，并村以后再搬到了现在的医院后面。

访谈人：柳塘村后面的地方是吧？

邵宏高：我们现在的场地也还在那里。

访谈人：那就是做这个生意的收入还是在稳步提高吧？

邵宏高：像我们这个年纪，创业的思想也跟不上了，现在也就是和老客户在做做生意。换木头也换了很多了，从以前的印尼白木到后来的人造木头，人造木头是从山东那里进过来的。

访谈人：那是一直做多层板吗？

邵宏高：也是根据客户的要求变换的，实木也有做的。

访谈人：不过木线也不用很好的木料吧？

邵宏高：不是的，也有用红木的。

访谈人：那您做的内容也有一些变化了是吧？从木线怎么转到做其他的内容的？

邵宏高：一样的木头，其他的产品也做了，我那个产品现在也刚刚开始做，半成品加工。

访谈人：那为什么不做整个的加工？

邵宏高：因为像这个椅子的后背是用多层板做的，还要有弧度，需要用机器。

访谈人：相当于说你这个产品的转变是什么时候发生的？

邵宏高：10年前，2008年、2009年。那时候我们两个都做的，慢慢地线条被淘汰掉了，就慢慢做这个，然后客户也有介绍来，就专门做这个了。

访谈人：主要是最近几年每个行业都有点缩小，对您是否有影响？

邵宏高：我还好，我主要是老客户，老客户再介绍新客户。

访谈人：花园红木家具市场变大，客户也在增加，那每年这个量大概有多少？

邵宏高：200万左右。

访谈人：想了解一下您两个孩子的成长过程。

邵宏高：都是在南马读的小学、初中，高中是到横店去读的。我女儿是在南马读的初中，考进了东阳中学，大学考到了浙江中医药大学的市场营销专业，现在在我们的城市医院上班。刚毕业的时候和她的男朋友去上海做生意做了一两年，有了小孩以后就回来了。他们是在杭州读书的时候认识的，女婿也是南马人，基本上就是毕业没多久就结婚。女婿就在花园技校当老师，一直到现在还在当。

访谈人：您儿子后来大学去了哪里？

邵宏高：去了山东科技大学，高考考得还可以。

访谈人：这在青岛算得上数一数二的大学了。现在算算虚岁也是28岁左右。那毕业以后去了哪里？

邵宏高：先去了东阳上班，后来回来我们花园的企发部上班，他学的是电器方面的专业。

访谈人：当时去花园集团工作的话也是招考进去的吧？

邵宏高：对的，也不要靠我，想自己考进去。

访谈人：那您儿媳妇是哪里的？

邵宏高：就是我们隔壁村的。

访谈人：也是个做木材的村子？

邵宏高：是的，现在我们这里做家具的也比较多。

访谈人：那他们是怎么认识的？

邵宏高：我儿媳妇也在这里上班，就是那个博物馆，都在附近。

访谈人：那您这样很好，儿子、女儿、儿媳妇、女婿都是在附近。

邵宏高：是的，外面开销大，现在这里上班都不需要开车。

访谈人：你们这个房子是属于这里最早的一批？

邵宏高：是的，而且这里拆迁也有4次了。从最早开始整体规划后，拆了3次、造了4次。最早的时候是木结构的老房子，房顶是瓦片，1949年以前就有了，这种房子现在都没有了。

访谈人：对的，我上次去看就是最老的房子也是砖木结合的，那种完全木结构的无法想象了。你们家最早的房子大概在哪个位置？

邵宏高：花园剧场下面一点。大概我女儿出生的那年拆迁的。第二个房子就在老房子的旁边，泥土结构的。我们有三兄弟一个姐妹，两间房子不够住就造了四五间泥土房。

访谈人：那您还记得木结构房子的弄堂大概是什么样子的吗？

邵宏高：规划地也是弯来弯去的。

访谈人：泥土房子的宅基地是哪里来的？

邵宏高：村里批的，邵总是大队长的时候。这个泥土房四五间的话造了两层左右，没有楼板，也是空的，二楼木板也没有铺，顶也是用的瓦片。用土做的话，就是三合土，锤实后一层层弄上去，也挺好的，冬暖夏凉。

访谈人：那个时候大概用了多少钱？

邵宏高：挺省的，人工费不算，三百来块钱就够了，当时来说也算不少钱了。分两批造完的。

访谈人：造完大概什么时候了？

邵宏高：两三年的时间，1980 年前后。

访谈人：那您家里兄弟姐妹都怎么分的？

邵宏高：两间一个，兄弟里面我是老大。木头房子是我和我弟弟两个人一起造的。

访谈人：那这个木头房子拆掉后是造在哪里了？

邵宏高：就在隔壁。

访谈人：当时是老房子都一起拆掉了？

邵宏高：对的，一批一批地拆，然后新的一排一排造在旁边。

访谈人：是砖木房吗？

邵宏高：是的，全部是砖头，我们那时候有一个砖瓦厂了。

访谈人：房子是 1987 年造的吗？

邵宏高：对的，已经有 33 年了。

访谈人：相对来说就是预制板加砖头，钢筋有吗？

邵宏高：有的，柱子很少，挖地基的话人工挖一米左右。两年三年以后才造完的，那时候大家都没钱，钱也没地方借。后来邵总带领大家以后才好一点。那时候有人没钱造房子，还把砖头赊给他们了。

访谈人：那时候您印象里这个房子花了多少钱？

邵宏高：两间四层的花了两万七左右，那时候我在金华。

访谈人：村里面跟您一批的有多少？

邵宏高：五六十户，一半多都有了。

访谈人：那泥房大概是什么时候拆的？

邵宏高：第二次拆迁的时候，也有二十七八年了，是 1992、1993 年。

访谈人：像这个房子拆掉后，新房子造在了哪里？

邵宏高：泥房子拆掉的时候原拆原建，也是砖头结构的，比我第一间房子要好一点。有几家那时候拆掉了造不起来，我就把我的房子给了他，他把地基给了我，中间邵总估价了一下，差不多是 2004 年造完就并村了。

访谈人：当时换了地基以后不是又拆了一次吗？

邵宏高：是的，土房子拆掉以后又造了四间，后来我们村里又规划，我和人家换了地基，我造到这儿来。最后一次造房子是我在河泉小区那里买了地基，就在前蔡小区那里，自己造的，七间三层。现在河泉的也出租了。

访谈人：不好意思，问了您这么久有关房子的事情，实在是因为您是我们这个花园小区发展的见证人。从村民角度来看，村里最初应该非常缺水吧？

邵宏高：水很少，做的渠道，从下面的小溪里用电抽水泵。

访谈人：因为我查我们这边关于水利的问题的时候，看到说我们村里的人叫下面这条溪叫后溪，实际上就是罗溪？

邵宏高：对的。这条河在改造前也是经常发水灾，淹不到我们这里，是前蔡小区那边经常被淹。我们这里稍微高一点，不太会被淹，只有旱灾。因为抢水，和隔壁村有很多矛盾。

访谈人：南江水库是 1972 年造好的，我现在开车过来还能看到那个引渠。

邵宏高：对的，当时造好是为了服务我们这边的，但有了这个，水还是不够。

访谈人：那你们以前家里种田，这个田是在哪里的？

邵宏高：这一片都是，像我们的话，家里、花园游乐城都是。包产到户的时候分到了一亩左右。

访谈人：当时是谁在种？

邵宏高：我们自己，种蔬菜、水稻这些，但我们这里水少，水稻也不太种得好。

访谈人：这边地势的话，我看记录以前这里是高低不平的，是吧？

邵宏高：对的，这里一个山头，那里一个山头，最高十几米，爬坡爬得很累。那时候我们晒水稻，早饭没吃，几个人一起上去，两趟下来一点力气都没有了。那时候路况没那么好，树也没有，是我们邵总当村主任以后种起来的。

访谈人：现在平整很多了，我很有感触的，那个并进来的青龙啊还是高高低低，很不平整，开车也很累。

邵宏高：是的，也是这样。像我们花园博物馆那里，以前还是一个台阶一个台阶上去的。

访谈人：后来我们开发以后，这里就慢慢地改做别的了？

邵宏高：是的，我们花园集团扩建以后就征用了这些地。

访谈人：另一个事就是花园村的自来水厂是在 20 世纪 90 年代初造的？

邵宏高：1995、1996 年才造好。

访谈人：这里就涉及一个故事，紫溪引水？就是在那时候吗？

邵宏高：对的，就是那时候，我们水源没有，渠道水也是一年几次规定的。

访谈人：包括那时候做的三级电灌也不能做这个用途？

邵宏高：对的。

访谈人：那我们花园村这个自来水是什么时候通的？

邵宏高：在泰山公园上面有一个水塔，从地下水井抽上去，再引过去。是在邵总那个别墅那里的一个水井。

访谈人：那水不够用了还是从紫溪去引水吗？这是在 20 世纪 90 年代初还是 1995 年以后？

邵宏高：是在 1995 年之后的事情。

访谈人：昨天我开车经过紫溪村的时候发现紫溪虽然不大，但是水质还是很好的。

邵宏高：对的，我们是直接埋地下管道过来。它那边地势高，可以运到自来水厂。

访谈人：我还查到我们这里造了污水处理厂，您还有印象吗？

邵宏高：有印象的，高科那里就有一个，是 2001 年左右就有了，还挺大的，投资也挺大的。

访谈人：那造污水厂的话，当时污水管也已经造好了，主要是处理生活用水还是工业用水？

邵宏高：工业污水，生活污水还没有这么讲究。

访谈人：后面什么时候生活污水也开始处理了？

邵宏高：第三次整体规划的时候，2004 年并村以后。

访谈人：这点也真是走在了浙江省的前沿了，早了十年左右。从动员村民角度来看，这些并村的工作也是很难做的，是怎样说服他们的？

邵宏高：主要是我们邵总这个人很公正，当时他们发生了什么事情就马上处理掉了。他们没并进来之前，换届选举这些都没有的。并村以后就全部规划过了。

访谈人：我看邵总的故事里说到有一些干部到夜里很晚了还在处理他们的工作。

邵宏高：是的，我们也都经历了这些，做过他们的思想工作。现在他们说起这些事情也都感谢邵总。

访谈人：这算是第三次规划了，我记得花园村第一次规划在很早的时候，在1984、1985年。

邵宏高：那时候电视上都有，还采访我们，照片也有，当时是我一个阿根廷的叔叔保存的。

访谈人：这几次规划很大程度上是使花园村改天换地了。

邵宏高：我们花园的每一寸土地、山上的每一颗石头真的都有变化。

二、并村后村民的幸福生活：访柳塘小区居民陈会庆

编者按：现在的花园村是由原来19个自然村合并而成的。从户籍人口来看，近95%的居民是通过两轮村庄合并后，加入花园村这个新集体的。除了在行政架构上，从过去的行政村变为花园村下的一个居民小区。花园村不仅通过区域规划完善道路交通及供水、供电、供气等基础设施，让并村后的村民入住统一规划的崭新农居小区，还完善了村庄基层治理和公共服务的体制机制，使过去困扰村民的治理缺位、服务不足等顽疾得到根本性改善。更重要的是，花园村对新老居民一视同仁，使他们都能享受到同等水平的村民福利待遇，建立健全了医保、社保和养老等保障体系，新老村民还能享有建房补贴、奖学金、口粮费、特困户补助等30多项福利。村民收入比过去更富裕，村容面貌比过去更整洁，生活品质比过去更优渥，这都是并入花园村的村民可以真实感受到的新变化。

- -

受访人：花园村柳塘小区居民陈会庆

访谈时间：2019年8月5日上午　　　　**访谈地点**：花园社区便民服务中心

访谈人：王平　　　　　　　　　　　**录音整理**：魏一单

- -

访谈人：陈老师，刚才小吴跟我介绍说您以前应该是当过学校校长的，也是属于老知识分子，然后我们就真的是晚辈后辈，还希望您不吝赐教。

陈会庆：过去的事情已经成为历史了，哈哈。我们这个小区叫作柳塘小区，柳是柳树的柳，塘就是池塘的塘。我们这个村大概有300户，800多人。现在小区也差不多的，小区的人口多。我们村中间有一条省道，交通也比较便利的。就

是通到永康的那条省道，叫作东永线。我们村主要是有这么几个特点：一个由于交通便利，信息比较多，老百姓的思想方面和信息方面比较与时俱进，人都比较活络的。二是整个村子经济也可以的，做生意的人、办厂的人比较多。但是当时村子里面就是人心不齐，是由于前几年选举所产生的矛盾。以前选举的时候，拉票比较厉害，导致人心不齐。

到 2017 年三四月份，上面下发一个征求意见。征求意见就是通过一些村委代表加上一部分老百姓的意见，实际上就是 2017 年 3 月份并到花园了。并到花园之后，我们比原来有这么一些变化。一个巨大的变化就是几十年房子造不起来的农户，经过几年，房子造完了。通过村镇规划，把我们村参差不齐的道路全部经营规划起来了。规划工作使我们村子从 2017 年到现在有一千多间房子造起来了。

访谈人：像我们现在柳塘村并村以后，村容村貌通过这种集中改造发生了很大变化吧？

陈会庆：卫生肯定好了，统一配备清洁工。我们小区都配备了 4 个清洁工，每天打扫得很干净；路造好了，四通八达了，汽车也到处可以开了，都是马路了。那么生活安定之后，大家有房子住，这上访的人也没有了。上访没有了，现在安定下来，他就专心去造房子，房子造好就安心地过日子，是吧？现在是上访也没有了，卫生也搞起来了。村子里面现在是有这么一些福利：一个是每个人每月都有大米，有肉，还有鸡蛋。每个人都有 4 张票发给你的。每个月到商业中心可以去购物的，吃饭就不用愁了，冬天也没事，都吃不完了。第二个就是上学有补助的，然后像去年和今年在统计了本科以上的学生后，在村子里开座谈会，还要发给他们红包。第三个就是看病。看病，花园自己有一个医院的，老百姓除了政府报销之外，剩下的部分花园村还可以再补助你 50%，所以自己出的很少。还有老年人可以到老年公寓去，不去的话，一天两餐他会送到你家门口了。

访谈人：这个是你们柳塘小区自己办的吗？

陈会庆：不是，花园村有一个养老中心的，他专门会送出去的。你自己不住到这里来，饭烧好之后，有人专门送到你家门口的。

访谈人：这个送餐服务的话，他大概会收多少钱？

陈会庆：这个我是没去交，一两块钱。

访谈人：我们现在整个柳塘小区大概有多少老人是在使用这项服务？

陈会庆：我们有七八个老人进了敬老院，有十几个人在家里，有的老人自己或者家属会烧饭，还有一部分人就在使用送餐服务。

访谈人：这些福利相对以前来说在柳塘村是没有的？

陈会庆：以前肯定是没有的，变成花园之后有了。

访谈人：那柳塘村以前有没有集体经济剩下的一些机器、资产这些东西？

陈会庆：原先柳塘村会出租集体房子，所得的收入有时候会分给老百姓，当时不是经常分的。

访谈人：集体房子在当时是做什么用的？

陈会庆：当时是集体造起来，供办公司、来开会的人使用的，也有的人办厂，我们这里很多人办红木厂。相对于花园来说，我们的集体经济是比较薄弱的，花园的各项福利都有所提升，老百姓在花园读小学、初中都有补助了。

访谈人：以前村里面有自己的小学吗？

陈会庆：没有的，也是要到外面乡镇去读。现在我们花园有很多学校，小学、初中、高中、外国语学校，你可以去参观一下。

访谈人：就在南边那个方向是吧，现在在卫星地图上都能看得很明显，操场造得非常好。

陈会庆：我们金华市的运动会前几天也是在这里开的。

访谈人：现在小孩上学也可以到花园村这边的学校来，而且好像有优惠政策？

陈会庆：从幼儿园管到高中，大学考入重点学校的是有奖学金的，如果是困难户，也可以向村里申请补助。有的生病严重的村民花费很多，我们会帮他写报告向上面申请补助。当村民偶遇一些特殊困难，我们会让他写申请报告，根据他的实际困难情况，邵总批文补助，具体金额不一定。

访谈人：现在柳塘小区的村民，生活主要以哪些类型为主呢？

陈会庆：有一部分是在花园集团上班的，老年人也可以上班，打扫卫生等都可以做的，月收入 3000 元左右。我们有几十个人在村里搞卫生、种花、种树，做生意的有给人家造房子、做木工的，办厂的也还是有的。现在花园房子造好了，经济一定会发展起来的，开个小超市、小饭店。

访谈人：毕竟整个环境好了之后，你开小超市、小商店的话，人流量就有保证。

陈会庆：经济来源之一是房子的租金，公路边门面房一年也有三四万的租金，里边住房的底楼也可以一间房子几千块，租给办厂的人。我们村里现在交通比较便利，所以租房子比较容易的，租金是很大的一块收入来源。另一部分是村里做手工的。

访谈人：具体手工是做什么的？

陈会庆：被子、出口的东西、门帘等等。做手工的有七八家了，从以前主要以做红木为主转型做手工，毕竟现在做手工利润有限。柳塘大概有 100 个人在做手工行业。

访谈人：做手工的话，可能年纪稍微大点也可以。

陈会庆：是的，50、60、70 岁都可以做，一两千一个月，在家门口赚钱。

访谈人：我也想向陈老师请教一下，现在像柳塘这样的话，年轻人结婚是不是结婚对象居住地越来越远了？以前像您这一辈的是不是都是自己本村的？

陈会庆：现在结婚对象还是以本村为主，现在有的是陈姓的亲友，其他在学校里认识的人多了，那外地人也有了。

访谈人：这个变化大概什么时候出现的？

陈会庆：20 多年前了。

访谈人：以前像您这辈的人，结婚对象主要是本村内部，大家都姓陈，有没有同姓不能结婚的概念？

陈会庆：没有，近亲是不能结婚的，同姓没关系。

访谈人：我记得你们旁边有上陈宅、下陈宅村，会不会和周边的村落通婚？

陈会庆：那是肯定有的，因为每个人的观念不一样，有的父母是喜欢找附近的媳妇，照顾家里生活方便一些，有的也没有什么限制要求。

访谈人：在您年轻的时候，当时结婚有没有考虑过和花园这边的人结婚，您结婚是在什么时候？

陈会庆：我们是一九七几年，当时没有这个概念的。花园当时很穷的，因为率先改革开放，所以后来经济快速发展。以前和现在不一样，现在都是自由恋爱，以前都是听爸爸妈妈的话，听老一辈的话。

访谈人：以前碰到红白喜事，一般还是要办酒席或者办仪式，你们村以前和现在参加这类红白喜事随份子钱的情况多不多？标准大概是怎么样的？

陈会庆：随份肯定是有的。我们村子里有一个风俗习惯，造房子上梁不需要请客，但是结婚嫁女儿肯定要请客。现在农村一般关系随份是四百、六百，比较亲切的关系是八百、一千。

访谈人:那您结婚时的份子标准呢?

陈会庆: 20世纪70年代我们结婚的时候是5块钱、10块钱。

访谈人:像这种结婚送礼,村里280多户人家,请客会请几桌呢?

陈会庆: 关系不一样,桌数不一样。有的家庭之间平时关系比较好,就要多办几桌,一般就是15桌,平时没有来往的家庭就不去了,以本家亲戚为主;如果人际关系比较好,30、40桌也会有。

访谈人:陈老师您之前说,你们这个地方一直是以姓陈的人为多,当时有没有保留下来一些宗祠、宗庙或者族谱?

陈会庆: 应该有保留下来的,我们以前都做过宗谱的,最近做的一次大概是10年前。

访谈人:像以前媳妇嫁进来之后,与婆婆之间会不会有矛盾?或者说村里面有没有这种风气,看看到底哪家人对老人好,哪家人对老人不好?

陈会庆: 以前我们生产队的时候要评选五好家庭的,已经很多年没有搞这个东西了。现在条件变好了,婆媳关系也很和谐。以前主要是兄弟之间闹分家、闹矛盾,但是如今闹分家的也很少,基本上没有矛盾,吵架基本上没听到。

访谈人:我们柳塘有没有经常参加花园村主办的一些活动?比方说有些文艺演出,花园集团不是有一个艺术团吗?

陈会庆: 全部都融入了,运动会之类的都参加了。

访谈人:我看到你们花园村这边也有一些中巴,好像是免费乘坐,是一定要本地的村民才可以乘坐还是大家都可以乘坐?

陈会庆: 大家都可以坐的,只要到花园里面来,十几个村子的人包括外来的人也可以坐,一共有三辆汽车,十几个村都通的。

访谈人:比方说我们老年人要去田氏医院看病,那也可以坐的吗?

陈会庆: 都可以乘坐的,都是免费的,到处都可以停的。

访谈人:总的来说,这个福利真是实打实地让老百姓能够享受到、看得见。从未来进一步发展的角度来讲,作为柳塘小区的一个代表,您觉得哪些地方还可以进一步地改进,使得我们这边群众的生活能够变得更好,或者说是哪些设施、政策更能够满足大家的需要?

陈会庆: 要一步到位是比较难的,首先,每个村子里也要建设一个小公寓。现在每个小区都有老年协会、老年活动室、乒乓球馆、篮球场、棋牌室等,绿化也建设得很好，但是像新并进来这几个村里现在还没有小公寓。

访谈人：谢谢陈老师，不好意思耽误您挺久了。有些问题其实是代表并村过程的。

陈会庆：我比较了解自己村子里的情况，其他村子大概也是大同小异。

访谈人：主要还是并村过程，给新花园村村民带来的福利还是非常实惠的。另外，其实很多后面的问题也主要是想了解一下我们这边村民的生活情况，包括婚丧嫁娶、村民之间邻里关系这些内容。

陈会庆：这些东西都是比较融洽的，因为花园村的村民自己做得比较好，村民治理、村规民约也做得比较好。

三、吸引高端人才、成就壮丽事业：访花园铜业公司总经理魏锦

编者按：创新是企业发展的灵魂，而创新离不开各个领域顶尖人才的全力投入。相对于人才云集的北上广深等一二线城市，花园村的地理位置对吸引人才造成了较大的瓶颈。从 20 世纪 90 年代中期以来，花园集团一直以吸引高端人才、发展高科技产业为企业的核心战略。除了给予人才与其贡献相匹配的优渥报酬，让其本人和家人享受到不亚于城市的医疗卫生和公共服务资源，让其孩子享受到不亚于城市的基础教育，充分尊重人才，信任人才在专业领域与管理实践中的经验智慧，是花园集团能够做到人才"引得来、留得住、用得好"的关键法宝。魏锦经理作为花园集团引进到花园的"金凤凰"之一，他的个人工作经历与在花园村取得的成就，为回答破解乡村振兴中的人才瓶颈提供了许多宝贵启示。

受访人：花园铜业公司总经理魏锦

访谈时间：2019 年 8 月 8 日下午	**访谈地点**：总经理办公室
访谈人：王平	**录音整理**：漆凤岚

访谈人：魏老师，请您介绍一下自己个人的工作经历，以及是如何到花园集团来工作的？

魏锦：我现在所从事的行业是有色金属加工。从大的类别来分的话，算是冶金类的，冶金另外两大行业一大是黑色，还有一大是有色。黑色就是钢铁，有色多了，金、银、铜、铁、锡等很多，这都属于有色。那么这个我自己是这样的，

我自己 40 年前上一本，高学历是不用讲，我们上一本的时候，中专都非常吃香，大学生就是天之骄子。你可以往上追溯 40 年，看看那个时候的报纸杂志，就是称之为天之骄子。

在来花园之前，我曾经在中国铜板带十强企业当中的 4 家担任过主要负责人。中国铜板带加工行业，有一个市场评选，5 年评一次。我在其中 4 家当过主要负责人。而且在铜板带材加工行业，到目前为止，我还没听说过工资比我高的。我也经常跟人家讲，这两条加一块，我说我是中国铜板带材的经理人，我排第一，我觉得也是理所当然的。一个人在一个企业当老总，这可以说明他能力很强，但是他能力可能还是相对的。为什么相对呢？因为可能还有其他的一些因素，比如说与企业的渊源、资历关系，如果从企业清零以后再上一个企业当老总，他的能力就是百分之百。因为如果再到另一个企业继续当老总，是没有任何因素可以依托的，只有能力这一条。

但我怎么能到花园来，有一些机缘巧合了。我后来到北方的辽宁铜业集团公司担任党委书记、总经理。但我是南方人，北方的气候各方面还不是很适应。在那里待了两年以后，花园集团慕名而来，去辽宁把我请过来。花园铜业当时做得不太好。来请我的是信贷管理的一个董事长，也是我们邵书记的女婿，他请我到这里来。

访谈人：这大概是哪一年？

魏锦：2014 年初来的，到现在已经 5 年多了。到了花园以后，我们也做了大量的工作，一个是我们在 2017 年年底荣升为中国铜板带材十强企业，还有我们连续 3 年承担了两项浙江省重大产业项目。连续 3 年承担两项，在浙江省也不多的。我们企业既是浙江省的高新技术企业，产品也是浙江省的高新技术产品。我们企业每年有不少于五项的专利，其中包含发明专利。我们现在的产品已经走在了世界前列。我们浙江不就说干在实处，走在前列嘛，我们现在产品已经走在世界前列。为什么这么说？我们现在做的铜板带的宽度，世界第一。去年我们中国生产的最宽的铜板带是 1.2 米，这是铜陵金威做的；全世界做得最宽的铜板带，德国 KME 公司是 1.25 米；今年我们花园铜业生产的 1.425 米的铜板带，一跃成为世界最宽的。我们走在了世界前列，这是很难做到的，因为这需要大量的技术研发、对板型的控制、表面工艺的控制。

所以我们到花园来，很快就为花园带来了腾飞。我刚才讲的这些都是明摆着的，承担国家项目、中国铜板带的十强企业、世界最宽的铜板带的产品、大量的专利、浙江省名牌产品、浙江省高新技术企业、承担浙江省的重大项目、引进了大量技术人才，很快把这个企业做得红红火火。

那么为什么我愿意到这里来？首先当初来主要是为了回南方。我是安徽人，安徽离浙江很近，生活习惯相近，北方冷得要命。来是容易的，关键是为什么留得住？我小孩在上海工作，户口也在上海，他从国外留学回来，在英国待了 6 年。我是跟我爱人一道来的，我爱人在这里和我生活了 5 年多，实际我就等于举家过来了。而且我今年 55 岁，肯定也是要在这里退休了，那也就是说准备把后半辈子就留在这里。

为什么能这样做呢？几个方面，我后讲待遇，像我这种高级人才到哪里都不缺待遇。说实在话，第一条就是工作的氛围。浙江人很务实，浙江老板也很务实。所谓的务实就是他评价人的标准比较简单、不复杂，就是怎么样把企业做好。没有太复杂的人事纠葛，像我这种高级知识分子、有身份的人，我们虽然是打工的，但对水土的要求是很高的。你这个地方如果人事复杂，纠葛丛生，整天忙于应付一些乱七八糟的事情，我肯定不会干。这个地方让我感觉到，我只要把精力投入在工作当中，不用考虑太多其他的复杂的因素。这是我留在这里最重要的一条理由。我在哪里挣不到钱？请我的人太多了。这第一条就是有一个务实的老板，有一个务实的企业，有一个务实的工作氛围。对我的要求虽然比较高，但是比较单纯，不复杂。

第二条就是老板放手给我职权，在我的职权范围内的职权他都给我。老板胸怀也比较大，但他看人也比较准，我要是个混日子的，他也不会让我干。我现在在这里说一不二，我说话财务都不敢不听。但是也是有一个过程。慢慢地，他看看老魏这个人既有能耐，也有道德，就放心放权给我了。他就有这样的胸怀，在认定你有比较高的职业道德、职业操守、职业素养的情况下，对你是放权的。这样让我工作好开展。如果我手下不努力工作，我叫他走人，他马上说他是老板的亲戚，我赶不走他，这样我工作没法干。如果大家都跟他学了，企业就完蛋。在这里，哪怕是老板的亲儿子，你只要是我这个项目组的，就必须听我指挥。我这个人也很强势，你必须给我这个职权。

第三个是良好的待遇，待遇不可能不讲，我的收入不低的。

第四个就是比较好的周边环境。这个地方吃喝玩乐什么都有，像个小城市一样，完全不是一个闭塞的乡下。在这个地方，商业中心、电影院什么都有。我是从来不看电影的，也从来不逛商业中心。但最起码这个地方让我们感觉不是个乡下，我们是在城市里的。

有了这几条我觉得差不多就可以吸引到人才。普通人才也许对后两个条件看得比较重。普通人才是给我工资高一点，这地方生活得优越一点。高级人才那就是说我要干事，你要给我干事提供一个好环境，我不要每天操那些心，我不要天天去搞斗争，没那时间；第二个就是你要给我权力，我要按我的想法做，你对专业不懂很正常，你也不可能比我懂，否则不用请我来。但是你得尊重我对这个事情的发言权。简单道理，你花这么多钱请我来，最后什么事都你来拿主意，你不是白花成本吗？

我对其他领导讲过这话，我说你要用高级人才，就看两条，不用看别的。第一条，看他有没有能力，有没有真正的能力，这很重要。你只要在一起跟他交流，看他做事情怎么做的，再看看他过去的经历、他的来路、他的学历、他的职称。我是中国有色金属工业协会的理事，这也是我的一个资本。第二条，看这个人的心思是不是在工作上，一个人有能力，但整天拉帮结派，溜须拍马，吃吃喝喝，以权谋私，贪赃枉法，这种人也不能要。高级人才，如果第一，他确实有本事，第二，他的心思全部在工作上面，那不要去管他，他不会比你做得差。你看中科院是如何管理院士的呢？中科院院士你不需要管他上班迟到、下班早退，要管的就是给他服务好。他学问比你深，不然他怎么当院士；他肯定比你勤奋，否则他也不会有这么大学问。所以我说对高级人才的管理就这两条。把这两个抓住了，你不要管他今天为什么要做这个产品，明天为什么要做那个产品，不用你管，你也不懂，尊重这两条就行了。

花园集团在这两条上我认为最起码对我是做到的。像我这种人，没有这两条，没两天我肯定拍拍屁股就走。所以花园对我吸引力还是很大的，而且可以肯定地讲，能有前面我说的四个条件的企业全中国也不多。我做过几家企业，也是在很高的层面上来做，在企业就是老大，最差的也是副总经理、董事。所以我看这些企业能做到这四条的不多。我每天只干两件事。第一件事，吃饭睡觉；第二件事，努力工作。每天就这两件事，我不抽烟、不喝酒、不喝茶、不唱歌、不跳舞、不洗澡，没有任何的业余活动。大厦歌舞厅我去过两次，都是邵总逼着我去，否则我也不会去。他说不去要罚我款。我只对吃饭睡觉、看书工作有兴趣，其他的我没兴趣。所以我每天就是干这个。我觉得人活着就要劳动，所以我也是我们集团的敬业标兵。

访谈人：之前我在《花园报》看到过表彰集团敬业标兵的消息。

魏锦：本来也是，劳动是很光荣的事。我每天早上 6 点肯定是要坐在仓库的，不管刮风下雨下雪。即便冬天冷得要命，我也是差不多这个时间。

访谈人：您现在的住宿是在哪里？

魏锦：我住在小康新区，到这里就 5 分钟，是集团给我安排的。集团陈总给我安排的住宿，我也很感谢他。晚上睡觉，我这个人是顽固性失眠，而且只要被什么吵醒，比如说被汽车吵醒，我就再也睡不着；在那里面就比较安静一点。所以给我的生活条件我也很感谢。对我来讲，只有先把工作干好再说。有句话叫"曾经沧海难为水，除却巫山不是云"。我们这一辈子见的也多，荣誉也经历过了，比在这里更大的荣誉，上市公司董事、人大代表、劳动模范等都经历过了。所以我们也就是做工作，也没有别的好说好想的。我在这里干到退休就回家，也不会再想着我到别的地方再去干什么了，没必要。我现在主要干两件事，第一夯实企业的管理基础，把企业的管理技术做实。第二是培养年轻人，培养人才，培养方方面面的人才，为企业的长远发展打下基础。这是两个基础。一个是管理基础，一个人才基础。一个企业如果有这两个基础，就是长盛不衰的。我现在主要的工作就是两个，我干得也很有乐趣。

访谈人：魏总您刚才讲的就是您自己的发展和经验，包括为什么到花园集团也讲得非常清楚。我还有一些问题可能也是跟您相关。首先，从您自己的体验来讲，作为一个外来人才怎么在花园这边安心工作的？其次，您带着年轻人，比方说像我这样年纪的这批人，您怎么从一个管理者的角度，给他们提供一个更好的干事创业的环境？

魏锦：从管理者角度，除了我之外，还有大量的人才在我们花园铜业工作，他们为什么能够很稳定、很扎实地在这里工作？第一个是集团创造的好条件，也包括集团给的一个比较好的薪资。这个钱说起来是我倡议的，经过集团同意了。集团提供了比较优厚的福利待遇。第二条就是集团所在的花园良好的生活环境、良好宜居的人文环境。这是很重要的，是集团给的。第三条是严格却非常公平的管理，人不患寡而患不均，管理既严格又公平，大家会觉得这个企业有希望。还有我们在专业上面给大家充分的空间，让大家能够按照自己的兴趣去工作。比如说你喜欢搞管理，给你很好的管理的这种舞台；喜欢搞研发，我们给予很好的研发的舞台。尊重知识，尊重人才。我们自己是人才，对其他人才也很尊重。第四条就是我们企业蒸蒸日上，不断获得政府各种各样的肯定，比如说明天东阳的四套班子都会来到我们企业参观。第五条就是我们企业创造的比较好的后勤条件，吃喝住我们企业还是搞得不错的。我们食堂是花园集团所有企业里面最好的。生活条件也好，我们每个人房间都有热水器、空调。第六条就是我们对职工非常关心。我前天还去看望我们一个职工，他是自己出去把腿跌断的。在医院住院，我们就去探望，对职工很尊重。还有对人才的培养机制，我们的上升通道是很充分的。有些年轻干部现在起了很重要的骨干作用，在很重要的管理岗位上发挥作用，这样的话他觉得有奔头。再加上我们的产品，不断走在省里的前列、中国的前列、世界的前列，让大家很有成就感和荣誉感。高的薪资、好的生活环境、严格的管理、公平的管理，加上好的能发挥自己能力的舞台，这都是让大家能够留在这里的条件。

访谈人：像我们花园村在行政区划上还是一个乡村地区，而且金华在浙江又不是一个沿海的发达地区，可以说本来这里对人才的吸引力是非常一般的。

魏锦：还有一个刚才忘了讲，我们企业内部管理非常规范。这个规范是方方面面的。我们讲的规范，比如说我们员工吃饭是要排队的，这是对员工的要求。当然反过来对企业的要求也很规范。怎么规范？我举个例子，我们发工资只提前不推迟，就这一条在民营企业当中能做到的不超过15%。我们15号发工资，我们不会往后推一天。如果15号是星期六，我们就14号发，要是星期天我们就13号发，我们对职工工资从来不往后推一天，这就是规范。规范是双向的，不仅仅对员工规范，对企业也规范，企业跟员工之间签劳动合同，我们都严格遵守劳动合同。我们不像有些企业年底都不给钱的，这种企业很多的，乡镇企业里面很多这样做。这样你吸引不了一流的人才，比如像我这样的，你肯定吸引不了。或者反过来讲，如果你把我的工资推迟发，我还得干，那我这个人肯定是骗子，是没有这个本事的，只能在这里骗你点钱。就这个道理。

我刚才讲我们公司很规范，跟我管理有关系，我的观点一贯就是规范。做企业一直是规范，对上下都有要求。当然我个人还讲一点，我对自己要求还算比较高。所谓管理两条，第一条，你要让人家怕你，否则你管不下去。人家不怕你怎么管？人家不买你账，你怎么管啦？当然后面还有更重要的一条，人家要服你。

叫人家怕你，靠的是手段；叫人家服你，靠的是你自己的人格，靠你自己对自己的高要求。比如说我们自己迟到，就很难让职工不迟到，所以我从来不迟到。我们中午不让员工出去喝酒，除了实在推不掉的上级领导来，否则我肯定是不会喝酒。我晚上也不会在厂里给自己开小灶，虽然食堂有这个条件，我们食堂师傅原来是东海舰队司令部的，菜烧得好的。但我从来不在这吃，回家我老婆烧着吃，我对自己还是有要求的。人家服你也是他在这里干的一个重要的因素，如果他不服你，想想他也不干。这个是我个人认为的一个因素，但这个因素其实有的时候也挺重要的。一个领导有人格，自己不能搞特殊化，注意一言一行、一举一动。这点我们得自己做到。

访谈人：从我们铜业集团的目前人才来源来讲，应届毕业生包括本科、硕士，主要是从哪些地方招聘进来的？

魏锦：我每年都到江西理工大学去招。我们也是它的学生实习基地，每年都要招。但是留下来的只是一小部分，因为社会发展，年轻人的机会多，尤其是大中城市和沿海城市机会太多，所以你留住他们也不容易。但是我们也成功地留住了一部分人才，比如说我们的技术部部长，从江西理工大学毕业7年了。小年轻还能干，我们把他留住了。所以我们对年轻人才是非常关心的，给他们成长的空间和通道，业务上和管理上都给他通道。因为竞争意识我们是很强的。我们自己就是高级人才，到全中国都是高级人才，所以我们的人才意识非常强。我们班子里面的学历层次很高的，都是本科以上。

访谈人：因为我最近几年都参与省里的重大改革项目评估，其中有一两年也是把人才新政放到里面去，作为一个评估的项目。从花园铜业的角度来讲，就是吸引人才的具体政策，对我们企业有没有产生相应的实惠，或者说哪些还可能存在一定问题？

魏锦：我们的人才优惠政策主要与职称挂钩，但职称本身就跟学历有关系。在宿舍分配上，普通职工是两个人一间房，大学生是一人一间。还有在薪资上面，高级工程师，他的收入可能比中层干部还要高。还有就是年轻人才，如果是专业人才，我们会给他头衔，会给他当科长。通常你要是一个普通工人，想当科长，没有5年不行。我们的年轻技术人才，可能2年就能当科长，我们给他这样的机会。再一个在薪资上面，包括年薪上面我们都有体现。包括评优，优秀干部、优秀科技人才评优上面，我们都有偏重，都有倾斜。还有就是我们每年要申报集

团的科技进步奖，对于人才这一块，在署名方面，在奖金的分配上面，我们都有
倾斜。

四、发展红木产业、促进共同富裕：访花园红木市场商户邵清君

编者按：不同于许多"明星村"用村办企业的营业利润为村民直接发福利的做
法，花园村更多通过搭建产业平台，让村民和外来创业者能够通过自身的经营智
慧与辛勤劳动，共同创造美好的生活，共同建设美丽的花园。花园村具有全国规
模最大、品类最全、辐射最广的专业红木家具市场。花园村的红木产业之所以能
发展到今日之地位，既离不开像邵清君这样的花园人当初南下学习专业知识和经
营技能，进行创业，也离不开花园村因势利导、提前布局，为花园木材加工产业
及时转型升级提供了完善的产业链支持。而邵清君本人成长、工作、创业的经历，
也代表了花园村 70 后、80 后创业的中坚力量，他们在实现个人理想抱负之后，
能够更加安心满足地在花园村安家立业，过高品质生活。这个稳定的中间层也成
为花园村持续发展创新，实现村域城市化的重要保障。

受访人： 花园红木市场商户邵清君

访谈时间： 2019 年 8 月 9 日下午　　　**访谈地点：** 花园红木家具城 A 区

访谈人： 王平　　　　　　　　　　　**录音整理：** 楼怡

访谈人：邵老板，我想先问一下您怎么称呼呢？

邵清君： 我叫邵清君，清水的清，君子的君。

访谈人：您住在哪里呢？就是老家是在哪儿？

邵清君： 我老家就是花园村的。

访谈人：就是老的花园村？

邵清君： 对，老的花园村。

访谈人：那您从事红木这个行业大概有多久了呢？您父辈都是做这个的吗？

邵清君： 我自己做的，是 2008 年开始的，初中毕业打工就是做这个的，打工
是去广东红木家具厂，学了这个。那个时候就风潮嘛，感觉到广州能赚钱，赚大
钱，当时很多人去。我们当地的木工、油漆工、雕刻工啊，都是那个时候去的，
都是那几年。

访谈人：那时候那个工厂是做什么的啊？

邵清君： 就是红木家具。

访谈人：那么早就有红木家具厂了？

邵清君： 那时候是香港人的家具厂。

访谈人：那您进去以后主要做什么？

邵清君： 油漆工。

访谈人：您当时去做这个油漆工的话做了多久？一直在那个厂做，还是辗转的？

邵清君： 辗转的，因为一开始学徒工资低，后来到别的工厂工作，带徒弟。

访谈人：那大概这段时间过了多久呢，就是在广东一带工作？

邵清君： 我是1993年回来的。

访谈人：1993年回来的，1983年到1993年回来，就中间五六年基本上就是做油漆工这一块。那邵老板，您后来是什么契机要回到花园村，当时是直接回花园还是东阳？

邵清君： 回花园村的，回村之后我在花园集团办公楼做油漆工做了一段时间。

访谈人：当时就是1993年，回来的时候刚好在这边得到一些新的工作机会？

邵清君： 以前老的花园村刚好开始大建设。

访谈人：我的印象是现在是叫花园娱乐中心，别墅区正在造的时候？

邵清君： 包括刚开始那个大楼，服装厂都是先进的，刚好那个时候。我当时看到花园村有活干，在外面做还不如在家里。那个时候都是承包，包括这一块叫二基地，这些现在基本都拆掉了，当时那个油漆都是我们做的。

访谈人：回来以后比当时在广东赚得多一点？

邵清君： 回来就是自己承包了。

访谈人：就是做油漆和装修这一块？

邵清君： 这个业务很多的。

访谈人：当时包下来做了几年？

邵清君： 我是1993年回来的，做到1995年，1995年到安徽红木家具厂做，1997年回来，1998年开始开木线厂，在那个安徽红木家具厂做了两年。

访谈人：后来回来开了木线条厂？

邵清君： 木线条厂，1998年开的。

访谈人：当时您最早的厂开在哪个位置？

邵清君：在花园大酒店下面一点。

访谈人：那您后来这个厂也搬过好几次吧？

邵清君：木线条厂搬了一次，最后搬到现在新中华大酒店这一条街，后来不是村里有需要，搞花园大道这一块嘛，新野路那里新建了个木线条厂，后来全部都搬到那里了，就花园大厦的西侧。

访谈人：现在不是也变成小区了吗？

邵清君：对，就是我们现在的花园小区，就在那一块。

访谈人：那好像也没开多少时间又搬了？

邵清君：我是1998年开始开的，2003年还是2004年搬到那里去的。

访谈人：那后来搬过去以后开了多久？

邵清君：后来是2004年就停掉了。那时候用的木线条就少了，生意就不怎么样，我就停掉了。

访谈人：那后来您这边停掉以后又做什么生意呢？

邵清君：停掉以后我是买了挖机，然后还有去高速公路上承包一些工程。

访谈人：当时这个事情又做了多久？

邵清君：这个是做到2010年。我2008年红木家具厂开始做了以后，一边自己在做家具，一边包给别人做工程，做了也有一段时间。

访谈人：那后来什么契机让您决定还是要做红木家具这个生意？

邵清君：我是2007年去进一些木头嘛，就红木这一块的。2007年红木不是大涨价吗，那个时候稍微赚了一点钱。然后2008年不是金融危机吗，木头全部跌价。跌价嘛，然后想想这生意也不好做，下半年开始就不做了。想想还是做家具吧，老行当我自己也懂行，相当于以前卖木头，后面做家具有经验。先接触红木这一块，2007年先接触红木这一块卖木头。

访谈人：2007年就是相当于做中间商一样的把木头先收来再去卖给别人？

邵清君：那时候就卖到深圳啊，那时候木头市场都在深圳啊，2007年我们这边还没有现成市场。

访谈人：然后2008年开始要做这个红木家具，您是怎么样一个做法呢？您不直接生产红木家具的吧？

邵清君：直接生产红木家具的，我刚开始的时候想去开店的，但是做了一圈以后呢，发现这红木家具进货的厂生意好，进货的都要等，钱来得稳当一点。

访谈人：那像这样，当时主打高端品牌市场销路是怎么确定的？

邵清君：销路，我们最早的时候在马路边租了一间房当店面样板房。

访谈人：是不是东永线，省道那条路上？

邵清君：就是前面那条路，西田那一块。租了一间门面，然后那个时候就有人找上门，不用推销。

访谈人：那您在开这个店的时候，相对来说附近有没有相似的红木家具店一起开出来？

邵清君：有的，那个时候有些人就陆陆续续开始了。

访谈人：我们红木产业最初做家具的发端是在什么时候？

邵清君：就是做家具，红木家具一开始在我们这一带就有，一九九几年的时候就有，但是很少，我们这一块几十家可能有的。就是我们农村家里家装有些也是用红木家具了。那时候很多红木家具厂赶集也会来，我们农村里也有集市嘛，那种拉出去卖的本身就有的。

访谈人：可能有大大小小的几十家？

邵清君：具体多少也不知道，反正也不多，很少。

访谈人：那后来怎么样形成这个规模的，或者说大家都知道我们这个地方是在产红木家具，在卖红木家具的？

邵清君：这跟市场起来以后有很大的关系，然后做红木家具的人多了，买的人也多起来了。再加上通过各方面宣传之后，我们这个市场很快就形成了。

访谈人：那您从西田那边开店面，到花园红木家具市场造起来大概隔了多久？

邵清君：这里是 2010 年开业的。

访谈人：您就是第一期？

邵清君：这里就是第一期，我们本来在二楼。

访谈人：相当于是这个市场起来以后，以前外面开店的一些人想走高端路线，便都搬进来了？

邵清君：就是我们马路边这些搬进来了，马路边的话那个时候灰尘也大，一天到晚擦多少遍都不知道。那个时候人家走个市场跑来跑去，累啊。

访谈人：现在虽然马路边还有，但是相对来说稀稀疏疏的？

邵清君：对，还是有。但基本都在市场。

访谈人：那您 2008 年开始做红木家具的时候，西田那边店就开出来了？

邵清君：我们是产品没出来就找了店面，因为没店面人家找不上来。这个必须要有，门面要有，没门面没法做生意。然后那个时候我们做红木家具的厂家相对开始多起来以后，我们这一块地方出去，到全国各地开店的人也多起来了。做红木家具的人多，推销的、开店的人也非常多。

访谈人：所以这个产业慢慢被带动起来，包括知名度也上来了。因为销售渠道打开了，他们可以到这边来买，也可以在当地买到。

邵清君：对，当地也可以买到。

访谈人：那这个跟物流有没有关系？

邵清君：物流那个时候东阳还不是很方便，全部往义乌走。那个时候义乌的物流本身就很方便，我们拉到义乌去发货很方便的。

访谈人：那相对来说，国外的原木拉进来到这边堆储木头，到后来慢慢加工包括后面喷漆到整个产业链条，大概什么时候形成的？

邵清君：2009 年就差不多开始了。2009 年开始卖木头形成这个市场，然后这些像雕花、油漆等都有加工的。物流打包专门有人负责的，物流送货，我们那时候做木线条本身就有的，后面很快就上来了。

访谈人：那时候相当于产业链一下子就上来了？

邵清君：那个时候我们花园原来做木线条生意的很多人都空下来了。中间经历了做仿古的门窗，不过门窗做的人不多，很多人是没事做的状态，看到家具生意好，很多人一下子就做起来了，手上本身也有资金。那个时候做面料、卖木头、做线条厂赚点钱的，很多人都在找事情干，红木家具厂出来以后一两年，很快就发展起来了。

访谈人：这个没有技术门槛吗？

邵清君：我们东阳本身就是木雕之乡，做木工、雕刻工、油漆工的人本来就很多。很多师傅包括去福建等地做的，都是我们东阳人。那大家都知道这行业，也懂行，很快就起来了。

访谈人：就您这个厂雇了二十几个工人，整个来讲一年下来的营业额怎么样？

邵清君：那倒记不大清，当时营业额也不大。说实话我们从低端开始做，做高端也做得慢，价格也低，我估计最多就几百万吧。因为那个时候我们也不会去统计，卖了就卖了。

访谈人：一直在周转？

邵清君：对，不断地在周转，有钱收进来就买材料。

访谈人：那我们整个家具产业，就像您说的 2009 年就一下子起来了，尤其是我们 2010 年造了花园红木家具市场一期？

邵清君：我们这个花园红木家具市场经过宣传以后，基本上都找到我们这边，买红木家具都知道花园了，花园这个市场比较大，品质好，价格比较实惠。

访谈人：很多人说起花园村也许第一时间想到的就是花园红木家具市场。

邵清君：我们花园红木这一块还是打得比较响的，你要买红木家具的，你先了解的肯定是花园家具，那跟集团也有关系。花园村名声还是挺响的。

访谈人：这个红木家具一期开始，您印象里吸引的客商主要是哪方面？

邵清君：那个时候主要是经销商。因为行业内的人都知道花园红木这一块是生产基地，这周边生产基地是非常多的，生产厂家也多。经销商到这里进货的时候都是做批发，零售的很少。

访谈人：就相当于到我们门店来看货，看看这边的工艺质量，然后再按照某些要求去订？

邵清君：基本上我们做出来的他们都很满意，定制的很少，批量生产批量卖的。

访谈人：这个批量几件才算批量？

邵清君：我们沙发应该二十来套。

访谈人：二十来套就算一批。那像这个经销商为什么会选择我们这里，而不是选择传统的像广东珠三角那里？是不是应该销售的地方就在这里？

邵清君：不是，全国各地销售。那个时候相对来说品质更好，价格各方面这里更实惠。商人嘛，经销商哪里买合适，就去哪里买嘛。性价比高肯定跑那里去啊。

访谈人：那从你的角度来讲就是 2010 年以后和珠三角相比，市场份额大概是占多少？

邵清君：经销商基本上都在我们这边买，零售的都在广东当地买，经销商他们那边非常少。

访谈人：基本上我们这边慢慢地把广东那边的替代掉了？

邵清君：基本上替代掉了。

访谈人：包括有些当年的广东红木家具厂慢慢地也在这边？

邵清君：他们也在这边进货，然后拿到那里去卖。

访谈人：那为什么我们有这个竞争优势呢？

邵清君：配套。我记得我当时去广东，我们这边雕花一千块钱，他们那里可能三四千。因为雕花好的技术工人，包括木工，全在东阳。我们成批量生产，包括配套成本相对比较低。

访谈人：整个产业链条可能也做起来？

邵清君：产业链条做起来，因为我们本身都是东阳人，大家就是自己家门口做生意。

访谈人：基本上就是一个新的全国红木家具市场核心就到我们这边来了？

邵清君：现在因为产量我们这边最大嘛。

访谈人：像2010年以后，我们这个红木家具厂一期二期以后到第六期，这个市场商户是不是也在不断地增加？

邵清君：不断地增加。

访谈人：会不会形成市场内的竞争呢？

邵清君：那竞争是肯定有的。市场内各个商家的竞争肯定有，那就看你自己怎么做生意了。那就看你做什么产品，厂子怎么样定价，自己的定位很重要。

访谈人：像您这个做红木产业，从2010年开始到现在也快10年了嘛，从您的经营体验来看，有怎么样的一个变化过程？

邵清君：2010年到2013年是最好的黄金时期，包括木头涨价，那个时候货也是供不应求。然后到2014年有个跌的价格，2014年为什么会降呢？可能也是因为供大于求，那个时候红木家具厂一下子就增加了3倍。

访谈人：光是工厂就增加了3倍？

邵清君：就是大家分蛋糕嘛。

访谈人：我们以前的家具加工厂可能周边就有很多，后来在外围是不是也多了很多？

邵清君：最主要还是周边的多，外围的话外地人比较多。有些外地人在我们这边办了工厂，但是还是少数。

访谈人：大部分还是我们东阳本地人，主要是我们南乡这边的，对吧？

邵清君：基本上是我们南乡这边的，百分之八九十吧。

访谈人：那像这样的话，花园红木家具市场一期一期开发出来，最近几年我们这边有什么新的举措对产业发展是有所帮助的？

邵清君：我们这几年做的红木家具展销会。

访谈人：这个是哪一年开始做的？

邵清君：2016 年开始做的，到今年刚好 4 年，这个力度有点大，影响力也很大。

访谈人：今年这个在线直播我也看了，是很有意思。

邵清君：通过这个让更多人知道花园红木。就是现在星期六、星期天特别忙，经销商不用说肯定知道花园这个地方的，现在散客都多起来了。因为你以后做下去，经销商的生意是不好做的。现在这个信息越来越发达了，人家买最少十万元家具，家具市场他跑来一趟能省个几万块钱，零售的生意特别多。

访谈人：我自己家里虽然没做红木家具，但是我也知道要找这个红木家具厂直接订，因为这个中间价格实在是差太多。

邵清君：你现在直接找上门，我们基本上就是直接和消费者对接的，和经销商这个中间环节差不多。

访谈人：经销商他还要开店面，物流啊这些都是成本。

邵清君：现在经销商也少，很多也关掉了，现在直接找上门。这几年我们市场经过宣传，全国各地很多人都知道我们这个花园市场了，那就找上门了。散客如果知道肯定是通过媒体啊各方面。

访谈人：包括我们之前访谈花园旅游公司的时候也问过，能不能搞个红木主题游啊什么的？这样也能把那个散客带过来，散客来的话好处就是可以高端化定制。

邵清君：高端定制，我们现在定制的比较多。

访谈人：毕竟家里尺寸啊什么的都不一样，还是需要按他家里的尺寸来做的。

邵清君：我们是高端定制做了好多年。其他基本上也做，做批发，我们是四五年前就开始做高端定制。

访谈人：像这样的客人的话，应该相对来说他可能对工艺品质的要求更高了，那对价钱是不是就更加豪爽一点？

邵清君：高端定制价格肯定高一点。

访谈人：散客进来的话会不会产生一些信誉问题呢？就比方说，有些老板想多赚点钱就跟客人说他这个是很好的红木，实际上是差一点的？

邵清君： 花园市场这个检查很严格的，是什么木头就是什么木头，放在外面的我不太清楚，但花园市场很严格的。定期检查、定期抽查，你要是有假冒、充假这些东西，罚款各方面力度很大的。以前经常有电脑抽查，抽到你家就检查，如果客户投诉的话，直接就清出花园市场。

访谈人：相当于也是维护这个平台的形象？

邵清君： 维护大家的利益。花园市场做到现在这个品牌和信誉也不简单，做假这一块我们现在应该很难，一天一检。你说质量、品质上面好一点、差一点，这个方面肯定会有差别的，包括加工的精细度。

访谈人：那还有一方面问题，从您的角度来讲，我们这个红木家具的需求和一代一代消费者的偏好有没有什么关系？举个例子，像我这样的 80 后装修房子，不大会去选择红木。

邵清君： 这么多年了，一开始有些 80 后、90 后不喜欢，很多父母拉着来买，看了很多次以后，很多也都喜欢上了。

访谈人：主要是消费者的一个培养过程？

邵清君： 他当时没了解，我们现在放家里稍微现代一点的装修也可以用，也不是说放进去非常好看，但是耐看。好的红木家具还是耐看的，很多欧式家具看的时间长了还是没有我们这个耐看。

访谈人：可能每个人各有所爱。新中式这个风格可能也是最近十年开始的？

邵清君： 就最近几年开始的新中式风格。

访谈人：可能新中式风格一定程度上既有我们老中式家具的元素，但是又有简洁的设计，就可能雕花没有这么多。

邵清君： 雕花少，简洁。像我们现在做的都是以年代为主，明式家具很多都很古典，我们没做新中式家具，做的是最古典的明式家具。

访谈人：这个跟整个产品的档次也有关系，因为走新中式风格，档次肯定还是要再下来一些的。

邵清君： 像我们这个明式家具是故宫、颐和园里面都有。明朝就有了这个款式，一直流传到现在都没有被淘汰，而且样子啊各方面包括靠背啊这些都做得好看又舒服。

访谈人：这个家具的设计是您自己设计吗？

邵清君：请外面的设计师设计的，但制作还是自己做。

访谈人：像设计红木家具这个专门的职业分类也起来了吗？

邵清君：设计的现在不是很多，这两年可能新中式起来后设计感更强。我们以前古典的还是参照老的古代家具上面的一些做法。

访谈人：可能就是放大、缩小这种关系？

邵清君：基本上很多都是一模一样去做的，我们很多做高端的需要收藏这个级别的家具，喜欢那种一模一样去做那种老的样子的。做成那个样子的很多就是上了博物馆的。你要收藏的是用高端木头的、需要仿造古典的，因为毕竟人家都流传了这么多年了，还是比较耐看的。

访谈人：还有个问题想问一下，您是怎么看待这个市场未来发展的方向的？包括您自己的经营理念怎么去适应市场的调整？

邵清君：我们现在自己基本上做这种简单的。走高端、仿古明式家具，不过现在新中式也是一种潮流，以后会发展的。

访谈人：那您自己这边经营有没有什么新的想法？比方说搞一些网上的 3D 展示？

邵清君：网上我们现在做销售好像有点难度，因为我们价格高，在网上下单可能有点困难。不过在引流这块还是慢慢在做。

访谈人：这个引流我们市场也是有在做？

邵清君：我听他们说市场在准备做网络引流这一块。我们现在也在做这个引流，因为也有好多客户不知道，不过这个网上销售是有点难度。一般都要来亲自看过。去年有个客户他说来东阳 16 趟，才选择我们的。基本上厂家都看完了，价格高的东西还是要谨慎，各种比较对照。

访谈人：不光是价格的问题，很大程度上还是要看综合的品质，比较原料。

邵清君：像现在来买家具，很多人就是看你老板、销售人员的为人这方面的。还有工厂啊各方面的考虑。

访谈人：能问一下您自己的工厂从 2014 年以来，整个的利润是在增长吗？

邵清君：这几年比 2013 年肯定差一点，那个时候是木头赚钱，木头涨价，赚木头的钱。这几年是家具，正儿八经地做家具赚点钱。那这几年的利润肯定和以前不能比的。利润相对来说要低一点，不过我们一直以来还是相对稳定的，因为基本上做口碑老客户。他们买了我们的家具觉得好，再给我们介绍新客户。这样的比较多，每年都会增加客户。客户不断在增加，利润基本上还是很稳定的。

访谈人：我有个个人的想法，比方说做家电嘛，有些做冰箱、电饭煲啊这些，买一个5年、10年不会坏。像我们家具更加是如此，红木家具用20年不会坏。那这个因素对市场成长有没有影响？

邵清君：那不是。现在没有买红木家具的人非常多，有一些人换房子，房子更大了换一套红木家具。有一些有钱人买高端的红木家具买好几套。我们有些客户从我开始做他生意就一直在买，他就是这套房子搞好了，买进一套家具，然后儿子的房子装修起来，再买一套家具。他们对这个红木家具买回去也有这个想法：至少保值不会亏，可能还会升值。还有一些就是喜欢红木的粉丝类的客户，就是每年都会买一点。我有些客户每年到我这里来喝茶坐坐，看到喜欢的就又买了，这样的人也挺多的。

文

献

篇

日升月恒 百年筑梦

WENXIAN PIAN
RISHENG YUEHENG BAINIAN ZHUMENG

中国村庄发展

在 1949 年以前，受客观条件限制，花园村极少有文献档案留存。改革开放以来，花园村以"一年一变样、三年大变样"的赶超速度，推动生产、生活、生态领域的持续改善。因此，本篇第一章收录《邵氏家规》和新版《花园村村规民约》，作为反映花园村村庄精神的佐证材料；第二章结合《花园村志》及花园集团相关资料，较粗略地梳理花园村自 1981 年以来的大事记，以便与各篇章论述内容形成增补对照。伟大梦想铸就伟大事业。在全面、协调、可持续发展的理念引领下，"科技花园、绿色花园、活力花园、和谐花园"的"百年花园梦"将在浙中大地上逐渐铺开实现。

第一章　历史文献

一、邵氏家规 ①

家之盛衰视人之所积。匕善者居家孝悌，处世忠恕，凡所以济人利物者，皆是也。积不善者恃己才智，凌人愚弱，凡所以忍心昧理者，皆是也。予见积善之家常获余庆，积不善者恒遭余殃，天理昭然，各宜自省。右一条是正心修身之本，故首叙之以垂训。家之和与不和系于妇人之贤否。贤者事舅姑以孝，敬丈夫以礼，处姒娣以和，待子孙以慈，恤奴婢以仁，幽娴贞静，婉雅谦和，有事化为无事，不平化为公平。不贤者淫狎妒忌，忤逆多言，欺贫虐下，搬斗是非。为丈夫者宜以身帅之。朝夕训诲，无听其言。诗云："妇有长舌，维厉之阶。"宜善处之。右一条是刑于寡妻，修身齐家之道，书此以示训。

家庙以妥先灵，以报祖德，若非公事不许擅用。甚有堆积秽物，尤为轻亵宗祖，应即会众坐罚。其祭器樏 ②椁等项，如有私有者，重议责罚。如祠宇颓坏不急修理，罚及管常者。右一条是立祠祀祖宗之始事，故揭此以示后人，知所承事云。祖墓上薪木所以荫庇先灵。诗云："蔽芾甘棠，勿剪勿伐。"后人思其德，故爱其树。墓上薪木，神所凭依。为子孙者利己擅伐，忍心灭理，莫此为甚。族中如有蹈引者，鸣祠重罚。若泥土浅薄，须择洁土盖之，毋致暴露。右一条是事亡如事存，这道书此，以示后人遵守。

立家长须以年高德劭者任之。毋利己，毋苟私，毋贪财言，毋妄发事，之毋妄为，一以至诚待下，遵古人以身教之法。遇有事之日，毋察匕而明，毋昧匕而昏，以量容人，以理谋事，视人族如一家，视众人如一身，朔望率众赴祠参揖祖先，命善讲者宣扬六条，以训子弟谕及。查忤逆、嫖赌、博弈、酗酒、奸盗、种

---

① 浙江东阳市花园村村志编委会：《花园村志》，花园集团档案室藏，2014年，第315页。
② 樏，原文为"橙"，疑有误。

匕不法者，拿问重责，如再不悛，呈究。右一条是端本澄源之道，凡家政大小议论定夺，庶乎事有归一，众各率从。

子弟年十六以上者，当仿古行冠礼，励以孝亲敬长，勉以诗书经文，通晓大义。右一条冠礼是人道之大端，今虽不行，而父兄当规以成人之道。毋得视为童稚滔于匪僻，为后昆者当知自省。一婚配必须择温良有家法者，毋慕富贵而羡豪势，慎以五不娶之训。右一条婚礼是人道之大端，尤当致慎。

丧礼久废，多惑于佛老，今屏绝之，其仪式宜遵家礼。至圣云："丧，与其易也，宁戚。"衣衾棺椁，视家之贫富。毋过，毋不及，则得矣。右一条是送死足以当大事，至于佛老屏绝是吾儒大中至正之道。录此以示后贤，永为规鉴。

祭礼仪备录于后，一遵家礼，或有稍节者，亦是去繁就简，斟酌损益。后当遵循，如有违慢者作不孝论。右一条是事死如事生之道。家之大事毋得视为泛常。圣人有云："吾不与祭，如不祭。"且志曰："丧祭从先祖。"曰："吾有所受之也。"如草率从事，后代竟作为祖传，不可不慎。

子弟幼时，父母宜教以孝、慈、友、恭、谦、让、揖、逊，能言即教以谨。于应对能行，即教以慎于进退，见尊长，坐必起，行必后，应对必以名，毋得称以尔我。七年入学课以诗书，绳以礼义，倘有不遵约束即加鞭挞。如是，教诲即成完人，岂有不孝不悌者哉？如稍长不能诗书者，即教以耕耘，或习以艺业，毋使里巷游荡，探花博弈，甚至妄作非为，倾覆家赀，陷于不义，悔将莫及。此虽是子弟所为，实由父母失教之过，其为父母者可不慎欤！右一条是责成父兄训诲子弟贻厥孙谋之道。录此以示为父兄者，亦以戒子弟。

子孙有励志力学而家不给者，宗祠宜颁纸笔之费。如入泮廪贡科甲有光宗族者，谅情给与，以励后裔。一宗祠清冬二祭，惟科甲贡监庠生饮宾及学宪拔取继学肄业生与赴试童生，均依入庙敬设礼容拜献灌酌以妥侑行公。追祭毕后，给胙，散祭。如向学滥捐继学生，宣讲、佾生等类俱不许与祭揽胙，冒充斯文，以亵宗祖。近因此风渐长，特设此条严止后之冒昧者。右二条是鼓舞斯文成就子弟，贬剥轻器贵重名目，录之以垂规。

子孙有孝行克纯至老无间言，及孝妇节妇终身无改者，春秋宜颁胙旌。

子孙有赌博嫖酗违法无赖者，家长即议责罚，罚后不悛呈究削谱，能改者仍复之。

子孙有犯奸盗者，事觉，即会众攻逐削谱不许还族。右三条是抑恶扬善，书之以示警。

妇人宜安静恭敬主中馈而已，不许逞能以理外事，无故不出闺门。夜行以烛，无即止。年未五十以上者，不许玩游寺院，违者罚其夫。如淫妒长舌诲之不悛，黜之可也。右二条是训诫妇人尤为至要，为夫者当述以诲之。

本宗房屋不许招赁外姓有妻妾生育者居住。违者出族、削谱，其屋入祠。一族内置产者例当税契，或有脱落未税亦与族内无涉。倘有无赖之徒，挟恨寻隙，捏名呈税以致置产者破产，是绝无亲亲之意也。事发后隐税者，凭官究治呈税者合族议重罚。

亲莫亲于父子母女，生儿女时果系极贫无力养育，宁向里邻求济，切勿溺毙婴孩，致伤好生之德。如有忍心溺女者，除驱削谱外，会同房族绅耆，送官究治，断难容，不得隐。

二、花园村村规民约①

为了贯彻村民委员会组织法，推进我村民主法治建设，维护社会稳定，提升村民素养，树立良好的民风、村风，创造和谐安定的社会环境，促进经济发展，实行全民创业、全面创新，实现物质更富裕、精神更富有，根据相关法律、法规和国家有关政策规定，经村民代表讨论通过，制定本村规民约。

一、社会治安

（一）全体村民要做到"九无"：无违反计划生育、无违章建房、无封建迷信活动、无赌博活动、无拖欠国家税费、无偷摸盗窃、无民事案件、无刑事犯罪、无一学龄儿童辍学。

（二）不准非法搜身、侵入他人住宅和限制他人人身自由，不准诽谤他人和侮辱妇女。邻里之间发生纠纷不得采用威胁、要挟的方法，殴打他人造成伤害的，应赔偿医药费、误工费等；情节严重的，报请司法机关依法处理。

（三）坚决维护相对弱势群体的权益。本村村民与外来人员发生纠纷时，首先处理本村村民；村里党员干部与村民发生纠纷时，首先处理党员干部。

（四）不偷拿国家、集体、他人财物，不在公路、水域航道上设置障碍和乱丢废弃物，不损毁、移动指示标志，不损毁道路、河道、机械等集体公共设施，不乱砍滥伐树木。违反者，或作价赔偿，或予以恢复，情节严重、损失重大的，报

---

① 2017 年 6 月 10 日经花园村村民代表会议通过。

请司法机关依法处理。

（五）全体村民都应遵守国家有关计划生育法律法规政策的规定，村民有违反计划生育或不执行计划生育处理，谩骂、侮辱、殴打计划生育工作人员等行为的，按有关法律法规和政策严肃处理。

（六）严禁任何单位和个人非法制造、经销、买卖、私藏管制刀具、火枪等凶器和危险品；严禁吸毒、贩毒。任何人不得以各种借口煽动群众到机关、学校、企业、村民委员会办公地、他人住宅起哄捣乱、闹事、制造事端，不得寻衅滋事，扰乱社会治安秩序。

二、村风民俗

（七）党员干部要做到"奉献、公平、公正、公开"的办事原则。花园村民要实现物质精神共富。

（八）村两委要当离群众最近的"消防队"，及时处置、化解村民纠纷，有重大矛盾或纠纷也必须在三天内解决。

（九）在本村内不得饲养牲畜家禽（包括牛、羊、猪、狗、鸡、鸭、鹅等），违者视情节严重，收取环境治理费用。

（十）在本村实行包卫生、包绿化、包美化的"门前三包"，户户承担起"门前三包"任务，将"门前三包"责任制工作与全面提高村民健康水平结合起来，做到对村庄环境卫生的常抓不懈。

（十一）严禁传播淫秽物品，严禁卖淫嫖娼，严禁赌博和小偷小摸，反对迷信活动，严禁利用迷信活动造谣惑众、骗取财物。

（十二）花园村行政所辖区域（花园村所属公墓、山林，所有农户、企业、个私工商户、外来居住人员、花园集团下属企业等）严禁燃放烟花爆竹。

（十三）学龄儿童和青少年有依法接受教育的权利和义务。其法定监护人应保证子女接受九年制义务教育。

（十四）本村任何单位和个人一律不准招用16周岁以下的人做工。违者责令其限期辞退，情节严重的，报有关部门依法处理。

（十五）凡符合服兵役条件的本村村民，都有服兵役的义务，应积极主动参加兵役登记、体检和应征，对逃避服兵役（包括不参加初检、不参加复检和体检合格拒绝服兵役）的村民，按照有关法律和政策规定予以处理，情节严重的，由有关部门依法追究法律责任。

（十六）要尊老爱幼，保护老人、妇女、儿童在社会和家庭生活中的合法权益，禁止虐待、遗弃、伤害行为。任何人不得剥夺已婚女子的合法继承权。丧偶女子有继承遗产和带户再婚的权利。

（十七）父母、继父母、养父母对未成年的子女、继子女和养子女必须依法履行抚养义务。成年子女、继子女、养子女及其配偶，对基本丧失劳动能力或无生活来源的父母、继父母、养父母必须依法履行赡养义务。

（十八）村民发生赡养纠纷时，由调解委员会进行调解，调解不成的，村民委员会支持被赡养人依法向人民法院提起诉讼。

（十九）积极推行殡葬改革，服从殡葬管理。提倡勤俭节约，反对婚嫁、丧葬大操大办。

（二十）严格执行信访条例，不得违法违规上访。

三、五水共治和三改一拆

（二十一）严禁向户外抛弃垃圾、杂物，倾倒污水，不得将废水、残渣直接排放到池塘、溪、河等水域。不得在户外或公共场所焚烧杂物、有害物品等。

（二十二）村民建房必须服从统一规划，凡需要新建、扩建、改建住房的农户，都应向村委会提出申请，经村两委研究同意并公示无异议后呈报审批，在依法取得审批手续后方可按批准的地点、面积和规划施工建房。严禁未批先建、少批多建或改变用途搭建临时建筑物、构筑物的违规行为。不得在房前屋后乱搭乱建。

（二十三）全体村民均有保护耕地和水环境的义务。村内任何组织和个人使用土地和水资源都应合法服从集体的统一规划与调整，不得违法侵占、买卖或者以其他形式非法转让土地和污染、浪费水资源。

四、违反村规民约的处理原则

（二十四）违反本村规民约的，除触犯法律由有关部门依法处理外，村民委员会可做出如下处理：

1. 予以批评教育；

2. 责令其恢复原状或作价赔偿；

3. 收取处理相关事件所产生的一些费用；

4. 取消享受或者暂缓享受村里的各种优惠福利待遇。

（二十五）凡违反本村规民约要进行处理的，必须在调查核实后，经村民委员会集体讨论、决定，不得擅自处理。

（二十六）凡被依法处罚或违反本村规民约的农户，在本年度不评先进、文明户、五好家庭户、遵纪守法户等。

（二十七）外来人员在本村居住的参照本村规民约执行。

五、其他

（二十八）本村规民约有与国家法律、法规、政策相抵触的，按国家规定执行。

（二十九）本村规民约自村民代表会议讨论通过之日起实施。

第二章　花园村大事记（1981—2020）

○ **1981 年**

10 月：邵钦祥等 6 人出资设立浙江省东阳县南马花园服装厂。

○ **1982 年**

花园村兴建电灌和渠道工程。

○ **1983 年**

邵钦祥出资 2 万元创办花园幼儿园。

○ **1984 年**

邵钦祥出资 1.5 万元为花园村每户安装自来水，并创办图书室。

11 月 13 日："浙江省东阳县南马花园服装厂"更名为"浙江省东阳县呢绒服装二厂"。

12 月 3 日：东阳县乡镇企业管理局同意东阳县呢绒服装二厂建造厂房 1200平方米。

○ **1985 年**

1 月 1 日：东阳县呢绒服装二厂与花园村签订了征用土地协议，共征用土地2.3 亩，用于建造厂房 12 间。

1 月 20 日：东阳县乡镇企业管理局同意东阳县呢绒服装二厂建造仓库、餐厅、招待所、厨房等 800 平方米。

2 月 6 日：东阳县呢绒服装二厂与东阳县南马永红福利厂签订了联营办厂合同。

12 月 10 日：花园村委与下和村葛德根签订了关于建造学校的合同。

◦ **1986 年**

1 月 20 日：东阳县经济委员会同意"东阳县呢绒服装二厂"更名为"东阳县花园服装厂"。

3 月 14 日：邵钦祥、邵天云、邵钦培三人签订了关于建造学校和大会堂及厂房摊派费用的契约。

◦ **1987 年**

花园服装厂新建厂房，并钻建机井。

3 月 1 日：邵钦祥、邵天云、邵钦培三人签订了《一九八六年分厂后遗留经济若干账目问题》的协议。

4 月 1 日：建造学校、影剧院。

8 月 6 日：江西南昌台昌贸易公司与浙江省东阳县花园服装厂签订了联营协议书。

◦ **1988 年**

实行第一期旧村改造工程。

2 月 13 日：东阳县花园服装厂的"A–01 女裙大衣"获得金华市名优特新产品"金龙奖"。

2 月 29 日：东阳县乡镇企业管理局同意创办东阳县花园砖瓦厂。

5 月 15 日：花园砖瓦厂特聘请技术员赵正其同志来厂全面负责技术、生产质量管理指导，并与其签订了聘用协议书。

◦ **1989 年**

4 月 16 日：邵钦祥与邵钦培决定将服装厂划分为两家厂，特签订了财产用具、债权、债务等问题契约。

7 月 1 日：邵钦培与邵钦祥之间签订了"南花"注册商标使用许可合同。

8 月：花园村被浙江省城乡建设厅评为"村镇建设文明村"。

◦ **1990 年**

3 月：花园村被中共浙江省委、浙江省人民政府评为"文明村"。

4 月 26 日：东阳市农村经济委员会同意创办东阳市甜菊糖苷厂。

○1991 年

4 月 25 日： 东阳市人民政府同意成立东阳市花园工业公司。

4 月 30 日： 东阳市乡镇企业局同意创办东阳市花园服装材料批发部。

5 月 2 日： 东阳市农村经济委员会同意创办东阳市花园吹塑厂、东阳市华丽服装厂。

5 月 25 日： 设立了东阳市花园工业公司保安科。

6 月： 花园村被中共浙江省委命名为"先进基层党组织"。

9 月 30 日： 成立了公司汽车队。

10 月 7 日： 举行花园服装厂建厂 10 周年暨花园工业公司成立庆祝大会。

12 月： 东阳市花园工业公司办公大楼、花园服装厂新厂房、花园宾馆、花园彩印厂等设施奠基。

○1992 年

4 月 15 日： 花园工业公司与香港奇迹公司（Wonder Co.）合资兴办浙江慧东印刷包装有限公司，签订了合作意向书。

5 月 23 日： 建立财务审计科。

5 月 26 日： 东阳市乡镇企业局同意创办东阳市花园洗衣厂。

7 月： 成立中外合资企业东阳市荣祥制衣有限公司。

7 月 10 日： 成立新产品开发部。

7 月 27 日： 东阳市乡镇企业管理局同意创办东阳市五金交电经营部。

8 月 31 日： 东阳市乡镇企业管理局同意创办东阳市花园电子器材厂。

9 月 4 日： 确定了公司行政班子组成人员、公司党组成员。

10 月 16 日： 浙江省东阳市花园工业公司与香港慧达公司就进口设备签订了协议书。

11 月 27 日： 东阳对外经济贸易局同意成立中外合资东阳伟祥印刷有限公司。

12 月 3 日： 召开东阳市花园工业公司工会成立暨首届工会会员大会。

12 月 7 日： 东阳市总工会同意建立东阳市花园工业公司工会。

○1993 年

1 月 6 日： 设立浙江省东阳市花园工业公司外事办事处。

1月8日：东阳市花园工业公司大厦落成。

5月：花园工业公司收购了东阳市计算器厂，并建立了花园第二工业基地。

5月9日：建立东阳市花园工业公司法律顾问处。

7月15日：金华市人民政府同意组建浙江花园工贸集团。

8月18日：确定浙江花园工贸集团公司董事会组成人员名单。

12月12日：建立浙江花园工贸集团公司总经理办公室。

○ **1994 年**

1月14日：共青团中央副书记袁纯清接见邵钦祥董事长。

3月7日：东阳市乡镇企业局同意创办东阳市花园经贸公司、东阳市花园化工工业品公司。

3月18日："东阳市宏伟钢铁有限公司"变更为"东阳市花园钢铁厂"，并将私营企业改变为集体企业。

8月14日：成立东阳市花园电影放映队。

9月16日：东阳市经济体制改革办公室同意浙江花园工贸集团公司改为有限责任公司。

10月25日：浙江省计经委、体改委同意浙江花园工贸集团升格为省级集团。

10月31日：原全国人大副委员长严济慈之子严武光教授、严又光教授在金华市委书记郭懋阳的陪同下来花园考察。

11月12日：成立浙江花园工贸集团公司驻北京办事处。

11月16日：东阳市建筑业管理局同意浙江花园工贸集团公司创办东阳市花园建筑装潢公司。

12月：中共浙江省委副书记卢展工、中共金华市委副书记庄巧英、中共东阳市委书记童德成等省地市领导来花园考察。

12月：花园村被浙江省科学技术委员会评为"省级星火示范村"。

12月22日：中共东阳市委同意建立中共浙江花园工贸集团公司委员会。

○ **1995 年**

1月15日：成立浙江花园工贸集团公司党委。

4月：成立东阳市花园文化娱乐服务有限公司。

6月6日：成立共青团浙江花园工贸集团公司委员会。

6月14—16日：全省乡镇企业技术改造管理工作培训暨现场观摩会在浙江花园工贸集团有限公司召开，邵钦祥在会上发言。

6月：花园村被中共浙江省委、浙江省人民政府命名为"小康示范村"，邵钦祥同志被授予浙江省"奔小康带头人"荣誉称号。

7月：浙江花园工贸集团有限公司被评为"国家科技信息中心网络成员"。

9月30日：成立浙江花园工贸集团有限公司政法处。

10月18日：国家民政部社会福利司司长白益华来花园集团考察。

10月：浙江花园工贸集团有限公司被中华人民共和国农业部授予"全国乡镇企业集团"称号，邵钦祥参加全国乡镇企业集团新闻发布会。

11月19—22日：邵钦祥参加全国村民自治示范经验交流暨城乡基层先进集体和先进个人表彰会议，花园村村民委员会被中华人民共和国民政部评为"全国模范村民委员会"，中共中央政治局委员、书记处书记、国务院副总理姜春云在北京人民大会堂接见全国模范村代表邵钦祥同志。

◦1996 年

花园工贸集团有限公司收购东阳物资公司南马分公司，并组建了东阳市花园物资有限公司。

制订了《浙江花园集团公司、东阳市花园村经济及社会发展"九五"计划和2010 年规划纲要》。

在北京市大兴县成立花园北京工业小区，第一期工程占地面积 7000 平方米，主要作为花园集团与中国科学院感光化学研究所中试和生产维生素 D3 的基地。

2月1日：浙江花园工贸集团有限公司在大兴县孙村乡工业区征地十多亩，花园集团进入北京。

4月27日：举行了花园集团"北京花园小区"奠基仪式并在北京召开了花园集团"九五"计划恳谈会。

6月14　16日：浙江大学考察团来花园集团考察。

6月18日：浙江花园工贸集团公司与浙江大学膜分离工程联合公司签订了联营企业合同。

6月30日：成立浙江花园集团管理科学实验基地。

7月18日：中国管理科学研究院授予浙江花园工贸集团有限公司管理科学实验基地，田夫院长亲临花园集团授牌。

8月9日：东阳市对外贸易经济合作局撤销浙江东阳伟祥印刷有限公司。

9月2日：举行花园集团干部学校开学典礼。

9月6日：中国科学院感光研究所与浙江花园工贸集团有限公司签订了关于维生素 D3 项目的联营协议书。

9月18日：成立维生素 D3 项目工作小组。

12月3日：东阳市乡镇企业局同意设立浙江花园工贸集团有限公司杭州进出口分公司。

○ **1997 年**

3月29日：成立创建管理示范企业工作小组。

4月23日：中国企业管理科学案例库《花园成功道路》一书开始在北京出版发行。

5月29日：经国家工商行政管理局、浙江省工商行政管理局等有关部门审核批准，同意"浙江花园工贸集团有限公司"名称变更为"花园工贸集团有限公司"；同意以该企业为核心企业组建的企业集团名称由"浙江花园工贸集团"变更为"花园工贸集团"，升格为国家级企业集团。

6月8日：花园工贸集团有限公司和中国管理科学院联合举办"实施管理兴企工程成果汇报会暨浙江花园集团管理科学实验基地恳谈会"。

6月9日：东阳市人民政府同意花园集团公司总部迁到杭州。

6月23日：建立花园集团股份有限公司筹备领导小组、现代企业制度试点工作领导小组、七项基础管理达标工作领导小组。

7月：花园工贸集团有限公司被中华人民共和国农业部评为"大型二档乡镇企业"。

7月24日：同意浙江省东阳市花园建筑工程有限公司在江西崇仁县设立驻赣办事处。

8月：花园工贸集团有限公司被中华人民共和国农业部乡镇企业局评为"全国文明乡镇企业"。

8月5日：国家东西部合作示范崇仁经济开发区管委会同意成立浙江东阳市

花园建筑工程有限公司崇仁分公司。

8月16日：花园工贸集团有限公司全体股东在公司大楼六楼会议室召开全体股东大会，就集团公司总部迁址事项进行表决。

10月：花园工贸集团有限公司的维生素 D3 产品被浙江省科学技术协会、浙江科技报、浙江省科技情报中心、浙江电视台推荐为浙江省高质量科技产品。

11月21日：杭州市经济体制改革委员会、杭州市计划委员会同意花园工贸集团有限公司迁址杭州。

12月：邵钦祥书记参加中共中央党校培训。

○ **1998 年**

1月10日：花园工贸集团有限公司等 21 家浙江省乡镇企业经农业部乡镇企业局批准被列入全国乡镇企业建立现代企业制度试点单位。

1月10日：花园火腿食品厂生产的"老汤"牌火腿王荣获"1997 浙江名优特新食品交易会金奖"。

2月：花园工贸集团有限公司被浙江省乡镇企业局评为"浙江省文明乡镇企业"。

2月17—19日：邵钦祥参加了全省农村工作会议和全省经济工作会议，花园村被中共浙江省委、省政府命名为"浙江省社会主义新农村建设示范村"。

3月18日：原全国人大常委会副委员长费孝通在北京北太平庄接见邵钦祥。

4月23日：维生素 D3 第一期热化学生产线开机投料试车成功。

5月13日：原全国人大常委会副委员长、著名人类学家和社会学家费孝通视察花园村，挥笔题写"花园村庄　农民乐园"。

5月22日：花园集团总部在杭州市工商局注册。

5月27日：全国政协常委、浙江省工商联合会会长纽守章到花园考察工作。

6月：花园工贸集团有限公司被中华人民共和国农业部、国家对外贸易经济合作部授予"全国出口创汇先进乡镇企业"称号。东阳市花园火腿食品有限公司"老汤"牌火腿王被鉴定为"1998 全国国优食品"，并由中国食品工业协会授予产品质量优秀证书和金匾。

6月26日：花园集团在北京花园工业小区隆重举行维生素 D3 热化学生产线试产成功暨光化学生产大楼花园集团北京生产基地办公大楼竣工典礼。

8 月 21 日： 在全公司开展募捐赈灾活动，支援长江流域洪灾地区的抗洪斗争，共向灾区捐赠钱物 714558.90 元。

9 月 8 日： 花园集团陈列馆开馆。

9 月 19 日： 花园村泰山公园牌坊举行揭牌典礼。

9 月 28 日： 东阳市花园火腿食品有限公司举行挂牌仪式。

10 月 12 日： 花园集团在杭州召开低温超导核磁共振成像仪项目可行性研讨会。

10 月 18 日： 花园集团与中科院感光化学研究所在东阳科技会堂签订了 PS-1 涤纶荧光增白剂生产技术转让合同。

10 月 25 日： 花园集团在花园宾馆二楼会议室召开信息系统方案框架研讨会。

11 月 18 日： 花园建筑工程有限公司挂牌。

11 月 28 日： 花园集团股份制改造咨询会在花园宾馆会议厅举行。

○ **1999 年**

1 月 6 日： 花园文化娱乐服务公司挂牌开张。

1 月 17 日： 邵钦祥被国家农业部授予"1998 中国乡镇企业十大新闻人物"称号。

2 月： 浙江省人民政府农村工作办公室、浙江省计划与经济委员会、浙江省财政厅联合下文，确认东阳市花园火腿食品有限公司为浙江省第三批"百龙工程"农业龙头企业。这是东阳市首家省批的"百龙工程"企业。

2 月 28 日： 浙江大学党委书记张浚生、校长潘云鹤，以及金华市、东阳市部分党政领导一起视察花园集团，并题词。

3 月： 花园集团开通计算机局域网。

3 月 6 日： 花园村旧村改造三期工程正式启动。

3 月 8 日： 花园集团在花园宾馆二楼会议室召开了年产 300 吨 PS-1 涤纶荧光增白剂项目论证会。

5 月 27—28 日： 花园火腿食品厂通过 ISO9002 质量体系认证。

6 月 8 日： 浙江省人大常委会副主任斯大孝参观花园集团。

6 月 26—28 日： 中央电视台科教节目制作中心制片人兼编导张挺等一行 4

人来花园村拍摄专题片。

7月16日：原浙江凤凰化工股份有限公司董事长兼总经理、化工专家尹相泉应花园集团邵钦祥邀请前来花园集团担任副总经理。

7月20日：浙江省人民政府办公厅研究室主任王自亮在东阳市委书记杨守春同志陪同下来花园考察。

7月26日：金华市教育委员会同意花园集团创办东阳市花园职业技术学校。

7月30日：中共东阳市委、市政府在花园宾馆二楼会议厅召开协调资金的市长现场办公会议。

8月28—29日：花园服装厂通过 ISO9002 质量体系认证。

9月：花园村被中央精神文明建设指导委员会评为"全国创建文明村镇工作先进单位"。

9月：浙江省人民政府授予邵钦祥"浙江省劳动模范"荣誉称号。

9月3日：举行花园技校落成暨开学典礼。

9月22日：维生素 D3 项目光化学车间一次投产成功。

9月23—24日：花园磁性器材厂通过 ISO9002 质量体系认证。

9月29—30日：PS-1 涤纶荧光增白剂一次试车成功。

10月：花园工贸集团有限公司被浙江省工商业联合会评为"百强企业"。

10月27日：第十一届全国光化学学术讨论会在花园集团大厦六楼会议厅举行，来自海内外的 100 多名光化学工作者参会交流光化学和光功能材料研究的最新进展。日本著名光化学专家日高久夫教授和小尾欣一教授也参加了这次学术讨论会。

11月11日：浙江省纪律检查委员会副书记兼监察厅厅长张美凤在东阳市委书记汤勇的陪同下视察了花园集团。

11月24日：从中国科学院感光所传来消息，我国在维生素 D3 的生产技术方面获得重大突破，打破了三大国际公司垄断世界市场的局面。

11月27日：花园集团在花园影剧院召开组建职工持股会动员大会，花园工业区范围内全体员工及一些股东企业的职工代表共 800 多人参加了大会。

12月6日：花园工贸集团有限公司职工持股会挂牌营业。

12月8日：花园服装厂隆重举行改制挂牌仪式。

○ **2000 年**

1 月： 花园工贸集团有限公司被浙江省乡镇企业局评为"浙江省科技先导型企业"。

1 月 5 日： 经东阳市人武部党委研究决定，在花园工贸集团有限公司设立人民武装部。

4 月： 浙江花园股份有限公司被浙江省科学技术委员会、浙江省计划与经济委员会评为"浙江省区外高新技术企业"。

5 月 16 日： 花园集团与中科院感光所签订了维生素 D3 技术转让合同。"浙江花园股份有限公司"经浙江省工商行政管理局审核批准，更名为"浙江花园生物高科股份有限公司"。

5 月 25 日： 花园集团以 130 万元资金一次性买断了南马—东阳的营运车辆及线路。

6 月： 花园集团在杭州下沙国家高新技术开发区购地 70 亩，并组建杭州下沙生物科技有限公司。

6 月 13 日： 浙江花园生物高科有限公司新厂房奠基。浙江花园文化娱乐中心大楼和花园建筑公司办公大楼也举行奠基仪式。

7 月 16 日： 国家农业部总经济师、乡企局局长姜永涛在浙江省乡镇企业局局长钱信浩、东阳市副市长郭巧范及邵钦祥书记陪同下考察花园。

8 月： 花园村被浙江省农业农村现代化教育领导小组评为"创建百家农业农村现代化示范村"。

10 月 24 日： 中共东阳市委宣传部同意花园工贸集团有限公司成立党校。

11 月 22 日： 国家经贸委技术进步与装备司副司长许明堂在省市有关部门领导陪同下来花园集团视察。

12 月 27 日： 浙江省公安厅同意东阳花园工贸集团经济民警队增编 15 人，由原编制 15 名增至 30 名，并将小队建制改为分队建制。

○ **2001 年**

浙江花园生物高科有限公司"年产 6 吨维生素 D3 及 1000 吨饲料添加剂项目"被列为"2001 年国家重点技术创新项目计划"。

1 月 20 日： 花园集团在泰山公园举行了二期工程竣工暨开业仪式。

2月26日：设立花园集团移动电话虚拟网。

3月：花园村被中共浙江省委命名为"省级文明村镇"。

4月17日：东阳市人民政府在花园集团举行"金华市信息化示范村授牌仪式暨新闻发布会"，花园村被授予"金华市信息化示范村"称号。

5月7日：花园集团董事会召开全体成员会议，决定开发黑龙江省集贤县房地产业，成立花园集团集贤县房地产开发公司。

5月8日：举行花园建筑公司办公楼落成、花建大酒店开业仪式。

5月11日：成立花园集团机制炭业有限公司。

6月：组建东阳花园好媳妇日用品制造有限公司。

6月22日：由花园集团无偿投资的黑龙江省集贤县高级中学校舍工程暨"花园现代城工程"举行奠基仪式。

7月：花园集团出资1400万元购买了杭州西湖铭楼，集团总部乔迁新居办公。

7月26日：举行浙江花园生物高科有限公司与浙江康莱特磐安药业有限公司产权授、转让签字仪式。

8月：组建杭州花园金牛药业有限公司。

8月3日：成立浙江花园药业有限公司。

8月4日：成立东阳市花园物资公司。

8月8—9日：中共浙江省委和省农办组织的"浙江省新农村建设示范镇、示范村座谈会"在花园召开。中共省委副书记梁平波、周国富，省长章猛进，省委副秘书长兼省农办主任王良仟等领导出席，邵钦祥作题为《开拓发展空间，提高产业层次，加快农村现代化建设》的发言。

9月17日：举行浙江花园药业有限公司揭牌暨投产典礼。"东阳市花园磁性器材厂"变更为"花园集团东阳磁性器材有限公司"。

10月18日：中共浙江省委书记张德江在中共金华市委书记郑尚金、中共东阳市委书记汤勇陪同下，视察了花园村，并为花园村题词：浙江农村现代化的榜样。

10月27日：中共浙江省委常委、中共杭州市委书记王国平，中共杭州市市长仇保兴，中共杭州市政协主席虞荣仁等领导出席了花园集团在杭州投资项目的签字仪式。

11月：总投资600万元的花园生物高科公司"三废"治理工程投入试用。花园村范围的工业废水和生活废水全部由该工程集中处理。

12月：组建东阳市花园宾馆有限公司。

12月25日：撤销化工有限公司和洗衣有限公司，分别并入花园生物高科有限公司和服装有限公司。

○ 2002年

花园生物高科公司的"维生素D3及饲料添加剂产业化示范工程项目"被列入"国家高新技术产业发展项目计划"，国家安排投资1000万元。

投资600多万元的花园"三废"治理工程正式投入使用，花园村成了浙江省首个生活无废水村。

1月8日：举行花园宾馆新大楼落成庆典。

2月：花园工贸集团有限公司被中华人民共和国农业部命名为"全国乡镇企业创名牌重点企业"。

2月21日：成立花园工贸集团有限公司企业发展研究中心。

3月：建立花园集团生物医药高科技园区。

4月2日：花园生物高科公司的维生素D3科技成果通过专家鉴定，其生产技术达到国际领先水平。

4月3日：中国科学院院长路甬祥会见了集团总裁邵钦祥，并对维生素D3投入工业化大生产表示肯定和祝贺。

6月26日：花园生物高科有限公司通过ISO9001体系认证。

7月：维生素D3及饲料添加剂项目被国家科学技术部列为2002年重点国家级火炬计划项目。

7月8日：黑龙江集贤县的花园现代城住宅区举行开盘售楼庆典仪式。

7月24日：《情满花园村》电视新闻片在中央电视台综合新闻栏目播出。

9月25日：全国人大常委会副委员长、中科院院长路甬祥视察了花园集团及维生素D3项目工业化生产线。

9月27日：原中央党校常务副校长、中共浙江省委书记薛驹考察了花园集团并题词。

11月2日：花园生物高科有限公司维生素D3结晶车间、50万单位维生素

D3 添加剂车间正式投产，为进军全球饲料行业迈出了成功的一步。

11 月 9 日：为大力引进和鼓励各类优秀人才加盟花园，花园村出台了《关于引进科技人才的优惠政策》。

○ 2003 年

3 月 12 日：花园生物科技股份有限公司的维生素 D3 及饲料添加剂项目荣获金华市科技进步一等奖。

3 月 22 日：浙江大学卜凡孝副校长一行来花园考察。

4 月：花园建筑公司承建的花园生物高科大厦被评为 2002 年度金华市建设工程双龙杯奖。

5 月 21 日：金华市委书记汤黎路一行视察花园生物医药高科技园区。

6 月 11 日：现任中共中央总书记、国家主席，时任浙江省委书记、省人大常委会主任习近平在省委副书记乔传秀和省委常委、秘书长张曦的陪同下，视察了花园村新农村建设和花园集团高科技产业发展情况。

8 月：出版长篇纪实文学《花园新报告》。

9 月：花园火腿食品有限公司生产的"老汤"牌火腿被浙江省名牌产品认定委员会认定为"浙江名牌产品"。

9 月 15—17 日：中国农村全面小康建设研讨会在花园召开。"花园之路"作为典型经验在全省推广，花园集团成立十周年庆典同时举行。

9 月 16 日："金色花园"大型文艺晚会在花园人民广场举行，倪萍主持，潘长江、宋祖英、许文广、于文华、尹相杰、冯巩等明星登台献艺。

9 月 17 日：浙江花园生物高科股份有限公司成立。

10 月 23 日：建立花园工贸集团有限公司劳动争议调解委员会。

10 月 30 日：成立花园工贸集团信访领导小组。

11 月 3 日：浙江花园生物高科股份有限公司被确认为中国科学院金华科技园骨干企业。

11 月 8—10 日：邵钦祥参加在昆明市举行的第三届全国"村长"论坛。

11 月 18—20 日：邵钦祥参加在长沙举办的第二届中国"村官"论坛。

○ 2004 年

1 月 2 日：花园村被中共浙江省委、省政府命名为"全面小康建设示范村"。

3月10日： 邵钦祥参加在江苏华西村召开的中国十佳小康村颁奖会，花园村被评为"中国十佳小康村"。

3月19日： 花园火腿食品有限公司被金华市人民政府评为"金华市农业龙头企业"。

3月20—21日： 花园生物高科股份有限公司通过ISO9001:2000质量管理体系监督审核。

4月5日： "浙江省东阳市花园火腿食品有限公司"变更为"浙江老汤火腿食品有限公司"。

4月20日： 花园生物高科股份有限公司被授予"东阳市环保一星级企业"称号。花园技校被金华市教育局评为金华市先进民办学校。

集贤房地产公司被中共双鸭山市委、市政府授予"光彩企业"荣誉称号。

5月7日： 在南马小学建设座谈会上，邵钦祥当场表态捐资50万元。

6月5日： 浙江花园生物高科股份有限公司被国家科技部认定为"国家重点高新技术企业"。

6月11—12日： 花园技校通过省三级重点技校的验收。

6月29日： 花园村党支部被中共浙江省委授予省先锋工程"五好"村党组织称号。

7月12日： 由花园生物高科股份有限公司实施的"利用浙大技术成果，采用分子蒸馏先进工艺，年综合开发利用羊毛脂2000吨，生产胆固醇80吨、羊毛脂320吨、羊毛酸1000吨"项目被省经贸委列为"2004年浙江省重点技术改造项目"。

7月17日： 花园工贸集团有限公司、浙江花园药业有限公司与磐安县正泰制药厂签订了浙江花园药业有限公司资产转让合同。

8月2日： 浙江花园生物高科股份有限公司通过ISO14001环境体系认证。

8月22日： 花园技校被省教育厅核准为省三级重点中等职业学校。

8月26日： 花园集团入围全国民企500强。

8月28日： 花园村创建省级新型生育文化园区。

9月24日： 花园村建立的"器—气—池"工程成为全市第一个能源示范工程。

9月30日： 东阳市公安局区域报警网络中心（CK）南马交警中队在花园设立。

10月10日：花园村被中共浙江省委组织部命名为党建工作省级示范村；同时被评为省绿化示范村；花园牌维生素D3产品被浙江名牌产品认定委员会认定为浙江名牌产品；浙江老汤火腿食品有限公司被浙江省中小企业局认定为"浙江省农产品加工示范企业"。

10月19日：浙江省浙商研究会召开成立大会，邵钦祥被选为浙商研究会副会长。

11月4日：东阳市新型生育文化园区建设现场会在花园召开。

11月16—17日：杭州下沙生物科技有限公司举行维生素D3投产典礼，中共浙江省委副书记周国富，中共浙江省委常委、杭州市委书记王国平等20多位省厅级以上领导和中科院戴立信、林国强院士出席会议，并在杭州剧院举行了"花园之夜"大型文艺演出。

11月18日：花园幼儿园通过东阳市示范性幼儿园验收。

11月30日：花园村城乡一体化规划发展协调会在花园宾馆二楼会议厅举行。

12月8日：花园工贸集团有限公司与缙云县田氏伤科医院签订了项目合作意向书。

12月11日：中共南马镇花园村委员会第一次党员大会召开，中共花园村党总支升格为党委，邵钦祥任党委书记。

12月18日：维生素D3原料及饲料添加剂高技术产业化示范工程项目通过国家级验收。

12月23日：花园村顺利通过省级科普示范村验收。

12月24日：花园幼儿园被评定为金华市示范性幼儿园。

12月30日：花园技校通过东阳市文明办关于"东阳市文明单位"的复查。

○2005年

1月6日：花园集团与田氏伤科医院合资创建东阳市田氏伤科医院，并举行签字仪式。缙云县卫生局领导及东阳市发展计划局、市药监局、市卫生局领导参加了签字仪式。

1月22日：邵钦祥带领集团领导将70台TCL王牌彩电送给武义县江坑村，使江坑村家家户户有彩电。中共武义县县委书记金中梁，县委副书记、县长郭敏等领导热情接待。

3月5日： 花园总体规划（2004—2020年）论证在花园宾馆召开。东阳市建设局、水利局、供电局、交通局、林业局、广电局（所）、城乡一体办、农办、土管所代表及镇领导出席了会议。

3月19日： 浙江省科技厅受国家科技部火炬中心委托，组织了有关专家在东阳市对花园生物高科公司国家级重点火炬计划项目维生素D3及饲料添加剂项目进行验收。

3月25日： 东阳市村庄整治现场会在花园召开；东阳市卫生局38号文件批准同意筹建东阳市花园医院。

3月26日： 浙江省农业厅组织30多名共产党员来花园开展共产党员先进性教育，听取邵钦祥介绍并参观了花园村。

4月13日： 花园流动人口管理服务站在花园村挂牌成立，正式对外来花园务工人员进行登记备案，发放"浙江省暂住证"。

5月： 全国人大常委会副委员长、中国科学院院长路甬祥为花园题词：发展高科技产业，建设和谐小康社会。

5月9日： 东阳市花园粮油农贸城由工商局审批注册成立。

6月11日： 举行《花园集团报》出刊200期座谈会，《花园集团报》更名为《花园报》。

6月16日： 花园村入选金华市十大魅力村庄（基业杯）。

6月22日： "花园大厦工程建设项目"于6月22日经东阳市发展计划局批复立项，总投资5878万元，占地25亩，建筑面积2.47万平方米。

6月22—23日： 花园村被中国社会工作协会乡镇工作委员会授予"全国小康建设明星村"称号。

7月： 浙江省科学技术厅下发了《关于公布2005年度省高新技术企业考核结果的通知》，国家高新技术企业花园生物高科股份有限公司通过考核。

7月1日： 东阳市民兵应急分队建设研讨会在花园举行，中共东阳市委副书记蔡志成、市长助理虞乐生及市人武部的领导参加了会议，花园民兵特别中队举行了汇报表演。

8月7日： 浙江老汤火腿食品有限公司被金华市政府考核后确定为第三批合格市级农业龙头企业，浙江花园生物高科股份有限公司被确定为第四批市级农业龙头企业。

9月1日：东阳市花园医院规划设计方案在花园宾馆通过论证，标准为二级甲等医院。

9月2—6日：第五届全国"村长"论坛在山西省晋中市大寨村召开。在闭幕式上，邵钦祥从全国人大常委、大寨村党总支书郭凤莲手中接过全国"村长"论坛的会旗，第六届全国"村长"论坛定于2006年在花园村举行。

10月16日："统筹发展推进城乡一体化建设暨花园村行政区域调整一周年"座谈会在花园宾馆召开。浙江省社科联副主席蓝蔚青、省文明办副主任陈海良、省委宣传部党员教育和农村思想教育处处长何启明、浙江电台副台长李启明，以及金华市和东阳市相关领导参加座谈会。邵钦祥介绍了花园行政村区域调整一周年所取得的成效，并分享了体会。

10月26日：在全国精神文明建设工作表彰大会中，花园村被中央文明委授予"全国文明村"荣誉称号。

12月10日：上海行正旅业服务联盟协会率领上海26家旅行社的老总和精英，来到花园村交流。

◦2006年

1月10日：花园村和花园集团共同创办的花园粮油农贸城隆重开业。

1月17日：新建的南马实验小学举行落成典礼。邵钦祥为该校建设捐款50万元，花园村捐款50万元。

2月9日：花园集团从上海引进WSBRE型玻璃温室技术，建立了面积3379.2平方米、全自动电脑控制的玻璃温室大棚及花园高效农业观光园区，整个园区占地20余亩，运用高科技无土栽培技术成功培育出了7000余株荷兰黄瓜苗。

3月17日：经东阳市工商局批准，花园开设"市日"。逢农历三、八为花园集市日，农历二月十八举办花园第一届物资交流大会，吸引了来自东阳、义乌、永康、嵊州等地的1400多个经营摊位。花园村将在每年的农历二月十八、八月初二、十二月初八定期举办物资交流大会。

5月29日：花园村、化园集团发义将泰山公园更名为泰山游乐园，方店水库更名吉祥湖，旅游主题口号为：（1）中国花园、乡村典范；（2）花园——浙江农村现代化的榜样；（3）游遍千山万水，花园风光更美。

6月28日：村党委书记邵钦祥荣获省"十大时代先锋"荣誉称号。

7月27日：2005年度上规模民营企业调研结果揭晓，花园集团入围全国民营企业500强，以营收总额18.671亿元位居第339位。

9月：《邵钦祥传奇》由浙江人民出版社正式出版发行。

10月14—16日：第六届全国"村长"论坛在花园村隆重举行。

10月14—15日：借第六届全国"村长"论坛召开的东风，花园集团举办科技合作和国际贸易洽谈会，并取得了丰硕成果。

10月14—16日：由农业部畜牧业司、全国饲料工作办公室主办，浙江花园生物高科股份有限公司承办的"2006中国（浙江）维生素产业发展高层论坛"在东阳召开。

10月27日：中组部调研组赴金华进行"党内民主建设"专题调研，并与部分县（市、区）委组织部、乡镇党委、村党组织负责人一起进行了座谈交流。村党委书记邵钦祥作为村级组织的唯一代表参加调研，并汇报了花园村20多年来党建工作的有关情况。

11月3日：花园村被确定为全国"巾帼示范村"，成为浙江省仅有的三家试点单位之一。

11月7日：花园村综合档案室被评为"浙江省行政村示范档案室"，是金华市唯一获此荣誉的村级示范档案室。

11月26日：全国新农村建设百强示范企业及全国兴村富民百佳领军人物表彰大会在北京全国人大会议中心隆重召开。集团总裁、村党委书记邵钦祥等全国127位企业家获得了"全国兴村富民百佳领军人物"荣誉称号。浙江省6位企业家榜上有名。

11月30日：浙江省司法厅、省民政厅、省普法教育领导小组办公室联合下文表彰了全省首批五星级民主法制村（社区），花园村名列其中。

12月2日：浙江大学农业现代化与农村发展研究中心主任黄祖辉教授率领35名浙江大学研究生、博士生组成的新农村建设调研团来花园村调研，并就社会主义新农村建设开展论坛。村党委书记、集团总裁邵钦祥陪同调研。

12月30日：东阳市花园田氏医院举行隆重开业典礼。

◦ **2007年**

2月6日：邵钦祥书记获得浙江省首届新农村建设优秀带头人"金牛奖"。全省共 10 名新农村一线带头人获此殊荣。

3 月：花园生物高科股份有限公司被东阳市人民政府评为 "2006 年度生态环保工作先进企业"。花园生态农业发展有限公司被东阳市人民政府命名为市级农业龙头企业；经考核合格，花园生物高科股份有限公司和老汤火腿食品有限公司继续保留市级农业龙头企业称号。

4 月 28 日：浙江卫视《浙江经典》栏目组走进花园村，深入采访报道了花园村 "先富带后富"，走共同富裕道路的成功经验。

5 月 23 日：花园村被浙江省爱国卫生运动委员会授予 "浙江省卫生村" 称号。

7 月 16 日：全国妇联书记处书记甄砚一行在浙江省妇联副主席赵玲及金华、东阳市妇联领导的陪同下，前来正在创建 "巾帼示范村" 的花园村考察。

8 月 15 日：中共浙江省委副书记、省长吕祖善，副省长茅临生一行在中共金华市委书记徐止平等领导的陪同下，就新农村建设来花园进行专题调研。

9 月：国家科学技术部火炬高技术产业开发中心公布了 2007 年国家火炬计划重点高新技术企业认定标准和 2004 年、2005 年国家火炬计划重点高新技术企业复审合格名单。花园生物高科股份有限公司通过了复审，再次被认定为国家火炬计划重点高新技术企业。

10 月 19 日：浙江花园农业发展有限公司组建的 "花园蔬果科技研发中心" 被金华市科学技术局确定为第二批金华市农业科技研发中心。

10 月 27 日：中国国家经济调查中心、中国行业企业信息发布中心联合发布《2007 中国大企业集团竞争年度报告》，花园集团再次入围中国大企业集团竞争力 500 强，处于第 192 位。金华共有 4 家企业入围。

12 月 30 日：花园集团办公大楼乔迁至 16 层的花园大厦。

◇ 2008 年

1 月 3 日：花园大厦隆重开业。

1 月 8 日：2007 年度国家科学技术奖励大会在北京隆重举行。会上，由中国科学院理化技术研究所与花园集团共同研制开发的维生素 D3 生产新工艺被授予 "国家科技进步二等奖"。

2 月：花园生物高科股份有限公司受农业部农业技术标准与检测技术研究院邀请，与其一起完成并制定了中华人民共和国维生素 D_3 油的行业标准。这是继

2005年高科公司参与饲料添加剂维生素D3微粒的国家标准修订后，又一项参与制定的行业标准。

4月: 花园村九联小区旧房拆除工作全部完成，村民全部搬迁至新房。

5月5日: BV（Bureau Veritas，也称法国船级社）特派专家组对花园生物高科股份有限公司的FAMI-QS（欧洲饮料添加剂和添加剂预混合饲料质量体系）进行了为期一天半的监督审核，一致同意通过FAMI-QS认证审核，打破了贸易技术壁垒，满足欧盟法规要求，为维生素D3产品出口欧盟打开大门。

5月8日: 600多株价值5万多元的"三年生"蓝莓种苗引进花园园艺公司，这是浙江省农科院园艺所和玉米所支农助农的一大举措。

5月24日: 由美国、英国、加拿大、瑞士、比利时、南非、爱尔兰等7国的知名大学和研究所成员组成的10位汉学家考察花园村。浙江省新闻办对外交流处处长骆莉莉、中共东阳市委宣传部副部长陈其宪陪同考察，村党委书记、集团总裁邵钦祥陪同并介绍了花园村情况。此次考察活动是由浙江省政府新闻办公室、浙江省政府外事办公室联合举办的"连线浙江——世界汉学家和亚洲媒体记者采访考察活动"内容之一。

6月: 花园工贸集团有限公司被中国民营企业联合会、中国统计协会、中国管理科学研究院企业发展研究中心确认为2008年度中国民营企业500强。

6月5日: 5月12日四川汶川发生8级地震，造成重大人员伤亡和财产损失。在集团党委的领导下，集团团委、工会、妇联组织全体员工和花园村民为四川地震灾区奉献爱心，积极捐款捐物，共计16万余元，集团下属企业药业公司捐赠价值104万余元的药品，服装公司捐赠2000余件服装。集团广大党员交纳特殊党费52250元，花园村交纳特殊党费61360元。集团对四川籍受灾员工进行救济，共计出资6万元，花园大厦四川绵阳员工陈晓俊获3万元、缪敏获2万元，技校四川德阳员工何静霞获1万元。

6月27日: 花园会展中心正式启用。为了祝贺会展中心启用，集团连续四晚举行婺剧和"花园·夏之韵"文艺演出。

7月16日: 花园村老年公寓举行隆重的开业庆典仪式。老年公寓一期投资500万元，占地8000平方米，建筑面积2750平方米，床位68张。

9月6日: "中国村企集团五村合作组织"在花园村成立。在中国村企发展促进会的组织下，浙江省的方林村、花园村、航民村、滕头村及上海的九星村（按拼音字母排序）等五大知名村的"村官"齐聚花园，就如何加快新农村建设进行洽谈，并共同成立"中国村企集团五村合作组织"。

9月10日：为纪念改革开放30年，由《浙江日报》、浙江广播电台、《钱江晚报》三大媒体联合组成的采访组走进花园，对花园村村民及花园村党委书记邵钦祥进行专题访谈。

9月28日：邵钦祥书记应邀参加第11届全国"村长"论坛。在2008年"中国名村影响力综合排名"中，花园村再次排名第五。

10月6日：全国工商联合会公布了2007年度上规模民营企业调研结果，花园集团以341896万元的营业额排在第360位。

12月2日：美国维生素D3专家赫希（Hirsch）博士一行专程来花园生物高科参观维生素D3生产情况。

12月9日：在国家农业部和江苏省政府联合举办的"纪念改革开放30周年——中国乡镇企业高峰论坛"上，花园集团荣获"全国优秀乡镇企业开拓创新奖"。

12月18日：中央文明委颁发文件，花园村获批第二批全国文明村，花园村党委书记邵钦祥获第二批"全国精神文明建设先进工作者"称号。

◦ **2009年**

2月：浙江省劳动和社会保障学会、浙江省人才开发协会、浙江省浙商研究会、《市场导报》共同主办的2008年度第三届浙江省"伯乐奖""最佳雇主""双十佳HR经理人"颁奖典礼在浙江省人民大会堂隆重举行。花园集团荣获"2008年度浙江省最佳雇主"称号。

2月11日：中共金华市委、市政府召开了全市农业和农村工作会议。花园集团在促进农民增收、改善农村环境、支持新农村公益事业等方面做出了较大的贡献，被授予"社会主义新农村建设突出贡献奖"。

2月12日：正月十八晚上，花园村举办了2004年并村以来的第一次迎龙灯活动。花园10个小区共迎一条3500多桥、长达5500米的龙灯，再次刷新了老花园村2003年的1788桥、长达3000米的龙灯吉尼斯世界纪录。

4月：花园村被评为浙江省"平安家庭"创建活动示范村。花园村通过增强平安意识、营造文化氛围及组建义务分队等形式，大大提高了创建"平安家庭"的效能，全村评选出"平安家庭"1706 户，创建率达到 98%。

5 月 30 日：2009 年浙商大会在浙江省人民大会堂召开。大会发布了"2009 浙商全国 500 强"，花园集团名列第 143 位。

6 月：《花园报》在全国企业报刊新闻奖评选中获得"最佳报刊奖"。

6 月 28 日：在江苏省蒋巷生态园启动的"中国特色村旅游节蒋巷村活动周"中，花园村被中国村社发展促进会和亚太农村社区发展促进会授予"中国旅游特色村"称号。

8 月 9 日：中国五村合作会议在上海市南郊宾馆举行。会议由中国村社发展促进会执行秘书长沈泽江主持，会议的主题是"交流与合作，开发与发展"。村党委书记、集团总裁邵钦祥出席会议，并担任五村合作主席。

8 月 29 日：第三届中国文化生态旅游高峰论坛暨旅游品牌国际化峰会在上海召开，花园村荣膺"中国最佳文化生态旅游目的地"称号。

8 月 30 日：铜业公司举行开工典礼。占地 32 亩、总投资达 9200 多万元、设计达产 12 亿元的浙江昌兴铜业有限公司在花园村东永二线工业区破土动工，工程计划 5 个月内完成，2010 年春节前投产，标志着花园集团开始进军基础材料制造领域。

9 月 1 日：花园村 2009 年奖学金发放，共有 21 名村民子女领到 2000 元—20000 元的奖学金。截至 2009 年共有 600 多人领到了奖学金。

9 月 10 日：在第三届中国文化生态旅游高峰论坛暨旅游品牌国际化峰会上，花园村被亚太旅游联合会评为"中国最佳文化生态旅游目的地"。

9 月 11 日：浙江花园生物高科股份有限公司与世界 500 强法国安迪苏公司达成战略合作协议，负责全球事务的副总裁让·马克·迪布朗（Jean Marc Dublanc）和全球采购总监米歇尔（Micheal）特意来到花园村参加签约仪式。

9 月 26 日：中国村庄文化名片首发式在花园举行，首张中国村庄文化名片落户花园村。

10 月 1 日：北京举行隆重的国庆阅兵式，花园村民齐聚六号老年活动楼会议室，观看"空中仪仗队"——八一飞行表演队队长、花园好儿郎楼国强驾机在 11 时 11 分飞过天安门，接受全国人民检阅。

10 月 11 日：19:30 时，花园集团投资 800 多万元的吉祥湖水中音乐喷泉、水幕电影正式开放。

11 月 8 日：花园田氏医院投资 500 万元购置的核磁共振机正式投入使用。

11 月 18 日：中共浙江省委书记、省人大常委会主任赵洪祝一行前来花园村调研新农村建设和农村基层党建工作情况。

11 月 20 日：由浙江省农办牵头，省农业厅、国土厅、环保厅、林业厅、住房和城乡建设厅、水利厅、民政厅、旅游局、发改委、经信委、咨询委和浙江大学，以及金华、东阳两级对口的国土局、规划局、农业局、林业局、旅游局和农办等 20 多个部门齐聚花园，参加《花园村村庄发展规划》论证会。

12 月 8 日：投入 1.5 亿元，首期建筑面积达 4.8 万余平方米的花园红木家具市场（展示中心）举行开工奠基仪式。

○ 2010 年

1 月：浙江日报社、浙江省生态旅游系列实体活动组委会主办的"浙江省十大生态旅游名城、名镇、名村、名景"评选活动日前圆满结束。花园村荣膺"浙江省十大生态旅游名村"称号。

1 月 16 日："浙江骄傲——2009 年度最具影响力人物"评选领奖典礼在浙江省人民大会堂隆重举行。花园村八一飞行表演队楼国强等国庆阅兵群体光荣入选。花园大厦荣膺四星级旅游饭店挂牌仪式在花园大厦门厅前隆重举行。

1 月 19 日：花园集团、花园村邀请了省委副秘书长、省农办主任夏阿国到花园村做学习实践科学发展观报告。

2 月 1 日：浙江昌兴铜业有限公司举行投产典礼。

3 月 19 日：花园村妇代会荣获"金华市三八红旗集体"称号。

5 月：花园生态农业示范园获"省级休闲观光农业示范园"称号。

5 月 19 日：由中国村社发展促进会主办，重庆市新立村承办的全国"村长"论坛第六次执委会在重庆市隆重召开。邵钦祥书记当选为第十届全国"村长"论坛执行主席，并被执委会成员评为"2010 年中国功勋'村官'"。

6 月 30 日：中国民营企业联合会、中国统计协会、中国管理科学研究院企业发展研究中心共同组织的"2010 年中国民营企业 500 强"调研排序工作顺利完成，花园集团名列其中。

10 月 5 日：第十届全国"村长"论坛在江苏华西村召开，花园村党委书记、集团董事长兼总裁邵钦祥被授予"中国功勋'村官'"称号。

11 月 18—20 日：第二届"中国·福保乡村文化艺术节"在云南昆明福保村举

行，花园村应邀参加并捧回"中国幸福村"荣誉称号。

12 月 10 日：花园生物高科股份有限公司向东阳市慈善总会捐赠 300 万元"慈善冠名救助基金"，用于助老、助残、助学、助医、助困和救灾等扶贫济困活动。

12 月 23 日：总投资 2 亿元、建筑面积 9 万多平方米的花园红木家具城一期盛大开业。

○ 2011 年

1 月：花园村村歌《花园之歌》被评为"让世界听到中国幸福乡村的声音"第二届全国村歌评选优秀作品。

3 月 29 日：花园村被全国妇联命名为首批"全国妇联基层组织建设示范村"。

5 月 9 日：中央电视台摄制组到花园村，就"以工富农、以工强村，全面小康、共同富裕"的花园发展之路进行报道。

5 月 12 日：花园村召开创建国家 4A 级旅游景区工作会议，东阳市旅游局副局长周程祝等领导参会指导。

6 月 1 日：浙江省国土厅厅长楼小东一行到花园村调研新农村建设。金华市、东阳市领导及花园村党委书记邵钦祥陪同调研。

8 月 11 日：中央农村工作领导小组副组长、办公室主任陈锡文一行来花园调研并强调，在中心村培育建设中，要充分尊重历史，立足现在，面向未来，逐步融合，花园村特色明显，是一个很好的典型，其经验值得总结和推广。

9 月 16 日：《人民日报》《光明日报》《经济日报》及中央人民广播电台等多家驻浙媒体负责人来花园，开展"走基层、转作风、改文风"活动，聚焦花园 30 年新农村建设成就，认为花园村不愧是全国新农村建设的典型。

10 月 5 日：全国政协副主席厉无畏、浙江省副省长葛慧君一行到花园视察工作，充分肯定了花园村 30 年来新农村建设所取得的巨大成就，厉无畏为花园题词："推进城乡一体化，建设美丽新农村"。

10 月 6 日：花园村举行中国名村印章落户花园村启动仪式、花园创业 30 周年庆典大会等一系列活动。全国政协副主席厉无畏到会讲话，中共浙江省委书记赵洪祝发来贺信，中央、省、市、镇等各级领导出席了活动。原中央电视台著名主持人朱军和浙江电视台主持人左岩共同主持了大型文艺演出《幸福大花园》。

11 月 5 日：原中央政治局委员、全国人大常委会副委员长李铁映一行视察花园村并题词"创造幸福村"，充分肯定了花园村 30 年来新农村建设所取得的巨大成就。

12 月 26 日: 国家农业部中国合作经济协会农村社区小康建设专业委员会常务副主任罗雨一行考察花园村，调研了花园村企文化建设等工作。

○ **2012 年**

2 月 8 日: 花园集团对 2011 年度 7 项科技进步奖进行了表彰，发放奖金近 30 万元。

3 月 18 日: 公安部全国公安文联主席祝春林一行考察花园并指出：花园是中国农村工业化、城镇化的一个缩影，它将代表中国未来的方向。

4 月 28 日: 花园集团投资拍摄的首部大型电视剧《大明按察使》，在黄山景区举行了开机新闻发布会。

7 月 17 日: 花园投资 1200 万元建设的花园游客服务中心正式启用。

9 月 4 日: 国家旅游局验收组一行对花园村创建 4A 级旅游景区进行了检查验收，认为基本达到国家 4A 级旅游景区标准。

9 月 6 日: 第十二届全国"村长"论坛在湖北武当山举行，花园村委主任邵君伟、副书记金牡丹、副主任郭进武出席了论坛活动。

9 月 11 日: 花园南山寺藏经楼暨五百罗汉楼奠基仪式举行。

10 月 5 日: 总投资 12 亿元、总面积 21.6 万平方米的花园红木家具城二期开业；投资 3 亿元的浙江花园包装有限公司 3.2 万平方米单体厂房建成投产；花园艺术团正式成立，并举行首场演出。

11 月: 花园高科生物股份有限公司经中国中小企业协会和中国企业创新成果审定委员会评定，被评为全国中小企业创新 100 强企业。

11 月 15 日: 中共浙江省委常委、省军区政委王新海一行莅临花园视察，充分肯定了花园新农村建设及地方社会维稳工作等方面取得的巨大成就。

11 月 30 日: 花园村党委书记邵钦祥当选浙江省十二届人大代表。

12 月: 花园村位列省文化厅和省旅游局联合公布的浙江省第二批非物质文化遗产旅游景区名单。

12 月 19 日: 花园村成为浙江省首家以村为单位创建成功的 4A 级旅游景区，挂牌仪式在花园游客服务中心举行。

○2013 年

1 月 25 日：花园村被评为"中国十佳生态文明村"。

3 月：花园村荣获"全国农村妇女岗位建功先进集体"称号。

3 月 1 日：台湾大高雄里长主席、联谊总会总主席林平长带领考察团一行莅临花园，考察新农村建设及企业经营，搭建了一座促进"大陆村"与"台湾里"友好交流的桥梁，双方互赠礼品以做纪念。

3 月 17 日：花园集团董事长兼总裁邵钦祥荣获"浙江民营经济功勋人物"荣誉称号。

4 月 23 日：花园建设集团荣获"2012 年度全国优秀施工企业"称号。

5 月 21 日：花园村委会主任邵君伟在第七届大学生"村官"论坛活动中受到全国人大原副委员长、全国关心下一代工作委员会主任顾秀莲接见。

5 月 28 日：浙江省重点建设项目浙江昌兴铜业公司年产 10 万吨高精度宽幅铜板带生产线项目举行开工奠基仪式。

6 月 5 日：花园高科生物股份有限公司维生素 D3 光化学合成工艺的研究及产业化项目荣获省科技成果转化奖一等奖。

7 月：由花园集团投资拍摄的大型电视连续剧《大明按察使》先后在中央电视台一套和八套播出。

7 月 31 日：中国工商银行总行副行长王希全一行莅临花园调研新农村建设及企业经济发展情况，花园集团董事长兼总裁邵钦祥及花园集团常务副总裁张胜海陪同调研。

8 月 1 日：花园集团董事长兼总裁邵钦祥荣获"浙江省拥军企业家"称号。

8 月 29 日：全国工商联发布"2013 中国民营企业 500 强"，花园集团名列第 375 位。

9 月 10 日：浙江师范大学与花园集团联合创办浙江师范大学附属花园国际学校，签约仪式在花园正式举行。浙江师范大学校长吴锋民与花园村党委书记、花园集团董事长兼总裁邵钦祥共同在协议书上签字。

9 月 30 日：花园红木家具城四期开业暨美联红木胡冠军艺术馆开馆。中国林产工业协会秘书长石峰等中央、省、市、镇、花园村和花园集团领导出席了开业庆典，庆典活动由中央电视台著名主持人唐剑主持。

10 月 13 日：新华社浙江分社社长、党组书记朱国贤一行莅临花园考察，认为花园村是浙江乃至全国农村发展的标杆。

10 月 14 日：花园召开农村文化发展研讨会暨电视剧《大明按察使后传》研讨会，中国电视艺术家协会主席赵化勇，中国文联原副主席、书记处书记仲呈祥及人民日报社文艺部主任刘玉琴等专家学者一起参加了研讨会。

10 月 21 日：国家林业局造林司司长于建亚一行莅临花园，就花园红木全产业链发展情况进行专题调研并指导工作。

10 月 22 日：中共浙江省委常委、组织部部长蔡奇一行莅临花园，就花园新农村建设及农村基层组织换届工作进行调研指导。他指出，花园村要坚持走好自己的路，形成自己的特色之处，进一步成为特色名村的全国金名片。

11 月 20 日：花园村党委书记、花园集团董事长兼总裁邵钦祥荣获"全国县域经济科学发展突出贡献人物"称号。

11 月 30 日："CCTV 2013 中国最美乡村"颁奖典礼在江苏永联村举行，浙江花园村、江苏永联村等 10 个行政村荣获"中国十大最美乡村"称号。

12 月 26 日：花园村举行办公大楼暨便民服务中心启用仪式。

12 月 31 日：花园集团向浙江师范大学捐赠 500 万元暨成立邵钦祥学生创业基金仪式在浙江师范大学行政中心举行。

◦ **2014 年**

1 月 10 日：全国工商联发布"2013 年中国民营企业服务业 100 强"，花园集团首次荣登，位列榜单第 86 位。

1 月 18 日：花园湖景城公寓高层住宅楼举行封顶仪式。

1 月 21 日：花园电子公司控股收购上海金波弹性元件有限公司。

1 月 22 日：柬埔寨经济检察官金·万纳坎（King Vannak）少将到访花园，对花园村红木家具全产业链现状进行实地考察，并充分肯定和高度赞扬了花园村无木成林的发展模式，还表达了愿意与花园进一步洽谈合作的意向并谋求双方共赢。

3 月 15 日：由中央党建工作领导小组秘书组副局长李辉卫率队的调研组一行在省、市领导陪同下莅临花园，就花园村新农村建设等情况进行调研。

3 月 24 日：花园铜业公司板带车间传来喜讯：紫铜 0.4mm×600mm 宽幅薄铜带试制成功。这标志着该公司掌握了生产高精度超薄铜带的技术。

4 月 3 日：国家教育部柯春晖副司长，南京师范大学吴康宁副校长，《教育研

究》杂志社主编、浙江师范大学楼世洲副校长等考察花园中学。

4月4日：花园田氏医院收到由浙江省卫生计生委、浙江省综治办、浙江省委宣传部等部门联合下发的《关于公布浙江中医药大学附属第三医院等100家医院荣获省平安医院称号的通知》文件，标志着花园田氏医院成功创建省平安医院。

4月17日：浙江省人大常委会副主任袁荣祥一行，在金华市人大常委会副主任林一心等领导陪同下莅临花园，就花园新农村建设及五水共治等情况进行走访调研，并指出花园基础设施好，五水共治不用愁。

4月18日：全国人大常委会法制工作委员会副主任王胜明一行，在金华市人大常委会主任黄锦朝等领导陪同下莅临花园考察，对花园村打造红木家具全产业链，带动地方经济快速发展的做法表示充分肯定和高度评价。

4月29日：浙江省庆祝"五一"国际劳动节暨劳模先进表彰大会在浙江省人民大会堂隆重举行，花园村荣获"省模范集体"荣誉称号并受到省政府表彰，成为东阳市在这一年唯一获此殊荣的单位。

6月28日—7月1日：为期四天的第八届全国大学生"村官"论坛暨全国"村长"论坛第十次执委会议在花园村隆重举行，来自全国各地的有关领导、专家学者、新老村官及媒体记者近500人，共谈中国村官经验与做法，共话中国村社合作与进步，共商中国农村改革与发展。

6月29日：布展面积达3200平方米的中国农村博物馆正式开馆。

7月3日：花园村党委书记、花园集团董事长兼总裁邵钦祥被聘任为浙江师范大学教师教育学院兼职教授，并为浙江师范大学教师教育学院及新世纪人才学院的近200名优秀大学生授课。

7月10日：浙江省人大常委会办公厅副主任、机关党组成员陶波一行，在金华市及东阳市人大领导的陪同下莅临花园，就花园村新农村建设及基层组织工作等情况进行调研。

7月11日：历经数年编纂的《花园村志》一书正式出版，全面记载了花园村发展过程中的历史与经验。

8月18日：全国工商联在北京发布"2014中国民营企业500强""2014中国民营企业制造业500强""中国民企服务业100强"等权威榜单，花园集团以第386位和第235位再度荣登前两项，在浙江入围企业中分列第91位和第47位。

9月17日：由国家发展和改革委员会经济体制综合改革司副司长连启华带队

的调研组一行，在中共东阳市委常委、副市长李宝春及省、市发改委等领导陪同下莅临花园，就经济体制改革形势与工业用地市场化配置改革试点开展调研。

10月1日：花园游乐园对外开放，拥有摩天轮、太空梭、旋转的士高及双层豪华旋转木马等游乐设施。

10月9日：浙江花园生物高科股份有限公司董事长邵钦祥敲响了深圳证券交易所的开市宝钟，标志着公司在深交所创业板正式挂牌上市，股票简称"花园生物"，股票代码300401。

10月13日：国家农业部农产品加工局局长宗锦耀带领该局综合处、科技处、产业发展处及休闲农业处相关负责人，在省、市领导陪同下莅临花园，就花园村休闲观光农业发展等情况进行调研。

10月18日：浙江花园电子科技有限公司在占地面积达3万平方米的新厂区内，举行"年产5000万只新型波纹管项目"投产典礼。

10月31日：浙江省副省长黄旭明一行在中共金华市委副书记、市长暨军民及金华市委常委、东阳市委书记徐建华等领导陪同下莅临花园，就花园村社会主义新农村建设等情况进行调研。

11月1日：花园·2014金秋魅力菊花节在国家4A级旅游景区——花园村景区百花园景点盛大举行。

11月1—2日：在第十四届全国"村长"论坛上，中国村社发展促进会特色工作委员会、亚太环境保护协会、中国国土经济发展研究中心、中国名村影响力研究评价课题组等共同研究评价并联合发布《2014中国名村影响力综合排名研究评价报告》，此报告公布了以华西村、大寨村、花园村为前三甲的"2014中国名村影响力300佳"榜单。

11月6日：2014浙江新农村建设带头人"金牛奖"新农村·新梦想论坛在花园村举行，来自全省的20多位"金牛奖"得主与首届"金牛奖"得主邵钦祥一起深入探讨建设美丽乡村的新举措、新思路、新方向。

11月16日：花园村红木家具城第五期开业，市场总投资达20亿元，总面积达38.6万平方米，拥有经营户1800多家，吸引了近600个红木家具品牌入驻。浙江省政协副主席陈艳华、国家农业部农村经济研究中心主任宋洪远、浙江省政协农业和农村委员会主任楼国华、中共东阳市委副书记申屠福华等到场致辞。

11月20日：浙江省人大常委会副主任程渭山一行，在东阳市人大常委会主任施侍伟等领导陪同下莅临花园，就花园村新农村建设等情况进行视察。

11月27日：花园铜业公司总经理魏锦入围中共金华市委人才工作领导小组下发的2014年度金华市"双龙计划"创业创新领军人才名单，作为四名重点资助的创新领军人才之一入选。

12月6日：由中国村社发展促进会、东阳花园村及中国农村博物馆联合举办的首届中国农村博物馆年会在花园村举行。

12月18日：中国科学院金属研究所研究员、博士生导师、专用材料与器件研究部副主任、精密铜管工程研究中心主任张士宏莅临花园电子科技公司，开展钢管铸轧加工等技术的专题讲解。

◦ **2015年**

1月：花园红木家具城被红木产业协会评为"最具影响力的红木家具专业市场"。

1月30日：由国家、省、市民政系统领导组成的调研组一行莅临花园，就花园老年公寓基础设施、运营现状及存在困难等情况进行专题调研，并充分肯定了花园村自筹资金发展养老产业和事业的做法。

3月6日：金华市内部报刊协会公布了全市24家优秀企业报及44名优秀办刊办报人员名单，《花园报》名列榜首。

3月9日：花园包装有限公司与浙江大学签订10年校企合作协议。

3月17日：花园田氏医院引进了世界最先进的胃镜机和肠镜机，由省内一流专家坐诊检查，并采用最先进的无痛技术。

3月20日：花园生物高科股份有限公司举行院士专家工作站聘任仪式，花园村党委书记、花园集团董事长兼总裁邵钦祥向中国工程院院士沈寅初及生物化学工程专家郑裕国颁发聘书，聘请他们为花园生物高科股份有限公司院士专家工作站新成员。

4月16日：花园村耗资100多万元购置2辆中巴车，正式开通村内免费公交。

5月22日：花园购物广场鞋服广场正式开业。

5月25日：花园湖景城正式交房。

6月：花园村油漆雕刻中心竣工。

6月2日：中共浙江省委副书记、政法委书记王辉忠一行，在金华市委书记徐加爱及金华市委副书记、政法委书记陶诚华等领导陪同下莅临花园，就花园新农村建设及产业转型升级等情况进行调研。

6月4日：中共浙江省委、省政府公布的2014年度浙江省科学技术奖名单中，花园生物高科股份有限公司的"羊毛脂中甾醇同系物的高效分离及其副产物综合利用"项目获得省科学技术进步一等奖。

6月25日：花园幼儿园在人民广场举行了第七届爱心助学公益活动，并将得到的3万多元款项全部用于资助该园长期以来结对帮扶的佐村镇一对贫困兄弟。

6月25日：《花园报》被浙江省企业协会评为"浙江省优秀企业报"。同时，《花园报》在全省企业报2014年度好新闻、副刊好作品等评选中成绩优异。

7月10日：花园集团入围"2015浙商全国500强"榜单，名列第93位，连续七年荣登该榜单。

8月20日：经花园村党委会和花园集团总裁办公会联席会议研究决定，原"马坞水库"更名为"福祥湖"，原方店小区上湖、中湖、下湖更名为三宝湖。

8月21日：花园村入选国家旅游局表彰的首批"中国乡村旅游模范村"名单。

9月17日：由国家行政学院牵头，清华大学、暨南大学、中国传媒大学等高校教授、博士后、博士组成的东阳木雕产业课题组一行，在东阳市副市长王华等领导陪同下莅临花园，就花园红木产业发展与现状进行专题调研。

10月3—5日：2015中华邵氏文化（花园）研讨会暨第五届宗亲联谊会在花园村隆重召开，600多名代表与会。

10月9—11日：花园村党委副书记、村委会主任邵君伟等出席第十五届全国"村长"论坛并参加系列活动。花园村被授予"中韩村官交流示范基地"称号。

10月22日：由浙江省企业联合会、浙江省企业家协会、浙江省工业经济联合会主办的2015年浙江省企业领袖峰会暨"2015浙江省百强企业"榜单发布会在杭州举行。花园集团以第88位的名次成功入列榜单，同时还入列"浙江省制造业百强企业"及"浙江省成长性最快百强企业"等榜单。

12月7日：花园新材公司开发出新型环保阻燃纸蜂窝轻质墙体材料，具有轻质、隔音、阻燃及循环利用等优点，可广泛应用于建筑墙体、内部装修及家具制作等。

12月15—16日：浙江省政府关于全省加强体育场地设施建设与利用工作现场会在花园村召开。

12月16日：花园金波科技股份有限公司举行了挂牌暨新项目投产典礼。

○ 2016 年

1 月 10 日：由中国村社发展促进会、花园村及中国农村博物馆联合主办，以"传承文化 合作发展"为主题的第二届中国农村博物馆年会暨村庄文化交流会在花园村举行，30 多名来自全国各地的领导专家、知名学者和名村干部代表汇聚在一起，共同研讨农村博物馆在村庄文化建设服务中的作用。

1 月 11 日：花园集团党委副书记、纪委书记金牡丹带队到丽水市景宁县东坑镇何村继续进行结对帮扶，在送上 5 万元捐助款的同时，通过春节前采购当地大约 2 万斤冬笋的方式来支持该村产业经济发展。

1 月 21 日：浙江省工商局公布了"2015 年度浙江省星级文明规范市场认定结果"，花园红木家具城在评选活动中脱颖而出，成为省四星级文明规范市场。

3 月 18 日：浙江师范大学附属东阳花园外国语学校开工奠基仪式隆重举行。在东阳市司法行政会议上，东阳市委常委、政法委书记卜亚男将"全国民主法治示范村（社区）"荣誉牌匾颁发给花园村参会代表。

4 月 26 日：成功召开中国·花园红木家具展销会。

5 月 15 日：中国村社发展促进会第三届会员代表大会第二次会议和全国"村长"论坛第十二次执委会议在江苏华西村举行。中国村社发展促进会副会长、花园村党委书记邵钦祥应邀参会，并代表全国"村长"论坛执委会做过去一年来的工作报告。

5 月 25 日：花园田氏医院将与浙江省人民医院消化内科展开长期协作，以消化内科主任杨建民为带头人的 5 名浙江省人民医院专家，将于每周二、四、六轮流来花园田氏医院门诊坐诊，做胃肠镜检查、手术治疗、病房查房等。

浙江省政府公布了省重点建设项目名单，花园新材公司"年产 1000 万平方米多功能轻质复合墙板建设项目"作为新增建设项目榜上有名。

6 月 6 日：花园药业股份有限公司挂牌仪式隆重举行，成为花园集团第四家完成股份制改造的企业。总投资 6.7 亿元的浙江省重大产业项目——年产 10 万吨高精度宽幅铜板带生产线项目在 5 万平方米厂房内正式投产，标志着花园铜业公司二期项目顺利竣工。

6 月 8 日："2016 浙商全国 500 强"出炉，花园集团名列榜单第 79 位，较 2015 年上升了 14 位，创下自 2009 年首次发布以来的最好名次。

6 月 18 日：中国"村官"精神馆开馆仪式在海南省儋州市那大镇石屋村举行，

中国村社发展促进会为邵钦祥颁发中国村庄 2016 十大"孺子牛"村官奖。

6 月 21 日：德国中小企业联合会驻上海办事处主任何马招一行莅临花园，就花园村新农村建设及花园集团工业发展等进行考察。

7 月 1 日：庆祝中国共产党成立 95 周年大会在北京人民大会堂举行，中共中央隆重表彰 300 个全国先进基层党组织，花园村党委获评全国先进基层党组织，花园村党委书记邵钦祥参加大会并认真听取了习近平总书记发表的"七一"重要讲话。

7 月 14 日：中央电视台四套中文国际频道大型系列节目《远方的家》栏目摄制组走进花园村，寻访花园村从穷到富、从小到大、从弱到强的传奇发展之路。

7 月 15 日：中共浙江省委召开法治浙江建设十周年纪念大会暨"七五"法治宣传教育部署会。邵钦祥书记在会上做了《深化依法治村，打造两美花园》的发言。

7 月 19 日：由中共浙江省委办公厅相关部门领导组成的调研组一行，在中共东阳市委办领导陪同下莅临花园，就花园村传达贯彻落实中央和省委重要文件会议精神，以及基层党建工作等情况进行调研。

8 月 17—19 日：由中国有色金属加工工业协会和金华市人民政府联合主办的 2016 中国铜加工产业年度大会在花园村召开。来自全国各地铜加工企业的负责人、知名学者专家、广大涉铜高校和科研机构代表出席大会。

8 月 20 日：国家住建部村镇建设司司长张学勤一行，在浙江省建设厅党组成员、副厅长张奕及金华市副市长祝伦根等领导陪同下莅临花园，就花园新农村建设情况进行调研。

9 月 24 日：邵钦祥应邀参加第十六届全国"村长"论坛，花园村荣膺"中国十大国际名村"称号。

10 月 19 日：《包装材料 蜂窝纸板国家行业标准》讨论会在花园召开。中国包装联合会电子工业包装技术委员会常务副主任兼秘书长叶柏彰参加会议并讲话。中国包装联合会及各大包装材料企业的 10 多位专家和代表参加讨论会。

11 月 16 日：《花园村创建国家 5A 级旅游景区提升规划》评审会在花园大厦召开，由浙江省旅游局原副巡视员肖歌领衔的专家组与东阳市相关部门负责人一起，对花园村景区创 5A 提升规划进行评审。

11 月 19 日：中共浙江省委副书记袁家军考察花园，在金华市委书记赵光君、东阳市委书记黄敏等领导陪同下调研"三农"工作。袁家军强调，要以五大发展理念为引领，进一步厚植发展优势，拉高工作标杆，深化农村改革，全面推进农业发展方式加快转型、美丽乡村建设加快升级、农民收入水平加快提高、农村社会治理加快完善，为中国农村更加美好的明天做出新的更大贡献。

11月24日：浙江省工商局、浙江省民营企业发展联合会联合公布"2015年度浙江省民营企业百强榜单"，花园集团以第59名的成绩再度入围榜单。

国家司法部部长吴爱英一行20人考察花园，中共金华市委书记赵光君及东阳市委书记黄敏等领导陪同，就农村基层法治文化建设及社会主义新农村建设等情况进行调研。

12月8日：浙江省人大财经工作座谈会在花园村举行。浙江省人大常委会副主任冯明，金华市人大常委会副主任王国强，中共东阳市委副书记、代市长姚激扬，东阳市人大常委会副主任徐立刚等领导参加会议。

12月10日：由中国村社发展促进会、花园村及中国农村博物馆联合主办，以"文化创新　联动发展"为主题的第三届中国农村博物馆年会在花园村举行，30多名来自全国各地的领导专家、知名学者、名村代表及博物馆部分受聘研究员参会。

12月11日：凤凰卫视中文台、资讯台、欧洲台及美洲台等4个台播出的《大政商道》节目，报道了浙江旅游局第4季之《全域旅游》，介绍了浙江第一村——花园村发展旅游的做法与成效。

中国村社发展促进会第四届会员代表大会在江苏华西村召开，花园村党委书记、花园集团董事长兼总裁邵钦祥连任副会长。

12月27日：花园艺术团获评省民营优秀剧团。

◦ **2017年**

1月3日：花园田氏医院发展恳谈会暨十周年庆典隆重举行。

1月4日：中国十大名村帮扶金寨10个贫困村签约仪式暨中国特色村发布会在安徽省金寨县举行。中国村社发展促进会和中国十大名村分别与金寨县人民政府、金寨十个贫困村签订了帮扶协议。

1月7日：花园村发布《关于禁燃禁放烟花爆竹的公告》，规定全村行政所辖区域内自1月16日起全面禁燃禁放烟花爆竹。

2月18日： 花园村的花园红木家具城与花园商业中心之间，工人们在为"万马奔腾"铜雕塑砌围墙。"万马奔腾"铜雕塑将作为花园村入口的主要标志之一，寓意花园村致力在中国农村现代化建设中"一马当先"。

2月25日： 在北京举行的宣传贯彻中央一号文件精神暨2017"三农"发展大会上，揭晓了"2016中国农村新闻人物"名单。花园村党委书记邵钦祥等10位奋斗在全国各地"三农"领域的代表获此殊荣。

3月15日： 中共东阳市委、市政府决定将环龙、柳塘、渼陂下、乐业、桥头、西瑶、青龙、南城、西山坞等9个村并入花园村，希望通过"强村带弱村、先富带后富"的方式，做大花园模式，做强花园典型。

3月28日： 中国共产党花园村第五次代表大会在花园大厦隆重召开。其间，党代表们进行投票选举，通过无记名投票和差额选举的办法，选举产生了党委委员和纪委委员。在次日举行的新一届党委班子首次会议上，邵钦祥当选党委书记，邵君伟、邵徐君、郭进武当选党委副书记，厉军强当选纪委书记。

4月1日： 国家水利部副部长陆桂华一行，在金华市副市长张伟亚及中共东阳市委书记黄敏、副市长蒋令树等领导陪同下莅临花园，就花园新农村建设及农村水环境综合整治工作进行调研。

4月9—11日： 为期三天的2017中国花园红木家具展销会在花园村举办。在开幕式上，万名工匠亮相献艺，为花园红木代言，致力向世界展示花园红木的"木""艺""匠"形象。三天时间内，市场总成交额达5.538亿元。

4月17日： 东阳市人民政府与浙江师范大学共建浙江师范大学附属东阳花园外国语学校合作签约仪式在花园大厦举行。

5月4日： 中共东阳市委副书记、市长姚激扬带领有关部门单位负责人到花园现场办公，东阳市委常委、常务副市长王天仁及东阳市副市长楼国民参加。花园村党委书记、花园集团董事长兼总裁邵钦祥就规划调整、旧村改造、教育医疗、道路建设、饮用水工程及新区域管辖变更等方面需要协调解决的问题进行介绍。

花园村圆满完成村级组织换届工作，新一届党委、村委会及纪委班子成员均全票当选。

5月11日： 浙江省审计厅副厅长康跃西一行在金华市审计局局长董巧娟等领导陪同下莅临花园，就农村公共文化设施建设情况进行调研。

"2016中国旅游总评榜"揭晓，花园村荣获"年度乡村旅游示范奖"称号。

6月16日：花园中华城项目举行了开工奠基仪式，预计该项目将于2018年年底基本建成竣工。

6月17—18日：浙江省邵氏宗亲会成立大会暨"盛世花园"中华邵氏书画院名家名品展在花园村顺利举行。

7月20日：中共浙江省委书记、省人大常委会主任车俊一行，在中共金华市委书记赵光君及金华市副市长、东阳市委书记黄敏等领导陪同下莅临花园，就农村基层党建及推进"最多跑一次"改革进行调研。

8月23日：浙江省重点建设项目——浙江师范大学附属东阳花园外国语学校落成。由花园集团按国际五星级酒店标准投资兴建的花园雷迪森大世界酒店举行开工典礼。

8月29日：浙江省副省长孙景淼一行，在中共金华市委副书记、政法委书记马小秋及东阳市委副书记、政法委书记李宝春等领导陪同下莅临花园，就新农村建设及现代农业发展等情况进行调研。

9月：浙江省社会科学界联合会发布了第七批"浙江省社会科学普及基地"名单，中国农村博物馆等45家单位榜上有名。

9月1日：浙江师范大学附属东阳花园外国语学校举行了以"放飞梦想　播种希望"为主题的开学典礼，迎来了首批小学一至四年级学生。

9月12日：全国总工会党组成员、经费审查委员会主任李守镇一行莅临花园，就新农村建设及新时期企业职工队伍建设等进行调研。

9月23日：民政部专家组一行在东阳市委常委方雪飞及东阳市副市长蒋令树等领导陪同下，就花园村创建全国农村社区建设示范单位进行实地验收并举行工作座谈会。

10月9日：国务院参事室特约研究员、国家农业部原常务副部长尹成杰一行莅临花园，就花园新农村建设及社会经济发展情况进行调研。

10月10日：花园商业中心举行开业典礼。

10月11日：国家农业部党组成员、副部长于康震一行，在浙江省农业厅党组成员、副厅长、省畜牧兽医局局长刘嫔珺陪同下莅临花园，就花园新农村建设及党建引领发展等情况进行考察。

11月23—24日：第十七届"村长"论坛在广西玉林市玉东新区茂林镇鹿塘村举办。组委会发布了2017年中国名村影响力排行榜，华西村、南山村、花园村继续领跑全国农村前三甲。

12月： 国家旅游局公布首批 10 家 "中国优秀国际乡村旅游目的地" 名单，东阳市南马镇花园村榜上有名，成为浙江省唯一获此殊荣的村庄。

民政部公布首批 "全国农村幸福社区建设示范单位" 名单，花园村榜上有名，成为浙江 8 处获奖单位之一。

12月6日： 国家信访局党组副书记、副局长张恩玺一行，就花园村 "四个平台" 建设、便民服务中心、村民自治模式等进行调研。

12月8日： 东阳市的友好城市美国科科莫市市长格雷戈·古德奈特带队的代表团一行，在东阳市副市长李传煌等领导陪同下莅临花园考察。

12月18日： 花园村成立全省首家村级总工会，这是全国第二家村级总工会。

○ **2018 年**

1月18日： 由中国村社发展促进会、花园村及中国农村博物馆联合举办的第四届中国农村博物馆年会暨乡村振兴论坛在花园村举行。

1月23日： 浙江省文化厅公布了 2017 年各项群众文化赛事活动获奖名单，以花园艺术团为主体的花园村文艺演出队在 2017 浙江省群众舞蹈大赛这一赛事中，凭借群舞《刀木春秋》荣获金奖。这是榜单中唯一一家以村为单位获奖的团体。

1月28日： 浙江花园新能源有限公司总投资 45 亿元的年产 5 万吨高性能铜箔项目开工奠基，计划通过一年的努力正式投产并填补该领域浙江省内空白，标志着花园集团进军新能源产业。

2月： 浙江省科学技术厅下发通知，认定并公布 "2017 年省级高新技术企业研究开发中心" 名单，花园金波公司的 "金属波纹管省级高新技术企业研究开发中心" 及花园药业公司的 "茶叶提取开发与应用省级高新技术企业研究开发中心" 榜上有名。

4月3日： 第五批全省扩大有效投资重大项目集中开工仪式金华分会场，在花园新能源年产 5 万吨高性能铜箔项目建设现场举行。

4月4日： 2018 "乡约浙中　畅游金华" 活动启动仪式暨花园中国国际乡村旅游年开幕式在花园村隆重举行。

4月19日：由农民日报社、中华全国农民报协会、花园村联合举办的2018中国（花园）乡村治理高峰会议在花园大厦召开。国务院参事室特约研究员、中国农业经济学会会长尹成杰，中国社会科学院学部委员张晓山，国务院发展研究中心农村经济研究部部长叶兴庆，中国社会科学院农村发展研究所研究员党国英，华中师范大学中国农村研究院院长邓大才等做主题演讲。

4月20日：2018中国·花园红木家具展销会盛大举行。数以万计来自全国各地的红木家具生产商、经销商及消费者共同参与。据不完全统计，此次展销会市场总成交额超9.8亿元，较2017年翻了近一番。

4月26日：民政部党组成员、副部长顾朝曦一行，在浙江省民政厅党组成员、副厅长余强及金华市副市长、中共东阳市委书记黄敏陪同下莅临花园，就花园农村社区治理工作进行专题调研。

5月21日：花园村党委书记邵钦祥与嘉善县大云镇缪家村党委书记丁法强在缔结友好村协议书上签字，标志着双方正式成为"亲戚"村，加强彼此交流合作，发展相互友好关系，以共同推动乡村振兴战略在两村形成生动实践。

5月30日：国务院参事室特邀研究员、原国家人社部副部长、党组副书记杨志明一行，在东阳市副市长杜绍辉等领导陪同下莅临花园，就花园红木产业发展及新农村建设等情况进行调研。

6月：浙江省发改委、省国土资源厅联合发出《关于印发2018年浙江省重大产业项目名单（第一批）的通知》，公布了2018年度第一批新增浙江省重大产业项目名单，花园集团两大工业项目上榜：浙江花园新能源有限公司的"年产50000吨高性能铜箔建设项目"被列入"重大产业龙头类"项目名单，浙江花园铜业有限公司的"年产6万吨1320mm超宽幅精密铜板带项目"被列入"重大产业示范类"项目名单。

6月28日：在浙江报业集团、浙江省总工会、浙江省旅游局联合主办的2018首届中国（浙江）疗休养产业发展大会上，花园村景区被评定为"浙江省特色精品疗休养目的地"。

7月7日：中央电视台五集政论片《新时代"枫桥经验"》摄制组龙江、田原等编导带领工作人员到花园村，为其中一集政论片《自治为基　德法相辅》拍摄花园元素。摄制组采访了花园村党委书记、花园集团董事长兼总裁邵钦祥，拍摄了花园村便民服务中心、综合信息指挥中心及经济社会发展景象。

7月17日:《人民日报》(海外版)12版视觉广角版面,以"'红木第一村'浙江花园村"为题,整版用一组新华社记者拍摄的图片专题,直观报道了花园村发展红木等产业所实现的乡村振兴,以及述说了改革开放40年来所取得的巨大变迁。

8月2日:浙江省委常委、常务副省长冯飞一行,在金华市委常委、常务副市长陈晓及金华副市长、东阳市委书记黄敏等领导陪同下莅临花园,就企业产业发展及乡村振兴战略实施等情况进行调研。

8月15日:浙江省工商局、浙江省工商联、浙江省民营企业发展联合会联合公布了"2017年度浙江省民营企业百强榜单",花园集团以第42位的名次强势入围。

8月27日:花园雷迪森大世界项目喜结金顶,99米高建筑成为浙江村级第一高楼。

9月19—21日:第十八届全国"村长"论坛暨首届中国农民丰收节庆祝活动在陕西宝鸡东岭村隆重举行。花园村党委书记、花园集团董事长兼总裁邵钦祥应邀出席活动。

10月9日:花园村发布《关于引进高级人才落户花园村相关政策的通知》。

11月13日:刚果(布)林业部长罗莎莉·马东多一行,在东阳市副市长蒋震雷等领导陪同下来到花园红木家具城,了解花园红木产业发展的详细情况,为刚果(布)利用好丰富的林木资源谋划更好的发展空间。

11月23日:由花园村民组建的花园村治安联防总队正式成立,200多名联防队员统一身穿迷彩服,英姿飒爽地进行现场训练。

12月:农业农村部科技教育司公布第二批"100家全国新型职业农民培育示范基地"名单,浙江花园农业发展公司榜上有名,成为金华市首家国家级新型职业农民培育示范基地。浙江大学和花园高科公司共同申报的"天然活性同系物的分子辨识分离新技术及应用"项目获得国家技术发明二等奖。

12月4日:在浙江卫视《浙江新闻联播》中播出《激荡四十年——改革开放看浙江·区域篇》中,以"东阳花园村:先富带后富、大家富才是真的富"为题,用时长4分41秒的通讯,报道了花园村改革开放40年来实现的巨大变迁。

○ 2019 年

1 月 15 日： 花园村举行推行驾驶电动车佩戴安全头盔暨免费发放安全头盔仪式。

1 月 22 日： 由人民日报社、人民网及中国科技产业化促进会、小康村创新战略联盟联合主办的 2018 全国乡村振兴示范推介活动颁奖典礼暨首届乡村振兴发展论坛在北京举行，花园村荣获"全国乡村振兴示范村"称号。

2 月 13 日： 浙江省教育厅办公室根据《浙江省义务教育标准化学校基准标准》要求，公布了 2018 年第二批义务教育标准化学校名单，花园外国语学校是东阳市唯一一所上榜此名单的学校。

3 月 13 日： 浙江省副省长彭佳学一行，在金华市副市长祝伦根及金华市副市长、中共东阳市委书记黄敏等领导陪同下莅临花园，就花园乡村振兴战略实施、"最多跑一次"改革及农村就地城镇化等进行调研。

4 月： 世界级华文媒体美国《侨报》和《欧洲时报》"今日浙江"版面"乡村振兴看浙江"栏目先后以"花园村的世界强村梦"为题，详细报道了花园村实施乡村振兴战略，带动老百姓创业致富的故事，引起广大海外读者的关注。

4 月 11 日： 2019 中国·花园红木家具展销会在花园红木家具城盛大举行，吸引了数以万计来自全国各地的红木家具生产商、经销商及消费者前来参加。展销会期间，市场总成交额达到了 13.2 亿元，再一次刷新纪录。

花园村"村域小城市"培育试点研讨推进会召开，十多位领导和专家共同研讨完善花园村"村域小城市"培育试点实施方案，助力花园村成为乡村文明和城市文明高度融合的中国农村发展最佳实践典范。

6 月 1 日： 北京·东阳博士专家联谊会会长、中交集团咨询公司董事长王国锋带领清华大学、中国科学院、国家人社部、中国人事科学研究院等高校科研单位在京东阳籍专家，在中共东阳市委组织部副部长、两新工委书记楼尚潭等领导陪同下莅临花园，就花园工业企业发展和乡村振兴战略实施等情况进行调研。

6 月 12 日： 花园党群服务中心和花园职工活动中心启用，标志着花园村"党建带群建　共建促发展"工作的新成就。

7 月 7—9 日： 花园村党委书记、花园集团董事长兼总裁邵钦祥带领由花园集团部分中高层干部及部分企业相关人员等 70 人组成的考察团前往深圳华为公司，并与华为智慧城市全球副总裁、智慧园区 OTC 王结红进行座谈，为实现双方深入合作搭建交流平台。

8月18日: 浙江花园新能源有限公司举行高性能铜箔项目投产仪式,标志着年产50000吨高性能铜箔项目一期正式投产,填补了该领域浙江省内空白,将满足国内外市场对高性能铜箔的需求,在促进电子工业发展的同时,进一步提高我国铜箔产业的国际竞争能力。

9月27日: 花园村召开学习《中国共产党农村工作条例》(以下简称《条例》)暨深入开展"不忘初心、牢记使命"主题教育大会,全体党员,村民代表,入党积极分子,共青团、民兵、妇联及老协班子成员等隆重集会,重温入党誓言、学习贯彻《条例》及推动主题教育开展。

10月1日: 花园村党委书记、花园集团董事长兼总裁邵钦祥受中组部邀请,作为全国先进基层党组织代表参加在北京隆重举行的庆祝中华人民共和国成立70周年国庆阅兵观礼和庆祝晚会。

10月22日: 浙江省副省长王文序一行,在中共金华市副市长陶叶萍及东阳市委常委方雪飞等领导陪同下莅临花园村,就五星级田园社区等情况进行专题调研。

10月26日: 花园商业中心花园百货小吃一条街开业,将致力于培育花园商圈新亮点。

10月30日: 中国扶贫开发协会会长袁文先一行走访花园,就农村现代化建设情况等进行调研,并对花园村30多年来自强不息、奋斗不止,并实现从"两创"到"两富"再到"两美"的华丽转型的做法表示赞誉。

11月12日: 花园家居用品市场正式开业。花园雷迪森大世界正式开业,将打造花园村的未来城市会客厅。

11月18日: 花园村"村域小城市"培育试点工作汇报会在花园大厦举行。

11月21日: 花园村被全国"扫黄打非"工作小组办公室评为全国第三批"扫黄打非"进基层示范点。

12月15日: "花园购"新零售智慧红木市场新闻发布会在花园雷迪森大世界举行。"花园购"新零售智慧红木市场的启用,标志着花园红木家具城正式布局线上,致力为每一家商户创造最佳的市场服务方案。

12月18日: 国家民政部全国农村社区治理实验区专家组一行,就花园村首批全国农村幸福社区建设示范单位的创建成效进行实地考察。

12 月 20 日：花园集团党委和花园集团在花园会展中心召开花园大学成立大会，标志着为花园高质量发展培养高素质队伍的花园内部管理大学正式成立。

○ **2020 年**

1 月：花园村为 119 名符合人才政策要求的人员发放奖金 185 万元。

1 月 15 日：主题为"感恩新时代"的 2020 花园村春节联欢晚会上演。

1 月 23 日：邵钦祥主持召开花园村两委会议，紧急部署新冠肺炎疫情防控工作。

2 月 3 日：花园村 19 个小区全部实行封闭管理。

2 月 12 日：花园生物公司和花园新能源公司成为首批复工复产企业。

2 月 24 日：花园红木家具城作为全省首批 41 家复市市场之一开门迎客。

2 月 28 日：花园村党委和花园集团党委分别发出自愿捐款支持抗疫倡议，募集爱心捐款近 80 万元。

3 月 17 日：浙江省副省长陈奕君一行莅临花园红木家具城，就专业市场复市情况进行调研。

3 月 19 日：东阳市通报表扬第三批 20 个战疫先锋团队和 24 名战疫先锋个人，花园田氏医院疫情防控内科先锋队上榜。

3 月 28 日：花园新型建材公司智能化全自动生产线正式投入运行。

4 月 10 日：花园红木家具城"花园购"经销版正式上线并率先开启线上会展模式。

4 月 14 日：华为公司副总裁王结红、华为公司中国区副总裁王剑伟等一行莅临花园实地考察。

4 月 20 日：花园外国语学校和花园中学初高中低年级及小学高年级复学复课。

4 月 25 日：花园集团团委成立花园立学读书会。

4 月 30 日：花园村便民服务中心荣获"金华市工人先锋号"称号。

5 月 13 日：花园村乡村振兴综合改革试点工作推进会在花园雷迪森大世界召开。

6 月 5 日：花园村受邀出席由中国村社发展促进会、江苏华西村主办的"高举旗帜扬'六爱' 决胜小康重'六保'"座谈会。

6月19日：花园新型环保材料公司年产6000万块烧结空心砌块生产线技改项目建成。

6月24日：中共浙江省委书记、省人大常委会主任车俊，在省委常委、秘书长陈金彪等领导陪同下莅临花园，调研乡村振兴综合改革试点工作推进等情况。

6月28日：花园市政管理委员会揭牌，标志着全国首个村级市政管委会正式诞生。

7月：浙江工业大学药学院、绿色制药协同创新中心金灿教授团队发明的"一种25-羟基胆固醇的合成方法"专利荣获中国专利优秀奖。专利的权利人为浙江工业大学、浙江花园生物高科股份有限公司、杭州下沙生物科技有限公司。

7月15日：花园村党委书记、花园集团董事长兼总裁邵钦祥与华为企业BG解决方案总裁孙福友在协议书上签字，标志着双方正式确立战略合作关系，为建设全感知、全联接、全场景、全智能的"智慧花园"迈出了坚实的一步，这是华为在全国乡村智慧园区布局的首个客户。

7月30日：浙江省中小企业协会第二届五次会员代表大会暨2020第五届杭州全球企业家论坛启动仪式在花园村召开。

8月5日：花园村里有了共享汽车。

8月6日：中国共产党花园村第六次代表大会在花园雷迪森大世界召开。

8月14日：花园药业公司4类仿制药缬沙坦氨氯地平片（I）上市申请获得国家药监局批准，为国内第二家获批该产品的厂家。

8月31日：国家文化和旅游部调研浙江民营艺术表演团体座谈会在杭州举行，花园艺术团等4家剧团受邀参加并发言。

9月：花园新能源公司顺利通过IATF16949:2016质量管理体系认证，公司的锂电池用铜箔产品进入国际汽车市场领域。

花园金波公司收到长征五号运载火箭型号办公室发来的感谢信。

9月8—10日：花园红木家具城开业十周年庆典暨2020中国·花园红木家具展销会隆重举行。

9月10日：花园外国语学校举行高质量育人研究中心成立大会。

9月10—12日：第二十届全国"村长"论坛在吉林省长春市宽城区欣园街道五星村举行，闭幕式上花园村再次接过全国"村长"论坛会旗。

9月12日："2020名村影响力300佳排行榜"正式发布，花园村与华西村和大寨村一起，继续蝉联该榜单前三甲。花园村上榜第二批"全国乡村旅游重点村"名单。

9月17日：中共浙江省委常委、政法委书记王昌荣一行莅临花园调研。

10月：花园铜业公司总经理魏锦荣获"浙江省优秀企业家"称号。

10月1日：中央电视台《新闻联播》用22秒时长报道花园村国庆升国旗仪式。

10月10日：花园红木家居小镇被认定为首批浙江省职工疗休养基地。

10月24日：花园村为老人们发放高龄补贴和敬老福利近百万元。

10月28日：花园红木家具城"花园购"项目荣获"之江创客"2020全球电子商务创业创新大赛农村电商赛区决赛一等奖。

10月30日：花园村被列入浙江省第四批小城市培育试点名单，成为首个入选的"村域小城市"。这是浙江省小城市试点首次从中心镇向经济强村扩容。

11月：邵钦祥书记入选"全国乡村文化和旅游能人"名单。

11月18—19日：浙江省发改委专家组莅临花园，专题调研花园村小城市培育试点工作。

12月：花园村成为浙江省首批商贸发展示范村及2020年电子商贸示范村。花园生物公司成为第二批国家级"专精特新"小巨人企业。

12月2日：花园红木家具城成为全省首批"五化"改造完成专业市场。

12月4日：金华市深化"千万工程"，建设新时代和美乡村现场会在花园召开。

参考文献

R E F E R E N C E S

专著部分

[1]　陈野，等.乡村发展：浙江的探索与实践 [M]. 北京：中国社会科学出版社，2018.

[2]　陈野，等.乡关何处：骆家庄村落历史与城市化转型研究 [M]. 杭州：浙江人民出版社，2016.

[3]　东方涛.邵钦祥传奇 [M]. 杭州：浙江人民出版社，2006.

[4]　东阳县地名办.浙江省东阳县地名志 [M]. 金华市图书馆藏，1985.

[5]　封定一，陈至发，李致平，等.花园成功道路：从走过的道路去寻求未来发展的方向 [M]. 北京：经济日报出版社，1997.

[6]　金光强.花园足迹 30 年 [M]. 杭州：中国美术学院出版社，2011.

[7]　金光强.花园红木 [M]. 杭州：中国美术学院出版社，2012.

[8]　梁晨.乡村工业化与村庄共同体的变迁 [M]. 北京：社会科学文献出版社，2019.

[9]　陆铭.空间的力量：地理、政治与城市发展（第二版）[M]. 2 版.上海：格致出版社，2017.

[10]　沈崇麟，李东山，赵锋.变迁中的城乡家庭 [M]. 重庆：重庆大学出版社，2009.

[11]　王湘，楼震旦，孙顺其，等.花园新报告 [M]. 花园集团档案室藏，2003.

[12]　王晓明.龙的花园——邵钦祥和他的百年梦想 [M]. 北京：中国市场出版社，2018.

[13]　浙江东阳市花园村村志编委会.花园村志 [M]. 花园集团档案室藏，2014.

[14]　周耀民，等.东阳风俗志 [M]. 金华市图书馆藏，1985.

[15]　朱道才，张秀荣，董青青.中国十大名村的故事 [M]. 北京：中国财政经济出版社，2011.

论文部分

[1] 包晶冰，滕雪芳 . 东阳红木家具产业集群研究 [J]. 中小企业管理与科技（下旬刊），2013（8）：153-154.

[2] 本刊记者 . 当好带头人　建设新农村——第六届全国"村长"论坛在浙江花园村隆重举行 [J]. 上海农村经济，2006（10）：12-13.

[3] 本刊记者 . 农村现代化的榜样——访东阳市南马镇花园村 [J]. 上海农村经济，2014（7）：38-39.

[4] 陈全功 . 农村集体经济发展壮大的条件析论——基于全国榜样名村案例的总结 [J]. 理论导刊，2018（11）：59-64.

[5] 陈至发 . 村企合一：发展村级集体经济的有效组织形式 [J]. 地方政府管理，1998（3）：42-43.

[6] 陈至发 . 村企合一是发展村级集体经济的有效组织形式——浙江花园村发展村级经济的成功经验 [J]. 乡镇经济研究，1998（2）：8-9.

[7] 仇保兴 . 关于城市化的若干问题 [J]. 宏观经济研究，1999（4）：12-17.

[8] 东阳市南马镇花园村党支部 . "花园"文明 [J]. 中国乡镇企业，1997（6）：38.

[9] 董志龙 . 实践"三个代表"花园集团实现农村现代化之路 [J]. 中国乡镇企业，2002（9）：13-14.

[10] 杜健军，杜明军 . 发展乡村旅游业推动新农村建设——对东阳市乡村旅游现状调查及发展对策 [J]. 浙江统计，2007（8）：27-28.

[11] 傅宏波 . 浙江探索新农村建设成功之路 [J]. 观察与思考，2006（7）：15-23.

[12] 顾绍耕 . 坚持发展村级经济　建设幸福美丽家园——赴浙江东阳市考察报告 [J]. 上海农村经济，2015（1）：44-46.

[13] 郭强，杜建成 . "浙江省村级体育俱乐部"群众体育开展的调查分析 [J]. 金华职业技术学院学报，2016，16（5）：87-92.

[14] 何文浩 . 荣誉审核制——一种新颖有效的学生管理方法 [J]. 职教论坛，2002（15）：58-59.

[15] 胡豹，顾益康 . 从"枫桥经验"到"花园经验"：新时期乡村治理机制的嬗变与创新 [J]. 决策咨询，2017（5）：1-2.

[16] 胡祥林 . "中国最美乡村"花落东阳花园村 [J]. 浙江林业，2013（12）：5.

[17] 胡晓声.人间花园的建设者　奔向小康的带头人——记中共东阳市花园村支部书记邵钦祥[J].浙江经济，1996（5）：28-30.

[18] 黄红华.面向未来的基层治理体系改革[J].杭州（周刊），2018（2）：20-21.

[19] 蒋文龙，郑盈盈.东阳有个花园村[J].观察与思考，2006（7）：32-33.

[20] 金光强，王江红.穷善己身　达泽于民——记浙江省东阳市花园村党委书记邵钦祥[J].中国乡镇企业，2009（Z1）：101-104.

[21] 金光强，王江红.邵钦祥：美丽花园的缔造者[J].新农村，2018（8）：19.

[22] 金光强，张望江.邵钦祥：创造财富建"花园"[J].今日科技，2004（11）：26-27.

[23] 李宝春.固本强基　联动融合　社会共治　东阳市倾力打造共建共治共享基层社会治理新体系[J].人民法治，2018（15）：94-97.

[24] 李辑.浙江花园新目标："中国红木家具第一村"[J].农家之友，2010（11）：39.

[25] 李家克.优化花园生态环境　实施可持续发展[J].中国经济快讯，2002（12）：42.

[26] 李英豪，郑宇军.基于综合发展规划理念的"美丽乡村"规划设计研究——以东阳市花园村为例[J].规划师，2011，27（5）：37-40.

[27] 林园.花园村　农村改革发展的旗帜[J].管理科学文摘，2002（12）：33-35.

[28] 刘海玮，王江红.花园村模式：农村城镇化建设的范本[J].城乡建设，2015（12）：16-19，4.

[29] 刘合光.如何走中国特色乡村善治之路[J].经济，2018（Z2）：94-97.

[30] 刘小红，王江红.村里这些年：花园村实现"百年梦"[J].今日浙江，2014（18）：26.

[31] 鲁可荣.近现代村域变迁与农民发展的历史进程、发展规律及未来改革——农村改革暨名村变迁与农民发展研讨会综述[J].中国集体经济，2013（32）：29-30.

[32] 吕波.花园村：过城里人的幸福生活[J].当代广西，2006（7）：32.

[33] 倪建伟.村落集体经济的典型调查[J].浙江经济，2006（4）：58-59.

[34] 人民论坛调研组.新农村专题调研之一　花园村之路：工业化带动城市化[J].人民论坛，2007（Z1）：112.

[35]　邵宏宝.与时俱进　勇攀高科技之峰——花园工贸集团公司总裁邵钦祥创业记 [J].今日科技，2003（5）：27-28.

[36]　邵钦祥.富了不能忘本　富了更要进取[J].今日浙江，2000（9）：6-7.

[37]　邵钦祥.花园之歌是这样谱写的[J].人民论坛，2007（Z1）：114-115.

[38]　邵钦祥.加快发展增实力　共同富裕奔小康[J].浙江经济，1997（3）：24-26.

[39]　邵钦祥.建设新农村是我一生的追求[J].新农村，2006（9）：3-4.

[40]　邵钦祥.农民的乐园——东阳市南马镇花园村[J].新农村，2004（10）：5.

[41]　邵钦祥.信息化是"花园"再创辉煌的动力[J].中国经济快讯，2001（31）：30.

[42]　邵钦祥.以诚信为本　树立现代企业新形象[J].中国乡镇企业，2002（10）：38.

[43]　邵钦祥.以管理创新推动经济发展[J].管理科学文摘，2003（4）：26.

[44]　邵钦祥.注重科技　加大投入　铸就"老汤"火腿新辉煌[J].农产品加工，2006（4）：20-21.

[45]　邵钦祥.自觉实践"三个代表"重要思想　全面建设花园小康村[J].上海农村经济，2003（11）：13-16，36.

[46]　邵徐君.把花园村建成中国农村现代化的榜样[J].农村工作通讯，2017（8）：22.

[47]　苏雪琪.东阳红木家具企业电子商务发展策略研究——以东阳花园红木家具城为例[J].中国市场，2016（46）：147-149.

[48]　唐伟成.村庄城镇化发展的空间特征与内在机制研究——基于长江三角洲的案例分析[J].小城镇建设，2017（4）：29-31.

[49]　陶建群，卢博.花园村：亦农亦商奔小康[J].人民论坛，2007（16）：58-59.

[50]　童德成.一根扁担挑两头　城市农村一齐抓[J].浙江学刊，1992（6）：57-59.

[51]　王江红.花园村：一个传奇美丽的村庄[J].新农村，2018（9）：17.

[52]　王江红.中国红木家具第一村建成东南亚最大红木家具专业市场　浙江东阳花园村："好产业"唱响"好声音"[J].中国林业产业，2013（Z3）：30-33.

[53]　王江红.坐落在浙江花园村的首家中国农村博物馆[J].管理观察，2017（28）：14.

[54]　王金海.邵钦祥：一个村书记的幸福梦[J].中国林业产业，2013（Z3）：34-40.

[55]　王景新，郭海霞.农民市民化：中国10个著名经济强村实证研究[J].广西民族大学学报（哲学社会科学版），2014，36（1）：55-61.

[56]　王景新，李林林.中国乡村社会结构变动与治理体系创新 [J].教学与研究，2018（8）: 21-29.

[57]　王景新，彭海红，老田，等.集体经济村庄 [J].开放时代，2015（1）: 11-73.

[58]　王景新.中国历史名村变迁与当今美丽乡村建设 [J].农业考古，2017（4）: 233-242.

[59]　王景新.中国农村发展新阶段: 村域城镇化 [J].中国农村经济，2015（10）: 4-14.

[60]　王梦雪，马永俊，钱娟娟.现代化进程中农村经济转型的过程与动力研究——以浙江省东阳市花园村为例 [J].湖南农业科学，2013（9）: 124-126.

[61]　吴坚，戴天才.中国名村掌门人在想什么 [J].今日浙江，2006（20）: 44-45.

[62]　吴璐璐.新农村建设中软质景观的空间形态与构建研究——以东阳花园村为例 [J].安徽农业科学，2015，43（4）: 175-176.

[63]　晓朱，李鑫荣.乡村里的"119"——东阳市花园集团公司消防队纪事 [J].浙江消防，2002（11）: 23-24.

[64]　徐金福，王珍，包文科.我们的村庄是花园 [J].浙江林业，2004（8）: 14.

[65]　徐乐俊.统筹城乡发展是建设农村全面小康社会的重要选择——"中国农村全面小康建设"研讨会综述 [J].农村工作通讯，2003（11）: 21-22.

[66]　徐乐俊.在小花园里建造大世界——记邵钦祥和他的花园村 [J].农村工作通讯，2003（12）: 51-52.

[67]　严碧华，牛冠捷，刘晓宇.探索破解名村"家族化"之路 [J].决策探索（上半月），2014（10）: 71-72.

[68]　严伟，邱阳.新农村文化建设实证分析和理论构建——以东阳花园村为例 [J].现代农业，2009（2）: 56-58.

[69]　佚名.花园村: 和谐的新农村家园 [J].人民论坛，2008（9）: 64-65.

[70]　佚名.锦绣花园　传奇乡村 [J].中国乡镇企业，2011（9）: 71-72.

[71]　佚名.聚焦花园村 [J].中国林业产业，2013（Z3）: 28-29.

[72]　佚名.统筹协调发展　构建和谐花园 [J].世界农业，2006（2）: 55-56.

[73]　佚名.浙江省东阳市花园村的"两创两富两美"之路 [J].吉林农业，2016（18）: 41-43.

[74]　伊伟萍，赵华亚.花园集团的掌舵人——记中国花园集团党委书记、董事长邵钦祥 [J].中国乡镇企业，1999（2）: 35-36.

[75]　袁海霞."明星村"旅游开发模式探析[J].湖北农业科学，2013，52（9）：2217-2220.

[76]　袁华.从"螺蛳壳道场"到"农民乐园"[J].中国合作经济，2004（11）：33-34.

[77]　张奔.新型城镇化背景下中国未来名村模式探讨——以上海九星村、浙江花园村等现有名村为例[J].安徽建筑，2013，20（6）：42-43.

[78]　张晨蓓，王晓慧.基于SWOT分析的东阳市旅游业发展战略研究[J].管理观察，2014（20）：76-78.

[79]　张国斌，盛付祥，董海潮."休闲农业"用地管理"休闲"不得——关于浙江省"休闲农业"土地使用现状及管理的调查[J].国土资源通讯，2007（8）：36-40.

[80]　张海，郭兴良，王江红，等.而立花园再启航——中国十大名村浙江花园村发展启示录[J].今日中国论坛，2011（4）：61-63.

[81]　张雷珍.城郊型农业园区与新农村建设模式探讨——以浙江省东阳市为例[J].经济视角（下），2012（1）：44-46.

[82]　张强，安钢.企业再造村庄——现阶段中国发达地区农村工业化微观机制探析[J].中国农村观察，2008（3）：60-65.

[83]　张锡良，王延东.梅花香自苦寒来——东阳市委抓好农村党支部建设纪实[J].党建，1989（10）：39-41.

[84]　钟天明.全国"村官"聚首花园村　共商新农村建设大计——全国第六届"村长"论坛简述[J].新农村，2006（11）：3.

[85]　周桂明.经济发达村庄建设规划初探[J].杭州大学学报（哲学社会科学版），1994（2）：71-76.

[86]　朱林.全面建设小康社会的典范——浙江省东阳市南马镇花园集团（村）[J].人民论坛，2003（12）：74.

[87]　宗开宝."先富"帮"后富"的路径与模式——以东阳市南马镇花园村为例[J].浙江经济，2009（23）：52-53.

[88]　宗开宝.新农村建设过程中的县域资源整合研究——以浙江省东阳市农村区域为例[J].华东理工大学学报（社会科学版），2009，24（4）：31-37.

后 记

POSTSCRIPT

　　本书是我参与撰写的第三部关于乡村发展的著作，也是第一部独立完成的乡村研究作品。以个人过往学术训练，虽在社区研究方面略有心得，但从历史、经济、政治、社会、文化等全方位视角，完整展现村庄发展脉络，着实是对个人学术修养的巨大挑战。花园村作为乡村振兴的先锋和典范，有太多值得记录的创举与伟业。众多前达也已对花园经验、花园道路进行探索。如何能以宏大的历史站位、深刻的分析视角，将花园村成功推进工业化、城镇化的历程与经验呈现于读者，是我反复斟酌、思考许久的问题。为尽可能还原花园村发展的真实历史，我采取文献资料查阅、人物访谈与现场观察相互印证的研究策略。在梳理村庄发展历史脉络的同时，保留了一部分具有人文关照的历史细节。让或平凡或伟大的人物，均能在改革开放堪称人间奇迹的奋斗史诗中，与花园村发展的某一个片段产生勾连，力图达成既看得见历史，也看得见人物的效果。

　　本书研究受到浙江文化研究工程二期的资助。在时任浙江省社会科学院党委书记张伟斌和时任中共东阳市委副书记、市长姚激扬的帮助下，本课题得以顺利启动。作为系列丛书的总负责人，浙江省社会科学院副院长陈野女士不辞辛苦，两次到花园村协助沟通课题事宜。领导与师长的关心帮助，是鞭策我无惧挑战，全力以赴完成本书的巨大动力。

　　在花园村党委书记邵钦祥的关心支持下，花园村党委副书记金光强亲自协调对接课题各项事宜。没有花园村的尽心配合，本书难以获得如此详尽的一手资料，更难以访谈到众多在重要岗位上发光发热的花园村人。花园媒体中心的王江红主编、吴浩宇先生，花园文化中心的霍新宇女士，以及许许多多充满热情与自豪的花园人，都为我在花园村的调研提供了亲切帮助。王江红主编提供了反映村容村貌今昔巨变的高质量照片；吴浩宇先生全程参与了课题的访谈过程，尽心安排引荐，让访谈内容熠熠生辉；霍新宇女士不辞辛劳，一直负责课题组与花园村各部门的沟通接洽。

P O S T S C R I P T

　　限于个人专业知识结构，本书的写作过程得到了各学科专家的帮助建议。我的前同事，浙江省社会科学院陈刚副研究员、毛伟研究员为本书经济篇的写作做出了重要贡献。因城乡社会调查相识，一直保持合作的浙江工业大学学生漆凤岚、魏一单、陈锋，浙江理工大学学生楼怡，参与了访谈录音与文献资料的整理。在此向各位老师和同学一并表示感谢。

　　本书的写作是我长久以来的一个学术梦想。我的博士生导师、复旦大学周怡教授以对华西村的系列研究而蜚声中外。对花园村的深入研究，给予我机会在与中国改革开放众多"明星村"的比较分析中，探寻"超级村庄"的共同轨迹与内在差异。为揭示中国乡村振兴的政治经济、社会文化因素提供具有原创性的洞见。当然这项工作目前仅有初步进展，仍需开展后续全面系统的研究。

　　花园村开创的以包容性、可持续工业化为主要动力，以新型城镇化为基本形态，以经营性治理为协调手段的发展模式，既是乡村振兴的成功案例，也为多学科、综合性研究提供了"富矿"。在三年时间里，我将横跨 23 年、600 多期的《花园报》，以及《花园成功道路》《邵钦祥传奇》等材料反复通读数遍，让众多历史细节印刻在脑海中。在花园村的实地调研中，我走访了花园村全部 19 个小区及周边 5 千米范围内的城镇乡村，详尽收集、了解与花园村各领域发展相关的资料信息。虽然未能将所有资料一一呈现于本书之中，但这些信息已然融入到村域城镇化的空间想象之中，使历史脉络与经济社会结构在人脑的"数字孪生"中相互交织。

　　其实我最想感谢的，是我的家人。是他们的容忍，让年近不惑的我，能像十年前写博士论文时那样，尽情沉浸在超脱柴米油盐之外的研究工作之中。本书初稿成稿前的最后几个月，新冠肺炎疫情汹涌来袭，我一面与孕妻在家自我隔离，一面抓紧进行初稿写作的最后冲刺。愧疚与欣慰的情绪交替涌现心头。幸而我们的孩子如期呱呱坠地，母子平安。这是我人生莫大的幸福。

王　平

2021 年 1 月于杭州

丛书后记

POSTSCRIPT

"中国村庄发展：浙江样本研究"项目研究和书稿撰写，由浙江省社会科学院组织院内外相关科研人员集体承担。此刻，面对11部厚重书稿，回顾项目组寒来暑往五春秋的研究历程，前期酝酿筹措的漫长经过、奔波于乡村大地深入调研的艰辛历程、埋首于电脑键盘奋笔疾书的种种身影，均历历在目。感怀系之，作此以记。

本项目于2016年初由浙江省社会科学院副院长、研究员陈野倡议谋划，旨在整合全院从事乡村研究的科研力量，加强顶层设计，开展重大项目研究，为本院凝练一个可持续的科研方向和学术品牌。经与院乡村研究中心主任、研究员闻海燕反复磋商，咨询省市农办，赴村实地调研等前期摸底筹备，于2016年正式动议有关村庄发展研究的事宜。

2017年2月6日，时任浙江省省长车俊在《历史大变局下的农村新集体经济文化建设调研与思考》调研报告上做批示予以肯定。2017年2月13日，时任省委常委、宣传部部长葛慧君批示要求"在本省多选一些村庄做深入研究，形成一批实践样本。如需要，省社科院一起参与"。2017年2月16日，省委宣传部常务副部长来颖杰批示："请社科院再做深入调查，进行样本总结。"省委省政府和省委宣传部的指示和要求，使我们更加明确和坚定了开展村庄发展研究的思路，加快了项目筹划的进度。

2017年6月，村庄发展研究项目被立项为浙江省社科院重大专项课题。2017年9月，被立项浙江省第二期文化研究工程重大项目，陈野研究员为项目负责人，浙江省农办原副主任、著名乡村研究专家顾益康先生和闻海燕研究员为首席专家。期间，根据实地调研情况、省市县农办意见、省规划办和评审专家建议，项目研究方案经过十数次的调整修改，最终确立为在全省11个设区市中各选一个村作为研究个案，撰写11部专著，形成"中国村庄发展：浙江样本研究"丛书。

研究与撰写过程中，项目组发挥前期学术积淀深厚、科研人员学科背景多样、组织协调机制高效灵活、项目组成员高度团结等优势，深入乡村和各级农办、档案局、史志办、文旅局等政府部门实地调研，广泛收集谱牒档案、镇村史志、契约账册等文献资料，驻村开展上千人次的口述访谈。项目组全体成员冲寒冒暑，以认真负责、刻苦钻研、严谨踏实、精益求精的研究态度和工作精神，为课题研究尽心竭虑，无私奉献，并在研究中形成了精诚团结、友好合作、交流研讨、互帮互助的优良团队氛围。各子课题负责人认真组织、悉心筹划、精心统筹、务实开展课题研究，带领各自课题组成员通力合作，为如期完成研究和撰稿任务起到关键作用。各子课题的具体科研工作情况，可参见各部专著的后记，此处不做一一赘述。

项目负责人陈野研究员对项目高度负责、执着认真，全力投入、全程负责项目的启动、开展和推进，承担了策划项目，确立研究思路、主题、体例、理论分析框架和研究内容，设计篇目大纲等全局工作；定期组织召开内部讨论会，研讨篇目框架、研究内容、行文规范；数次邀请专家进行指导评审；多次率队赴省市县相关政府部门座谈请教，倾听学习来自乡村建设实践的真知灼见；先后深入数十村庄开展实地调研访谈；根据自查结果和专家审稿意见与每一位子课题负责人商议修改计划，对11部书稿作三次全面统稿，并做多种局部调整。

项目首席专家顾益康先生自始至终关注关心本项目研究，在百忙之中数次参加项目组研讨活动，对研究方案提出具体思路建议，认真评审数部子课题书稿，指导子课题负责人开展研究，特别是以其丰富的乡村工作经验、深厚的学术研究造诣和对本项目的深入了解，为丛书撰写了站位高远、剖析深入、具有提纲挈领作用的丛书绪论。

首席专家闻海燕研究员在项目对接农办系统、联系专家学者、选择村庄个案等方面发挥重要作用，以长期从事农村经济研究的学术积淀帮助相关子课题开展研究。在项目开展的全过程中认真、积极、负责地协助项目负责人陈野研究员开展实地调研、组内研讨、稿件审读等相关工作。尤其力挑重担，担任"绿水青山就是金山银山"科学理论发源地，在我国新时代生态文明建设中具有重大价值、重要影响力的余村发展研究子课题负责人，带领余村课题组取得丰富研究成果。

浙江省社会科学院科研部王玮老师承担了项目组内勤外联、会议记录、通知纪要、送审打印等具体编务工作，以其认真负责、细心周到、任劳任怨、不计报酬的工作态度和精神，为项目完成起到不可或缺的保障作用。

借此丛书书稿完成撰写、即将交付出版之际，我们衷心感谢中共浙江省委宣传部、浙江省社科联、省规划办和来颖杰、盛世豪、郭华巍、邵清、陈先春、刘东、董希望等领导对本项目研究的信任肯定及在研究过程中的悉心关怀！衷心感谢夏阿国、邵峰、杨建武、郭占恒、王景新、毛丹、赵兴泉、梁敬明、郭红东、胡豹、任强等专家学者对书稿质量的严格审阅把关和学术指教！衷心感谢张伟斌、迟全华、俞世裕、何显明、胡海良、潘捷军、毛跃、陈柳裕等院领导对本项目研究的重视、关心和指导！衷心感谢北山村、花园村、龙峰村、缪家村、蚂蚁岛村、清漾村、上园村、邵家丘村、沙滩村、棠棣村、余村村两委会和全体村民的热情参与、积极配合和无私奉献！衷心感谢相关省市县农办、宣传、文旅、社科、文化、旅游等众多政府部门对本课题研究和实地调研的大力支持和鼎力相助！衷心感谢浙江大学出版社和责编老师专业、细致、负责的编辑出版工作！

由于我们水平所限，书中错漏不足之处在所难免，恳望各位领导、专家、学者，各位读者予以批评指教！

2020 年 11 月 26 日